SMARTER STOCK PICKING

睁大眼睛选股

利用专业股票系统，提高投资回报

[英]戴维·史蒂文森 著

张凯 译

2014年·北京

©Pearson Education 2011.

This translation of SMARTER STOCK PICKING: USING STRATEGIES FROM THE PROFESSIONALS TO IMPROVE YOUR RETURNS, First Editon is published by arrangement with Pearson Education Limited.

图书在版编目(CIP)数据

睁大眼睛选股：利用专业股票系统，提高投资回报／（英）史蒂文森著；张凯译. —北京：商务印书馆，2014
ISBN 978-7-100-10106-6

Ⅰ.①睁… Ⅱ.①史…②张… Ⅲ.①股票投资—基本知识 Ⅳ.①F830.91

中国版本图书馆CIP数据核字（2013）第145423号

所有权利保留。
未经许可，不得以任何方式使用。

睁大眼睛选股
——利用专业股票系统，提高投资回报

〔英〕戴维·史蒂文森 著
张凯 译

商 务 印 书 馆 出 版
（北京王府井大街36号 邮政编码100710）
商 务 印 书 馆 发 行
北京市松源印刷有限公司印刷
ISBN 978-7-100-10106-6

2014年11月第1版　　开本 787×1092 1/16
2014年11月北京第1次印刷　印张 32 3/4
定价：69.00元

献给凡妮莎、扎克、瑞贝卡和我的母亲！

感谢安德鲁·拉普索恩和他在 SG Cross Asset Research 的团队。

目 录

第一部分　选股策略概览 ………1

第1章　引言 ………3

第2章　测评手段 ………27

第3章　理论：有效市场和不完全有效市场 ………65

第4章　股息：寻根溯源 ………109

第5章　深层价值探寻：特威迪、布朗和格雷厄姆的世界 ………145

第6章　品质和增长：关于护城河以及GARP策略 ………199

第7章　增长至上：小盘股和动量效应 ………257

第二部分　实践部分 ………301

第8章　如何考察一个公司 ………303

第9章　STAR系统简述 ………335

第10章　股票大师系统 ………347

第11章　ShareScope与Investor Ease的应用……367

第12章　基本面指数革命……417

第三部分　总结……447

第13章　实际操作……449

附录1　市场估值——市场择机系统……491

附录2　基础交易工具……509

第一部分

选股策略概览

sitory
第 1 章 引言

> 我们知道太多，信仰太少。
>
> ——T.S. 艾略特（T.S.Eliot）

股票的长期性

股票对于那些愿意长期坚守的投资者而言，是一个伟大选择。全球所有股市的长期投资回报率的数据都表明，股权投资（分析师也会使用股票、股份、普通股等类似术语称呼它）优于债券投资和货币投资。

美国沃顿商学院的杰里米·西格尔（Jeremy Siegel）教授一直在挖掘和研究这方面的数据，他认为确定性最高的研究来源可能是一组来自英国学术研究的数据，其研究者是伦敦商学院的几名教授——埃尔罗伊·迪姆森（Elroy Dimson），保罗·马什（Paul Marsh），麦克·斯汤腾（Mike Staunton）。在他们的系列著作中 [也就是《乐天派的凯旋：101 年的全球投资回报》（*Triumph of the Optimists: 101 Years of Global Investment Returns*）]，一直回溯到了1900 年的市场数据，对比研究了各类投资回报——得出了明确清晰、毋庸置疑的结论。

在最新的著作《瑞信环球投资回报年报》（*Credit Suisse Global Investment*

Returns Yearbook 2010）中，他们做出了这样的总结：

在过去的 109 年中，如果将收益进行再投资的话，股票的真实价值是原始价值的 224 倍，相比之下，长期债券是 4.5 倍，短期债券是 3.1 倍。图 2 显示，自 1900 年，股票每年的收益超过长期债券 3.6%，超过短期债券 4.0%。图 3 表明，英国股票的真实年化收益率为 5.1%，相比之下，长期债券和短期债券则分别只有 1.4% 和 1.1%[1]。

图 1.1 显示，从超长期的数字上看美国股权收益的高回报更为典型。由于数据可以追溯到 19 世纪中期，以美国的数据为基础进行对比研究可以把时间放得更长，因此可以得出更清晰的结论：股票投资的长期收益趋势是显著向上，其回报超过了每年 6%。其他一些针对美国市场长期回报的研究更是把平均值和中值定在比 7% 还高一些的范围，然而从图 1.1 的信息可以清晰明确地表明：只有那些愿意承担风险，做长期投资的人，股票才是一个很好的投资选择。这里面的关键词：风险，非常值得关注，因为你可以观察到图 1.1 中的曲线上升过程并不平滑。事实上，投资股票也并不总是赚钱，比如图中给出的每隔十几年的经济周期（衰退期，大牛市，恢复期，通货复涨期，通货膨胀期，泡沫期，通货紧缩期）的股票收益，例如十九世纪三十年代出现的大幅波动，此时的股票投资即使你猜到了股价大幅跌落的成因，你也得不到任何收益。

投资回报的波动性告诫我们，股票是高风险的投资，但与之对应的是，相比持有那些看起来安全稳定的资产，比如国债和现金，这些风险给我们带来了回报。正如图 1.2 所示，在英国投资股票的实际收益从 1900 年以来超过了 4%。该图说明了与长期和短期国债相比的股票投资年化风险溢价（Annualized Risk Premium）。每年多 4%，如此持续一百多年下来，复利

---

[1] 埃尔罗伊·迪姆森，保罗·马什，麦克·斯汤腾,（2010）《2010 年瑞信环球投资回报资料》,瑞信研究院。

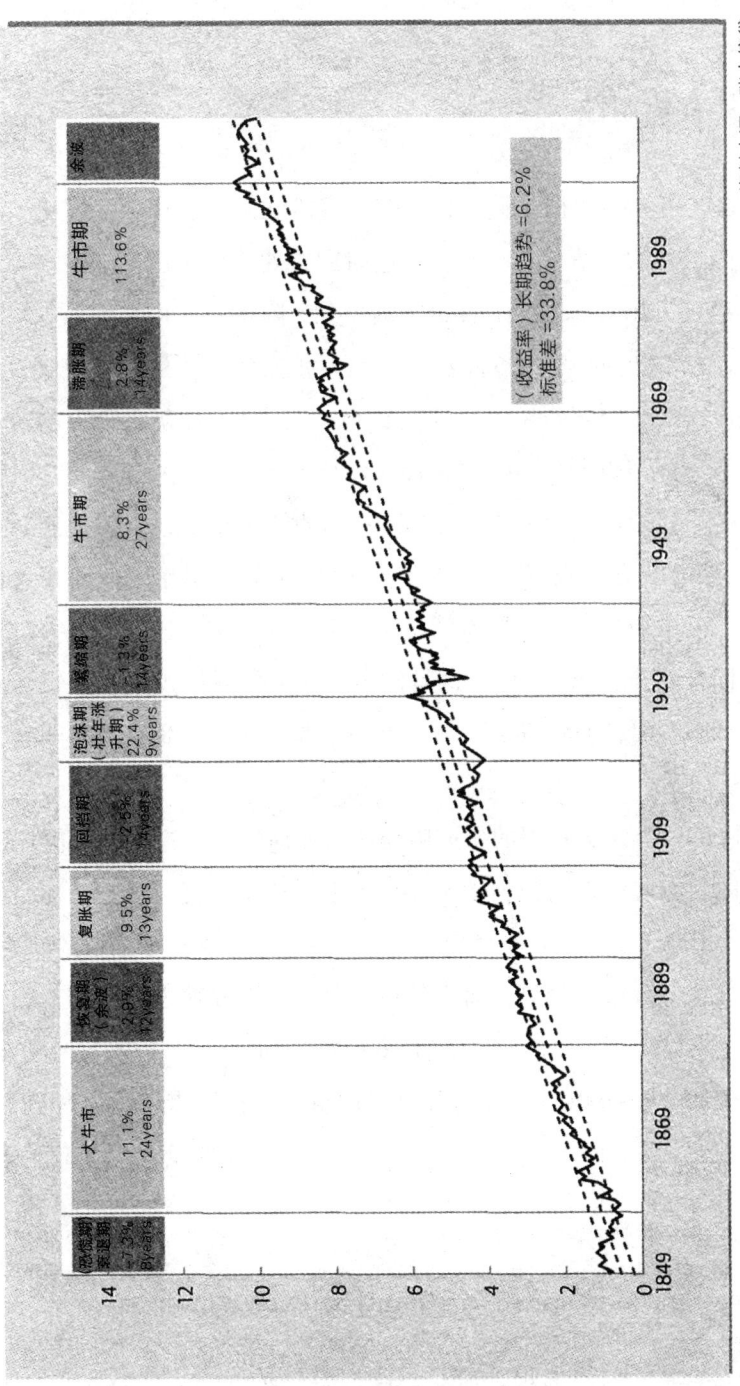

图 1.1 美国实际股权收益

的神奇力量显现了出来，股票因此成为投资界的神奇小子。

哪些股票具有长期性？

当然，这么巨大的数据挖掘工作充满了艰难和危险。比如，在相当长的历史时间内正确的事情并不一定在某些时期有效。像美国基金经理、锐联资产管理公司（Research Affiliates）的罗伯·阿诺特（Rob Arnott）所指出的那样，在1989年到2009年期间，股票相比债券就是一个糟糕的投资。在一份优秀的研究报告《对纽约交易所1815-1925年历史数据的新考察》(A New Historical Database for the NYSE 1815 to 1925)[1]中，还有更让人惊愕的修正主义的结论。这份相当枯燥但却很有意义的历史性文献追溯研究了直到1815年的数据，观察了1815年到1925年的回报率。作者在这篇文献中报告了该段历史时期的股票溢价每年只有1.24%，比之前大多数人推测的长期回报率竟然低了5%。这是修正主义者给我的观点吗？综合此类分析报告可以看出，股权投资大体上是一个非常好的投资，但并非每段历史时期都是如此。

此类分析有一个无法克服的研究障碍——如何测算出这段历史时期的平均回报。因为如此巨量的数据无论在范围上，还是在复杂度上，都超出了我们平常的想象，所以，这里就有一个在研究过程中不得不面对的问题，如何算是买进整个股市的趋势，而不是单只股票。大多数投资人，不管是个人还是机构投资，都不可能买入标普500或者富时指数、或者富时100、或者其他任何股指所跟踪的所有的股票资产组合。投资者不得不等到20世纪末才可能通过购买股指基金的方式买入股指所涵盖的股票，换而言之，

---

[1] Goetzmann, W., Peng, L. 和 Ibbotson, R.；"对纽约交易所1815-1925年历史数据的新考察"（A New Historical Database for the NYSE 1815 to 1925:Performance and Predictability），耶鲁国际金融研究中心工作报告 No. 00-13（Yale ICF Working Paper No. 00-13）；网页 http://ssm.com/abstract=236692。

按照罗伯·阿诺特所提出的疑问，相对债券而言，在某个时期内哪些股票的收益表现糟糕。

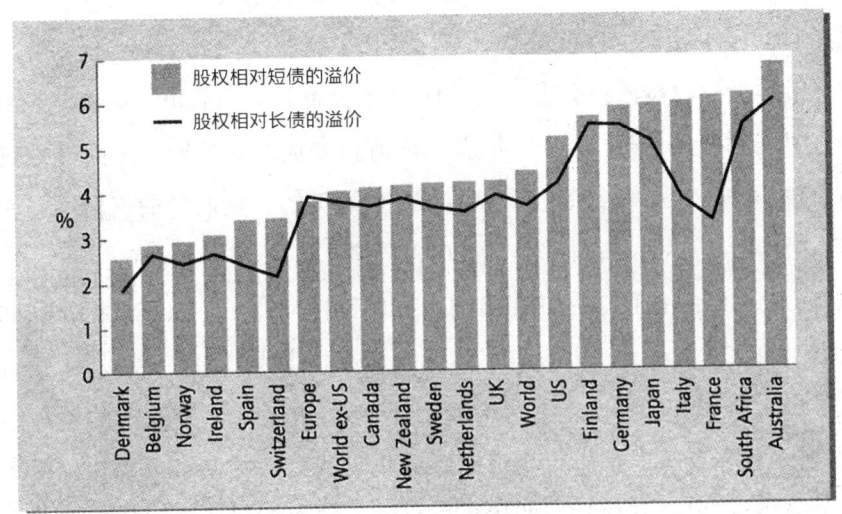

图 1.2　全球范围的相对于短债和长债的风险溢价，1900-2009

资料来源：Credit Suisse Global Investment Returns Sourcebook 2010

迪姆森、马什、斯汤腾在为瑞信做的研究中提供了一个非常有价值的线索，告诉我们如何使用更聚焦的策略来获得股市投资的平均回报，但是这需要我们必须深入学习研究其中的一个章节，"投资风格：规模，价值和动量（Momentum）"[1]。在这篇学术性文章中他们尝试通过一些特征和主题从整体股票市场中有效筛选股票，也就是说聚焦于有某种特征的公司。

三种具体类别的股票被鉴别出来——小盘股（Small Cap Stocks），廉价股（Cheap Value Shares；译者注：有时也被称作"垃圾股"，实质是指那些与净资产相比价格不高的股票）以及那些股价波动与整体市场相关性强的股票［与之相对的是动量股（Momentum Stock）］。我们先看下小盘

1　埃尔罗伊·迪姆森, 保罗·马什, 麦克·斯汤腾,（2010）《2010 年瑞信环球投资回报资料》, 瑞信研究院。

股，作者发现在 1955 年到 2008 年期间（该期间比其他主要著作研究的期间短的原因是英国在 1955 年之前没有相关的数据记录）市值很小的公司的股票年回报率是 17.7%，小盘股（市值比前者稍大一点）为 14.8%，与之相对的基本收益，也就是整个英国股市的回报是 12.4%。迪姆森等人也描述过类似的收益回报分类框架：1955 年投资到英国股市 1 英镑，并用其分红进行再投资，到 2008 年年底，价值将变成 540 英镑……同样投资到小盘股指中，这一英镑的投资将变成 1,666 英镑，是前者的三倍……而投资到微型股（micro-caps）将变成 6,587 英镑[1]。

让人纠结的是我们之前提出的操作可行性问题——如何能抓住这些研究证实的整体趋势——并没有在这两个研究报告中给出答案。股市中有着几千个小盘股和微型股，让我们无法在现实中买入该类股票的整体趋势（事实上，在英国的证券市场没有跟踪小盘股指数的基金可以让你购买到整个趋势）。但是其他类型的优良回报的股票对于投资者来说更有现实意义，就是廉价股或者价值股——这个术语我们将在本书中进行详尽细致的讨论。从本质上讲，一个公司的股价是高还是低都会与一个关键指标联系起来，比如说公司总资产，也就是说你可能花 1 英镑买的股票，其公司的每股资产就值 2 英镑！再比如，你可以选一组相对股价而言分红较多的股票——相当于给你了高利率——并且聚焦于市值较大的公司的股票。再次重申，坚持这样做的结果是惊人的：1900 年到 2008 年间前 100 位高收益股票有 10.8% 的年化收益率，市场整体的年化收益率为 9.2%，低收益股票的则为 7.7%。

动量股的相关数据也非常引人注目！动量股是指在某一个特定期间（比如六个月）内，相对大盘而言股价表现突出的股票。事实上，迪姆森等人给出了这样一个结论：在 21 世纪，我们最好的投资策略就是简单的买入每个月表现最好的股票，然后等一小段时间就卖掉它，再转移到下一

---

[1] 埃尔罗伊·迪姆森，保罗·马什，麦克·斯汤腾，(2010)《2010 年瑞信环球投资回报资料》，瑞信研究院。

批动量股中去！

我们之所以广泛地引用迪姆森等伦敦商学院教授们的长期历史数据研究成果，原因很直接和简单，即使你可以买入整个股票市场的趋势，该研究成果还是建议聚焦于一个股票市场的分类子市场，那样做的最终收益会更好。当然，这个子市场的特征应该容易定义和识别。简而言之，你需要有一套策略在股票市场中进行过滤和筛选，而不是莽撞地打电话给股票经纪人，要求买入"整个市场的趋势"。

本书如何帮到你

本书的目标就是在你的股票投资之旅中给予帮助，特别是当你对投资之旅抱持这样的目的时：虽然总体说来投资股票是一个很好的选择，但是却不愿简单跟踪整体市场指数。你希望能够甄别股票，甚至是非常智慧地挑选股票，能运用一项策略，甚至是自己确立一套策略，帮助自己选股。

股票投资让你获利丰厚，因为有实实在在的证据表明理性、智慧地选择股票将带来投资其他产品难以企及的回报，它是对勤勉、细心谨慎、坚持原则的投资者的奖励，但是，这个旅程也充满风险。总体而言，我们发现大多数挑选股票进行投资的投资者都失败了，这一点我们会在之后讨论市场有效性理论的章节中说明。

学者们不辞辛苦研究证实了，现实中大多数股票投资者在选股过程中做得并不聪明，他们大多高估了自己的能力和判断力。大部分普通投资者（包括个人和机构）之所以买某只股票，要么是因为在报纸看到了一条相关新闻信息，要么是因为跟随朋友人云亦云，而不是理性客观、周全彻底地遵照选股的程序进行决策。

大多数学者断定，上述种种选股的"恶习"带来的后果就是你的投资无法跑赢大市。因为大体上讲，市场给出的股票价格是正确的，也就是说，市场是有效的。与之相关的调查、研究和论断集中将在本书关于投资基础理论的第三章中进行介绍。虽然本书就是讨论如何选股的，但是并不想因此就告诉你第三章中介绍的理论是错的，而是想揭示这样一个道理，在你睁大眼睛选股时应该遵循和坚守什么样的重要原则和观念。对此，股神巴菲特和一些美国重量级投资大师曾有很好的总结。对于那些基于市场有效性开发出复杂而又"完美漂亮"模型的专家，巴菲特曾评论说："他们正确地观察到了市场经常是有效的，但是他们不正确地断定市场总是有效的。"[1] 正如后文所要讨论的，我们并不会简单地因为市场的有效性，因为市场给出了正确的价格，就认为每一个投资者和投资策略注定会失败。想抓住能让长期股票投资取得良好收益的机会，要靠谨慎而策略地选股。这些机会肯定不会大量存在，但是如果你能深入思考，坚持原则，抓住这些机会的概率还是相当高的。

不断发展壮大的股权市场

我们快速回顾了历史长跨度的投资回报率，相信一定激起了你的投资欲望，准备运用能获得长期更高收益的投资策略，寻找那已被历史证明了的价值指标或者动量指标，借此跑赢大市，让所谓的市场有效性理论见鬼去吧。一旦有了这种欲望，就更应该彻底地弄清楚几个重要的观念。

第一个观念就是，尽管股票投资长期看来是个很好的选择，但还是充满了风险，甚至长期看来也有不少风险。接下来涉及的一个关键概念是，你可以通过一些方法降低风险，比如精选某一类股票，运用相当具体明确的方式从市场中进行筛选。最后，你还需要有可操作的程序和方法帮助你选择具体某只股票，如果运用正确，有助于降低风险和提高收益。在下一章中，我们将在细节上展开，论述一些基于财务分析的工具。

为了方便理解如何掌握运用这一系列相对简单的观念，让我们先看看

---

[1] 沃伦·巴菲特（2000）"基础面分析的辩护：股票、套利和市场有效性理论"，《奥地利经济学季报》，Vol.3, No.1。

英国的股票市场。其间有着众多的网站和软件工具，以及一些出版物 [当然，《金融时报》（ Financial Times ）也包括在内]，你可以用它们来选股。作为参考，我们将在第 11 章中讨论一个叫作"股票界"（ ShareScope ）的非联机软件，介绍使用方法以及简易地选择热点的方法。

安装股票界软件，你将可以在将近 2,000 只股票海洋（准确说目前是 1,909 只）中迅速进行过滤和抓取。这些股票涵盖了从市值仅仅 10 万英镑的赫拉能源（ Voller Energy ），到 2009 年年底市值 1,220 亿英镑的全球金融巨头——汇丰银行。除非你是一家大型投资银行，否则通过某种工具或者基金买进这 1,909 只股票是毫无意义的。即使是英国富时指数（ FTSE，又称"伦敦金融时报指数"）全跟踪股指基金，也不会买进所有指数计算范围内的股票，哪怕是该指数已经去除了众多小公司股票。

我们可以举例说明该软件的筛选操作，比如你决定只选择派息丰厚的股票。当定下这个标准时，市场的平均收益率为 3.5%，你决定只选择支付股息两倍于此的股票，也就是 7%：也就是说面值 100 英镑的股票近期将派息 7 英镑。使用这个过滤条件，从市场上的 1,909 只股票可以马上筛选出 89 只，仅仅使用这个单一指标就消除了 1,800 只股票；我们又决定从中选择大盘股（公司市值高的股票）；在股票界上使用这个过滤条件，设定在市值一亿英镑以上，这时备选名单降到了 29 只股票；如果市值设定在 10 亿英镑，能符合条件就只有 10 只了；如果设定在 50 亿英镑，仅有 3 只股票剩下来，分别是劳埃德（ Lloyds ），英杰华（ AVIVA ）和英仕曼（ Man Group ）。相信鹰眼如炬的你马上会发现，尽管劳埃德决定在 2008 年 9 月派发股息（也就是本次筛选分析选定的时间），但是由于金融危机该次派息被中止，英国政府也被迫入市救助银行业。那么，如果我们将该策略使用时间往前追溯几年，会不会取得成功呢？假如你在 2005 年 12 月，仅以年派息 7% 为筛选条件，那么你将因为持有这些符合条件的 22 只股票而累计损失 22%——大大超出同期间整体市场的损失 4%！

这个筛选标准极其简单，短期业绩快速变化的筛选案例，很清晰显示出了这么几个关键点。首先，计算机及信息技术的确能很快为你选择某类股票，你所作的分类能让你很快聚焦到一些股票上。但是，危险也立即显现出来。筛选结果取决于你输入的数据，这也是本书之所以只使用几个有信誉的数据提供商提供的软件的原因。否则如果数据来源是垃圾信息，你还能指望从输出端得到什么呢？任何基于数据的策略，其实就几乎等于一组对测量方式和筛选条件所下的定义。在上面的案例中，我们关注了2009年的数据，但是这只是静态的数据。上文中"劳埃德"的那种情况，我们如果仅仅使用历史数据，就无法识别2009年的事件，如果我们能加入分析师对其未来收入分配的预测，这个问题就很容易避免。

我们将这个筛选结果与迪姆森等教授的研究作对比，发现了另外一个显而易见的危险。这个在长时期的考量中表现良好的以股息为选择标准的策略，在21世纪头十年却一败涂地。很明显，关键原因在于时移世易——随着市场的演进和适应性变化，观测到的现象随之变化和演进。我们高收益的策略在过去几年并不有效，但是也有可能在更长的时期内因为股息的重要性增加而取得巨大的成功。这里就表达出了一个简单扼要的信息，时间跨度很重要。

然而，这里还需要关注迪姆森等人的研究[1]中的另外一个维度。作者研究时采用了长时期序列的数据，将分派的股息再次投入到股票投资中。我们在第四章中会谈及将股息再次投资的威力，这里只是先简单给出观点，即"该策略对大多数长时期投资的的确确有作用"。在我们的股票筛选案例中，仅用了价格和股息的数据，所计算的回报没有考虑将分配的股息进行回馈再投资，以及再投资时代股票价格变化。假如我们将股息进行再投资，损失将显著降低到10%以下。

最后要着重说明的一点是，没有某个单一的策略或者方法可以满足投资者。大多数投资者需要不断核查和审视研究他的观念和策略，在市场变

---

[1] 埃尔罗伊·迪姆森，保罗·马什，库克·斯汤腾，（2010）《2010年瑞信环球投资回报资料》，瑞信研究院。

化和适应性变化时，考虑使用不同的策略，甚至可以是平行使用不同的策略。就像一些类似GMO基金管理集团的詹姆斯·蒙蒂尔（James Moniter）的分析师所言，这种方式如果运用得当，并且策略是基于调研出来的真实依据，那么能收获丰厚，绝对能超越常规市场的收益。

投资者的思维需要保持足够开放，及时发现问题迹象，尝试不同策略和观念。比如，价值投资者采用的高收益策略在一段相对较短的时期内失败了，那么他可能会迅速决定彻底检验抱持的廉价股投资的观念，这些廉价股票是以较高净资产为基础进行定义的。入股你花一英镑买的股票，如果该股票代表的净资产价值超过了一英镑，相信没有人抵抗住买入的诱惑。这个观念我们还会在本书中遇到，它源于20世纪美国投资实战中的传奇人物和金融思想家本·格雷厄姆（Ben Graham）的著作。格雷厄姆的一个投资观念是，喜欢在股价和其包含的净资产之间有着较大安全边际的股票，并以此为筛选条件进行大范围的选股。

为了讲清楚这种观念的实际操作，让我们回顾一下之前的例子，在股票界上再筛选一次。我们将使用工具观察4年前（2005年12月）股价低于其净资产（仅限于有形资产）的股票：也就是说你付1英镑，但是却得到了超过1英镑的实实在在的资产。使用这个策略，软件将为你选出98只股票，这些股票在随后的4年内，给你带来超过4.5%的回报，这个回报率大大高于市场的平均水平，因为同期的市场平均损失了4%——这样一个简单的比较股价与会计账目价值的策略能带来高出8%的收益。

诚然，这个策略效果良好，但是我们依然有着之前讨论过的担心和质疑。这个策略在最近4年效果良好，而我们需要看看更长期的数据是否依然支持这个策略。在本书中，我们将不断提示投资者，小心数据挖掘的危险——不断尝试不同年份和时期等分析数字，直到得到了支持数据，直到得到了一个漂亮的结果。4年基本上与学者们的研究在统计意义上毫不相关，因为他们希望能放在100年的时间段中去考量一种策略，比如类似如迪姆森教授的研究[1]。他们也在时刻提醒，如果一个聪明人足够勤奋，就会通过各种方式质疑给出的数字，借此揭示真相，也就是说定量分析必须要与已经被证实过的理论相联系，并保证该关联的一致性和客观性。

行为方面的挑战

思维审慎周密的学者在不断质疑那些仅仅以数字为基础的选股策略。毋庸置疑，他们是正确的，因为现实中普通投资者的行为会受到其他方面的影响。与之相对，马上能让我们联想到的情况是，那些使用量化工具来指导自己，按照程序进行选股的投资者已经不再是普通的市场参与者，跟这些普通参与者相比，他们像是与众不同的投资机器。以策略为基础的投资者当然也会读报纸，也会受到消息的影响，但是他们的核心原则，也可以说他们的投资哲学，是基于这样一个非常简单的观念：人们会编造各种故事，但是数字不会说谎！全面地浏览与所选择的股票相关的新闻，这是人类习惯干的事情，然而应该先做详尽彻底的数字分析，这样能产生更好的效果。

聚焦于数字分析，能迫使投资者节制那些人们容易犯的不良行为特征。用事实证据对自己的观念和想法进行交叉循证强迫自己面对常犯的各种错误，比如预设的先入为主的观点（锚定效应 Narrative Anchoring），而这些观点常源自自己的观念，自己为自己的想法编了一个故事，而不是源于事实证据！所以我们早早地就应重视和观测所采用的投资方法在实际操作中产生的效果和迹象。聚焦于数字分析，还能迫使人们避免频繁交易：投资者都有一时兴起而做出交易决定的倾向，这种做法是长期投资计划的大敌。本书介绍的定量分析方法——坚持有策略地筛选股票——通常能强制投资者接受一套原则，通过原则来决定某只股票是继续持有，还是从投资

---

[1] 埃尔罗伊·迪姆森，保罗·马什，库克·斯汤腾，(2010)《2010年瑞信环球投资回报资料》，瑞信研究院。

组合中剔除出去！

使用更加系统的方式方法，还能帮助投资者克服其他自身不良的成见。过去十多年，战略家詹姆斯·蒙蒂尔在行为金融学这个细分研究领域取得了丰硕的成果。他一开始在法国兴业投资银行工作，2009年后转到GMO资产管理公司。在下面的专栏——投资之道（Tao of Investing）——中，我们将简明扼要地介绍他的融入了行为研究的价值投资理论。在论述价值投资的第五章中，我们将对他进行访谈，讨论以未来价值为基础的投资策略。詹姆斯同样反复告诫投资者，小心自己热衷于那些看起来流行的、新兴的、热点和性感、价值高估的股票，这种情绪是非常危险的。当这种心理影响我们的投资时，后果是灾难性的——比如我们之前提到的锚定效应，它会让我们忽视明智的、超值的选择，而强化价超所值的股票。在兴业银行的报告中，蒙蒂尔援引普拉斯曼（Plassmann）等人的品酒实验的有趣结果。

学者们给出5种葡萄酒，并且要求他们对5种酒进行评级，这些酒都属于赤霞珠(Cabernet Sauvignon)红葡萄酒。事实上，在实验中仅有3种不同的葡萄酒，其中的两种酒被重复使用了两次。在第一次实验中，测试者被告知每种酒的价格。例如2号酒一次被标价90美元，一次被标价10美元。图1.3的下方显示测试者给每种酒的评分。评分范围从1（根本不喜欢）到6（非常喜爱）。

当品尝标价10美元的2号酒时，品酒者给予的评分大约为2.4。该酒的真实价格是90美元。然而，当同样的酒被告知是价格90美元时，评分跃升至4分。类似的测试结果同样发生在1号酒身上。标价影响了人们对品质的评分，评分增加了50%~60%。[1]

---

[1] 蒙蒂尔，J.(2009)《价值投资：智慧投资的工具和技术》，John Wiley & Sons。

詹姆斯对这个分析试验做了这样的概括：

> 如果某种酒被告知很便宜（比如 5 美元），人们就会给其较低的评价，而被告知某种酒价格是 90 美元时，人们对它的评级就大幅提高！是不是类似的思维也会在投资方面发生呢？这种情况非常可能，当人们看到某个股票价格很高时，就认定它比廉价股票的质地更好，贵就代表了品质……有些东西越是折价销售，人们就越不喜欢，股票是不是这样呢？[1]

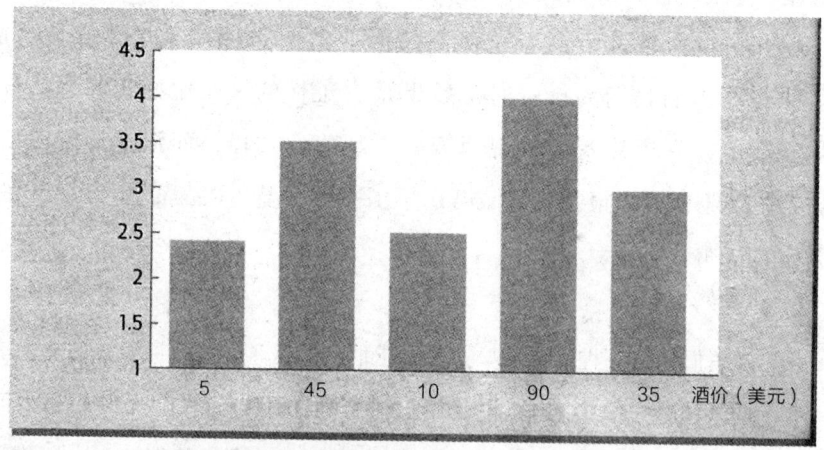

图 1.3　给出价格信息时的葡萄酒评级均值（1= 根本不喜欢，6= 非常喜欢）

资料来源：Plassman et al. (2008)

答案并不意外，诚如蒙蒂尔的质疑，大多数投资者没有原则地喜欢热点和新兴的东西，行为方式像飞蛾一样，追逐火焰的光亮。投资者不断抛弃对冷峻的数字的关注，转移到时尚的、被人热炒的话题中去，因为这样对投资者更刺激，给投资者印象更深。本书讨论的投资策略要求投资者必须从与常规不同的方式开始——基于历史实际情况，或许买些价廉物美的股票是对待我们辛辛苦苦赚来的钱的最好方式，那么，我们有什么理由不

---

1 蒙蒂尔，J.（2009）《价值投资：智慧投资的工具和技术》，John Wiley & Sons。

关注和研究如何定量地找到这些股票的方法呢。

两位美国学者近来总结了运用量化策略选股时的内涵逻辑。他们研究了一家坚持某种筛选股票策略的机构（AAII，我们将在下文中讨论），当讨论该机构的投资效果状况时，弗雷德里克·谢德勒（Frederick P. Schadler）和布雷特·柯顿（Brett D.Cotton）做了如下评论：

> 将情感因素剔除出决策程序，是投资者必须面对的挑战。假如买卖决策是严格基于固定的、可操作的一套量化规则，那么情感因素将被控制在最小范围内。在这种方式下，人的行为所扮演的角色仅仅是信仰因素，即仅在规则确立的初期和市场发展各阶段考虑是否坚持既定策略时起作用。但问题是，是否确实存在能被识别的可以战胜市场的规则。[1]

投资之道：詹姆斯·蒙蒂尔投资派的十大信条

在序言章节中，我们已经援引过战略家詹姆斯·蒙蒂尔的投资研究成果，特别参考了他独特的融入了行为因素的投资洞见，以及他对廉价股的偏好。詹姆斯给出了他自己的十条规则，并简明扼要地列在《投资之道》一书里，希望能帮助投资者获得良好收益！他在一开始就用著名的约翰·邓普顿（JohnTempLeton）爵士的禁令提醒投资者："对于长期投资者，仅有一个目标——税后收益整体最大化。"对于蒙蒂尔来说，这一条意味着："其他都无关紧要。问题变成，我们如何投资才能达到这个目标？"接下来詹姆斯总结了他的十大信条：

信条 I：价值、价值、价值。价值投资是"安全第一"的方法。把安全边际应该放在决策程序的核心位置，而价值投资方法降低了为股票的成长性支付过高价格的可能性。

---

[1] Schadler, F.P. and Ctton, B.D "AAII 筛选股票是否真实对投资者有效"，(2008)《金融服务评论》(Financail Services Review) 17. DD. 185-201。

信条Ⅱ：反向操作。约翰·邓普顿爵士观察得出，除非你的做法与大多数人不同，否则没有获得超额收益的可能性。

信条Ⅲ：耐心。耐心是各个水平层级的投资者应具有的必备素质，不管是简单等待肥猪拱门（fat pitch），还是应对过早投资的诅咒，都需要耐心。

信条Ⅳ：莫受教条约束。当某个方法或者某个股票被贴上流行的标签时，我不会轻易认定它会有助于我的投资。我会坦然地从各种类型和地方找到可以投资的机会。

信条Ⅴ：不做预测。我们必须找到投资的方法，但不是依靠人类严重残缺的预言能力。

信条Ⅵ：关注周期。如霍华德·马克思所说，我们不能预测，但是我们可以做好准备。保持对经济、信贷和情绪周期清醒的认识，这能帮助我们做好投资。

信条Ⅶ：不要忘记历史。投资最危险的话就是"这次不一样"。对历史及其背景的认知让你避免再犯前人犯过的大错。

信条Ⅷ：抱持怀疑态度。我崇敬的一个人曾说："盲从盲信要人命。"学会质疑你听到的，学会批判性思维对于长期投资的成功至关重要。

信条Ⅸ：自上而下与自下而上。我去年的一个重要教训就是要把自上而下与自下而上结合起来。独断专行不会有真知灼见。

信条Ⅹ：像对待自己一样对待客户。任何投资的终极测试是：我是否愿意用我自己的钱进行本次投资？

资料来源：詹姆斯·蒙蒂尔的《投资之道》，2009年2月24日，摘自"Mind Matters"

筛选股票时要贯彻策略和原则

希望本书所述能有点意义，尤其是对于那些勤勉和谨慎的投资者来言。这个意义就是，股权投资是伟大的选择，不过需要仔细筛选，因为投资不同股票，收益是不同的。此外，那些收益更好的股票（基于可以确认的历史数据分析）能通过基础数据分析把它们选出来，简化这个过程的方法就是使用计算机自动筛选系统，它能在很短的时间内扫描所有的股票。读者应该意识到，尽管有了这种手段，但是它自身并不能保证你的成功。好的策略应该建立在坚实的数据基础上，但同时也应该有充分的讨论和分析。

截至现在希望本书能让你开始明白策略投资的逻辑，它以事实依据为基础，避开了因为个人行为而导致的错误投资，它聚焦于隐含在资产负债表和现金流量表的坚实的数据，看清楚这些数据是如何影响对该企业的分析的。但是这种逻辑也带来了这样一个疑问，"这样做是否能真实地让投资者获益？"逻辑和理性的确有吸引力，但是约翰·邓普顿爵士提醒我们检验任何投资理念的唯一标准就是看它是否赚钱，或者最终让投资者跑赢大市。

在本书总结章节中，我们会汇总一系列能带来良好收益的投资策略，截至现在，它们都很成功。这样做意义重大，因为借此向你展示其实际结果，有助于证实这样一个论断：的确有为数不多的投资策略是真实有效的。

第一个证据，也许是最重要的证据，来自位于芝加哥美国个人投资者协会（AAII；www.aaii.org 即 American Association of Individual Investor）。笔者（虽然远在英国）是该组织的会员，并且向有判断力的、思考审慎周全的英国投资者强烈推荐订购其年报，不为别的，仅就其综合分析了60多个独特的选股器，就值得推荐。

AAII选股法，适用于美股的清晰易懂的策略。它的分析方法的值得骄傲之处可以通过下图（从其网站上摘录）中的两条曲线来说明。该图显示的两条不同曲线表明了AAII使用的两种选股法的效果对比，对比期间以1998年为始点到2008年结束。图1.4表明，以纽约投资者马丁·茨威格（Martin Zweig）的成果为基础的，以及以合理价格进行增长型投资的策略（GARP）为基础的选股法是多么成功。在第六章我们会再次讨论马丁·茨威格。茨威格也许是少数名头最响的最成功的投资者之一，他认为投资的本质是找到股票定价合理的公司，该公司增长迅速，而且市场将高度看好其发展前景。AAII 为各类投资风格取了很花哨很有趣的名字（包括缩写词 GARP），不管名字取得怎么样，图 1.4 表明了，AAII 的茨威格策略在过去 10 年取得了惊人的成功。

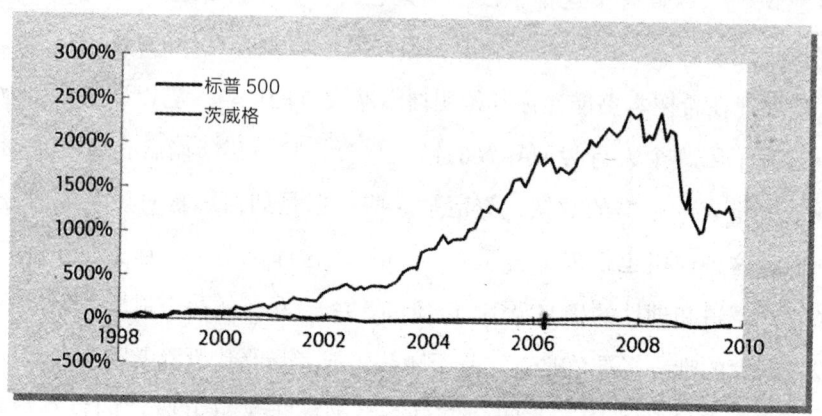

图 1.4　AAII 茨威格投资策略相对于标普 500 的收益

资料来源：www.aaii.com

AAII 是以事实为依据的笃信者，并且相信不同的观念和策略适合不同的投资者：所以才有 60 多种不同的策略和筛选方法。AAII 采用的选股法中有一种皮氏（Piotroski）选股法，该方法基于一个叫约瑟夫·皮奥特洛斯基（Joseph Piotroski）的会计专家的研究成果。巧的是他和 AAII 同在芝加哥。本书在后文中会介绍其学术研究成果及其在股市中的应用。同样你可以在表 1.1 中看到该选股法的卓越业绩。

表 1.1　源自 AAII 选股法的结果（1998~2008）用百分比列表

选股法	年初至今（2009年12月）	1998年至今
本·格雷厄姆价值投资	26	196
皮氏选股法	47	755
股价与现金流比率	114	624
Weiss Blue Chip Dividend Yield	19	161
巴菲特法则	19	319
茨威格选股法	-21	1,205

续表

选股法	年初至今（2009年12月）	1998年至今
Foolish small Cap 8	10	199
CANSLIM	102	2,840
Return on equity(RoE)	27.4	276

图 1.5 显示了皮氏选股法的实际效果，并与标普 500 以及与低市净率（PB）全样本股票作了对比。在现实中，这两个比较对象成了各类你所能想到的投资理论衍生出的选股法的攻击目标。因为比较起来，这些选股法自 1998 年统计以来，大都取得了相对很好的业绩。粗略地查看 AAII 主页上你就会发现，在 43 种主要的选股策略中只有三种业绩低于大市。

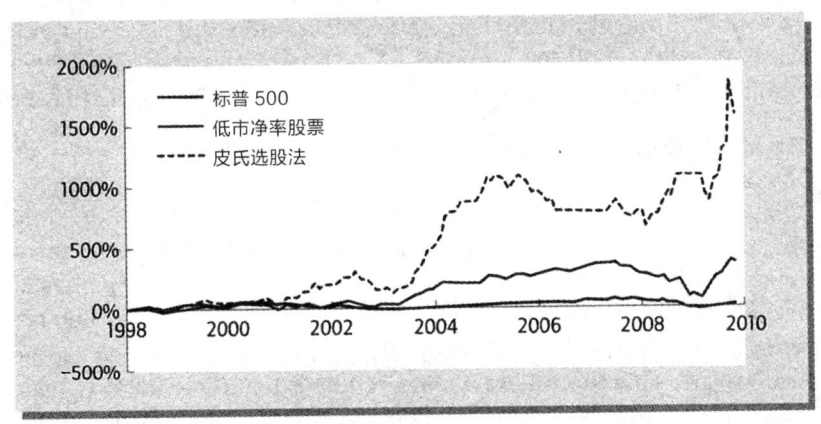

图 1.5　皮氏选股法的业绩表现

资料来源：www.aaii.com

具有批判性思维能力的人很容易想到，如果改变给定的时间跨度重新进行测试，得到真正全面客观的结论是否依然如此呢？很幸运，已经有人对 AAII 的研究结论这么做了。弗雷德里克·谢德勒和布雷特·柯顿对该结论进行了深入的数据挖掘，研究结果在《财务服务评论》中的一篇论文发表。他们彻底检验了 AAII 所宣称的——"它的选股法有 91% 跑赢了大市"。AAII 声明这个颇为大胆的论断是有调查依据的："在所有 54 种选股法中，有 50 种获得了比标普 500 高的总体收益。也就是说 92.59% 的选股法表现比标普 500 强。"[1] 他们严格检验了 AAII 采用的这 50 种 8 年以上的选股法。检验结果是，假如不考虑交易费用，"75.9%……的 AAII 的资产组合以较大优势击败了标普 500。"一旦充分考虑了交易费用，则比例从 75.9% 降到了 "31.5%……我们注意到，投资者可以通过采用需要持有股票数量较少的选股法来降低交易费用。有鉴于此，我们分析了持股数量要求在平均值之下的选股法。结果发现，即使在考虑了交易费用之后，仍有 48.1% 的投资组合以较大优势击败了标普 500……此外，所有这些资产组合的夏普比率 (Sharpe Ratio) 高于……标普 500。"[2] 至于有 5 种选股法出现亏损的情况，根本就无足轻重了！至此，他们全面的结论是："我们认同，在进行资产组合选择时，AAII 有许多选股法可以作为一个很好的起点。"

并非只有谢德勒和柯顿在研究如何通过谨慎地使用选股策略来提高投资收益。他们就曾援引过蔡先生对一家名叫"价值线"（Value Line）的机构的研究。价值线通过自己的选股标准和对企业数据的综合分析，将投资聚焦于所持有的更少量的股票上。蔡先生的研究"检测了价值线给予较高评级的股票的市场表现，发现即使对照了规模、BTM（账面值与市价比）、动量以及收益异常之后，仍然获得了异常的收益。"[3]

詹姆斯·奥肖内西（James O'Shaughnessy），华尔街声名显赫的评论员和基金经理，也在细致地观察如何通过理性的、相对简单的策略和选股方法获得超越大市平均水平的投资收益，并对此进行了严格的学术分析。在 20 世纪 90 年代，他撰写了《华尔街股市投资经典》（*What Works on Wall Street*）[4] 来阐述他的观察研究结果。该书获得了巨大的成功。这本畅销

---

[1] Schadler, F.P. and Ctton, B.D "AAII 筛选股票是否真实对投资者有效"，(2008)《金融服务评论》(*Financail Services Review*) 17. DD. 185-201。

[2] 学者们这样总结了 AAII 的投资程序。AAII 在每个月末筛选能入选的股票，并假定在月末购买了这样的资产组合。按照月末最后一个交易日的收盘价计算买入价格。AAII 假定在下一个月末的最后一个交易日抛售这些股票。收益按照当月的价格变化计算。不考虑月息因素。每个月重复该过程。

[3] Choi, J. J.（2000）"价值线的奥秘：已知部分的总和？"，《金融量化分析学报》，35, 485-498 页。

[4] 《华尔街股市投资经典》（*What Works on Wall Street*）（美）詹姆斯. P. 奥肖内西，2005 年出版，麦格劳—希尔出版。

书在 2005 年再版时，他应用了不少很简单易懂的选股方法，对从 1954 年到 1994 年庞大的美股数据库进行筛选。这些筛选法虽然不尽相同，其中还包括了许多本书将要用到的基本面分析法，但是这些筛选法是可以复制的，而且非常好理解。其筛选结果是令人震惊的。有一种采用"市净率"来追踪股票的方法，专找股价低于"账面价值"（企业资产的一种计量方式）的股票，该方法取得的年化复合收益率为 14.4%，对比之下，那些股价大大高于企业资产的账面价值的股票为 7.5%。另一种常见的方法，市销率（PSR）法，即企业的股价相对于其销售收入的比率，其比率低的股票获得了 15.6% 的复合收益率，对比之下，比率高的股票的复合收益率只有 4.2%。奥肖内西在书中接连列举了十多项选股方法，这些方法都超过了整个股市的平均收益。

还有许多关注某个或者某种投资策略的学术研究结果，本书后文中将有说明，这些结果都支持了我们的基本观点：勤勉尽职地运用投资策略和选股方法，将带来实实在在丰厚的回报。那些对冲基金和投资银行本身就是该结论的一个很好例证，因为这类所谓高深的和待遇优厚的机构里的成员，大多都是数量分析员。分析员都可以称得上数量分析方面的专家，他们系统地接受了数学方面和科学研究方面大量的训练，不断在市场上买进卖出都是基于既定的策略进行。他们的"黑匣子"其实就是本书中详细描述的各种观点的升级版，把策略观点转变成算法程序，以此管理股权资产组合。基金和投行这类富得流油的、数字驱动的机构已经成了 21 世纪白领的汇聚地，在伦敦、纽约和巴黎，成千上万名异常聪明的大脑在不辞辛苦地运营管理着天量的资金，而他们工作中所用的原则和基本方法，你就能在本书中找到。他们之所以能赚大钱，其实就是因为他们为资产托管人（或者是他们自己）进行投资，在大多数时期获得了超过大市的平均收益而已。他们并非所有时候都能取得好业绩，但是基于数字的投资，尤其是以价值和数量为策略基础的投资，在相当长的时期内都取得了好的收益，从而让那些精明的银行家能花大价钱雇佣这些最聪明的数量分析型大脑。

这个巨大的"坊间产业"还远远称不上完美，而且在经济衰退、市况不好时候的行为常常就像一群旅鼠，但是，总体上他们的确带来了良好收益是显而易见的。在本书结论章节（第13章），我们将访谈一位知名的数量分析专家——安德鲁·拉普索恩（Andrew Lapthorne）——他将谈及如何将数量基金酷爱的那些被彻底扭曲了的数字，与经时间考验过的常识性观点结合起来。

选择与警告

本书中，你将了解到众多研究成果，这些成果的研究范围和角度很广泛，分别说明了许多策略已产生了良好收益——所有结论也都有很充分详尽的论证和数据支持。本章节接下来的部分将先浏览一系列的观点、理论和研究成果，涵盖范围从传奇人物本·格雷厄姆（第5章）经典的价值投资，到目前受到狂热追捧的动量策略，该策略用于寻找那些市场将不断推升其未来估值的小型成长股。

需要重申的一点是，这一系列策略的范围很宽泛，你需要看看哪个更适合你，你只能选择其中的一项，而且不可能去逐个验证各项策略和选股方法。不过，现在普通投资者也可以理解和使用这些十几年前只有富有的、拼命工作的数量基金经理才会使用的分析方法，本书所详细讨论的这些投资策略和选股方法随着正确的交易工具的应用，已经开始普及了。这些策略和方法在本书中有详细的讲解。

当阅读这些章节时，你会意识到，投资界总有那么一小撮难缠的人，他们固执地坚持自己的观念和学派是投资世界唯一的名门正派，唯一的金光大道。比如，把投资泰斗本·格雷厄姆或者沃伦·巴菲特当做唯一正确的道路，认为其他人则都走到邪道上了。在结论章节，我们希望能说明，事实恰恰相反，实践中一些策略组合更有效，并且投资者应该在不同的市况下采用不同的投资策略和选股方法，或者将不同方法的关键点综合到一个策略的主体中去。

值得我们注意的警示有哪些呢？在我们开始讨论下一章之前，对于准备有针对性使用不同策略的聪明投资者，有必要重点重复提示一系列早期可观测的风险和挑战。

- 输入垃圾，输出必定是垃圾——数据源至关重要！一定要使用能反映真实情况的权威数据。还要理解数据和量取方法是怎么设定的。
- 小心数据挖掘——会有一些职业数量分析员不怀好意地扭曲数据来证明他们的结论，但是更多的情况是他们使用数据的时间段太窄。2~4 年的数据是没有太大意义的，5~10 年的数据就有些价值了，10~20 年的数据就有力度了，最好的数据集则在 40~100 年之间。
- 数据过期！——本书中每一个策略所使用的都是过去的数据，尽管其中许多策略的确使用了基于预测（下一个我们要警觉的条款）的数据。过去的数据是有效的可靠的，但是对此的警觉也是必不可少的，也就是说，"过去是真的，不一定将来就是真的"。事实上，越来越多的证据表明，只要某种趋势或者现象被分析员发现和证实，就会迅速地被资本所利用，其带来的超额收益随着时间也就消失了。切记，数字和数量分析不能替代基于成体系理论的清晰思维，要和各类证据结合起来进行充分讨论。
- 数据预测错误！——本书中不少策略将用到预测的未来利润、销售收入和股息等数据。如果这些数据是短期的，在接下来 12 个月之内，那么预测是相对准确的。如果预测超出了 12 个月，大多数都比较荒谬了——谁能对两三年之后的贸易业务做出切合实际的预言呢，所以这是无论如何要避免的事情。并且，即使短期的预测也常常因为没能考虑到经济周期对业务基础的影响而造成较大误差。比如，大多数分析员仍然保持乐观预测 2008 年收入将持续增长，直到 2009 年的金融危机彻底否定了他们的预测前提。

方法和理论的清单

经过上文的讨论，相信您已经可以看出本书的结构。它分成三个部分和两个附件。

序言（本章）之后，我们将讨论基础问题。在第 2 章，我们将以两个企业（SSE 和 Aero Inventory）为例进行企业状况的衡量判断，由此为读者引出一系列基础方法。有大量的书籍，包括 FT 系列丛书，都集中论述了企业报表相关数据的解读，如果你学习过相关材料，也理解相关术语的意思，我建议你跳过第三章，因为第 3 章本书将复述使用这些方法的专业基础知识。有些人可能会发现，第 3 章中学术理论界所秉持的市场有效性假设前提与本书的选股策略讨论一点都没有关系。这种批评是比较迂腐的——我们理解为什么股票市场并不那么容易赚钱，但是的确有许多人（如果不是大多数的话）取得了比投资股指基金更好的收益。其实股指基金也是为了满足那些自己无法设定投资策略和选股的投资者而设计的。在之后的章节，我们还将重新讨论这个问题，但是将以中庸思想去考虑该问题，即大体上接受市场有效性这种假设，因此会跟踪股指，但是方式上将智慧地使用我们在第 2 章中讨论的基本面手段方法。在运用基本面指数的革新手段中，比如股价和其净资产的关系、与股息的关系、与现金流的关系等被开发设计成指数，从而让交易所交易基金之类的基金等有了跟踪方法。如果你想理解此类方法和手段的威力，那就需要具备解读公司发布的复杂和厚重的财务文件的能力——必须能识别损益表和现金流量表等关键因素，还要能理解为什么资产负债表对于投资者的重要性。

第二部分由五个章节组成，整个部门的大标题是"付诸实践"，在第三部分，我们将把每个相关讨论集中起来，形成"行动计划方案"。

第 2 章　测评手段

销售是忽悠出来的，利润是计算出来的，现金才是实实在在的。
——谚语

公司的生命之本

在本章中，我们将介绍基本的测评方法和数字关系，它们是理解后面章节中的投资策略和选股方法的必要前提。如序言中所说，专门介绍公司财务报表（资产负债表、损益表）知识的书汗牛充栋，而且本章也不打算在这方面做过多的探究。投资者如果想要深入了解，不如买本特里·史密斯（Terry Smith）的《增长会计》(Accounting for Growth)[1]，该书作者才华横溢，内容尖锐深刻地揭露了企业财报中的阴暗面。这本畅销书彻底揭示了公司管理层（包括他们的审计机构）在调控捏造数据从而推高股价方面的鬼把戏。这些伎俩还包括不少股评家与他们串通一气！如果读了这本尖刻的大作，聪明的投资者将完全理解了为什么财报的附注其实是最重要的，理解了为什么要对这些附注精研细读。

1　Smith T.（1996）*Accounting for Growth: Stripping the camouflage from company accounts*, Century Business.

本章与特里·史密斯的著作不同，目的是带领投资新手通过对两家企业（其中一家已经破产）报表的浏览，鉴别出关键统计数据，将其与主要测评方法联系起来。但是我们将引入特里·史密斯和其他一些人的观察研究，在一定程度上集中讨论财报附注中的有决定性作用的部分，并重点讨论现金流量表，以及如何解读它。在现金流量表讨论部分会重点关注自由现金流对股东的重要性，我们将研究雄狮信托，一家英国基金管理集团，是如何把现金流纳入其分析系统和筛选体系的。

本章要讨论的这两家公司分别是——南苏格兰能源（SSE）和航材（Aero Inventory）。笔者持有SSE的股票——已经持有了一段时间了——但这不是我们选择这家大型公共事业公司进行讨论的理由。SSE的确有充分的理由让许多私人投资者将其纳入投资组合。它体量大，受到严格监管，因此风险较低，而且公司不需要花太大气力推动业务增长就可以每年都给股东带来优厚的分红。因为要确保进行大量的绿色投资，它甚至还自诩为新型可再生能源企业，与投资热点挂上了钩。作为一个平稳的大盘蓝筹股，它并不是没有可挑剔之处，它的资产负债率高，在风险较高的风能领域扩展较快，不断受到波动较大的能源价格困扰，以及各种监管政策的侵扰。但是最关键的一点是，它之所以受到私人投资者的追捧，就是因为其"激进"的、令人敬佩的股息支付政策。该政策导致它很可能被投资者建立投资组合的策略和选股方法所选中。

航材公司则完全不同——或者应该说历史结局不同！在2009年年底，这个非常"性感"的增长股因为到期的巨额银行债务问题而破产清算。其崩溃的原因事后看很清晰明了，任何一个使用了本章将要描述的测评方法的投资者都会发现该原因。和SSE一样的是它们都有巨额债务，但是和SSE不同的是，SSE有足够的现金流以维持日常运营。我们这里并非是说航材公司日常运营水平低——尽管有些迹象可能证明了这一点——或者航材公司有什么不体面的事件发生。本章中，我们不对航材这些方面进行讨论，而是关注对企业基本面的测评，当SSE的业务还在持续，或者从文件材料上看还欣欣向荣的时候，航材在关键因素上出现了可怕的问题。

南苏格兰能源——SSE

本节的关注点很简单，就是企业各个时段的中期报告和年报中的数字。该关注点可能有违不少投资者的常理，认为观察一家像 SSE 这样成功的大公司应该先了解其业务情况。对于许多带着情感因素的投资者这样做是有其道理的，了解之后可以再看报表，但是本书的方法则是从投资角度出发，看看这家公司是否对投资者有吸引力。

广泛了解其业务背景当然有价值——这是英国最大的一家从事可再生能源的特许公用事业公司，但是我们则认为，更重要的不是看它做什么，而是看它赚不赚钱，其内在商业价值是什么，以及其股价是否可能上涨？只有在回答了这些问题之后，再去扩展核查其业务情况。

我们先从损益表开始数据分析工作。大公司的损益表都经过了最详细的核查。表 2.1 是 2009 年度的年报摘要。如你所见，和众多大公司一样，该表因为有集团公司（SSE）一栏列表而变得复杂起来。对于大公司，其间存在差异是很正常的，因为整个集团架构中除了一些合资公司和关联公司，还持有其他的实际贸易业务和表外实体是会影响报表的。对于我们来说，合并报表是与我们目的最相关的，当然每个想了解实际贸易情况的人都想额外关注一下报表中的公司栏。

表 2.1　2009 年年报摘要

	附注	集团 主营业务 £m	集团 非正常事项（注释5）£m	集团 总计 £m	公司 主营业务 £m	公司 非正常事项（注释5）£m	公司 总计 £m
收入	3	25,424.20	-	25,424.2	15,256.30	-	15,256.3
成本		-23,552.70	-1,291.70	-24,844	-13,509.80	-187.8	-13,697
毛利		1,871.50	-1,291.70	579.8	1,746.50	-187.8	-1,558
运营成本	4	-576.5	-	-576.5	-605.7		-605.7
合并前运营利润		1,295.00	-1,186.00	106	1,140.90	-132.8	1,008
合并：							
并入的运营利润		246.4	-	246.4	242.6		242.6
并入的财务成本		-128.2	-	-128.2	-127.6		-127.6
并入的衍生价值变动	-	3.8		3.8	-	4.2	4.2
并入的税金		-39.3	-1.1	-40.4	-41.9	31.2	-10.7
并入的净利	13	78.9	2.7	81.6	73.1	35.4	108.5
运营利润	3	1,373.9	-1,186.3	187.6	1,214.0	-97.4	1,116.6
财务收入	7	209.7	-	209.7	202.6	-	202.6
财务成本	7	-369.8	25.8	-344	-233.9	-1.5	235.4
税前利润		1,213.80	-1,160.50	53.3	1,182.70	-98.9	1,083.80
税金	8	-300.6	359.3	59	-306.8	96.2	-210.6
年利润		913.2	-800.9	112.3	875.9	-2.7	873.2
归属母公司		913.2	-800.9	112.3	875.6	-2.7	872.9
少数股东权益		-	-	-	0.3	-	0.3
每股收益（便士）	10			12.7p			101.1p
稀释后每股收益（便士）	10			12.8p			101.0p
调整后每股收益（便士）	10			108.0p			105.6p
年度分红	9			£551.9m			£502.8m

资料来源：南苏格兰电力公司 2009 年年报

接下来一个比较复杂的栏目是非经常项（exceptional items）和非正常项前（before exceptional item）（译者注：这是英国会计准则下的命名，类似但不等同于中国会计制度下的主营业务）。在过去的好时光，非经常项目就是非经常项目，但是现在该项因为成为了常态，需要审计花大力气去弄清楚——至于调整项，则是另一个不常用的会计条款。

是应该关注调整前还是调整后的统计数据，有两种不同的观点。调整前的数据反映了核心的、有机的业务情况，而调整后的统计数据则更真实地反映了企业的现金流和债务变动情况。这种区别还造就了两个术语，常规利润（去除非经常项）和PRS3利润（含了非经常性因素）。尽管投资者更倾向于关注常规利润，并在需要时做一些调整，其实这两种观点和做法是没有对错之分的。一个名叫REF的数据供应商（www.companyrefs.com）有自己明确的观点，就是关注以12个月滚动盈利预测为基础的常规利润数据，并兼顾对公司业绩基本面的分析。

不论是采取哪种观点，报表首行数字——营业收入/销售收入——是最不容易被捏造的。SSE集团报告期的收入在报表首行显示为254亿英镑。扣除销售成本后的毛利为18.7亿英镑。再扣除集团运营费用，加回参股合资公司的利润（股息及衍生收入变动），最后得出的营业利润为13.7亿元。

审计师之后又加回了投资收益，去除集团的利息费用，最终给了我们一个非常重要的数据，税前利润（PBT）12亿英镑。这12个亿可以用于支付企业所得税，向股东支付股息。

以上这些数字并不是呈报给"金融城的机构"的主要数据——先行的会计审计准则建议使用扣除非经常性损益之后的数据，尽管其中还有非经常性业务，但是毕竟它实际影响了现金流和盈亏最终结果。在这份年报中，这个数字最终仅仅有5,300万英镑。管理层在按发行股份计算每股收益时，虽然管理层很想按照调整某些因素后的108便士（即排除了递延税款养老金投资收益，以及非经常项目费用），但事实上以这微薄的5,300万英镑利润计算，只有12.7便士每股。大体上说，可能股市分析员更关注调整后的每股收益，它是计算市盈率的基础 [市盈率是每股收益 108 便士除以股价（此时是 1,100 便士）得出的数字]，得出的 SSE 市盈率大约为 10 倍。

应该能想象得到，资产负债表（见表 2.2）同样很长，并且详细地归集了各个类别的科目，然而，在实际应用中它遵循的原则非常简单。表头是资产项。我们仍旧关注合并后的集团栏。这些资产被分为非流动资产和流动资产。非流动资产是比如建筑和设备一类的固定资产（别忘了，涡轮风机随着时间流逝是要减记其价值的，即"折旧"，这一部分是可以用来减税的）；流动资产是比如现金、可以交易的证券以及应收账款。

表 2.2 资产负债表

		合并		公司	
		2009	2008 经重列	2009	2008 经重列
	附注	£m	£m	£m	£m
资产					
固定资产	12	7,232.20	6,334.30		
无形资产					
商誉	11	724	659		
其他无形资产	11	253	256.9		
股权投资	13	918.7	917.8	456.9	516.9
附属机构投资	14			2,154.20	2,137.80
其他投资	13	18.3	6		
可交易资产	17			2,066.90	1,772.70
持有到期资产	27		85.8		85.8
递延应税资产	23	100.1	43.1	32.7	
金融衍生资产	29	29	449.2	318.9	
非现金资产		9,695.50	8,621.80	4,710.70	4,513.20
无形资产	11	213.9	138.9		
存货	16	366.7	251.2		
可交易资产	17	5,659.60	3,400.30	3,465.70	2,429.20
现金及等价物	18	295.9	255.3	135.1	104.2

续表

	附注	合并 2009 £m	合并 2008 经重列 £m	公司 2009 £m	公司 2008 经重列 £m
金融衍生资产	29	1,537.70	1,106.50	178.1	1.1
流动资产		8,073.80	5,152.20	3,778.90	2,534.50
总资产		17,769.30	13,774.00	8,489.60	7,047.70
负债					
借款	22	1,060.10	1,847.60	916.4	1,696.30
应付款	19	4,364.90	3,399.90	2,635.50	3,580.20
应交税金	20	254.6	220.8		9
准备金	24	13.8	9.5		
金融衍生债务	29	2,451.00	1,229.40	130.8	
流动负债		8,144.40	6,707.20	3,682.70	5,285.50
流动借款	22	4,336.10	2,073.60	2,868.50	612.6
递延应交税金	23	594.7	967.3		9.6
应付款	19	426	490.1		
准备金	24	60.2	107.3		
持有到期债务	27	273.5	134.9		
金融衍生债务	29	959.5	313.3		
非现金债务		6,650.00	4,086.50	2,868.50	622.2
总负债		14,794.40	10,793.70	6,551.20	5,907.70
净资产		2,974.90	2,980.30	1,938.40	1,140.00
权益					
股本	25	460.2	435.1	460.2	435.1
股本溢价	26	835.3	315.7	835.3	315.7
可赎回资本准备	26	22	22	22	22
资本准备	26	0.8	3.9	0.8	3.9
对冲准备	26	19.6	2.3	43.3	7.1
转换准备	26		146.6		25.4
留存收益	26	1,492.70	2,175.60	576.8	356.2
归属母公司权益		2,977.20	2,980.00	1,938.40	1,140.00
少数股东权益	26	-2.3	0.3		
总权益		2,974.90	2,980.30	1,938.40	1,140.00

资料来源：南苏格兰电力公司2009年年报

大多数的投资者应该关注其中的三个数字——持有现金的变动，剔除品牌商誉、研发等无形资产后的有形资产的数量以及应收账款的变动。大多数投资者更细致，看到了银行账户中现金的增加。当应收账款和存货突然大量增加时，尽管这两项增加都是资产的增加，却引起了投资者的疑虑。最后需要说明的是，无形资产可能会被很多因素影响，然而它是有价值的——想想可口可乐的品牌价值就能明白了。但是投资者认为，如果有需要，固定资产（大到建筑物、小到轻型设备）可以很快折价售出变现，而那些无形资产却很难。

资产负债表的底部由负债组成，作为可以想象到的复杂的大公司，表中该部分内容很多，很可观。该部分可以分成三类。头两类是流动负债，应付账款和各类即时透支；还有非流动负债，包括长期债券和长期借款。

上述加总起来就是总负债，从总资产中减去之后，就是净资产，它构成了所有者权益，换句话说就是企业欠所有股权投资者的剩余价值。净资产的价值通常会用折合每股拥有净资产数量来表示——净资产总额除以发行股份的数量——也就是我们常说的账面价值。还有一个演变出来的指标，将无形资产和负债剥离出来后得出的有形资产净值或者账面价值。

现金流量表是三表中的最后一张（见表2.3），对于某些投资者来说，是最重要的一个，但不幸的是它经常被遗忘！它记录总结了业务过程中的现金流入和流出，相对于那些容易被操纵和捏造的收益而言，投资者认为现金流量表可靠得多。

表 2.3 现金流量表

	经营活动现金流			
	合并		公司	
	2009	2008 经重列	2009	2008 经重列
	£m	£m	£m	£m
税后利润	112.3	873.2	852	550.6
税金	-59	210.6	-40.8	-2.4

续表

经营活动现金流				
	合并		公司	
	2009	2008 经重列	2009	2008 经重列
	£m	£m	£m	£m
经营和融资活动变动	1,265.90	167.1	-37.5	1.6
对外投资汇兑损失	-	22.2	-	-
财务成本	369.8	233.9	447	251.2
财务收入	-209.7	-202.6	-256.9	-191.7
并入的股权产生	-81.6	-108.5	-	-
附属机构投资收入	-	-	-970.7	-609.3
养老金支出	-49.3	-44.4	-14.5	-13.4
资产折旧	315.9	267.8	-	-
无形资产摊销	14.4	32.5	-	-
存货减值	8.2	-	-	-
准备复原	-47.5	-	-	-
递延收入释放	-16.7	-15.1	-	-
存货（增加）	-127.7	-25.9	-	-
应收款（增加）	-2,048.30	-571.5	-1,508.90	-779
应付款增加/（减少）	958	725.5	-538	990.1
准备增加/（减少）	4.7	-6.4	-	-
员工股份支付（税前）	14.3	10.8	-	-
厂房设备处置利润	-2	-65.3	-	-
离岸公司50%处置利润	-102.7	-	-	-
固定资产处置利润	-2.2	-	-	-2.2
资产重置损失	0.3	0.4	-	-
运营活动现金流	317.1	1,504.30	-2,070.50	197.7
合资公司分红收入	39.8	35.1	-	-
少数股东股息支付	-2.6	-	-	-
附属机构股息收入	-	-	970.7	979.3
财务收入	74.4	61.2	192.2	124.9
财务成本	-219.2	-108.6	-348.2	-201.3
所得税	-255.5	-283.6	-255.3	-289.3
联营企业资助	-0.4	-7.6	-0.4	-7.6
经营活动净现金流	-46.4	1,200.80	-1,511.50	803.7

续表

经营活动现金流				
	合并		公司	
	2009	2008 经重列	2009	2008 经重列
	£m	£m	£m	£m
投资活动现金流				
厂房设备采购	-1,172.20	-798.8	-	-
其他无形资产采购	-37.5	-16.9	-	-
收入递延	24.8	8.9	-	-
厂房设备出售收入	3.8	100.6	-	-
离岸公司50%处置收入	308.5	-	-	-
离岸公司50%买入支出	-40	-	-	-
固定资产出售收入	2.4	-	2.4	-
合资公司贷款	-262	-50.1	-	-
收购安粹风能	-2.1	-1,302.20	-2.1	-1,302.20
其他附属机构收购	-26.3	-65.7	-	-
收购中获得现金	0.1	597.3	-	-
合作机构投资	-44.7	-	-	-
对马奇伍德电厂的投资	-19.7	-	-	-
合资机构的长贷和权益支付	79.7	10.8	60	-
其他投资增加	-12.5	-14.5	-	-
投资活动现金流	-1,197.70	-1,530.60	60.3	-1,302.20
融资活动现金流				
发行股份收入	479.6	2.2	479.6	2.2
普通股回购注销		-237		-237
股息支付	-551.9	-502.8	-551.9	-502.8
员工股份支付	-15.8	-12.4	-15.8	-12.4
新借款	3,203.10	2,275.10	3,266.50	1,696.40
展期借款		-543		
	-1,835.30	-466.6	-1,696.30	-349.5
融资活动净现金流	1,279.70	515.5	1,482.10	596.9
现金及现金等价物净增加	35.6	185.7	30.9	98.4
现金及现金等价物期初额	243.1	48.4	104.2	5.8
汇兑影响	14.9	9	-	-

续表

经营活动现金流				
	合并		公司	
	2009	2008 经重列	2009	2008 经重列
	£m	£m	£m	£m
现金及现金等价物期末额	293.6	243.1	135.1	104.2

资料来源：南苏格兰电力公司2009年年报

以企业当期的净利润为起点，在将所有需要移除和加回等调整项目，编制出整体的现金净流量。其中最重要的是，融资贷款成本及衍生孳息等被去除，折旧被加回，在考虑应收和应付之后，我们得到了现金流量表中的一部分的结果——**经营活动产生的现金流**。在这个数字上再减去支付的股息和所得税，就得出了最重要的数字"**经营活动净现金流**"——这是企业在支付了营业各项支出和股息之后企业剩下的钱，可以用于将来发展业务。一般说来，如果最终的数字是负数，就不是什么好征兆，如果数字是正的，随着时间数额变得很大，那么投资者就会看好企业，这是个值得好好研究的好消息。

在现金流量表之后，开始呈现投资活动的细节——通过股权和债券发行筹资的资金，以及业务和资产出售变现。分析员会非常仔细地审视两个最终结算出来的数字——第一个是现金及现金等价物的净增加额，该数字告诉我们银行存款的增加或者减少，在本案例中是正值（当然这是个好消息）。最后结算的数字是现金及现金等价物的年终值，大家都期望该数字高于年初的数字，这就是说，经过一年的经营，数字加来减去，最后毕竟银行存款增加了。

附注

本章的目的并不是深入挖掘这些加来减去的数字是怎么得出的——特里·史密斯的那本畅销书一开始就提醒，这样做可不是理解这个会计和审计们所控制的灰色世界的好方法。但是那些聪明的投资者不能不关注一下财报中的附注，哪怕是粗略地审阅。在SSE这个案例中，财报的附注有33小节，内容涵盖了从采用的会计政策到债务细节以及如何处理换汇事项。

对于投资者来说，附注中有些内容是非常关键的，其提供了如下一些细节信息：

- 对于像SSE这样的大公司，养老金计划的义务是一项非常大的支出，而且在不断地增加——投资者会问，企业的这种负担是否在可承受范围之内，将来什么时候需要支付这些债务？可不要忘记，养老金计划的监管部门有理由认为，支付给企业股东股息的优先次序是低于养老金的优先请求权的。
- 外汇敞口的风险以及贸易中使用的金融衍生工具。在SSE的案例中，包含了碳信用（该小节被称为金融工具应用，该节是重点关注的部分）。
- 债务结构——有多少短期到期的债务（1~2年内），以及所有债务的长期成本是多少。
- 管理层是如何计算无形资产成本的，以及是如何摊销的，也就是说如何减记账面价值的。

综合分析

大多数投资者和分析师将大量时间花在报表分析的两大主题上——趋势（希望企业走的是正道）和基础价值（希望是正面的）。在下一个"航材公司"案例中，我们将看到在两大主题上都不尽如人意时会有什么结果——趋势上，在各个方面都不对路，而企业增长也没有基础和内在价值。

在图2.1中是一个电脑截屏图片。该图片来自于我们之前提到的"股票界"软件——它在一个页面上总结了之前讨论的SSE的所有关键指标。现在不用着急去了解这张图表的细节，因为在之后的章节中我们将讨论如

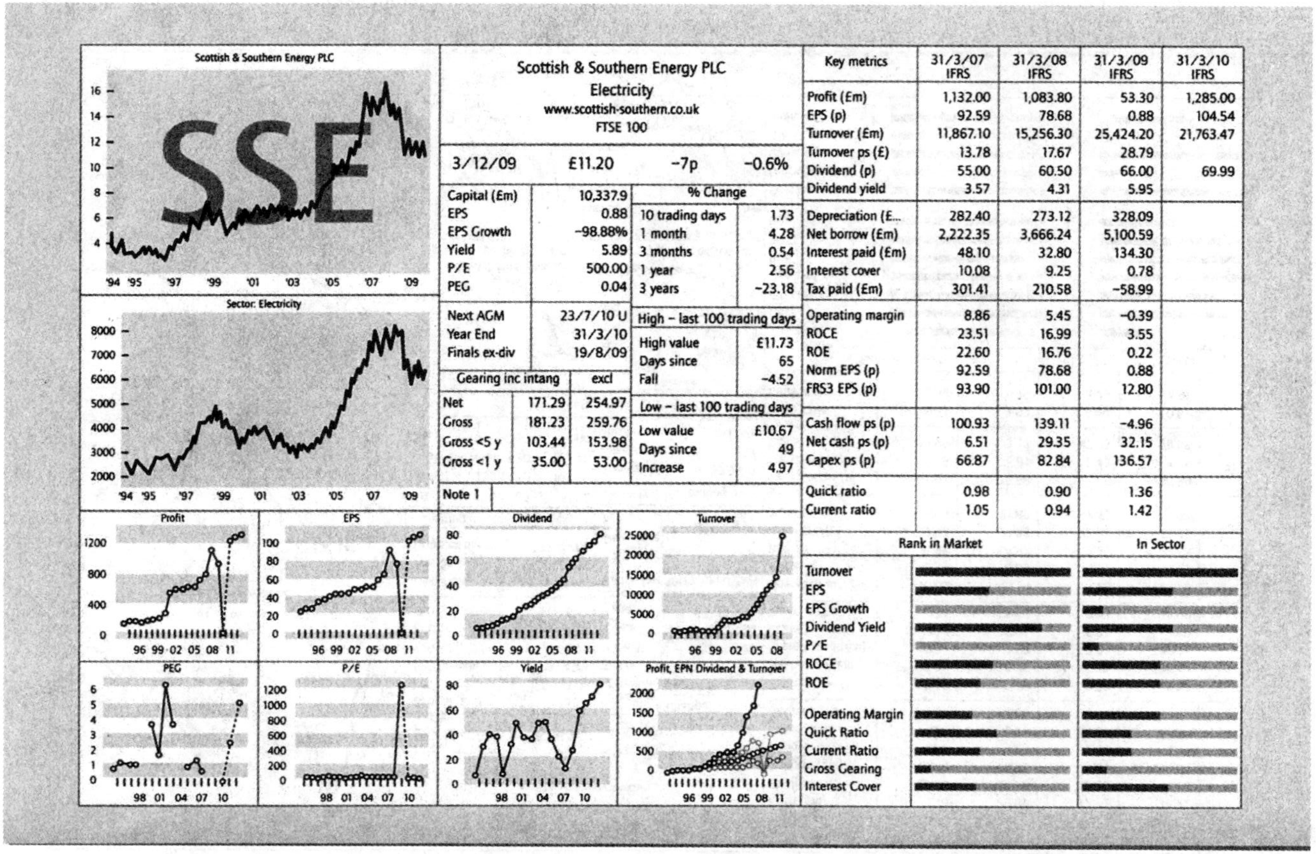

图 2.1 股票界中 SSE 的所有关键指标

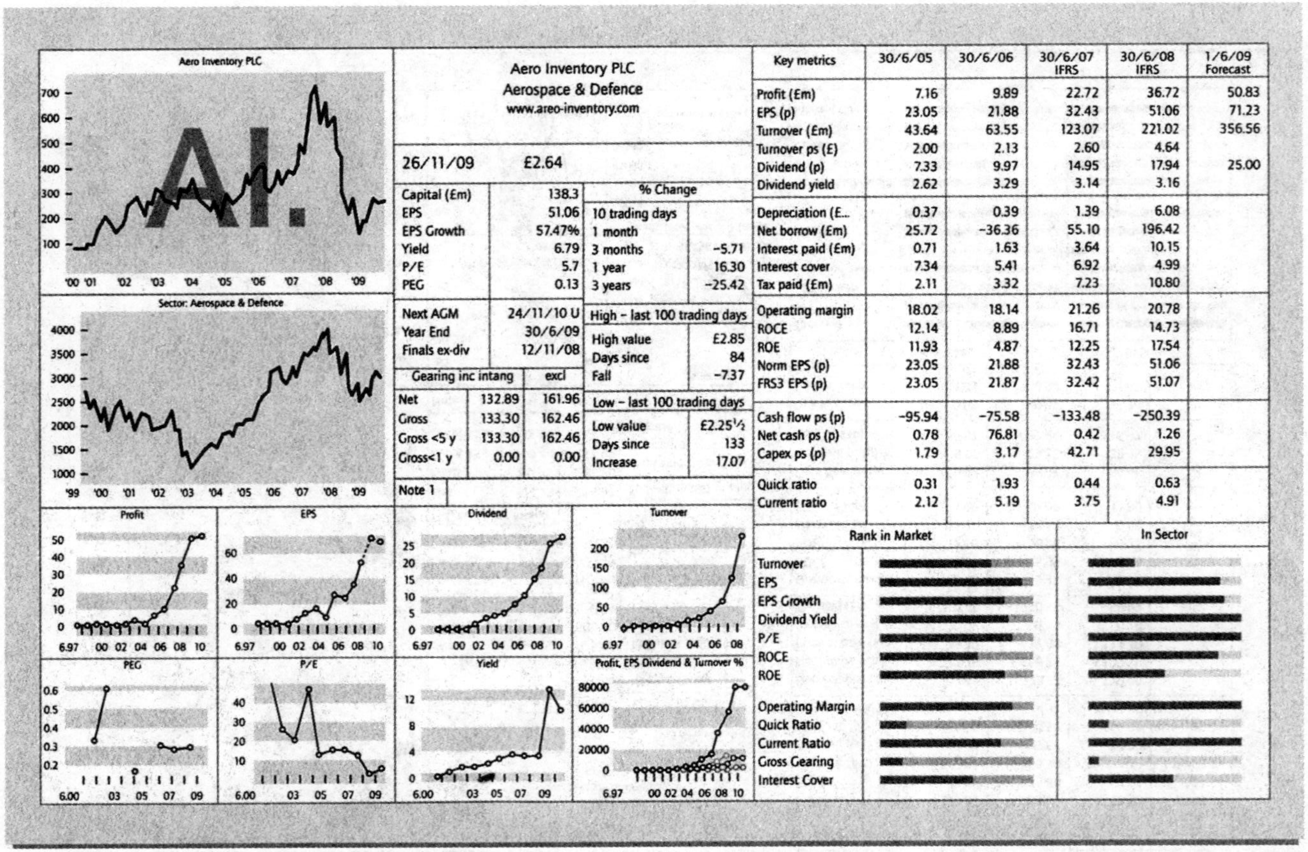

Aero Inventory PLC
Aerospace & Defence
www.areo-inventory.com

26/11/09	£2.64

		% Change	
Capital (£m)	138.3		
EPS	51.06	10 trading days	
EPS Growth	57.47%	1 month	
Yield	6.79	3 months	−5.71
P/E	5.7	1 year	16.30
PEG	0.13	3 years	−25.42

		High – last 100 trading days	
Next AGM	24/11/10 U	High value	£2.85
Year End	30/6/09	Days since	84
Finals ex-div	12/11/08	Fall	−7.37

Gearing inc intang		excl
Net	132.89	161.96
Gross	133.30	162.46
Gross <5 y	133.30	162.46
Gross<1 y	0.00	0.00

Low – last 100 trading days	
Low value	£2.25½
Days since	133
Increase	17.07

Note 1

Key metrics	30/6/05	30/6/06	30/6/07 IFRS	30/6/08 IFRS	1/6/09 Forecast
Profit (£m)	7.16	9.89	22.72	36.72	50.83
EPS (p)	23.05	21.88	32.43	51.06	71.23
Turnover (£m)	43.64	63.55	123.07	221.02	356.56
Turnover ps (£)	2.00	2.13	2.60	4.64	
Dividend (p)	7.33	9.97	14.95	17.94	25.00
Dividend yield	2.62	3.29	3.14	3.16	
Depreciation (£...	0.37	0.39	1.39	6.08	
Net borrow (£m)	25.72	−36.36	55.10	196.42	
Interest paid (£m)	0.71	1.63	3.64	10.15	
Interest cover	7.34	5.41	6.92	4.99	
Tax paid (£m)	2.11	3.32	7.23	10.80	
Operating margin	18.02	18.14	21.26	20.78	
ROCE	12.14	8.89	16.71	14.73	
ROE	11.93	4.87	12.25	17.54	
Norm EPS (p)	23.05	21.88	32.43	51.06	
FRS3 EPS (p)	23.05	21.87	32.42	51.07	
Cash flow ps (p)	−95.94	−75.58	−133.48	−250.39	
Net cash ps (p)	0.78	76.81	0.42	1.26	
Capex ps (p)	1.79	3.17	42.71	29.95	
Quick ratio	0.31	1.93	0.44	0.63	
Current ratio	2.12	5.19	3.75	4.91	

图 2.2　股票界中航材公司所有关键指标

何解读，不过我们现在可以从这张图表上看到几个我们之前讨论的 SSE 的重要趋势。

- 股利稳步上升。
- 销售和营业收入随着时间不断增长。
- 在 2009 年困难期，企业利润波动较大。
- 现金流也有波动，但是除了 2009 年之外，其他年份均为正值。
- SSE 在新设备上持续增加投资，并且 2009 年在新设备上的花费折合 136 便士每股。最终这些投资将变成新增产能被释放出来——发电站和风机——从一个严格监管的行业中获取利润。

航材公司

接下来讨论的是航空零部件供应商，航材股份有限公司。我们不打算再让读者细致审阅损益表、资产负债表和现金流量表，那可是个遭罪的事情。取而代之的是从股票界中摘取总结图表，如表 2.4 和图 2.2，从中我们可以看到关键数字随着时间的变化情况。这项工作的重点不是再次解释该关键工具告诉我们什么指标，而是为了鉴别航材公司的重要趋势，该趋势最终导致 2009 年航材股份有限公司的破产。

表 2.4 一些盈利数字

	好消息			
	利润	每股收益（便士）	收入	股息（便士）
2005	7.16	23.05	43	7.33
2006	9.89	21.86	63	9.97
2007	22.72	32.43	123	14.95
2008	36.72	51.06	221	17.94
2009	50.83	71.23	356	25

续表

	担心的消息			
	折旧	利息保障	利息支付	已占用资本回报率
2005	0.37	7.34	0.71	12.14
2006	0.39	5.41	1.63	8.98
2007	1.39	6.92	3.64	16.71
2008	6.06	4.99	10.15	14.73
2009				
	坏消息			
	新借款	现金流	资本性支出	速动比率
2005	25.72	-95	1.79	0.31
2006	-36	-75	3.17	1.93
2007	55.1	-133	42.71	0.44
2008	196	-250	29.95	0.63
2009				

在表 2.4 中，你能发现一些非常惹眼的数字——这些数字很容易给人们留下深刻的印象。营业额不断增长，企业在支付股利方面越来越大方。但是也有一些让人担心的因素和数据：

- 因为很多钱花在了设备购买上，所以折旧费攀升（现金流支出已经支付在购买设备上，这部分就不是问题，折旧是不影响现金流的）。
- 近期借贷利息飙升（假如现金流入情况良好，这个问题的风险也是可控的）。
- 一个关键的效率指标（在后文的技术章节中有明确定义）——已动用资本回报率（ROCE, Return on Capital Employed）持续下降。

最后一个指标是将利润和投入资本相对比，用百分比的形式表示回报效果——投资者普遍期望的数字是超过 10%，并且长期持续。

关键的是财报中还有些更令人担心的数据。短期贷款迅速增加（因此出现利息支出增加），并且业务真实现金流是负值。当企业管理层在新设备上投入的钱越来越多,而设备产出利润所带来的现金却不足以支付由此带来的账单,那么最后得出的现金流数字就变得更加糟糕。最终导致的是流动比率表现出来的是与期望完全相反的趋势,这个指标是一个深受私募股权基金分析员关注的指标。速动比率测评,也被称为"酸性测试"(acid test,寓意"严峻考验"),基本上就是企业财务实力(或者问题)的指示器,其计算方法是流动资产减去存货后除以流动负债,如果出现大幅下降可不是个好消息。在SSE案例中值得关注的是,尽管它债务上升的同时也在新设备上进行了大笔投入,但是其速动比率却有更大的下降。

以上这些数字反映了航材公司糟糕的和不是那么糟糕的情况,最终,这些数字对企业产生了实质性的影响——现金流快要断流时,银行开始不安起来,一旦公司在技术上违约无法还款,一切就结束了,曾经持续增加的存货沦为清算破产时的破烂。后来《投资者纪事》(Investors Chronicle)等报纸和杂志的评论报道[1]揭露了事情的真相。该报道这样说:"在《投资者纪事》答应不透漏其姓名的情况下,几位前雇员把责任归结于公司存货管理系统,被称为'零部件中心'和管理层的失败。'存货价值评估系统一团混乱,几乎没有对的时候,'一位内部人说,'到最后,我们被告知无论计算机给出什么样的价格,我们就按其价值执行交易;例如,价值200美元的零部件可能仅标价1美元卖了出去'。"[2]

但是我们从中要吸取经验教训,如IC的专栏作家熊牛(Bearbull)所总结的:

- 小心那些飞速增长的公司;
- 小心那些贪婪补充资本金的企业;

---

[1] Hofmann, j.(2009)"为什么航材公司坠机失事",11月20日,www.investorchonicle.co.uk。
[2] 同上。

■ 小心那些把会计核算的利润当成真金白银的企业。[1]

航材公司耗光了巨额资本金，承付资本从 4000 万英镑增加到 3.4 亿英镑。熊牛这样评述："换句话说，航材公司需要花费 1.5 英镑的资本金才产生了 1 英镑的营业收入。"按照他的观点，这个航空零部件批发商是"一个有巨量存货的代理商在用别人的库存、资本和风险做练习。"给航材的管理层说句公道话，如果可以产生足以支付巨额的贷款和存货的真实利润和现金，这将是个不错的商业模式——但是从数字上看，远不是这么回事。切记，利润并不必然等于现金！甚至那些有形的固定资产也可能因为公司的清算而不值账面上记的那么多钱。投资冠军（Investors Champion）网站估计，那些存货和资产在清算折价处理时能值账面价值的 40% 就算幸运的了。[2]

年中	2004	2005	2006	2007	2008
收入	21	44	64	128	221
股本	36	67	104	216	347
运营利润	2	8	12	31	47
运营现金流	-20	-19	-19	962	-102
新贷款	0	1	0	57	151
新股权（融资）	15	5	88	1	0
股东基金	31	39	135	149	149

资料来源：Bearbull (2009) 'Flight of Fancy', 18 November, *Investors Chronicle*, www.investorschronicle.co.uk

接下来——将数字输入一个财务模型中处理

通过 SSE 和航材公司两个案例，我们快速认识了复杂的财务会计世界，希望借此能让投资者对一些关键指标有足够的警觉。众多的基金分析经理

---

[1] 熊牛（2009）"梦幻的飞翔"（Flight of Fancy），11 月 18 日，www.investorchonicle.co.uk/Columnists/Bearbull。

[2] 'Small Cap Share Comment'，2009 年 11 月 17 日，www.investorschampion.com。

们不断优化使用这些指标来监测股票，并形成自己的选股策略。他们采用其中某些关键指标，将其组合成形成基本的模型，通过模型来预测和评估其内在价值与其市值相比是否合理。

这些财务模型被投资者广泛地在其选股程序中作为关键部分使用，尤其是其中的现金流折现模型（DCF）。这里我们将介绍我们这个时代最著名的基金经理之一，景顺基金（Invesco Perpetual）投资总监尼尔·伍德福德（Neil Woodford）对烟草股那么"痴迷"的原因。

《卫报》（Guardian）的帕特里·克柯林森（Patrick Collinson）问他为什么那么喜欢BAT（英美烟草）时，伍德福德回答："理由可以归结于一个非常简单的方程式……它的收益略低于5%，每年回购2%的股权，股利每年增加9%~10%。按照股利贴现模型（DDM模型，Dividend Discount Model）计算，BAT收益大约为百分之十几，对于一个风险、收入稳定可预测的公司而言，这是再好不过的收益了。"[1]

BAT的估值在数字上可能会有一些波动变化，但是其价值基础的要点很清晰明确。英国最成功的投资者们广泛应用了各种财务模型——本案例中使用的是股利贴现模型——而且从投资者管理的基金的长期收益上看，这些模型的应用取得了成功。并不只有尼尔·伍德福德是使用模型的狂热分子，美国的美林证券（Merrill Lynch）同样采用类似的模型作为其取得巨大成功的高阿尔法模型（Alpha Surprise Model）的核心部分，还有几乎英国每一个绝对回报基金（Absolute Returns funds）都是用了DCF模型或者其演变的模型，用来确立股票价值的合理构成。

究竟是什么样的驱动力让许多类似DCF的模型得以广泛应用？因为我们的股票市场中存在太多的股票，它们稳定成熟，都有着较大的规模，能产生相对规则的现金流，股价也不高，比如SSE公司。简而言之：

---

[1] The Guardian, 2006年11月15日。

- 市场上有着众多商业模式合理，运营可靠的公司，其现金流和股利支付可以被理性预测出来；
- 市场上有大量类似SSE（以及BAT）那样不那么"性感"，股价低，但是可以信赖的公司的股票；
- 它们可以作为DCF和DDM模型的选股对象。

内在价值

隐藏在这些模型内的是一个非常简单和传统的观念——股票的内在价值和它的市面的价格往往是不一致的，而且很有可能高于其市场价格。显然不需要做什么哲学上的探讨，我们很容易说，在字面意思上所谓价值与目前市场给出的价格本来就是不一样的。比简单字面意思更深的理解是，在"模型"这个语境下，股票的市场价格不一定等于企业资产减去负债的所有者权益，特别是在未来几年中公司业务还在不断增长的情况下。

股票投资分析的先驱约翰·伯尔·威廉姆斯（John Burr Williams），给"内在价值"这个观念的核心带来有点不一样的新鲜东西。回溯到1938年，他指出评估一个企业以及其股票的内在价值需要考虑四个主要因素，两个与宏观经济相关，两个与企业的具体情况相关。宏观面上两个因素分别是通胀水平和真实利率；企业面的两个因素是作为股息收入的预期现金流入在将来各个时期的分布，以及折现率或者收到现金进行再投资的收益，也就是说作为你持有该股票的风险回报的安全边际。

传奇投资家本·格雷厄姆（投资泰斗沃伦·巴菲特的导师）将这些观点又向前推进了一步——我们将在后文的价值投资章节中给予介绍。他非常欣赏威廉姆斯，相信尽管有着投机带来的市场无序波动，然而企业的内在价值是相对稳定的经济价值，而且可以通过其内在价值的计算得以相对容易的评估。简而言之，投资者应该仅当在股票市场价格大大低于计算出的内在价值时买进。格雷厄姆还给出了具体的内在价值计算方程式：

$$价值 = 当期收益 \times (8.5 + 双倍的期望年化增长率)$$

这里的增长率是指接下来的 7~10 年的期望值。

DCF 模型

自从格雷厄姆早期模型提出，财务分析已经有了相当的历史演进，现在分析师分比较偏好的模型是被称作 DCF 或者现金流贴现模型。如果查一查该模型的教科书，你就会了解到这样的信息："通过对将来收入和费用支出的预测，对一项投资的现值进行评估的方法"。[1] 按照雷曼的说法，它是一个人为了获得未来几年那些现金流而愿意现在就支付的钱。最终产物就是通常所谓的内在价值或者股票真实价值，它是所有理性投资者愿意为股票支付的价格。

如果想透彻讲明白这个模型，需要专门上一堂课，学习这些复杂公式，它们比模型更复杂；然而模型背后的逻辑观点是简单易懂的，建立在对以下问题的解答上：

- 假如你用现金购买某种股票，那么你希望能回收多少现金？冒此风险的补偿回报是什么？
- 这只股票预计的净现金流是多少？
- 以一个适当的利率进行折现，这些预计的净现金流的折现值是多少？这就是该项股权投资的内在经济价值。
- 按照英镑、便士和百分比计算，安全边际是多少？按照这个安全边际数额去配比你所持股票的风险情况后，每股内在价值是否大于市场价格？

1　http://financial-dictionary.thefreedictionary.com.

考虑这些基本原则之后，我们再次体会下这个等式是值得的：

$$DCF = \frac{CF_1}{1+r} + \frac{CF_2}{(1+r)^2} + \frac{CF_3}{(1+r)^3} + \cdots + \frac{CF_n}{(1+r)^n}$$

CF = 现金流；r= 折现率（WACC）。

还好，我们能找到许多网站，借助它们可以免去你操作这么复杂计算的痛苦。我比较喜欢的一个网站是 MoneyChimp（www.moneychimp.com），它的交互界面设计得非常友好，让我可以非常容易地使用该公式。

仍以我们之前分析的 SSE 为案例，在图 2.3 显示了对该案例的分析是如何进行的。第一步任务就是计算出 SSE 标准化后的或者核心基础的现金收益——这里使用的数字是调整后的每股收益（EPS）108 便士。

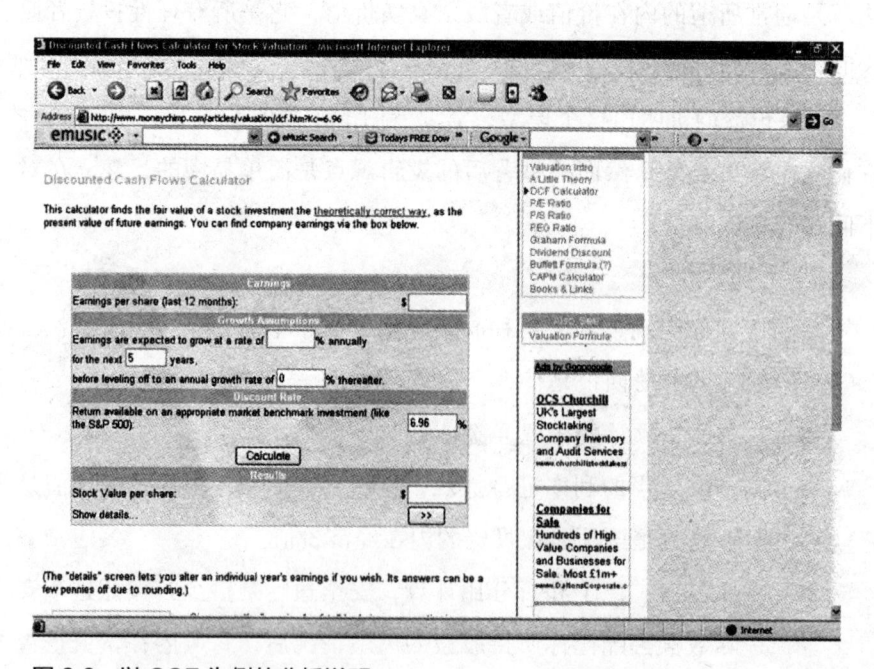

图 2.3 以 SSE 为例的分析说明

资料来源：www.moneychimp.com

在 Moneychimp 上使用 DCF 模型

我们下一步就是浏览 Moneychimp 网站和它的折现模型——我们可以看到一系列标准可选框[1]，分别是：

- 每股收益——按照你自己的喜好，可以使用收益或者现金收益的数字。这里我们采用 108 便士。
- 增长假设——这里需要你在空白处填入数字，预测超过两期的每股收益增长情况。第一是中期——通常是之后的 5 年期——接下来是长期，乃至无限期。你可以从股票分析员那里得到关于近几年收益预测的一些观点。在 SSE 案例中，越来越清晰的是，在中期范围内，经过企业努力大概能达到 5% 左右的年增长率。
- 最后一个选框需要我们选择一个具体的折现率。在 Moneychimp 网站，恰当地采用了市场基准回报（比如标普 500）——目前其默认值是每年 11%。

我们最后一步就是简单的点击计算按钮，很快，网站给出了对 SSE 股票的估值。假如我们使用了 108 便士的调整后每股收益，那么 SSE 的股票看上去还是很有价值的。Moneychimp 网站的 DCF 模型给出的 SSE 股票的估值是 1,400 便士每股，大大高于现在市场上每股 1,100 便士的价格。即使在很长的时期内 SSE 的业务没有增长，它的估值仍然达到了 10 英镑——也就是说 10 年内零增长，股票的价值仅仅比现在的股价低 10%。这个案例说明了 DCF 模型的威力——只要企业能持续赚取现金，它就能给出价值评估的坚实数值。但是，DCF 模型最重要的启示还在于它表明，如果你改变了长期增长率，那么将对企业股票的价值产生重大影响。

---

1 http://financial-dictionary.thefreedictionary.com/articles/valuation/dcf.htm.

股息贴现模型

DCF 的一个变种是 DDM 模型——这是更简化的观点,即将企业支付的股息与股票的价值联系起来。该模型核心思想是任何股票最终的价值体现无非就是企业现在和将来支付给投资者股息的总和。与 DCF 模型相对比,看起来更加复杂,在模型中用到这样一个方程式:

$$股票价值 = DPS(1)/Ks - g$$

DPS(1) = 在一年内期望得到的股息;

Ks = 期望的投资回报率;

g = 股息的增长率。

期望的投资回报率可以使用这个公式加以估计:

$$无风险回报率 +(市场风险贴现 \times 贝塔值)$$

虽然我们将 DCF 模型中的现金收益替换成股息,实际上股息贴现模型在数学公式上与 DCF 模型没有本质不同。

仍然以 SSE 为例,得益于 Moneychimp 的 DCF 模型的介绍,同样的方法,这次我们使用股息数据替代收益数据——2009 年的年度股息 66 便士,2010 年的高一些,可能为 70 便士。另一个大的变更是股息增长预测。SSE 曾有报告明确表示将采用积极的股息支付政策,大多数分析员认为其近几年的股息增长大概为每年 5%。这不是某个人的推测——相对比在 DCF 模型中,我们可以保守地估计其增长率为每年 3%。将这些数据输入 Moneychimp 里的模型,结果马上显示 SSE 的股价看起来贵了许多——在 3% 的股息增长率下,DDM 模型给出的内在价值估值为 800 便士,而股价此时为 1,100 便士。如果我们将估值提高到 5%,该模型则给出可接受的价格为 1,155 便士/每股。此次分析表明,SSE 承受了巨大的资本市场的压力,要求其在未来的 5~10 年保持较高的股息支付增长率。

种种质疑和误解

所有这些对不确定的未来的预测，大多数私人投资者的反应基本上都是简单的不相信——基于假设的财务模型怎么可能告诉我们那些假定的股票价值呢？行为经济学更是对这些模型不屑一顾，宣称计算所谓的股票内在价值无非是在浪费大家的时间，因为股价其实就是市场愿意支付的价格的一种表达，关键就在于市场愿意付钱，否则对于股票而言根本没有什么完美真实的价值。

对这些模型的批判中最狠的观点是认为这些模型过于机械。作为众多有力的工具中的一类，有理由怀疑在应用中是否存在我们在第一章中提到的"输入垃圾数据，输出垃圾结果"的情况，但这还不是核心风险；核心风险在于DCF此类模型的有意义的估值依赖于模型使用者对企业的现金流的预测能力。模型输入值的微小变化对目标公司估值结果可以产生较大的影响——以SSE为例，在关键指标上每年1%的变动可以使其估值从过高估值变成过低估值，反之亦然。

还有一个很重要的、长期存在的问题。预测近几年的现金流已经是一件极其困难的事情，预测超远期的结果（模型中的必选项）更是几乎不可能的事情。通过推测近10年现金流的现值，大多数分析师把自己的展望观点限于10年期，但是他们仍然会尝试着构建无限远期的模型。对远期进行预测的最臭名昭著的案例是瑞士信贷第一波士顿银行（Credit Suisse First Boston）的分析师，他们对欧洲隧道（Eurotunnel）的预测一直延伸到2085年，整整80年！

运用这些模型时，千万不可以单独基于模型的预测值而做出是否投资的决策。DCF和DDM模型估值需要不断地进行跟踪评估和再测试，仅适合作为对其潜力进行估值的关键标尺来使用。

> **网站**
>
> 阿斯沃思·达莫达兰（Aswath Damodaran）是纽约大学斯特恩商学院（Stern School of Business）的金融学教授，他非常关注与DCF模型相关的市场信息。他的网站是使用此类模型、相关学术论文和一些电子表格的宝库。该网站给出谷歌的内在真实价值是110美元每股，比现在的市场估值低了100美元左右！你在该网站还能发现更多的出乎意料的DCF模型的应用。该网址是http:// pages.stern.nyu.edu/ adamodar/ New_Home_Page/ spreadsh.htm#valinputs。
>
> 《金融时报》也有自己的在线模型应用。通过Lex专栏在网址http://news.ft.com/ lex/ calculator/ cashflowmodel 和 http:// news.ft.com/ lex/ calculator/ dividenddiscount。
>
> Moneychimp也通过他们的网站http//:www.moneychimp.com该出了模型应用，其界面设计更为友好，操作比较容易。

市场数据同样重要

截至现在，本章集中讨论了与企业报表相关的基础计量方法和数据。但是，这些只是整个画面的一部分，另外还有一个同样重要的用来描绘公司的评估手段方法，那就是"市场"，是由众多分析师和投资者构成的更广泛的市场。

最明显的"外部"测评方法——即不在企业的控制和会计及审计范围之内——公司的股价。关于股价，存在着不同的观点。如前文在财务模型讨论部分所述，股票价格并不必然成为企业股票内在价值的一个维度。然而有不少经济学家——包括学者和专业人士——强烈反对上面的观点，他们认为股价是真正有价值的唯一指标，其他所谓的企业内在价值是没有意义的。对于此类分析人士，股票市场价格就是你需要的全部，因为市场在传递消息和数据方面，在将消息和数据转化成股价的变化是完全有效的。我们在下一章讲述这群人，我们将看到他们围绕市场有效性这个理论假设的争辩。

不管你是否认为企业有所谓的内在价值，其内在价值是否基于其资产和股价之间的差异，我们描述企业股票的价值时必然要和企业某种基础的事物联系起来，有时这种联系还可能非常地微妙。值得我们牢记的是，股票市场价格是个相对数，即相对于其他众多同类股票，某个股价是上升了还是下降了。

许多投资者比较关注所谓的技术指标，其中应用较多的一个被称为相对强度（RS）指标。该指标测量某只股票价格在一定时间内的市场相对强弱程度——其测量时间段从一个月到一年之间不等。在美国，相对强度指标被定义为"在过去的一年内与股指（例如标普500）相比较的变动情况"。指标值高于1.0时意味着该股票在该期间内表现较为强势。对于大多数增长性投资者，一个高RS指标值，尤其是超过一年持续强劲，是一个非常积极的信号。它表明市场开始青睐该企业的股票，认可其表现出来的某些优势了。

相对强度指标的计算公式如下：

相对强度 =（当前股价／一年前股价）／（标普500当前点位／标普500一年前点位）

在英国该指标常用百分比来表示。该指标如果是正数，表示相对于市场而言该股票更强势；如果是负数，则意味着该股的股价表现弱于大市。容易混淆视听的是，在英国该指标有一个月，三个月，半年期和一年期的。

就RS值为负数的某些情况而言，比如说一个月的数值，并不必然是坏事，如果较长时期内（比如延长到以年为计）是负值，那就普遍被投资者认为是一个不好的信号，当然，逆向投资者除外。所谓逆向投资者，顾名思义，其投资思路与主流方式相反。

你还可能见到另一个被称为贝塔值的指标，它用于测量一只股票的股价相对于所选定大市基准值的波动情况。把基准（比如富时100指数）的贝塔值定义为1.0，所以当一只股票的贝塔值为1.0时，就说明它在股价升降变动方面经历了与基准指数大致相同的波动量。举例说，如果贝塔值是

1.75，则表明在过去一段时间内基准指数上涨1%，该个股的上涨为1.75%。一般说来，贝塔值越高，投资者的风险越大。

最后再介绍一个被称为"相关性"（correlation）的常用指标，它测度了两项资产价格变动的一致性程度。假如两项资产——比如富时100指数和SSE股票——价格变动步调完全一致，那么它们之间的相关性系数为1。假如它们变动方向完全相反，那么相关性系数变成-1。如果相关性系数为0，则表明这两项资产价格变动相互没有任何联系。

预测数字

当前股价的成因也可以回溯到之前关于公司的各种消息。这些消息和故事来自一群市场中的重要人物——那些为大投行或者经纪商服务的市场分析师。他们高度职业化，他们对所有公司的数据进行仔细研究，关注股价和所在的行业，然后基于企业自我预估和分析员的评估发布研究预测报告。还有许多精明的市场评论员，发布一些提前6~12个月的让人半信半疑的"重大"展望预测。即使回头来看发现他们经常放空炮，但是这些评论和报告在当时还真的起了些效果。

分析师编写的预测报告中一般都少不了两个重要预测指标，每股收益（EPS）和未来股息的支付。预计下一年度EPS是计算另一个受到广泛关注的指标——市盈率——的基础。市盈率即预计的每股收益与当前股价的比值。还有另一个由此演变出来的同类主题的指标PEG（PEG = PE/企业年盈利增长率）。

有大量的学术研究表明，真正起作用的情况还不是分析员预测EPS的数值的大小多少，而是随着时间演进，分析员修正先前预测值进行调整的速度。

也许在这个领域最需要我们学习研究的成果是来自美国的三篇文章，"分析师推荐"（Analyst Recommendations），"共同基金的羊群效应"（Mutual Fund Herding）和"股价的过度反应"（Overreaction in Stock

Price）[1]。这些文章研究的主要对象是市场分析师群体行为以及市场对分析师公布的盈利预测的反应。研究结果相当令人震惊。

文献的总结部分这样写道：

> 共同基金的管理者在追踪股票时有根据分析师的推荐进行不断修正的倾向。那些分析师的修正数据不断刺激着共同基金在股价上形成羊群效应。我们有明确的证据表明，回顾历史，在抽样期内（1994~2003年）共同基金的羊群效应对股价变动产生了相当程度的影响。更重要的是，共同基金羊群效应反过来促成了分析师在分析推荐报告中形成与之相一致的再修正。形成了正向共识的结果是共同基金买入股票，同样，如果是负面的共识最可能的结果就是共同基金们大批卖出。[2]

作者还有一些更加值得警惕的观察结论：

> 更让人感兴趣的是，当共同基金跟随了分析师的修正后发生的现象。共同基金重仓买入的那些被赋予高评级的股票，结果次年其企业规模、股价净值比和动量等指标表现得并不好，而与此相反，卖出的那些被赋予较低评级的股票在这些指标上则有着较好的表现。当基金的行为是被分析师的盈利预测或者被极端现金流驱使时，这种逆反现象就更明显。这些发现说明在一开始基金就对分析师预测和修正建议反应过度了。进一步的证据表明，基金随后将不得不反向交易，从而纠正自己的过度反应，同时其他市场参与者也参与到了这个纠正过度反应的逆向交易中。[3]

---

1 "分析师推荐"（Analyst Recommendations），"共同基金的羊群效应"（Mutual Fund Herding）和"股价的过度反应"（Overreaction in Stock Price），Brown, N.C., Wemmers, R.（2009），7月21日，http://ssm.com。

2 同上。

3 同上。

在分析师预测均值所涵盖的期间，盈利预测达成市场共识过程中的变动是提升市场人气的重要推动力，然而相比之下，还有另一种更具影响力的因素——收益超预期（Earning Surprise，译者注：超预期可以是高于预期，也可以是低于预期）。当公司的实际盈利多次超出了外部分析师（可认为他们是独立的）对它的盈利预测时，这种独特的事情就会发生。一些跟踪研究表明，取得收益超预期的公司股价将会一路向上。这个现象成为了本书后文介绍的一种选股策略的基石，该策略基于美国投资家马丁·茨威格的研究和CAN-SLIM方法。一位关注收益超预期现象的法兴银行分析师甚至宣称，该现象是股价的主要驱动因素。针对《金融杂志》（*Journal of Finance*）1996年12月刊的L. Chan的文章，这位分析师在2006年发表了一篇相关的研究文章，揭示了这样一些现象：

动量值为正数的股票，从1977年以来，已经普遍超越了美国大市。文章分析认为，这种情况是由于分析师对收益超预期的反应迟钝和不足造成的。结论也同样与分析师修订预测的经验做法相符合。图2.4显示，分析师在企业盈利没有达到预期时将持续六个月调低其级别，而当企业盈利超过预期时，只是略微调整其评级……市场对收益预测的反应迟钝和不足的结果，那些收益高于预期的股票将在一段时间内（3~6个月）持续表现出高于预期收益。即使预期调整之后，有些股票仍然会有六个多月时间的优异表现（大约为收益高于预期的股票总数的20%左右）。[1]

法兴银行分析师还这样论述到：

> 我们已经使用IBES统计数据（图2.5）对欧洲股市做了类似研究。我们发现了与美国市场相同的情况，甚至欧洲市场的反应不足程度更甚。因此，以收益超预期为基础的投资策略在欧洲比在美国市场更有效……还有其他一些用来测度收益超预期的指标，比如相对于前次收益报告的相对业绩表现，

---

[1] SocGen WISE（2006）《定量研究》1月刊之"方法详述：什么是WISRE"；www.sgci b.com。

或者近期普遍收益预期的修正。**有关美国市场的文献表明，收益动量和价格动量是密切相关的，因为研究发现最近几个月收益高于预期的股票与股价表现优秀的股票表现出了逻辑上的一致性（作者这里特意加粗强调）**。[1]

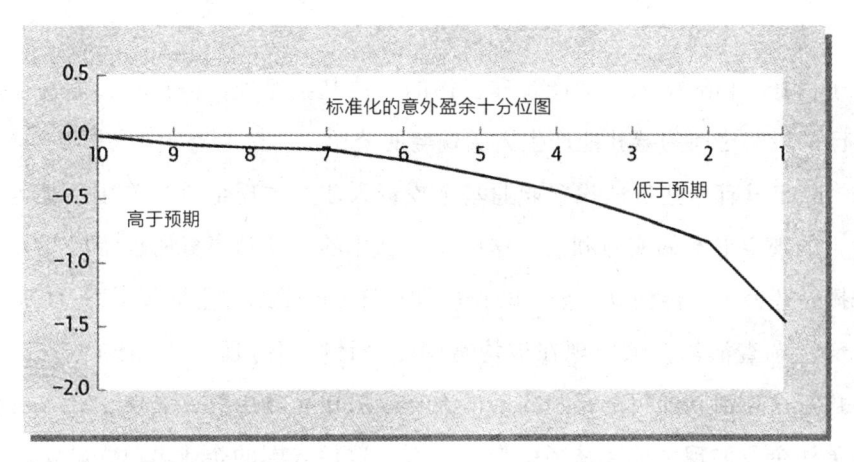

图 2.4　美国分析师反应不足

资料来源：Lakonishok, Y. et al. (1996)

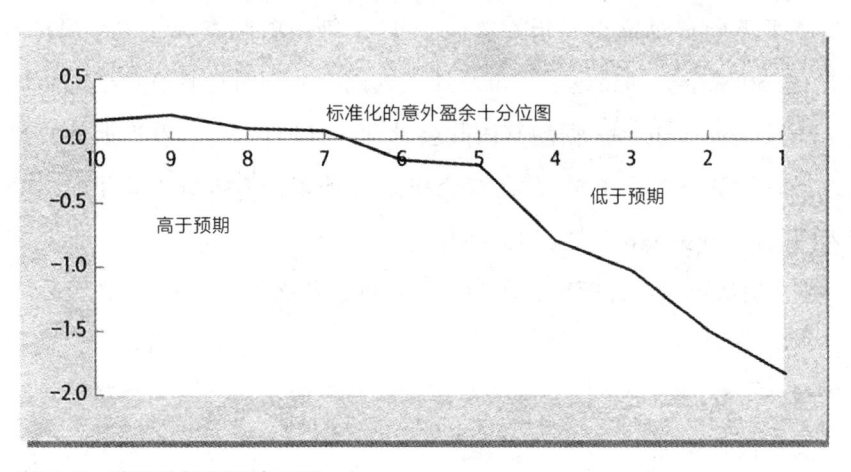

图 2.5　欧洲分析师反应不足

资料来源：SocGenWISE (2006)

1　SocGen WISE（2006）《定量研究》1 月刊之"方法详述：什么是 WISRE"；www.sgcib.com。

重新聚焦现金流

价值投资者——直到目前成功和叫得响名头的一类投资者（后文还会讨论他们）——有一个非常值得关注的评估手段，即"现金流"。许多投资者是基于现金流的某个方面来构建自己的投资策略。我们下文将要介绍的狮子信托（Liontrust）资产管理公司的一位基金经理，他打心底里就是把自己的策略定向为寻找能产生大量现金的公司。

并非只有那些价值投资职业基金投资人才关注现金流，关注企业运营产生的现金形态的实际利润。这些企业聘用的会计师事务所也常以此方法来搞一些公关宣传活动，例如 Robson Rhodes 所做的"隐形冠军"（Hidden Gem）调查活动，该所现在被均富国际会计师事务所（Grant Thornton）并购。这项活动的目的是找出隐匿在英国股票市场中的好企业，其方法就是关注企业的现金流。从另一个角度看，这份入围的企业名单，其实就是股市中最具价值的企业名单。在过去的6年中，名单中的50家企业的业绩超越了英国富时全类股指6.7%，而且在每一项调查测评中（现在有6项），这50家企业都超越了大市。这些入围企业同时还具有短期的防御价值（Defensive Value）。据均富国际会计师事务所说："看看近期的股票市场，富时指数下跌了8.8%，在有资格进行评审的245家企业下跌8.1%，而入围的前50家公司下跌只有5.8%。"[1]

那么均富国际会计师事务所的分析基础是什么呢？

- 主要的筛选范围是基于英国富时全类股指所涵盖的公司（金融机构除外）。
- 然后，对入选企业追溯7年的现金流增长的历史情况，并对现金流增长进行预测。

---

[1] www.grant-thornton.co.uk/publications/hidden_gems_index.aspx.

- 再对比各自的每股价格与现金流比，即股票价格除以每股净现金流的预测均值。
- 最终结果所生成的数据，是每股现金流增长除以每股价格现金流比，这个数据按照其特性被命名为隐形冠军指数（见表2.5）。

表2.5 2008 隐形冠军

HGI排名	公司	行业板块	市值	HGI
1	Creston	营销传媒	33	40.9
2	Clarkson	船务及工业服务	165	20.5
3	Northgate	工业物流	487	19.3
4	Hunting	石油服务	850	14.2
5	Expro	石油服务	1,002	12.7
6	Charter	工业引擎	1,108	12.1
7	Partygaming	在线服务	1,090	12
8	Abbot Group	石油服务	884	10.5

资料来源：Grant Thornton, www.grant-thornton.co.uk

有趣的是，随着时间变化，入围的50家公司也发生了微妙的变化——这个变化反映了英国大公司的价值增长偏见。均富国际会计师事务所编制的指数表明："入围企业在'大企业'——富时100和富时250涵盖的公司——和其他公司之间的分布很平均。从平均股价与每股现金流的比率上看，2008年评选的2007年度入围50家公司的倍数为7.4（整个市场的为12.7）；相比之下，2005年为8.9，2006年为11.1"。[1]

这50家入围公司中现金流值领先的阵营（6家公司）是为石油和燃气提供服务支持的公司，以及软件和计算机服务公司（各有五家公司）。调查还发现英国（目前）处于困境中的建筑公司或许表现出很好的价值来：

1　www.grant-thornton.co.uk/publications/hidden_gems_index.aspx.

"这个发现也许与我们的直觉相反，在住宅建设量预期放缓之前，该板块的股价几乎崩溃。现在大家普遍认同了这个现象，建筑业在这个转型期能产生更多的现金流，因为土地被出售，成本也在降低，而在市场强劲期则因为有太高的并购热情，反而没有产生太多的现金流。按照评论员观点，2008年的市场是对这个理论的最好的检测证明。"[1]

对现金流的评估也是狮子信托第一收入基金（Liontrust First Income Fund）的基金经理加里·韦斯特（Gary West）和詹姆斯·英格利斯琼斯（James Inglis-Jones）采用的选股策略的核心。按照他们的说法，该基金的目标是：

- 在五年期的水平上，回报高于大市整体水平。
- 带来高于指数关联金边债（index-linked gilts）的投资者的收益（译者注：在英国有金融机构发布用来衡量英国国库抗通膨债券市场绩效的指数）。
- 在5年期的水平上，带来的收入增长要高于通胀。

基金经理如何找到这些公司呢？狮子信托的投资哲学是不相信任何基于分析师盈利预测的模型，他们认为"人们在处理信息时经常是感性的和不理智的，那么他们的预测又怎么能可靠呢？"[2]加里·韦斯特和詹姆斯·英格利斯琼斯的观点是"关注现金"。他们的操作方法是关注公司内部经理的利润预估。这个观点构建在下面的结构上：

1. 公司能产生丰沛的现金流（扣除投资支出之后），是企业能在未来产生利润增长的最好的证明。
2. 反过来说，现金流情况差预示报表利润将出现大问题。我们买进

---

[1] www.grant-thornton.co.uk/publications/hidden_gems_index.aspx.
[2] http://www.liontrust.co.uk/pdf/the%20cashflow%20Solution%20-%20equity%20Income%20portfolios%20（precis）.pdf.

能产生大量现金流的公司，卖出那些现金流状况糟糕的公司。

3. 关注那些股息高的公司的现金流情况，能让我们鉴别出那些将来盈利超预期的公司，从而避免掉入各类预测陷阱。

4. 列出有着较好现金流的高收益公司清单，我们相信它们能超越投资者的最低收益预期。然后我们在此基础上进行判断，构建我们的投资组合。

5. 我们的目标是买入有较好现金流，超越投资者最低收益预期的高收益公司。为了达到这个目标，我们采用了两种现金流评估方法：与运营资产相比的现金流，和与企业价值相比的现金流。得分高的公司（即相对于股价而言其现金流高）属于定价偏低的公司，因为投资者对盈利增长预期较低。而且现金流相对比率较高还表明企业管理层的预测较为谨慎，所以他们比较容易达到目标。

6. 我们使用现金流分析方法，目的是寻找收益将高于市场预期的公司。把英国股市中所有资本额在2.5亿英镑以上的公司作为考察范围，将企业的股息收益率（Dividend Yields）与长期金边债券和指数关联金边债券作对比。这类对比有助于判断投资者对一个公司的盈利期望水平的高低。我们寻找这些企业：

- 股息至少高于长期金边债券2个百分点的股票；
- 股息至少高于指数关联金边债券2个百分点；
- 股息至少高于指数关联金边债券。[1]

把这些想法整合成为一个投资策略，你就能理解基金管理人所说的："通过一并考虑各类现金流比率，我们发掘了许多被市场低估（从现金流

---

[1] http://www.liontrust.co.uk/pdf/the%20cashflow%20Solution%20-%equity%20Income%20portfolios%20（precis）.pdf.

收益的角度衡量）了的股票，它们以运营资产为基数的现金回报高于整个大市。"[1] 这是他们在报纸上对自己的方法论的解释。

图 2.6 显示，狮子信托的资产组合的业绩与整个市场的对比。

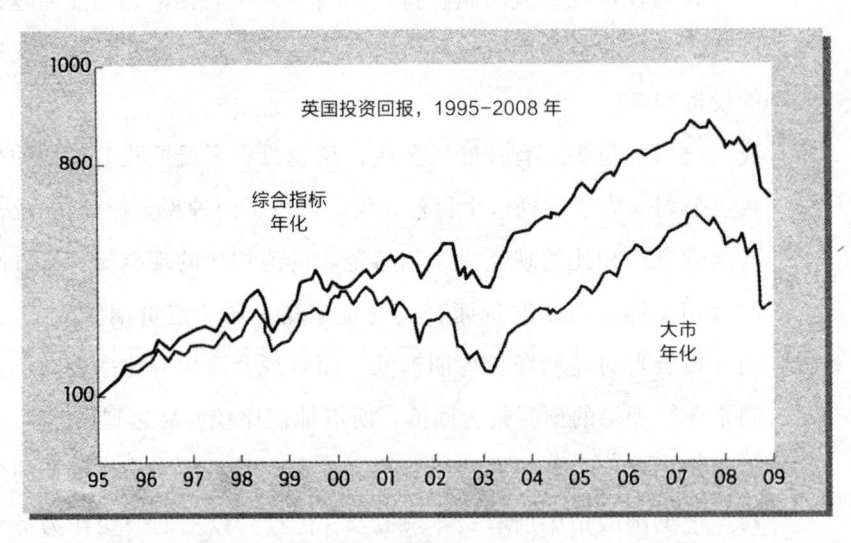

图 2.6 现金流指标和市场回报的综合对比

定性判断——优秀，一般，还是警惕？

本书结尾的附录很详尽地解释了一些重要的评估指标，基本涵盖了从简单易懂的 PE 倍数到类似需要详细分析的流动比率这样的指标。虽然大多数投资者喜欢那些建立在每股收益和每股股息这类指标上的整体数据，但是我们强烈推荐其他同样有效的指标。在表 2.6 中，我们将本书在讨论投资策略时的常见指标进行了量化分级，就是在旁边附上了判断股票是否有投资价值的参考数据，从而方便读者掌握各个指标的基本评判尺度。切记，随着时间和形式的变化，这些指标的评判尺度范围也随之变化，所以

---

[1] http://www.liontrust.co.uk/pdf/the%20cashflow%20Solution%20-%equity%20Income%20portfolios%20（precis）.pdf.

只能作为判断股票好坏以及其特点的方向性的指导。

表 2.6　一些关键指标

指标	好到难以置信	优秀	良好	普通	较差	需质疑
PE ratio	<5	5~10	10~15	15	≥20	≥40
PEG	<0.3	0.3~1	1~1.5	1.5	≥2	不存在
股息	>10%	5%~8%	5%	3%~5%	≤2%	<1%
股息保障倍数	无关系	≥5	≥2	1~1.5	<1	<0.5
ROCE	>100%	>50%	20%~50%	10%~20%	5%	<5%
PTBV	<0.25	0.25~1	1~2	2~5	5~10	≥10
PSR	<0.1	0.1~1	1~3	3~5	>10	>50
RS	>100%	50%~100%	10%~50%	-10%~+10%	<-10%	<-50%
每股收益年增长率	≥100%	>30%	>20%	5%~10%	<5%	<0%

第 3 章　理论：有效市场和不完全有效市场

>　　有一个在经济学家中广为流传的笑话：一位经济学家和同伴一起走在大街上，发现路面上有一张百元钞票。当同伴跑过去准备弯腰拾起来时，经济学家说："不必费心了，如果那张钱是真的，早就被人捡走了。"
>
> ——安德鲁·罗[1]

不利因素

　　2006 年的秋天，在伦敦金融城北部靠近 Shoreditch 的一间不起眼的房间内，几个普通人聚到了一起。

　　他们聚到一起的目的很简单——他们被一家券商邀请参观一个焦点小组（译者注：市场调查的一种形式），券商希望借此理解人们为什么投资股权，以及怎样进行股权投资。券商对人们进行股票交易有自己的利益诉求，因为它是从买卖股票中赚取手续费的，当然要想办法鼓励人们多进行此类投资活动。因此券商需要深入分析人们的交易行为，理解人们在各类交易活动中的反应。

1　In Blume, L. and Darlauf, S. (2007) The New Palgrave: A Dictionary of Economics.

幸运的是，此次讨论是在一个更加哲学化的框架下进行的——12人组成的小组，其中有男有女，在主持人的引导下，讨论了他们对待投资和投资策略的态度，以及他们期望从股权投资中得到什么。大家经过一通神侃后逐步得出4个清晰的观点，其中头两个观点非常令人吃惊。

第一个观点，长期说来股权投资的确是个很好的选择，但是这个选择却居于亚军地位，冠军是房地产投资。房地产投资始终是最受欢迎的投资，而不只是找一个自己的住所。有这个观点也许并不奇怪，但是要知道这个小组中的人都能清晰地意识到，从长期看股权投资比房地产投资能获得更大的回报。

第二个观点也许是最令人吃惊的。一个女士这样表达自己的看法："投资真的是件冒险的事情。我不确定金融城里的骗子对我说的投资机会到底能有什么实际效果。我宁愿简单一些，干脆就'买入大市'。"最后这个词——买入大市——的确让我震惊，但是券商聘请的该调查的研究者告诉我们，在本次研究之前就听到有人使用了这个词。投资者很了解他们的风险，他们的对手可是些机构投资者等大家伙，所以不指望能赢过这些对手，所以他们的期望仅只是取得与大市受益相当的回报。这也就意味着他们期望买入一些产品，从而能跟踪类似富时100那样的指数。

该女士在讲述自己这个观点时，得到了一些人的点头认同，不过对面坐着的一个小伙子立即跳出来给予反驳，也就是说他认为他可以击败大市，并找到那些难以捉摸的"妖股"（Ten Bagger）——能涨10倍以上的股票！这位无所畏惧的年轻人完全不同意小组成员前面的观点，他认为简单地跟踪大市并不是个好主意。对于他来讲，冒一定的风险来发现和投资"妖股"是绝对值得的事情。

最后一个观点也是一个同样睿智的观点。一个年长的参与者说自己也曾投资过分散风险的富时100组合信托，但是现在他更喜欢集中投资于少数几个蓝筹股——声誉一贯良好的大型公司——它们慷慨地派发股息，它们是类似于之前讨论的SSE。对于他而言，股息和稳定性是最重要的！

焦点小组形成的观点虽然范围广、差异大，但与职业投资者和学者之间所争论的各类观点是基本一致的。争论的一方认为市场机会对于个人投资者来说是得不到的，想战胜市场只能是徒劳，是没有意义的，因为所有那些伟大睿智的思想都已经体现在市场中了！实际上，我们可以发现，有大量事实证据说明那些拿着高薪的职业投资顾问和操盘手事实上大都没有给我们带来好结果。认为应该"买入大市"的那个投资者的聪明之处在于，你尽管可以费尽周折耗尽精力尝试击败市场，但是综合考虑之下，还是找出市场偏好并买入相应的指数跟踪基金更简单可行。

寻找"妖股"和看重股息的投资者是争论的另一方，他们持有不同的观点——相信认真研究市场统计规律的投资者，可以通过运用一定的指标和有自己特性的策略，取得高于大市的投资回报。学术界给了这些秉持有自己特性的策略投资者一个让人有点诧异的专有名词——异常人（Anomalies）。从本章论述中我们将看到，大多数经济学家认为那位"买入市场"的投资者是正确的，而那些挑选特定股票进行投资的技术其实就是对大市趋势的一种演绎，所以"异常人"这样的称呼本质上是没有意义的。

从本质上讲，大多数学者认为市场是非常有效和精确的，他们认为市场是如此之大，流动性是如此之高，想击败它，击败形成的趋势是不可想象的事情。从某种意义上讲所有股票最终都将回归均值：所有现象最终都遵守平均收益率原理。有些学者甚至坚持认为长期来看，股票价格的变动完全是随机的，所以所有想在事后总结找出其中规律的努力完全是没有意义的。

理解这些主流的正统观念很重要，因为事实显示学者们大体上是正确的。我们在本章中会发现（在讨论基金职业经理的部分），大多数薪酬待遇优厚的职业基金管理者没能击败市场。大体上多数试图通过选股赚取更多回报的投资者都失败了——这是大多数聪明的选股投资人需要面对的不利事实。显而易见，市场非常庞大，或者说，大体上讲市场是有效的。

但是简单地认为市场大体上是有效的并不意味着它所有时刻都是有效

的。本章将深入、公正地探讨部分学者对这些正统主流思想提出的各种批判。这些学者认为市场经常错误地给股票定价，细心谨慎地使用某种策略是能够产生市场平均回报以上的收益。例如有些"异常人"聚焦于某些特性、某些策略所做的投资具有稳定性和一致性，在相当长的时期内取得了丰厚的回报。值得注意的是，后文中所讨论的学者们对众多投资策略的验证评判是需要放在一定的背景和前提条件中的。在本章的结尾我们还将看到，那些曾击败市场的策略在运用时需要非常小心，需要提防众多可能影响投资回报的行为风险。

神谕

2007年，美国投资界传奇人物，"指数基金教父"约翰·伯格（John C. Bogle）出版了那本经典的"小书"《长赢投资：唯一保证你取得合理收益的方法》（*The Little Book Of Common Sense Investing: The Only Way to Guarantee Your Fair Share of Stock Market Returns*）。本书成为了投资者的必读，而且是成为了解"圣徒杰克"（Saint Jack）思想的最佳指引。"圣徒杰克"是约翰·伯格的追随者对他的"美誉"（他的追随者也被起了个绰号"Bogle Heads"）。

可能除了巴菲特这个特例，在美国没有人能打破关于投资的各种神话和谎言。伯格倾其一生在讲述和实践两个简单的观念：对市场的投资需要简单到自己可以理解的地步；降低投资者的成本。在他看来，金融服务业故意杜撰各种神秘术语和手段，以此构建了自己的全球帝国，从而可以公然欺骗那些容易相信他人的公众投资者，并且向投资者收取与低投资回报不相称的高额费用。针对这些"罪恶"，约翰·伯格采取了两种应对策略：第一步也是最重要的一步，就是建立自己的实体，先锋基金管理公司（Vanguard），低成本、简单化成为这家公司的基因。现在先锋基金已经成为美国最大的基金管理公司之一，部分原因是它开发的简单和低成本的产品大受市场欢迎。约翰·伯格还花很大精力专注于研究学术界非常复杂的研究结论,并将其转化为大众容易理解的言简意赅的短评,所以就有了这本小书(Little Books)。

在这本小书中,约翰·伯格撕开整个投资行业神秘面纱,将其拆分成一系列简单的原则,总结如下:[1]

1. 小心市场预测,哪怕是专家们的预测——"战略家们肯定会有对的时候。但是他们并不总是对的。比如他们年复一年地赌市场会涨10%。那么他们在2004年、2006年和2007年,他们就赌对了,但是在2000年、2001年和2002年遇到市场下跌时,就输了,并且在2003年大大低估了市场的复苏程度。不要在乎那些肯定能撞上大运的看多的战略家,同样,华尔街那些看空的预言家们也不可能长久。"

2. 从不要低估资产分散的重要性——"不只是买卖股票才是投资。股票投资过去取得的回报并不一定可以指导我们将来的股票投资也能取得回报。实际上所有投资者都应当保留一部分储备弹药(Dry Powder),以高评级的短期或者中期债券的形式出现在你的资产组合中。这样做不仅是考虑到将来股票可能有更好的机会,还考虑到减小你股票投资判断错误时的影响。"

3. 共同基金的优秀业绩往往被夸大了——"追逐那些过往业绩很好的基金往往是失败者的游戏。那些试图取得超额投资回报的基金经理们应该向投资者讲清楚,投资者必须有回报可能低于市场的心理准备——至少三年中有一年会是这样的。"

4. 跟踪市场仍然是一个战略选择——"作为一个群族,投资者毫无

---

[1] 转载 http://online.wsj.com/article/SB123137479520962869.html, "Six Lessons for Investor: be diversified and don't assume past performance will continue",约翰·伯格著。

疑问就是'指数人'。（也就是说他们买入整个市场。）所以指数将会胜利，不是因为市场是有效的（市场有时是有效的，有时是失败的），而是因为买入指数的费用只有很少的 0.1%~0.2%。总体上讲，主动投资者将是失败的一族，因为他们的成本太高。被动投资战略最终会赢，因为他们的成本低。"

5. 当你更换资产类型时务请小心——"永远记住：当你这山望着那山高时，请测量清楚了再更换山头"。

6. 留神所谓的金融创新——"为什么？因为大多数金融创新被设计出来，是用来喂饱创新者的，而不是用来服务投资者的。只要想想抵押债券权益产品销售中支付的那一层层的费用，从销售员、服务商、银行、背书人和承销人，就能明白其中道理了。我们的金融体系是被一个巨大的市场机器所驱动的，买者与卖者之间存在着利益冲突。而卖家有着巨大的信息优势，所以几乎总是赢者。"

我们稍后在本章还会讨论这个话题，另外本书中还有比这个话题更惹火的部分（在第 5 章价值投资），他和美国另一个投资传奇人物本·格雷厄姆之间的思想对决。

约翰·伯格和巴菲特一样，是这位华尔街投资大师、《智慧投资者》的作者的拥趸，但是他的历程和格雷厄姆早期的分析法相去甚远。当格雷厄姆仔细谨慎选股时，伯格持反对意见并建议买入市场；当格雷厄姆逆向投资时伯格则提出证据认为市场大体是有效的。

不仅如此，伯格还更进一步——他坚持认为事实上格雷厄姆如果还在世，其实将和他走相同的道路！为了证明这一点，伯格引用格雷厄姆的话："我不再是一个为了找出有更好价值股票的精确股票分析技术的倡导者。在 40 年前，这是一个值得做的工作，但是，环境自从那时已经改变了很多。"伯格深切地认为格雷厄姆将会认同他关于现代投资的观点："从长期看……投资的各种风格（比如格雷厄姆的价值投资）……将与整个市场的平均回报趋同……押注不同风格将成为陌生游戏（失败者的游戏）……所以为什么不远离游戏呢，并简单地信赖指数基金呢？答案是'就这么做'！"伯格继续论述，"在过去的10年内没有发生什么事情……能说服我改变智慧投资六条中的任何一条"。这六条规则如下："投资你必须要做的事；时间是你的朋友；冲动是魔鬼；基本算术就管用；保持简单化；切莫这山望着那山高。"

伯格在他的书中运用了各种有力的论证，他的种种雄辩的观点和方法也已被广泛传播。首先，成本费用非常重要，它能摧毁长期投资价值；其次，主动选股方法只会让你花费更多，成本更高，并减少了长期回报，虽然它们往往基于各类广为接受的策略基础（比如格雷厄姆的价值投资策略）。按照伯格的观点，最佳的解决方案是不要关注选股，而要买入指数跟踪基金，最好的选择之一就是先锋基金！（值得注意的是，先锋基金在运营中事实上也做了主动选股的事情，而且做得很成功，但是它为客户取得回报时收取的费用很低。）

主动型基金经理的堕落

伯格认为职业基金经理的真实业绩记录对他们不利，他们试图通过选股来击败市场的策略无法得到事实证明——如果拿着高薪的基金经理不能击败市场的话，那么私人投资者的希望在哪里呢？根据伯格的观察，研究证据是压倒性的——大多数基金经理都失败了。并且伯格的这个观点是建立在大量的研究和调查报告上的。

事实上，学术界的经济学家们已经仔细研究过主动型基金经理们的数十年的业绩。可以追溯到的第一份研究报告的日期是1968年。[1]

---

[1] Jensen, M. (1968) "The performance of Mutual Funds in the Period 1945-1964", *Journal of Finance*, Vol.23, May.

尽管分歧和争论声还是不绝于耳，但是时至今日，大多数研究结论是主动型基金的回报在平均水平上低于被动型管理基金。一项项研究不断揭示主动型管理和被动型管理（指数跟踪）基金之间的巨大差异。这些有分量的证据是由尺寸资金顾问（Dimensional Fund Management，一家"指数跟踪投资企业"）的老板雷克斯·辛格菲尔德（Rex Sinquefield）搜集整理的。"研究调查中的大量证据表明，过去的价格对于预测将来的价格是没有太大帮助的，所以想依靠以过去推测未来的方式获得超额利润是不现实的；因为基本面数据将很快反应在市场价格上；并且，对我们来说最重要的是，无论从哪个方面来讲，那些职业基金经理的业绩无法因此而简单地超越市场。"

辛格菲尔德从这些研究中做出了总结：把过去的数据用于预测未来没有多大作用，因为大体上市场给出的价格是有理智的，是"有效的"，并且对于基金经理来讲，想要依靠过去的数据买到便宜货，取得超额回报是极其困难的。如果他曾参考过迈克尔·詹森（Michael Jensen）的论文，相信他会注意到，当经理的业绩超越了市场时，他们大体上也承受了更高的风险。

辛格菲尔德的分析是建立在众多的学术研究上的。分析表明，雇佣一个依靠聪明选股策略的基金经理并不总是正确的选择。这些研究的细节如下：

- 格鲁博（Gruber）在1996年发现，在1985年~1994年10年间，平均下来，共同基金的业绩比被动型指数基金每年低了65个基点。[1]
- 卡哈特（Carhart）在1997年确认，基金的净回报与其收费水平是负相关的，也就是说，越是积极主动地管理基金，其成本和费用越高，回报越低。卡哈特还发现，基金经理的交易越主动，他

---

1 Gruber, M.J. (1996) 'Another puzzle: the growth in actively managed mutual funds', *Journal of Finance*, Vol.51, pp.783-810.

为投资者带来的净回报就越低。这位芝加哥大学的教授还研究了从 1961 年到 1993 年期间所有的共同基金，结果是平均看来，主动型管理的基金比基金指数的业绩每年低了 1.8%。[1]

- 更有一项埃尔顿（Elton）等人的研究[2]，该研究检验了总共 143 只存续期跨越 1965 年~1984 年的基金。将这些基金与一系列蓝筹股、小型股和固定收益等参考指数基金做对比，这些参考指数基金最接近共同基金的真实投资选择，结果是，平均起来那些主动型管理基金的业绩竟然每年低于指数基金 159 个基点。这不是某个基金业绩问题，而是大量统计意义上的显著差异。
- 第一个关于债券基金的业绩研究同样值得我们注意。布雷克（Blake）等人[3]研究了始于 1977 年的 361 只债券基金，把使用各种主动型管理策略的基金与"被动买入指数"这个简单策略相对比。他们发现，总体上看，主动管理的基金比简单的指数跟踪策略的业绩每年低了 85 个基点。

芝加哥的卡哈特教授再次涉足有争议的确定性研究[4]，这次他研究了从 1961 年到 1993 年间存续的总共 1,892 只基金。这次他在回归模拟研究中调整了一些共同影响因素，发现调整后有相同权重资产组合的基金的业绩还是相对每年低了 1.8%。该研究在媒体界同样找到了支持——《华尔街日报》的一篇文章报道，共同基金的平均业绩与风险调整后的基准收益相比，

---

1 Carhart, M.M. (1997) 'On persistence in mutual fund performance', *Journal of Finance*, Vol.52, Issue 1, pp.52,57-82.

2 Eloton, E., Cruber, M., Das, S. and Hlavka, M. (1993) Efficiency with costly information: a reinterpretation of evidence from managed portfolios, *Society for Financial Studies*.

3 Eloton, E., Cruber, M. and Blake, C. (1995) 'Fundamental Economic Variables, Expected Returns, and Bond Fund Performance', *Journal of Finance*, 50.

4 Carhart, M.M. (1997) 'On persistence in mutual fund performance', *Journal of Finance*, Vol.52, Issue 1, pp.52,57-82.

每年低了 140 个基点（1.4%）。[1]

在美国学术界对这个主题进行大量研究许多年后，在 20 世纪 90 年代，英国经济学家也开始了这方面的研究。排在前列的研究者是乔纳森·弗莱彻（Jonathan Fletcher）博士。他的一篇富有成果的论文是"在套利定价框架下的英国单位信托的业绩表现检验"（An Examination of UK Unit Trust Performance within the Arbitrage Pricing Theory Framework）。[2]

弗莱彻博士的论文观测了英国单位信托的 101 个样本，把这些样本纳入套利定价原理的框架下，计算其业绩数据。他的结论是："看起来好像业绩表现与投资标的、规模大小和费用之间没有什么关系。同样使用历史业绩排序所选出来的资产组合策略，相对不同资产组合的基准值，其回报也无法产生明显差异。"[3]

盈利——主动型基金管理不起作用

21 世纪初有了更多在该方面的持续研究：例如埃尔顿等人在 1993 年发表的论文，观测了在 1965 年~1984 年间存续的共同基金的业绩。他们的结论是："我们发现共同基金花费了信息获取和分析成本，却并没有因此赚取相应的回报。"[4]

另一个时间上更接近目前市场情况的论文是卡斯伯特森（Cuthbertson）等人的研究，他们关注了主动管理的另一个关键方面——主动管理型基金的管理者收取了较高的管理费，他们是否能持续取得较好业绩，还是最终业绩平平？他们的结论是："只有大约 2% 的基金实实在在地超越了基准收益水平……对于不同的投资风格，同样只有少数天才赢得了胜利——不论

---

1 Jonathan Clements (1999) 'Stock Funds Just Don't Measure Up', *The Wall Street Journal*, 5 October.
2 Fletcher, J. (1997) 'An Examination of UK Unit Trust Performance within the Arbitrage Pricing Theory Framework', *Review of Quantitive Finance and Accounting*.
3 同上。
4 Eloton, E.J. 等人 (1993) 'Efficiency with Costly Information: A Reinterpretation of Evidence from Managed Portfolios', *Review of Financial Studies*.

它的策略是面向市场整体，还是集中小盘股、股权收益基金等……英国大多数（大约75%~80%）的共同基金取得与基本收益相当的业绩。"[1]

不要相信经理人

这一系列的研究成果（还可以列出更多）清楚地告诉我们：职业基金管理人为击败市场进行的各种努力，其结果与期望恰恰相反。它们实际上是增加了风险，增加了成本费用，减少了收益。在几乎所有发达国家的资产管理界，唯一能持续取得优异业绩的只有市场自己。

正如一个分析师的总结："不管多么公平公正，没有一个人愿意用抛硬币的方式去赌千百万美元。类似的道理，把大笔财富交给主动型基金的管理者是没有意义的。指数基金能紧密地跟踪业绩目标，而这些管理者的业绩却变动无常。不论期限长短，一个股权基金可预测的回报都在标普500的正负7.5%之内，与标普500回报的标准差基本相当。即使认定这些变动是随机的，主动型管理者业绩的波幅也达到了市场的两倍。"[2]

一项最近的观察研究同样值得注意——即使是最优秀的主动型管理者，他们的业绩也并不一直都是好的，也就是说，在某些年景中他们收获颇丰，但是在不好的年景中会把积累的财富亏掉。以美国先锋基金管理集团为例，看看他们过去的优秀业绩是否可以预测他们未来业绩同样优秀，或者是可以取得超额回报。研究表明[3]，即使你的策略能让你买到前些年表现最好的20只股票，而该策略几乎没有机会再买到接下来的几年中表现最好的股票，并且有40%的可能，它们的业绩甚至会低于市场平均水平。

---

1 Cuthbertson, L., Nitzsche, D. and O'Sullivan, N. (2008) 'False Discoveries: Winners and Losers in Mutual Fund Performance', *European Financial Management*.

2 Booth, D. (2001) 'Index and Enhanced Index Funds', www.dfaus.com.

3 https://institutional.vangard.com/VGapp/iip/site/institutional/researchandcomm.

股市是随机的

伯格的研究成果总是不断受到追捧,其中有一些很有影响力的研究成果直面抨击了那些聪明的选股人。假如大多数职业基金经理的多数时间是失败的,那么这向我们揭示了现代股票市场的什么?按照伯格和学术界的说法,答案是它揭示了"市场大体上是有效的,想通过总结市场过去找到特效策略是缘木求鱼。"在市场有效性的背后,是一个更有影响力的研究结论:股价是随机的。第一个试图描述著名的股价随机漫步原理的是法国数学家路易·巴舍利耶(Louis Bachelier),他在1900年发表了《投机理论》。[1]

巴舍利耶完全是自己完成了该书——他的著作一开始不被当时主流的经典数学界所接受,但是最终事实证明,他的研究超前了时代几十年。他的主要观点可以归结于这样的一个观测研究结论:"证券价格变动的历史没有给我们任何有用的信息"。他更深邃的一项研究结论是,"投资者的数学期望值是零。"这个结论最切中现代投资者无休止地追逐变幻莫测的热点的行为。为应对有些惰于思考的读者对他的投机理论可能产生的各种疑问,在论文的开篇就旗帜鲜明地阐述了自己的观点"过去、现在,哪怕是未来的折现值,都已经反映在市场价格中,但是通常这个价值与股价变动之间从表面上看没有任何关系"。[2]

虽然是非常简单的一句话,但借此巴舍利耶为现代投资经济学奠定了基石——按照他的观点,股价无规律的变化是基于各种消息无规律地在市场中呈现。许多人简单地把巴舍利耶的观点理解为股票价格变动是无理性地随机变动。巴舍利耶则明确反对这么理解。他坚持认为股价随机变动只是表象,真实情况是影响股价的消息是无规律的、随机的。本质是,消息

---

[1] Bachelier, L.(2006)*Louis Bachelier's Theory of Speculation: The Origins of Modern Finance*, Princeton University Press.

[2] 同上。

是不可预测的——所以我们才称之为消息（News）——但投资者却理性地对随机消息做出各种反应。也就是说，不可预测的消息引起了这个非同寻常的可预测的情况。

巴舍利耶的著作在之后的几十年内一直处于冬眠状态，没有被大家注意。直到另一个理论家莫里斯·肯德尔（Maurice Kendall）的著作开始流行。英国盛产统计学家，而他是其中有天分的一个，他还是一个真正的杂家，著作中的许多有影响内容都源于他在"世界生育率调查"项目担任负责人时的经历，在1953年他转而研究股票收益的长期分布，以及19个市场和棉花、小麦价格指数的分布。埃尔罗伊·迪姆森（Elroy Dimson）和马苏德·穆萨维安（Massoud Mussavian）在他们的市场有效性假设——见下文——论著中关注了肯德尔和他的研究团队当时使用的相对先进的计算机程序来研究长期价格序列的回报。肯德尔的假设是"使用这项技术可以通过对长期的变动和趋势的专项研究，分析抽取出经济时间序列，然后筛选出短期震荡和随机波动的残余部分"。[1] 按照迪姆森和穆萨维安的说法，肯德尔检验了22只英国股票和商品价格的序列，然而，结果却出乎他们的意料。观察了统计学上的序列相关性——对于不同的样本值，随机干扰之间不再是完全相互独立的，而是存在某种关联——之后，肯德尔的结论是"这个序列看起来像个随机漫步者，几乎每周魔鬼都会出现从一个固定方差的系统样本中随机抽出一个数字，然后把它加到现在的价格上，从而决定下一周的价格……整个数据变动方式就像一个随机漫步序列"。[2]

1959年，一位美国天体物理学家莫里·奥斯本（M.F. Maury Osborne）从肯德尔的观察中概括出一个假设框架，即股价变动遵循几何学上的布朗运动。非常值得关注的是奥斯本详细研究了极端事件的风险，并且首次提

---

[1] 埃尔罗伊·迪姆森（Elroy Dimson）和马苏德·穆萨维安（Massoud Mussavian），(1998)，《市场有效性简史》(*A Brief History of Market Efficiency*)，European Financial Management, Vol.4, No.1, 3月刊, pp.91-193。

[2] 同上。

出后来被称为肥尾风险（译者注：肥尾风险的学术定义是"一项投资远高于预期的、价值偏离平均值达到三个标准差以上的风险"）的情况。比如金融危机这类的看起来很少发生重大事件，在现实中发生的频率并不低。以上这些内容构成了随机漫步理论。

随机漫步理论包含了一种洞见，也是该理论的一个标志：因为价格变动没有任何模式和趋势可循，所以你不可能以过去的价格运动去推测未来价格的变动。该观点说明，我们没有必要劳神费心去对过去分析再分析，否则随机性注定了你不会有任何结果，想修订出一个均值也注定要失败。随机漫步的逻辑决定了，如果消息不是被人为干预操纵的话，消息传播是无障碍的，那么消息将立即反映在股价中，所以，明天的价格将取决于明天的消息，而独立于今天的价格变化。

伯顿·麦基尔（Burton Malkiel）于1973年出版了《漫步华尔街》（*A Random Walk Down Wall Street*）（2008修订版，W. W. Norton出版社），他有个著名的论断，"专家不会带来任何价值。把一个猴子蒙上双眼后让它向报纸的金融版掷飞镖而选中的投资组合，和那些专家小心谨慎选择的投资组合相比，盈利可能一样好。"从以上的理论模块——即股票的收益是彻底随机的——上看，我们所需要的找到一个因果论，从而解释在这个随机市场中参与者的动机，为什么他们会进入这个完全有效的市场。

第一个将以上理论模块统一成一个理论体系的是保罗·萨缪尔森（Paul Samuelson），他也是巴舍利耶的拥趸。在1965年的论文中，萨缪尔森以这样一个现象的观察开始，"在充分竞争的环境下，一个买家面对的是所有卖家。假如一个人确信价格将会上涨，其实价格可能已经涨过了。"[1] 按照迪姆森和穆萨维安的叙述，萨缪尔森断言，"这类观点可以推演出完全竞争的价格必定已经包含了价格的变动预期……表现出对任何预言预判都

---

[1] Paul A. Samuelson, (1965), Proof *That Properly Anticipated Price Fluctuate Randomly*, Industrial Management Review, Vol. 6, No.2, Spring.

无偏好的随机漫步形态。"[1] 萨缪尔森对此作了解释："我们可以想象，在自由市场环境下，每个人都在为谋取私利而极尽所能把感知到的和甄别到的未来信息考虑进来，所以未来还没有发生，股价中就有了它们的影子。"[2]

萨缪尔森的著作开始将市场有效性假设构建成为一个概念体系。一般说来对于没有接受专业训练的人，只有理论背后的数学因素构成了一些障碍，但是市场有效性理论就其概念本身而言，也是复杂的，不容易理解的。该理论的核心在于一个论断——"有效市场是一个能瞬间能调整价格以反映与一项投资前景相关的所有渠道的信息"，这就是大家熟悉的随机漫步观点。当大家为一只股票或者债券定价时，所有潜在的买卖双方都考虑了各自能掌握的所有信息。所有这个单个的估计和判断汇集在一起时，我们在市场上所看到的价格，就是市场自己给出的一个公允的价格预期。

尽管没有一个学者能完全建立起有效性市场假设（EMH）的完美理论框架，但是还是有一个经济学家，尤金·法玛（Eugene Fama），站在了前人的肩膀上。

在一篇短小的著作中，他勾画了 EMH 的关键属性，其中包含了这样的观点："资本市场的基本角色是资源资本的分配"。[3]

还有：

- 市场需要准确的信号来修正稀缺资源分配出现的问题，或者就像伯顿·麦基尔后期的论文所述："新信息一旦出现，将快速传播并且立即反映在了证券的价格中。那么，没有任何一种分析方法可

---

1. Paul A. Samuelson, (1965), Proof *That Properly Anticipated Price Fluctuate Randomly*, Industrial Management Review, Vol. 6, No.2, Spring.
2. 同上。
3. Eugene F.Fama, "Efficient Capital Markets: A Review of Theory and Empirical Work", Journal of Finance, 1970(25), No.2。The Journal of Finance Papers and Proceedings of the Twenty-Eighth Annual Meeting of the American Finance Association New York, volume 25, number 2, pp. 383-417, 1969. 第 383~417 页。http://links.jstor.org/sici?sici=0022-1082%28197005%2925%3A2%3C383%3AECMARO%3E2.0.CO%3B2-V.

以帮助投资者找到所谓'被低估'了的股票，取得超越随机选择风险类同的股票组合所得到的收益。"[1]

- 这个分配架构的结果是形成了一个有效市场，它给出的价格充分反映了所有已知信息。
- 一个"有效"的市场应该是这样的，"有大量理性的、追求收益最大化的、积极竞争的参与者，并且每只股票都有参与者试图预测其未来的市场价值，而且即期重要的信息可以自由地扩散到每个参与者。"
- 一个有效市场，在任何时点对一项证券的定价都是对其内在价值的最好估计。
- 假如市场是有效的，我们不会期望任何信息或者分析能带给我们超过指数或者基准收益的超额回报。

如何证明这个理论架构成为了正统学术的一个课题。但是早期研究则集中于两个特定案例。第一个是"事件研究"——本质上是讨论在一个具体事件发生时，市场随后如何进行定价。迪姆森和穆萨维安在他们最新的研究评论中剖析揭示了法玛和其研究团队的一个结论"市场好像在预测信息，大多数价格调整完全是在消息对市场公开之前。当公布消息时，价格调整的剩余部分会瞬间调整到位。"[2] 法玛等人的一项研究更是展示了这样一个情况"价格不仅反映了目标样本公司将来业绩的直接预估，还同样反映了那些需要细致解读的信息"。[3]

这些研究成为了有效市场假设的支撑之一，成为了著名的弱有效性市

---

[1] Malkiel, B.G., (2003), *The Efficient market Hypothesis and its Critics*, Journal of Economic Perspectives.

[2] 埃尔罗伊·迪姆森（Elroy Dimson）和马苏德·穆萨维安（Massoud Mussavian），(1998)，《市场有效性简史》(*A Brief History of Market Efficiency*)，European Financial Management，Vol.4, No.1, 3月刊, pp.91-193.

[3] Fama, E., L. Fisher, M. Jensen and R. Roll, 1969, The Adjustment of Stock Price to New Information, International Economic Review, 10:1-21.

场理论的重要证明。法玛和他的同事现在面对的是一个更棘手的证明——如果掌握排他性信息的内部交易（有内部信息渠道），是否就可以获得超额回报。假如法玛能证明即使这样也无法长期持续取得超额收益的话，那么他将彻底证明强有效性市场的假设。法玛没有能给出这个特殊意义的证明。全球的研究人员在研究基金经理们取得的回报，他们的工作就是获取内部渠道，并以此为自己的基金快速获取收益。迪姆森和穆萨维安报道了迈克尔·詹森（Michael Jensen）在1968年分析了115家基金经理1955—1964年间的业绩，"在风险调整的基础上，他（詹森）发现经理持有的资产组合的优势，被他们基金管理的费用和成本所抵消……即使把投资管理费用和负担也算成投资回报中的一部分，即回报用毛收益进行衡量（也就是说研究等工作是免费取得的），詹森得出了这样的结论，'平均说来，基金做得并不成功，他们的交易活动收益甚至不能弥补他们为此的花费'"。[1]

根据这项研究，法玛发现了他想要的证据，可以说明市场不是弱有效性，而是强有效性。在复杂的现实世界中，市场有效性呈现出了许多不同的形式：

- 一个"弱"有效性的市场，所有历史价格和数据都完全反映在了证券的价格中。底线是不必费心试图去使用什么聪明的系统来预测将来价格的变动，它们注定要失败。
- 一个"半"有效性市场，所有公开信息都完全地反映在了股票价格中。这使得价格投资者失去了自己的基础，基本面分析是具有误导性的，因为各种资产的所有内在价值，就是该资产的证券价格。
- 一个"强"有效性的市场，是所有信息都反映在了股票价格中。换句话讲，就是即使有内部信息，也没什么用处。

---

1 Jensen, M. *The Performance of Mutual Funds in the Period 1945-1964.* Journal of Finance, 1968, 23, 第389~416页。

本质上看，法玛的 EMH 概念向我们揭示了这样一个道理，因为股票市场是自由震荡的，有着巨大的流动性，成千上万受过良好教育的、高智商的投资者四处寻觅着被市场低估的股票以期从市场中赚钱，所以信息以极快的速度传播和扩散，市场定价变得非常精确，非常有效。

相关评论

在过去的几十年中，出现了很多对有效市场假设的批评和批判，形式也多种多样，其中批判甚至来自 EMH 学派内部。其他学派的批判者有传统价值投资学派和深受现代认知心理学影响的经济行为学派。一些经济学家、数学家和市场从业者根本不相信人类创造的这个市场能有完美的基因。特别是还存在着一些非有效性的显而易见的理由，比如信息扩散实际上较慢，某些市场参与者有着不恰当的权利（例如一些机构投资者），和非常复杂庞大的职业投资者。

最早期反对 EMH 的证据之一是市场对意外消息的反应——这也许是 EMH 最明显的瑕疵，即被研究人员称为"对消息反应不足"的情况。举例说明，比如央行突然宣布变动利率，而股价不会随机一次性变动到位，而是引起了周期从几个小时到几个月不等的持续性变动。罗和麦金利（Lo and Mackinlay）[1]的著作中陈述了这个能很清晰观察到的现象，并因此拒绝接受随机漫步理论。甚至麦基尔自己——EMH 公开论战中的重要支持者——也承认"在短期的股票价格形成中的确存在着一些动量效应"。[2] 这是麦基尔引用罗等人[3]的一句话。他们通过使用可以辨认人类认知模式的较

---

1 Lo, W. A. and MACKINLAY, A. C. (1999) *A Non-Random Walk Down Wall Street*, Princeton University Press.
2 Malkiel, B. G (2003) *The Efficient Market Hypothesis and Its Critics*, Princeton University CEPS Working Paper No.91, April.
3 Lo, A., Mamaysky, H. and Wang, J. (2000) Foundations of technical analysis: Computational algorithms, statistical inference and empirical implementation. Journal of Finance 55, 1705-1765. NBER Working Paper No. W7613, available at http://ssrn.com/abstract=228099.

为复杂的统计技术发现，被技术分析学派使用的一些股价信号，比如"头肩模型"和"二次探底"等，具有实际的预测能力，也就是说，在短期内它们可以预测价格。

　　你不需要使用技术分析手段去了解这个非有效性现象的全部来龙去脉；很简单，你可以看到投资者看到股价上涨时，会被一种"随大流效应"吸引到市场中去。罗伯特·希勒（Robert Shiller）在 2000 年同样把 90 年代后期股票市场兴盛（或者应该说是泡沫）描述为心理传染导致的非理性繁荣[1]。詹姆斯·蒙蒂尔等行为主义经济学家对此类由短期动量驱动的现象做出了自己的解释——投资者对新信息反应不足的趋势，并从经济学上的显著性中确认了统计学意义上的显著性。EMH 的拥趸看起来接受了这种现象的存在，但是法玛发现"对信息反应不足的现象和反应过度现象一样普遍，事件后股价持续向正常回归的频率与事件后股价反转的频率一样多"[2]，也就是说，非有效性是双向起作用的，无法据此形成一个有用的交易策略。

　　另一些揭示了投资者奇特行为现象的人甚至来自那些持有 EMH 观点的学者，他们观测 EMH 与现实市场中极端行为的矛盾情况，结果发现市场中的不理性行为非常普遍，也就是说，泡沫的产生和破灭非常普遍。在市场崩溃的最后阶段，好像是自由落体运动，市场参与者纷纷逃离，不管他现在所在的点位存在多好的价值。也许最有讽刺意义的是所谓的 Grossman-Stiglitz 悖论——假如市场是有效的，并且每个人都知道不必费心想办法战胜市场，那么市场将逐步萎缩。2001 年诺贝尔经济学奖得主约瑟夫·斯蒂格利茨（Joseph Stiglitz）与桑福德·格罗斯曼（Sanford Grossman），宣称任何关于市场有效性的观点自身就是矛盾的——假如市场的信息有效（也就是说所有相关信息都已经反映在市场价格中），那么没有任何一个机构有动机去获取信息。市场也可能被计算机所运营，最终

---

[1] Shiller R. J.（2000）《非理性繁荣》（*Irrational Exuberance*），普林斯顿大学出版社。
[2] 引自伯顿·马尔基尔（Burtoncc Malkiel）（2008）《华尔街漫步》，W.W.Norton&co.

结果是所有投资专家只能去麦当劳当服务员。

上面提到的EMH的矛盾和对它的理论攻击，与另一个更彻底的批判比较起来，简直像个侏儒。如果市场中存在着可复制的模式，就足以证明市场的非有效性，而且会经常给投资者带来众多机会赚得超额利润。对此最简单的理解，就是去看看市场上存在着少数投资者，他们的业绩在非常长的时间内一直超越市场，从统计学意义上讲，如果市场是有效的，这个现象是无法归因于好运气的。这些少数投资者包括沃伦·巴菲特、彼得·林奇和安东尼·波顿等，包括最近富达基金的领军人物。这些投资者的策略大体上都是基于鉴别市场定价不能准确反映信息，与EMH有直接的冲突，因为EMH告诉我们这种机会不可能存在。

特别是沃伦·巴菲特，他曾在几个公开场合声明EMH是错误的，并说"假如市场总是有效的，那么我就是一个拎着锡罐在街上要钱的流浪汉"，还说到"那些讲授市场有效性原理的教授说靠掷飞镖选股的资产组合的结果与靠聪明、勤奋的证券分析师选股构建的资产组合的结果是一样。他们正确地观察到市场经常是有效的，但是他们错误地又往前走了一步，认为市场总是有效的"。[1]

认同巴菲特这个直率观点的分析员的数量多得有些意外。英国特许金融分析师协会（CFA是首屈一指的金融分析师协会）最近向会员调查是否相信市场有效性。根据金融时报[2]报道，CFA发现超过2/3的回复者不再相信市场真的完全反映了所有信息。更让人吃惊的是，反对和强烈反对"投资者是理性"的观点的被调查者达77%——很明显，对"群体智慧"的蔑视已经成为投资理论主流。

在持不同意见者中还有一些严谨的学术机构。先锋集团研究了资产分

---

1 引自 Arora, V., and Das, S. (2007), 'Day of the Week Effects in NSE Stock Returns: An Empirical Study'.

2 'EMH – The Dead Parrot of Finance', Posted by Neil Hume on 18 Jun 2009. FT Alphaville - http://ftalphaville.ft.com/blog/2009/06/18/57881/emh-the-dead-parrot-of-finance/.

配和多样化在基金管理中的重要性。报告支持了经典的市场有效性理论，然而它也说到"有一小部分（7%）的主动型管理平衡基金能够持续超越他们的策略基准"。[1] 总计 7% 也许听起来并不算多，但是在一个多样化和主流市场中有着成千上万的基金经理，这就是说有许多成功的基金经理有着长期优异的投资记录。

另一项由科恩、波尔克和锡利主导的（Cohen, Polk and Silli）[2] 学术研究也观测了那些对选股策略抱有极大信心的成功的基金经理。该研究检测了美国基金经理在 1991 年~2005 年间的"好主意"。研究者把好主意定义为资产组合中与基准指数相比的不同之处。通过观察这些有着最好主意的经理（他们有着极大的信心）研究人员发现，每年的平均回报超过 19%，而同期市场的回报仅为每年 12%。那么是这些基金经理有着某种作用于市场的魔法，要么说明 EMH 有着严重的瑕疵和漏洞！

风险愈大，收益越高

这些明星经理是如何获得超级回报的呢？很多主流投资经济学家认为这些明星基金经理只不过是利用了一系列异常情况或者导致高风险、高收益的因素；当然如何识别这些情况需要有足够的经验和能力。这个与 EMH 稍有不同的观点其实是认可有人能在市场中获得超额收益，但条件是承担更高的风险，并且能在有效的市场中找到这类投资的相关因素。

被经济学家称为规模风险（Size Risk）的风险就是这些特殊因素中的一个。简单说，就是小企业因为成长比大企业快，所以能产生更大的回报。因此，任何聚集于小盘股或者微型股（市值小于 1,000 万英镑）的策略都

---

[1] 'Sources of Portfolio Performance - The Enduring Importance of asset allocation', https:// institutional.vanguard.com.

[2] Randolph Cohen, Christopher Polk, and Bernhard Silli (2010) 'Best Idea', 15 March, available at http://ssrn.com/abstact=1364827.

能在一定时期内获得超常的回报。甚至伯顿·麦基尔在他对 EMH 的研究评论[1]中指出，自 1926 年以来的数据表明，美国小公司的股票获得了高于大盘股至少一个百分点的回报率。

尤金·法玛和肯尼思·弗伦奇[2]已经突破了前人的固有观念，支持这种观点。他们检验了从 1963 年到 1990 年的数据，并且把所有股票按照市值大小划分 10 份。两位教授研究的结果是，小型企业股票构成的资产组合的月均收益率高于大盘股的组合。特别值得注意的是，尤金和弗伦奇的早期支持者麦基尔，在他俩著作中的规模效应方面发现了一个关键问题，他注意到"从 80 年代中期一直到 90 年代的 10 年内，如果持有小型企业股票，是没有收益的。研究人员在考察小企业该 10 年间的回报时，实际上是考察的存活下来的企业，而没有考虑那些失败的企业。"[3]

另一种风险形式有时被称为财务困境风险，实际上大家都把它当作一种风险溢价。该种风险是指你持有了一家市场认为身处某种财务困境的公司。当我们大家没有人愿意投资一个有着巨大潜在问题的公司时——这类问题被定义为资产负债表情况恶化或者没有盈利，甚至是亏损，价值的标签被历史性地贴在了那些正在产生高回报的公司身上，又因为大多数投资者都是随大流追逐高成长的目标企业，因此那些成长迅速并且相对于利润而言股价被捧得很高的公司就很受投资者的宠爱。从这个简单的观测——50 多年来被一次次地关注——产生了一个有效市场理论的分支。这个学派甚至还有自己的绰号——"原教旨主义者"，他们有自己的体系，这套体系认为存在一些价值的关键维度（应用资产负债表和利润表），可以解释为什么有些股票比其他股票表现得更好。

---

[1] Burton G. Malkiel, 2005. "Reflections on the Efficient Market Hypothesis: 30 Years Later," *The Financial Review*, vol. 40(1)

[2] 尤金·法玛和肯尼思·弗伦奇，1992 年"期望的股票收益的交叉选择"，《金融杂志》，47（2），pp. 427–465.

[3] Fletcher, J. (1997) 'An Examination of UK Unit Trust Performance within the Arbitrage Pricing Theory Framework', *Review of Quantitive Finance and Accounting*.

价值效应

弗伦奇和法玛为验证风险溢价进行了大量艰苦的数据挖掘工作。1997年，肯尼思·弗伦奇查看了1964年~1996年期间美国所有的股票。他发现，小盘股中价值优良的股票产生了20.88%的回报，而成长性差的小盘股仅获得13.9%的回报。与之类似，大盘股中价值优良的股票的回报是15.8%，而无价值的股票回报则是11.7%。弗伦奇和法玛的最终结论：承担更大风险，投资于既有规模风险又有风险溢价的股票，你能获得的额外附加收益是每年4%~7%。

图3.1呈现的是一个更有趣的悖论——企业盈利情况与投资该企业股票的回报负相关。结果是什么呢？比较而言，成长更加快速的同类企业所产生的利润即使大于价值股（译者注：价值股是指相对于它们的现有收益和资产，股价被低估的一类股票）和小盘股，但是价值股和小盘股却带来更大的股票价格方面的回报。事实上，这个分析表明有效市场并不像经济学家一开始设想的那样。

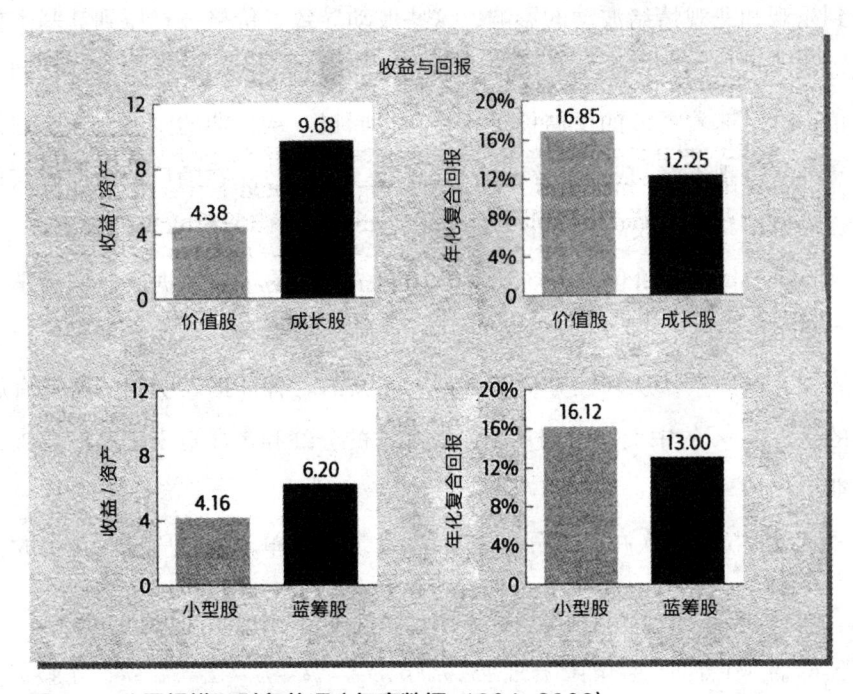

图3.1　公司规模和财务状况（年度数据：1964~2000）

资料来源：http://www.dfaus.com

维度公司是一家基础指数基金管理公司，该公司这样评论："我们所了解到的股票市场预期收益可以总结为三个维度。第一个，股票的风险大于债券，那么收益也高于债券。股票的相对业绩可以用两个维度进行大体上的划分：小型/蓝筹，价值/成长。许多经济学家相信，小盘股和价值股的业绩能超越市场，因为市场已非常理性地将其价值折算，以此来反映其潜在的风险。较低的价格弥补了投资者承担的更大风险。"（HTTP://www.dfaus.com/philosophy/dimensions）

还有另一种风险回报的演变形式。观察那些所谓的廉价股票，以及称为"被做空的股票"——也就是股价崩溃了的股票，就能发现该类风险溢价形式的存在。反向投资者学派有一种很强的思维模式，买入那些不受欢迎的股票，长期看可以为耐心的投资者产生超额的回报，这主要是因为市场在惩罚这类股票时反应过度，最终市场被迫承认这种错误，重新抬升其价格。以德·邦特（DeBondt）和沙勒（Thaler）为例，他们认为投资者受到乐观和悲观情绪波动的影响，这些波动导致了价格被打压到其基本价值以下（例如净资产）——给予市场几年的时间，这些股价将会反转到正常值，这意味着勇敢的反向投资者将获得回报。从长期的角度看，他们发现"那些表现不好的股票，经过3~5年后，大多数能在随后的时期内获得市场的矫正并获得较高的回报。反之亦然。"[1]

股利支付也是价值投资者反对市场有效假设的重要论据。沃顿商学院的杰里米·西格尔（Jeremy J. Siegel）和詹姆斯·蒙蒂尔认为，如果低价买入收益高的股票，从理性分析上讲是有意义的。有证据表明我们所持有股票的接近80%的中期回报归功于实实在在的分红和市场对未来高股息支付的期望。

但是弗拉克等人在研究分析中发现，"那些简单地以高股息收益个股构

---

[1] DeBondt, W.F.M., Thaler, R.H., 1995. *Financial Decision Making in markets and Firms: A Behavioral Perspective.*

建资产组合的投资者并不能获得特殊的高回报率"[1]——简单买入高收益的股票并不总是能产生超额回报。

然而，另一类基本面投资者特别关注低 P/E 倍数的股票——即以净利润作为收益，股价除以收益的倍数比较低的股票。在很多研究中，低 P/E 倍数看起来相对于高 P/E 倍数的股票给予了更好的回报。大量学术论文已经观察到了市场的非有效性，并且这些成果倾向于肯定行为经济学者的观点，他们认为投资者容易对他们投资高收益性股票的能力过于自信，并因此对成长性股票支付了过高的价格。类似的结果也表现在股价现金流倍数上（这里现金流是指收入加上折旧和摊销）。

在这类持续不断的研究和争论中，逐渐形成了一个新的建立投资指引的雏形——在第 12 章，罗勃·戴维斯会详细论述基本面权重的指数基金，并就此与罗勃·阿诺特进行了对话。现在，法玛给维度基金管理公司建议道："我同意选股就像赌博的观点……但是我不认同只有指数化投资才是持有市场组合的说法。"[2] 法玛清晰地表述了这样一个观点，简单"买入市场"相当于买入一个相当武断的股票组合。法玛认为，"要给予财务状况好的股票以高权重，给予处于困境的公司一个低权重"。"不要错误地理解了我的意思：指数化方法原理是很难质疑的。但是获得回报的背后有多种风险驱动类型，而投资者是有可能使用一种适用范围广泛的策略来获得更高的回报——所有这些都是在指数化方式的边界内"。[3]

---

1 Fluck, Z., B.G. Malkiel, and R.E. Quant. (1993). The Predictability of Stock Returns and the Efficient Market Hypothesis. Department of Economics, Princeton.

2 *The New Indexing*, by Eugene Fama Jr. July 2000, online at http:// www.dfaus.com/ library/ articles/ new_indexing.

3 同上。

有效市场的反击

> 我相信本杰明·格雷厄姆（1965）的建议是正确的。他认为短期看股票市场是投票器，长期看股票市场是称重器。真实的价值将最终胜出。事实发生之前，投资者没有什么可以依赖的手段，用以开发出特异的方法或者模式。各种文献中提到的任何可以进行预判的模型能让大家找到投资机会从而获得超额回报，我对它们持怀疑态度。并且即便是真的，在它被公开后，也就无法让投资者再获得超额收益了。[1]

有效市场假设的理论支持形式并不反对有某种风险溢价存在，特别是当把规模风险纳入考虑范围后。但是，伯顿·麦基尔解释说："那些发现并不必然导致市场非有效性的结论。他们也许是仅仅表明资产定价模型还没有考虑风险的各个维度。"[2]

他们也许会有疑问是否某个观测到的历史现象与现在的市场有相关性——按照麦基尔、法玛和弗伦奇的研究数据表明"从60年代早期到90年代，有可能是一个独特的时期，期间价值股持续性地获得了较高的回报率。"[3] 换句话说，过去有效的，不见得现在和将来还有效……并且，即使这种现象仍然存在，靠它形成任何有意义的投资策略几乎是不可能的事情了。

弗拉克等人[4]承认反向投资策略看起来好像并不存在。他们模仿这个策略在80年代到90年代初的13年间，但在最近的三五年内的回报却很糟糕。按照麦基尔的说法，他的团队发现"在过去3年到5年内收益低的股票在下一个周期时会获得高回报，并且那些过去3年到5年收益高的股票

---

1 Malkiel, B.F. (2003) *The Efficient Market Hypothesis and Its Critics*, Princeton University CEPS Working Paper No.91, April.
2 同上。
3 同上。
4 Fluck, Z., Malkiel, B. and Quandt, R. (1997) 'The Predictability of Stock Returns: A Cross-Sectional Simulation.' *Review of Economics and Statistics,* Vol.79, Issue 2, pp.176-183.

在下一周期内回报低"。[1] 关键是尽管他们也发现"两个对照组在下一个周期的回报是近似的,但是他们无法肯定反向投资策略能取得超额收益。反转回归模型从统计学上看比较显著,但是其中没有一个模型可以推出市场的非有效性,从而能让投资者可以获得超额收益",[2] 也就是说反转现象可能存在,但是却无法形成一个有效的交易策略。

实践中对投资者有能力抓住此类市场非有效性机会的批判来自斯沃特(G. William Schwert)[3]。他指出维度基金管理公司发起了一个共同基金,按照以法玛和弗伦奇的著作为基础而设定的标准,通过定量手段筛选股票。这的确是一个讽刺性的结果。按照斯沃特的说法,此类资产组合(调整贝塔值,风险资产定价模型)的非正常收益在1993—1998年期间是每月−0.2%。这里暗含的结论是假如一个像维度这样聪明的企业——由一些相信指数跟踪,研究能力非常优异的学者组成——不能从异常现象的系统研究中获得好处的话,那就没有人能做到了。

斯沃特来自罗切斯特大学和 NBER(美国的一家研究机构),他指出了维度公司失败的一个原因。斯沃特在其论文《异常现象和市场有效性》[4]中表示,对某种异常现象的观察不可避免地导致该现象的消失,因为作为发现该现象的市场专业人士,他们试图从这个趋势中牟利。斯沃特质疑,"能否盈利的机会只存在于过去,因为效率低下的情况不断被套利行为消除,或者说异常现象仅是吸引学者和参与者注意力的统计学意义上的偏差"[5]。

这几乎是一个哲学命题,一旦规律性模式被观测到,它将因由此引发的套利行动而消亡。伯顿·麦基尔非常优雅地总结了这种现象:

---

1 Fluck, Z., Malkiel, B. and Quandt, R. (1997) 'The Predictability of Stock Returns: A Cross-Sectional Simulation.' *Review of Economics and Statistics*, Vol.79, Issue 2, pp.176-183.

2 同上。

3 Schwert, G. William, 2001. "*Anomalies and Market Efficiency,*" Simon School of Business Working Paper No. FR02-12. Unibersity of Rochester - Simon School; National Bureau of Economic Research, Inc.

4 Schwert, G. William, 2003. "Anomalies and Market Efficiency," *Handbook of the Economics of Finance*, in: G.M. Constantinides & M. Harris & R. M. Stulz (ed.), Handbook of the Economics of Finance.

5 同上。

假定存在一个真实的变量和可以利用的元月效应（美国股市元月份的涨幅要远远高于其他任何月份），股票市场——特别是小型公司的股票——将在一月份头五天内产生超常的回报。那么投资者将怎么做？他们将在12月份的最后一天买进，在元月五号卖出。但是投资者发现市场12月最后一天士气大振，那么他们会再提前一天买；并且因为有太多的人在元月5号获利了结，投资者将在元月4号那天卖出，以此利用元月效应谋利。那么，为了能够抢先起跑，投资者将不得不更早买入和卖出，以至于最后该效应将被自己消解。[1]

斯沃特在他关于异常现象和市场有效性的论文中做了进一步的观察，并提出疑问，是否这种认知行动正在摧毁所有价值投资者或者动量投资策略可能产生的优势。他的论文给出如下结论：

> 特别是，在众多相关论文公开之后，规模效应和价值效应看起来已经消失了。参与者开始将论文中论述的策略作为投资工具。在那篇让股息收益效应众人皆知的论文发表之后，该效应的相关工具看起来也失去了预测能力……通过某些变量可以预测股票市场的回报，比如股息或者通胀等，现在其预测力在相关论文发表一段时期之后已经变得非常微弱了。所有这些发现都在提升一种可能性，就是让所谓的异常现象变得更加表象化，而不再是事实。[2]

令人敬畏的先锋集团创始人（Vanguard Group）约翰·伯格（John Bogle）对异常现象的投资效力减弱的情况有一个简单的解释。他认为，随着时间推移，回归均值的力量——所有事物最终都将遵循均值——正在占据上风。

---

1 Malkiel, B.F. (2003) *The Efficient Market Hypothesis and Its Critics*, Princeton University CEPS Working Paper No.91, April.
2 见上页注4。

在他 90 年代的那本书[1]中，伯格观察了各种各样的异常现象以及美国的基金经理如何利用这些异常现象。他特别关注了两组基金经理——其中一组投资于成长股（相对于股价变动，其利润增长更快的公司），另一组投资策略是发现并利用价值机会。在观测了 60 年的回报情况之后，他认为回归均值（或者 RTM）是有力而影响深远的。

在早些年，成长基金是市场的控制者，从 1937 年到 1968 年，他们是明显的胜利者。在这个长长的历史阶段末，在价值型股票上的投资仅是在成长型股票等量初始投资收益的 62%。然后价值型股票开始复活，直到 1976 年，弥补了早期全部的损失（在整个 60 年中的 8 年的这个最近的历史，已创造了价值投资的神话）。之后，成长型股票又胜出，直到 1980 年，价值型股票则在随后一直到 1997 年贡献最大。当把这 60 年间的周期性波动连起来看，价值型股票收益是增长型股票收益的 9/10，它们的复合回报率是：增长型，11.7%；价值型 11.5%——差别细微。我称这种比赛陷入僵局——成为了 RTM 的供品。[2]

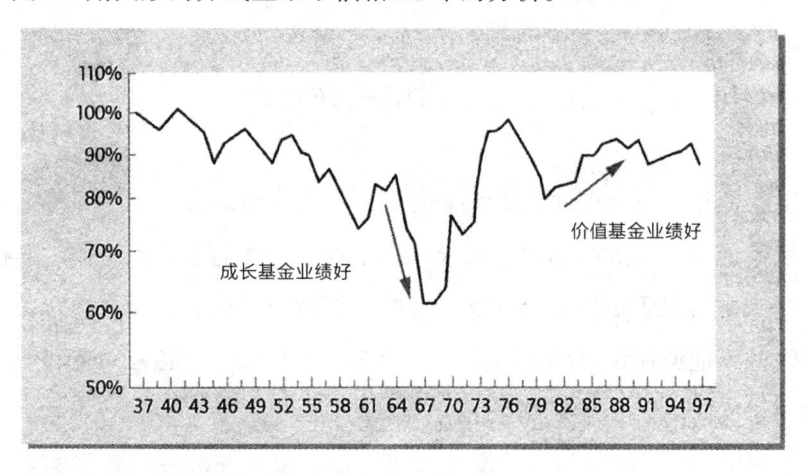

图 3.2 用图形的方式显示了伯格 60 年的分析。

图 3.2　成长基金与价值基金 (1937–1997)

资料来源：Bogle and Swensen (2009), Figure 10.3

1　John C. Bogle（2009）*Common Sense on Mutual Funds: Fully Updated 10th Anniversary Edition*, John Wiley & Sons.
2　同上。

从异常现象中获利

所有来自市场有效性问题的对立双方的激烈学术争论都隐含着一个更有意义的话题——也许这些异常现象真实存在，而且持续存在，那么如何可以系统地利用它获利呢？

在一个学术讨论会上，罗伯特·希勒和金融经济学家理查德·罗尔(Richard Roll)（同时也是一个基金经理）的讨论很好地阐释了借此系统性获利的困难。希勒认为股价是部分可预测的，并对市场有效性持怀疑态度。在希尔重点强调了在股票定价时非有效性的重要性之后，罗尔这样回应他：

> 我用客户的钱和我自己的钱亲自尝试进行投资，幻想着能利用每一个异常现象和创造可预测工具……我曾试图利用所谓的年底异常现象和开发一整套学术文献所研究的策略。但是我尚未能从任何一个市场非有效性假设中赚到一分钱……一个真正的非有效性市场本应该可以成为一个可获利的机会。假如投资者无法找到可以系统利用非有效性进行获利的方法，且始终如此，那么我们就很难认为信息没有完全包含在股价中了。[1]

投资者并非完全理性，他们不会 24×7 全天候地关注市场的每一个信息。坦率地讲，有效市场理论从未认为市场中的参与者是理性的，而行为经济学家则给出了更极端的证据。这些证据表明投资者实际上经常是不理性的，并不能遵循深思熟虑后定下的策略，而且总是对各种消息和流言太快做出了反应。

威廉姆·斯沃特在他的论文中指出，加利福尼亚的一些经济学家认为过度交易是危险的恶习之一：

---

[1] 引自麦基尔。

1999年奥迪安（Odean）从大型全国折扣经纪公司随机抽取了一万个个人账户在1987—1993年期间的数据。这个样本涵盖了十六万项交易。因为数据源于折扣经纪公司，我们可以假定零售经纪商的推荐不构成投资者用于交易决策的信息。奥迪安发现，因为即使忽略过户费用，他们卖出的股票比起买入的股票赚取了更高回报。巴博和奥迪安使用来自相同折扣经纪商的不同的数据，发现主动交易型的账户风险调整后的净收益更小。他们还发现，男性比女性更容易频繁交易，因此其风险回报更低，并且个人投资者买入的股票随后的表现都低于他们卖出的股票。[1]

由此得出的教训就是：由于成本的原因，过度交易对收益影响很大。

投资者每交易一次，就要被收取一次费用，这些费用降低了长期的总回报。在一篇论文"主动投资的成本"中，经济学家肯尼斯·弗伦奇比较了主动型管理基金的手续费、成本和交易费用，并将其与每个人都投资基准收益跟踪工具所能获得的回报预期相比：

从1980年到2006年平均看来，我发现投资者每年为搜寻更高回报花费了0.67%的总市场价值。社会用于价值发现的成本至少是现在市值的10%。可以合理的假设，典型投资者如何转向投资于被动型投资组合，在1980年到2006年期间，他们能每年增加收益67个基点……这个还是相对保守的估计。[2]

弗伦奇也曾从周转率的角度检验过度交易问题——他的假设是主动型基金经理交易太频繁并且交易成本侵蚀了投资回报。根据弗伦奇的研究，"周转率在1920年代超过110%。在1928年时高达143%，在1932年跌至52%。在1938年时甚至低至20%以下。根据现代的经验，从1938年

---

1 Schwert, G. William, 2003. "Anomalies and market efficiency," *Handbook of the Economics of Finance*, in: G.M. Constantinides & M. Harris & R. M. Stulz, Elsevier Science B.V.

2 French, K. 'The Cost of Active Investing' (2008), Available at http://ssrn.com/abstract=1105775.

到 1975 年，年周转率保持在 20%。周转率在随后的 30 年内稳步上升，从 1975 年的 20% 和 1990 年的 59% 上升到 2006 年 173% 和 2007 年的 215%。"[1]

把这项有价值的学术分析转化为对严重影响收益的过度交易行为的现实批判，这项工作落在了约翰·伯格的肩上。其中最有影响力的一次批判是在《金融分析月刊》刊登的 2005 年 2 月于加利福尼亚的帕萨迪纳举办的 60 年庆典大会上的发言。他建立了自己的理论主题：成本至关重要假设。作为对弗伦奇著作的呼应，伯格对 2004 年进行研究发现：

- 投资银行和经纪商的收入大约是 220 亿美元。
- 共同基金的直接成本大约为 70 亿美元。
- 管理层养老金费用为 10 亿美元。
- 委员会年金 10 多亿美元。
- 对冲基金费用大约是 20 亿美元。
- 付给个人财务顾问的费用，又是 10 多亿美元。

这些总体加起来大约是 350 亿美元，并且都是从金融市场为投资者带来回报之前就直接扣除的。他估计这些成本在 1985 年时只有 50 亿美元。

伯格的分析——包括肯尼思·弗伦奇的分析——表明不断地追逐新的策略和异常现象因为其过多的额外成本导致价值被长期系统性地摧毁。按照他的观点，大多数投资者选择买基金时的处境会好一些——最好是指数跟踪型基金——并且应该不顾及市场波动起伏，坚持持有，也就是说成为一个"长线持有"（buy and hold）型投资者！

特雷诺资产管理公司（Treynor Capital Management）的总裁，杰

---

[1] French, K. 'The Cost of Active Investing' (2008), Available at http://ssrn.com/abstract=1105775.

克·特雷诺（Jack Treyno），对这种倾向于过度交易和追逐异常现象的习惯有过一段话，也许是对它最好的总结：

> 我相信看待市场有效性另一个视角，即证券市场并不总是能快速或者准确地处理新信息；另一方面，与市场共识较量，抓住可获利交易机会并将其转化为更好的投资组合，获得更好的业绩表现，这是一件不容易做到的事情。除非主动型投资者真的能理解到底是有什么因素一直在交易中起作用，那么他就比较容易地将这些先进的研究成果信息转化为投资业绩，那就是把客户带到了救济院……为什么很多主动型投资者不能持续地成功？答案就在交易成本费用中。[1]

中间路线——高效的非有效性

所有这些（有些时候是悲观的）学术研讨和辩论并不必然有实践意义——普通投资者实际上应该怎么做，应该相信什么呢？相关有建设性的中间路线来自于对投资者怪诞行为的详细观察。在之前的章节中我们注意到了投资者基于短期信息、消息和传言等进行过度交易的倾向，而如此则不断地增加了费用成本。短期价格动量成为市场驱动因素，从而背离了许多经济基本面，这样的现实情况被一些诸如詹姆斯·蒙蒂尔等的市场策略家发现，并把行为分析作为他们的方法核心。

高效的非有效性指的是"市场的非有效性是可预测的"。蒙蒂尔决绝地认为市场实际上是这样的，部分原因在于市场有追逐短期动量的偏好，所以，市场定价与长期基本面是有偏差的，或者说是基于接下来6个月的消息流进行定价。

这个观点在法兴银行（蒙蒂尔的前雇主）的报告手册中的一个章节里

---

[1] Treyno J. (1981) 'What does it take to win the trading game?', Financial Analysts Journal, 37(1), pp. 50-60.

给出了总结，它主要是针对 2009 年的观察：

> 投资者基于接下来的一个月将要发生的事情进行交易，而不是基于长期看能获得最好收益的因素，而且也不考虑一个企业的基本价值所在。图 3.3 是杰姆编制的一张著名的图表（最近已经被法兴的 Ida Troussieux 更新）。它显示了在纽交所的股票平均持有期已经降到了 0.7 年（或者说低于 9 个月）。它明确了大多数投资者（甚至那些宣称以长期投资为导向的投资者）经常基于预期的各种消息进行投机。本质上，大多数投资者仅仅是寻找下 6~9 个月（或者更短）能起作用的因素。[1]

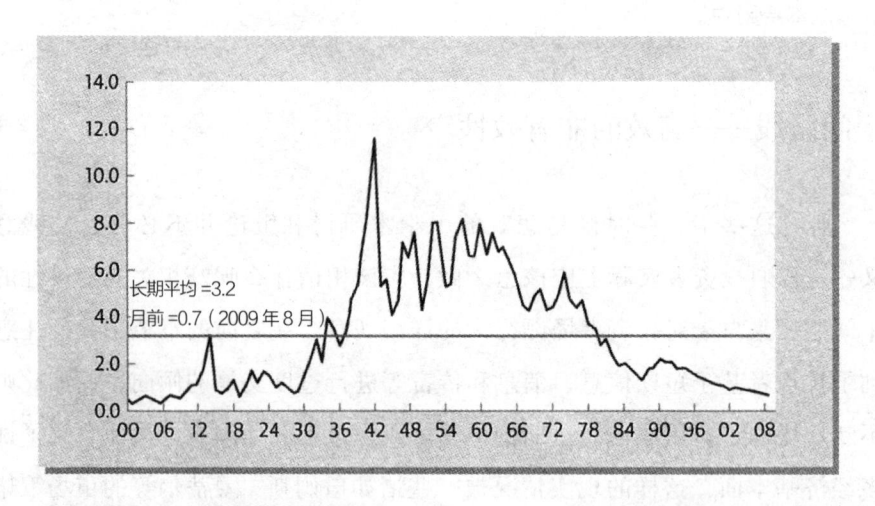

图3.3 NYSE 的平均持股年限

这种追逐眼下热点的短期主义除了带来非常大的危险——它会制造泡沫，随后再出现金融危机，还带来了可预测性（当然对于自律性强的动量投资者来说，很可能也带来了利润）。蒙蒂尔就是这么认为的。

---

[1] Montier, J. (2009) *The SG Sector Handbook: Waves, bubbles, leaders, laggards and innovators*, SG.

第一次股票交易发生在 1602 年。第一次股权泡沫发生在 118 年之后——南海泡沫。从那儿之后，我们就不断遭遇规律性的泡沫。我的在 GMO 工作的朋友把（真实）价格运动偏离趋势两个标准差以上的情况定义为泡沫。这种情况每 44 年发生一次。然而从 1925 开始，GMO 发现有 30 多次泡沫。也就是说大约三年多时间就发生一次！[1]

对于蒙蒂尔，这种可预测性是不言自明的，市场过度反应了，首先是追逐热点，然后通过市场崩溃惩罚了所有的股票。他这样表述，"按照我的想法，泡沫的存在和对泡沫可预见的分析判断，无疑是市场总体的非有效性的有力证据。"[2]

当股票很便宜时，部分是因为那些股票被那些看到了金融危机的投资者在逃离市场时抛售的结果！

蒙蒂尔这时逐步接触到了问题的核心——实际上那些重要的市场参与者，也就是机构投资者，事实上并没有做出什么与"买入市场"不同的事情。他坚持认为所谓存在众多专业选股人试图击败市场的前提只是一个虚幻的假象——大多数机构投资者也都在盲目地追随着市场短期的起伏波动，并没有为市场带来更多的选股技能。蒙蒂尔引用一位学者的研究成果："所有机构全部的投资组合几乎与市场机构权重没有什么不同。所以机构并不是真的试图寻找我们认为的能长期带来超额回报的因素，并以此构建投资组合。"[3]

蒙蒂尔还摘录了该学者的结论：

事情非常简单，所有机构投资者看起来除了持有与整个市场相同的资产组合外并没有做什么事情……它们总体的投资组合几乎完美地模仿了市场贝

1　Quoted in Montier, J. (2009) *Value Investing*, John Wiley & Son.
2　同上。
3　同上。

塔值为 1.01 的价值权重指数……（见图 3.4）机构投资者整体说来没有用任何一项最重要的股票属性来预测回报，比如我们熟知的净值市价比、动量或者权益增长等。这从某种程度上讲，机构偏离了市场组合，靠它们获取超额收益基本上等于赌博——不可能获得成功的赌博。另一个隐藏的含义是机构们从总体上讲并没有按照它们应该的生存之道去做，没有发现并利用异常现象获得超额收益。[1]

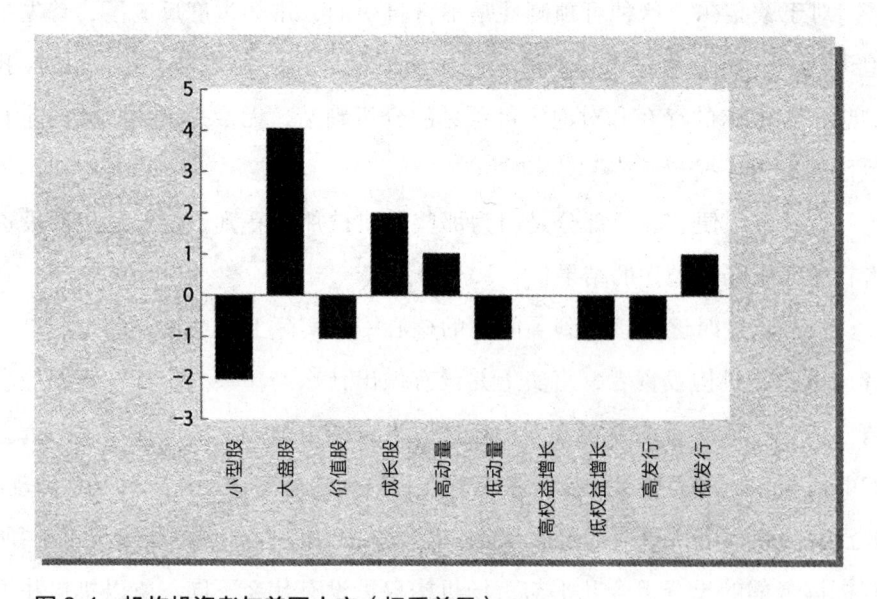

图 3.4　机构投资者与美国大市（权重差异）

资料来源：Montier, J. (2009) *Value Investing: Tools and Techniques for Intelligent Investment*, John Wiley & Sons.

蒙蒂尔通过观察得出结论："与其说共同基金经理的整体业绩糟糕源于选股能力的匮乏，不如说是源于那些鼓励他们过度分散化的机构"[2]——以及追逐指数！在文章结尾，蒙蒂尔用约翰·邓普顿爵士的观察提醒我们：

1　Quoted in Montier, J. (2009) *Value Investing*, John Wiley & Son.
2　同上。

"除非你做事与大众不一样，否则想产生更好的业绩是根本不可能的事情。"[1]

和其他以价值为基础的策略家一样，蒙蒂尔认为在本章中提到的各种异常现象——价值股、业绩优异的小盘股和动量效应——的产生并不是源于无法被任何人认知到的魔幻力量。这些异常现象是有形可见的，它是由市场参与者的真实行为和机构偏好带来的，也就是说众多机构忽视了一个事实，市场大部分非有效性信息流和交易流实际上被体系化和制度化。也正是因为大多数参与者追逐相同的热门股以至于许多股票被忽视了，因此，有时股价崩溃并没有什么可辨认的充分理由。

蒙蒂尔的分析值得我们多花些精力去了解，看看他的逆向投资偏好（即买入不受追捧的股票）的背后深层原因。可以从他对泡沫的分析逻辑上得出结论，想要看懂市场的那些机敏的投资者，应该可以通过跟踪我们已经观测到的动量效应轻松赚钱。蒙蒂尔的前雇主法兴银行在2009年的环球跨部门手册中阐述了投资者如何系统地抓住这个"异常现象"，该现象经常转化为能持续几年的泡沫：

> 投资者一旦识别了那些长期趋势（以及潜在的泡沫），可以把它们简单定位成热点板块……并且持有那些基金直到该趋势谢幕。投资者还可以忽视整个受到冷遇的板块（也就是说那些没有参与到这个长期波段主题的板块）。当该趋势同行持续5~10年（有时积累成的泡沫可能持续1~2年），投资者在投资前应该能够等待并观察那个趋势在下一个周期中将会形成。在每一个5~7年的经济周期中，假如投资者错过了该趋势的头一年，但是如果那时能正确地定位自己（长期持有热门板块，并回避冷门板块），那么投资者将在之后的4~6年中取得优异业绩，还能抓住泡沫带来的收益。[2]

---

[1] Quoted in Montier, J. (2009) *Value Investing*, John Wiley & Son.
[2] Montier, J. (2009) *The SG Sector Handbook: Waves, bubbles, leaders, laggards and innovators*, SG.

这个令人逆向投资者不安的想法——跟随羊群效应获得回报——甚至勉强获得了蒙蒂尔的认可。在我们随后关于价值投资的章节中，我们访谈了蒙蒂尔，他承认动量投资的力量："尽管动量投资的确有效的证据清晰明确，但是我们还是不安。从知性角度我发现我不喜欢这个策略。这么说有点清高了。因为其他人都买了所以我就买，这种选股的方式是我讨厌的方式。如果把它作为一个理论基础，那么它从未能打动我！"

中间路线——常识性假设

各派争论地如此激烈，问题讨论地如此之深，那么我们到底该相信谁呢？比较好的做法是把所有这些财富上的数据和学术上的争辩归总为一些简单的常识性说明。

市场是难以战胜的

我们不必非要相信财富市场是完美有效的，还是非有效的，但我们要相信大多数投资者在大多数时间都是失败者。

股市总体是有效的，但是并不总是有效的

即使在我们认为的完美市场中，也有不完美之处——巴菲特就是一个重要的例证，换句话说，当我们认为市场大体上说有效的时候，其实它与完美状态差得很远。甚至市场有效性的最忠实信徒也承认某些类型的股票，尽管伴有一定的风险因素，但能够超越大市，虽然这种情况不是太多。这并不意味着非有效性和那些市场不完美之处可以简单地通过某种指数基金就可以利用起来，也不意味着将来市场不会自我修正某些不完美之处。非有效性有一种趋势，它会随着时间而改进和消解，或者变异。随着市场的自我调整和演进，如果单纯依靠一套严格的标准或者程序，或者说一个有着各种输入变量的黑匣子———套计算机分析系统——可能是一个非常冒险的方式和技法。

构建一个能获得超额回报的策略是有可能的……在某些时候

有证据表明投资者历史上曾"击败过市场",甚至最有效的市场,但是这需要细致深入地研究并执行长期投资策略,尽管这些超额回报可能是以潜在的高风险为代价。

如果你想击败市场,请系统地去做,并不要过度交易

我们要从对投资者行为的研究成果中吸取教训,不要过度交易,并且要尽量减少交易成本——它绝对可以毁掉你的长期投资回报。聚焦专注!系统投资!成本降到最低!

请关注并聚焦到熟悉并且研究充分的异常现象上

有切实的证据表明,将投资策略聚焦于价值股,聚焦于被低估了的廉价股,或者聚焦于动量股、小盘股,将能带来超过那些跟踪大市的指数基金的收益。所以,请审视策略的根据,弄清楚某策略过去有效的原因。

理解异常现象和非有效性可能将随着时间而改变,并可能已失效多年

在本章中论述的可形成策略的各种异常现象都不是永恒不变的。比如已经有一些争论,是否价值投资策略已经褪去了原先的光环,因为专业人士鼓励市场参与者对该类非有效性定价进行套利而变得平庸,因此只能取得平均回报。能形成策略的异常现象好比月有阴晴圆缺——准备好根据不同的市道灵活使用不同的策略。

股息很重要

在下一章中所讨论的每一项关于从股票市场中获得长期回报的研究都表明,股息及其再投资是获得长期回报的核心,并且投资者可能因为聚焦于有着良好股息支付策略支撑的股票而获得更好的回报。

访问伦敦商学院的埃尔罗伊·迪姆森（Elroy Dimson）和保罗·马什（Paul Marsh）教授

2009年的下半年，笔者在马里波恩附近的伦敦商学院专访了英国优秀的市场历史学家和学术分析员埃尔罗伊·迪姆森教授和保罗·马什教授。访谈内容范围很广，涉及从适合长期投资的股票到动量的最新研究等方面。下面是访谈的记录。

采访人：把波动性和长期的风险性考虑在内，你是否还对股权投资属于高回报投资类型抱有信心？你是否还坚持你关于市场长期数据的重要著作《乐观主义者的胜利》（*Triumph of the Optimists*）中的观点，股票投资是一项伟大的长期投资？

保罗：是的，从可预期意义上讲，股票投资更能带给我们回报。换言之，我们期待着股权将带给我们更高的回报。可能在我们的眼中还有一些类似每年3%~3.5%回报的投资，但是该投资存在的基础是风险因素：因为有人不喜欢股票的波动性，所以存在着风险溢价。股权定价是有折价的，因为你需要等待它可能带来的更高收益。但是这种高回报是不能被确保的，所以股权投资值得注意的是，就其本身运作特性，最好是做长期投资，但不要期望会有绝对安全的时期。从根本上看，没有风险，就没有高回报。

埃尔罗伊：你在5年或者10年内需要用到的钱，股权投资不是它们的归宿；但它是你在5年或者10年内可能用到的钱的投资方式，而且你需要愿意承担当你要用这个钱时，却不是变现的好时机的风险。

采访人：但是有相当多的时期，几十年的时间，包括最近的10年，股权都是一项糟糕的投资。对于单个的私人投资者来说，这么散乱的 20~30 年的投资周期的确有着重大的影响。对此，你有什么看法？

保罗：最近的 10 年对于股权投资来说绝对非常糟糕。但是，把时间拉长到 20 年，股权投资就变得不错了。在过去的 25 年则表现得很好。当然你也是正确的，因为你考察的这段时期的确不是好年景。事实上，在美国，债券在过去的 40 年间也表现得和股票基本一样。但部分原因是这期间债券表现得太好了。从绝对的意义上讲，股权投资在过去的 40 年做得并不差，而债券则是在其间的某些时段生逢其时。这就是风险所在，你恰好遭遇了周期性的极端情况。

埃尔罗伊：假如你把视野放得更远，无需强制要求，你就可能把财富形式转变为持有股票，而且这个变换还有机会让您在未来变得更富有。可以做个设想，如果你考虑一下一所大专院校接受捐赠的情况，比如从 100 年的视角去考虑，你就会重新平衡你现在的思路，重新考虑现在市况不佳而减少配置的可能性。那么以这种长期角度考虑，债务就不是那么好了。但是如果目前是另一种情况，如果你每年需要动用一些储蓄，那么的确需要持有一些债权，并且与普通投资者和养老基金一样，股市对你来说就有较大风险了。

采访人：有些投资者，比如基本面投资者和分析师罗·阿诺特，认为真正重要的不是时间长短，而是以什么价格买入股票。如果买得便宜，就能赚钱。

埃尔罗伊：我想假如你买入一项资产时看起来很便宜，有着很高的收益预期，那么也必将伴随着较大的风险。

采访人：那么是否我们投资的时点应该放在市场被低估的时候——使用择机策略，也就是说英国股市整体很便宜的时候买入？

埃尔罗伊：你描述了一个非常简单的交易体系。你将价格与基本面价值联系起来，并且当证券看起来便宜时买入。那是大多数投资经理的说辞。他们试图在与收益与股息或者与账面价值相对比价低时买入！这是每个人都知道的交易方式，并且说起来也比较容易执行。当我们回顾职业基金经理的记录时，他们的平均业绩还不如简简单单地买指数基金并长期持有好。

保罗：可悲的是市场时点，不管是直接的市场时点还是基于价值比率……是所有人都要做到的，还包括很多非常聪明的人。可是有证据表明，人类确定市场投资时点的能力并不怎么样。也有一些能做得好的，但是非常难，因为我们基金管理业竞争太激烈。基于现有的依据，我认为这件事情说起来容易做起来难。价值投资，深度价值投资，成长性投资，动量投资等，不论大家给自己贴什么样的标签，其实都在做一件事情，就是跑赢大市。并且都是在想尽方法，在将要上涨之前买入，在下跌之前卖出。所以，不论大家怎么给自己贴标签，不论大家使用什么样的策略，其实都是想要击败市场。

采访人：你提到了价值投资。不是有大量的证据表明市场有各类异常现象出现——小盘股效应，价值和动量指标等——从而给予了能利用这些现象的投资者更好的回报。也许市场的确并不那么有效。

保罗：我认为市场有效性被大家认定为市场总是正确的。但那不是市场有效性的真实含义。市场有效性从根本上是说市场很有效地处理了当时得到的信息，并且能检测你所秉持的那些期望击败市场的策略是否真的有用。市场有效性理论在现实中也显而易见——大多数主动型管理人都在为能达到市场平均收益而挣扎呢。

采访人：但是我们怎么看待异常现象呢？以及对于那些风险

因素——你怎么评价它呢？它们真的有作用吗？价值投资还有效吗？他们没有能证明市场的非有效性吗？

保罗：这的确取决于它们是否属于非有效性，以及是否与风险相关。这是首先要强调的前提。小盘股的溢价自从被发现以来已经开始消失，这个溢价其实就是对流动性不好和某种相关风险的回报。价值投资效应——此类廉价股可能也同时是高风险的证券。所以它们可能不属于非有效性，而是各种不同类型的系统风险。

埃尔罗伊：假如我们回溯历史，当小盘股业绩优异的现象首次出现时，被视为异常现象。当个人就此做更深研究，并开发出反映该现象的模型时，这种现象就消失了。看起来好像是市值小的因素影响了回报率。价值投资也是同样的情况。现在我们又进入了动量投资的迷局。动量投资现在的阶段就像小盘股异常现象在1980年代时的阶段。在扣除成本后，如果相当一部分投资者因为采用了某种模型而普遍取得超额回报，这是非常奇怪的事情。我们需要一套理论。也有不少学者构建各种理论来解释股价方面动量模式存在的原因。但是我可以公正地说，我们目前还没有一个令人满意的理论说明。

采访人：但是动量的确存在——股价中存在动量的某些模式。你是否这样认为？

保罗：确定是存在的，但是应该关注行为与风险互为基础的解释。假如采取价值股投资策略，你可以观察传统价值股投资的投资组合，他们大多数是失败者。因为股价已经下跌了很多，所以称其为价值股。当你观察到这类股票，并且鼓起勇气买入，但是常常你买入后它们的表现更糟糕。价值因素并不总是恒定地存在并起作用。它是在不断变化的。并且目前我知道一位基金经理因为买入价值股已经陷入四面楚歌的境地，所以很有风险，而且它也是投资组合中风险之一。动量股策略也是一样的。动量策略在相当长的时间都有不错的表现。在英国股市的108年间,动量策略的回报都比较强劲,但是尽管如此,从2009年起,动量策略着实会让你损失惨重。

埃尔罗伊:假如股市中能提供获利机会的行为是不规则的,那么利用该机会的最佳方式就是利用大投资者的行为。因为那些大投资者总是可以把自己组织起来,虽然他们可能是小投资者的联合;它们总能为小投资者所用,可以像一个大投资者那样操作!

采访人:这里是否存在另外一个力量——那些异常现象被大家注意到之后,随着时间而改变或者消失?当我们所有人都注意到专业投资者在利用这些因素时,就已经太迟了或者异常现象也就消失了!

保罗:我认为从某种意义上讲绝对是这样的。大多数异常现象将自我消解。它们能被识别的原因是人们充分了解了该现象,并做了大量的学术研究,形成了正式的文献资料。毫无疑问,这时我们说它在哪里,那么它就在哪里。当然这也属于一个偶然事件,当我们将来再看它时它已经不在那里,已经消失了。也不都是这样,对于你刚才谈到三个因素,小盘股、价值和动量,好像更有持久性。目前持久性最低的一个异常现象是市值规模效应,但是它还是存在的。价值的效应看起来还是很强,而动量效应则更强。但是那仍需要从长期投资视角去看待,如果从短期看,你很可能被套牢。

第 4 章　股息：寻根溯源

养牛产奶，养鸡下蛋，买股分红
　　——约翰·伯尔·威廉姆斯（John Burr Williams）[1]

"股息很重要"，这句话在本章中将成为我们的口头禅，因为一次次的研究显示，小小的股息支票的确非常重要！无数的研究成果告诉我们，股息可以占到股权投资总回报的比重，从1/3到96%不等，而且不论从长期还是短期去分析，不管是30年还是130年，都是如此。从长期来看，持续的股息支付将创造一流的回报。罗勃·阿诺特，作为一位股市金牌分析师，他曾经这样描述这种回报的巨大潜力："假如不把股息花掉，不抽税，不支付市场交易费用，那么在1802年的100美元在2000年年底将变成7.66亿美元，在2002年年底，因为市场下跌，价值降到4.59亿美元。"[2]

更关键的是，在本章中后面我们将发现，有证据显示，在投资组合中给予一些特殊的高收益股票多一些权重不仅仅能带来大量收入，而且帮你

---

[1] 摘自《乐观主义者的胜利》中的"价值投资理论"（2002），E. 迪姆森（Elroy Dimson），P. 马什（Paul Marsh），M. 斯汤滕（Mike Staunton）著，普林斯顿大学出版社。

[2] Arnott, R. D. (2003) 'Editor's Corner: Dividends and the Three Dwarf', *Financial Analysts' Journal*, Vol.59, No.2, pp.4 and 6.

挑选了一揽子能超越核心基准业绩的股票，也就是说，积极地将你的股票挑选策略朝向高收益的股票能增加总的投资回报。

坚实的股息

收益也许可以获得媒体的关注，但是受热捧的同时伴有一种副作用——收益容易波动。例如 2009 年中期，各大投行的研究报告中指出全球股市的收益率一个月内急转直下，跌了 14%！越来越多的分析师现在考虑预期收益实际上是如此的随机，并且经常突然给出完全相反的版本，所以投资者根本就应该忽略它。一个例子就足够了。假如你重新回顾 2009 年，那时分析师建议全球发达国家市场的估值应在 8 到 13 倍市盈率之间，也就是说，股票是便宜还是贵依赖于你对股市的乐观程度。

许多分析师依赖的一个关键手段是股息。这些一年两次的股息支付在股票投资中是最靠谱的事情了。英美市场中，许多公司过去 10 年中因为年复一年稳定支付股息而赢得了坚实可靠的声誉！不过，众多蓝筹股的积极股息支付政策（每年稳步增加股息支付）在过去几年艰难的市况下也开始动摇了。工业巨头 GKN 就曾经是这样的一个采取积极股息政策的市场英雄，它不断增加股息支付，直到黑暗的 2009 年也宣布将停止支付股息。

GKN 首席执行官凯文·史密斯爵士 (Sir Kevin Smith) 在年报中声明："我们执行了积极的股息支付政策已经 29 年了，但是今年我们无法再坚持该政策。这对于我们来说是一个重大的决定。在目前的环境下，公司更应该持有现金。我们汽车事业收入从去年中期至今已经下降了 40%。"[1] 2009 年 GKN 的股价下跌了 70%，而且在发布该声明后又下跌 2.5%。但是在股市英雄榜中不只有 GKN 决定这样做。比它早的矿业巨头英美资源公司（Anglo American）也承认它将停止支付股息。另一个美国股市中慷慨支

---

[1] GKN 2009 年年报。

付股息的英雄，通用电气，也宣布它不得不削减股息，这是该公司几十年中的头一遭。

巨大的不确定性意味着即使那些少数可以信赖的英雄们——在2009年之前持续增加股息支付的公司——将越来越成为密集调查和关注的对象。对公司股息支付能力的质疑越来越多，但是一旦市场发觉支付能力是真实安全的，它将重新吸引众多基金经理的注意力，因为他们在全球范围内搜寻着品质优良的能带来股息的股票。一些有影响力的投资者如牛顿基金管理公司已经警告如果过多人追逐这类"安全"的积极股息支付的公司，其价格将被哄抬，没有人能因此获利。

牛顿基金管理公司的预测是基于市场上还大量存在着景顺基金（Invesco Perpetual）的尼尔·伍德福德（Neil Woodford）和利隆投资信托（Lowlands Investment Trust）的詹姆斯·亨德森（James W. Henderson）领导的一类"股票收益基金"（Equity Income Fund）的存在。这些明星基金经理基于大量坚实的学术研究制定了股息偏好的投资策略。从长期看股息的确创造了不同。事实上，许多长期分析研究表明，股息以这样或那样的形式占有总收益90%以上的比重。

股息重要性的理论证据

学术文献——来自于类似法国兴业银行的全球量化策略师安德鲁·拉普索恩（Andrew Lapthorne）等人的分析——表明从长期看股息以各种不同的形式为投资者带来利益。

第一个（也许最重要的一个）分析是确定了定期股息支付是所谓"股东总收益"的重要因素之一。但是，股息的魔力不止于此。有证据表明购买恰当股利支付者（有着完美资产负债表的积极股息政策的公司）的策略将从股息或者其他方面切实地带来更好的收益，也就是说，市场青睐股息支付者，并给予其股票更好的溢价和评级。市场有这种偏好的原因，我们回想一下就很明白——股息很容易计算，并且包含了简单实在的定期支付的数据。但是，我们已经关注到了，股息与收益相比更坚实可靠——按照法兴银行的统计，年度收益增长率的波动是股息的 2.5 倍——定期的股息支付政策其实是在鼓励更聚焦的管理，让管理者更关注节省和积累企业的财务资源。拉普索恩提醒我们，"对收益过多关注的结果是鼓励不必要的并购，它为的是追求收益的高增长（但经常是投资浪费）"。[1] 作为这个观点的例证，我们可以关注到很少有公司把管理层的激励和公司的股息支付挂钩的——犬儒学派也许会反讽地说，与操作收益相比操作股息难度要大得多。

相比之下，股息对于投资者来说显得乏味和呆板。表 4.1 是巴黎银行(BNP Paribas) 的研究结果，从中我们可以看到欧美股息长期的增长情况。其中美国的数字相当抢眼——数据期非常长，研究表明美国股息增长不仅持续高于通胀，而且是以复合增长方式相当稳定地每年高出 1.4%。我们将发现，这多出的每年 1.4% 按照复利计算，将带来回报的巨大不同。

表 4.1 英国长期名义及实际股息增长（百分数）

平均	股息增长	实际股息增长	通胀率	收益增长	股息支付率	股息生息率	十年期债券收益
美国：1871—2008	3.5	1.4	2.1	2.7	63	4.5	4.7
英国：1970—2008	8.4	1.9	6.5	9.7	56	4.4	8.9

资料来源：Equity Derivatives Strategy(EDS):Dividends 18 May 2009,Significant Upside to 2010 and 2011,Euro STOXX 50 Dividends,BNP Paribas Research Report.

学术研究结果很清晰，长期看来，对于依靠股息支付、收益增长率和股息支付稳定增长的私人投资者来讲股息的确重要，但是更重要的是将分到的股息进行再投资，随着时间推移，这将带来巨大的不同。相关的基础

---

[1] 摘自"最安全的股息"（The Safest Dividends），戴维德·斯蒂文森，*Investors Chronicle*，2009 年 4 月 3 日。

研究工作来自伦敦商学院的埃尔罗伊·迪姆森、马什和斯汤滕教授，相关文献刊载在瑞信的《全球投资回报年鉴》中。与大多数分析师一样，他们把长期股权投资回报分解成四个部分：

- 自身实际收益（通常与持有现金和金边债券相比较的无风险回报）；
- 实际股息增长率（超过通胀率的部分）；
- 市场因其股息政策而给出的溢价，也就是说，通过考察本利比（the price to dividend ratio）及类似的指标对股票进行评级；
- 最后，但也很重要的一点，通过某种类似股息再投资计划（或者DRIPs）的回报。

按照迪姆森等人的说法，"股息收益从历史上看一直是一个重要的因素"，并且"投资视野越长久，股息收入越重要"。[1] 伦敦商学院的分析更加细微。作者认为，事实上长期股息的实际收益只有大约每年1%，这样低的增长是无法实现好的回报，同时，本利比的评级也是随着时间不断波动变化，也无法取得特别的回报。因此作者强调"股息或者收益，很少能超越通胀的"。[2]

然而，获得远远超过这些现实回报的方法是将你收到的股息支票拿去再投资。回溯1900年至今的109年，到公元1900年，迪姆森等人认为资本真实所得的平均情况是每年大约1.7%（一开始的1,000美元翻了六翻），但是如果同期将股息再投资，则产生了每年6%的回报（也就是说一开始的1,000美元将变成582,000美元，增长582倍）。股息再投资的确起到了至关重要的作用，幸运的是大多数采用积极股息政策的投资者都有很容易执行操作的股息再投资方案（见第7章的DRIPS专栏）。

---

1 埃尔罗伊·迪姆森（Elroy Dimson）、马什（Paul Marsh）和斯汤滕（Mike Staunton），2009年，《2009年瑞士信贷全球投资回报年鉴》（*Credit Suisse Global Investment Returns Yearbook 2009*）。
2 同上。

金融城的股息分析

一些大投行里的经济学家对股息的学术研究也采用过短期和近期的角度，特别是巴克莱资本（Barclays Capital）的分析师蒂姆·邦德（Tim Bond）和法国兴业银行全球量化策略师安德鲁·拉普索恩。

其中最特别的是蒂姆·邦德为巴克莱资本编撰的那部有影响力的年度刊物《股权与金边债券研究》（Equity Gilts Study），它是众多分析师认定的关于长期回报方面研究的参考指南。该研究的大部分篇章聚焦在股权相对于金边债券的回报上，股息在其中扮演了重要的角色。蒂姆·邦德这样总结了该研究的结论：

> 在1925年和2004年间，股息贡献了美国总体股权回报的27%。在英国，从1899年到2004年，则是31%。这两项计算都假定了股息再投资，该假定是长期股权回报的重要影响因素，就好比票息之于债券回报。为了说明这一点，我们可以认为在1899年投资100英镑，在不进行再投资的情况下，今天的价值为9,961英镑，但是如果将股息再投资，数字变成了惊人的1,103,668英镑。没有股息再投资，股权回报很难战胜通胀。在真实收益计算中，如果不进行再投资，1899年投资的100英镑现在相当于当时的170英镑，如果再投资，则是18,875英镑。[1]

邦德的长期市场综合数据非常好地证明了股息对于长期投资的重要性，但是在近些年，股息的重要性在减弱：

> 股息收入对于英国股权投资回报的贡献在2000年泡沫高峰时跌到了历史低点，股息支付率降低，并且投资者只关心不断飙升的估值和被疯狂推高

---

[1] 摘自"Global speculations Dividend delights, Asset Allocation 7 September 2005"。

的股价。就边际效应而言，英国税收政策在养老基金股息支付方面的变化削弱了投资者对股息支付的偏好，类似情况在美国1980年代后期的企业所得税变化时也体现过。[1]

巴克莱资本的分析（见图4.1）有另一个值得关注的地方——股息是通胀的很好的对冲，也就是说，股息在高通胀期会增加。邦德的观察是：

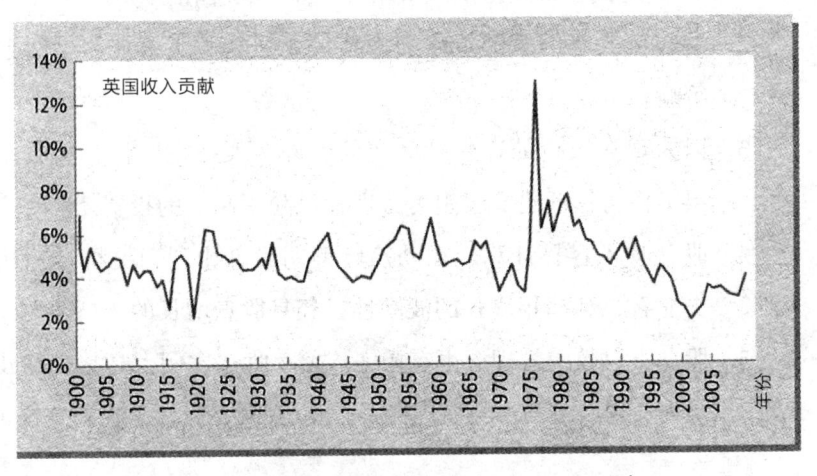

图4.1 股息收入对英国股权回报的贡献率（1900~2009）

资料来源：Barclays Equity Gilt Study.

股息的年度变化表现出与通胀温和的正相关性，在1950~2004年期间，英国平均为38%，美国为26%。从长期的角度考察股息和通胀的变化时，相关性提高了，之前我们认为两者是不相关的。从五年期的视角看，相关系数在英国是54%，美国是52%，而从十年期的角度看，英国是56%，美国是70%。[2]

---

1 Proprietal client research, www.scribal.com/doc/1958723/Barclays-Capital-Dividend-Delights.
2 同上。

法国兴业银行安德鲁·拉普索恩的研究结论与邦德和伦敦商学院研究团队的结论有许多共同之处。他对"第二次世界大战"后的时期进行了研究，其中一个关键结论是真实回报不是来自股价升值，大多来自于股息以及其增长和再投资。他对研究进行总结，称之为"股息收入的投资"：

1. 历史角度看，真实的回报来自于股息的再投资。数据回溯到1970年代，回报范围从日本的56%到英国的96%。
2. 高收益股票的投资策略的回报大大超越了买入低收益股票的策略。
3. 因为现在银行的存款利率超低，许多人将把股权（高收益股票）作为一项更有吸引力（即使风险更高）的投资。
4. 股息收入容易计算。在动荡转型期股息比利润更稳定——从历史上看，利润年增长的波动性已经是股息增长的2.5倍。
5. 股息支付鼓励管理层更有操守。留存收益比例太高其实是鼓励了为实现收益高增长而进行不必要的并购（大多是在浪费钱）。[1]

安德鲁·拉普索恩和他的法国兴业银行全球量化策略团队，集中分析了1970年以来的全球数据。他们的分析与巴克莱资本及伦敦商学院的分析有些不同，该分析测算得出实际股息收益占名义回报的30%，股息增长占70%；分析还表明，该时期的实际股息增长接近1.2%。观察英国的情况，法兴团队认为自1970年以来的整体股权回报收益率是每年11.4%，真实股息收益率是每年4.3%，股息增长每年8%，扩张倍数（股价相对股息收益的高低）是-1.4%，也就是说高收益股票的确被市场低估了，见图4.2。

---

[1] "Rock steady income? Seeking an optimal income investing strategy", *The Global Income Investor*, SG, Quantitative Research, 3 February 2009.

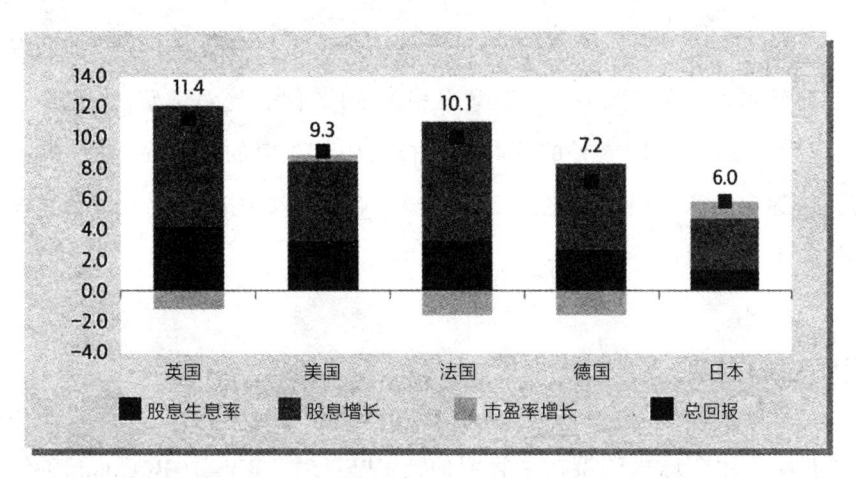

图 4.2　名义收益分解图（1970 年至今）

资料来源：SG Quantitative Research.

拉普索恩的分析包含了许多深刻的道理和洞见。该分析观察了收益和股息之间的关系。大多数投资者通常假定利润和股息之间的关系紧密，但根据拉普索恩团队定量分析的实际结果，它们之间的关系并不强。该定量分析观察了收益增长相对于股息增长的波动情况——收益的增长波动非常大，在 –35% 和 +40% 之间震荡。而股息增长的振幅在 –7% 和 +19% 之间——见图 4.3。从总体上看，法兴团队的结论是收益年增长率的波动性等于股息的 2.5 倍。

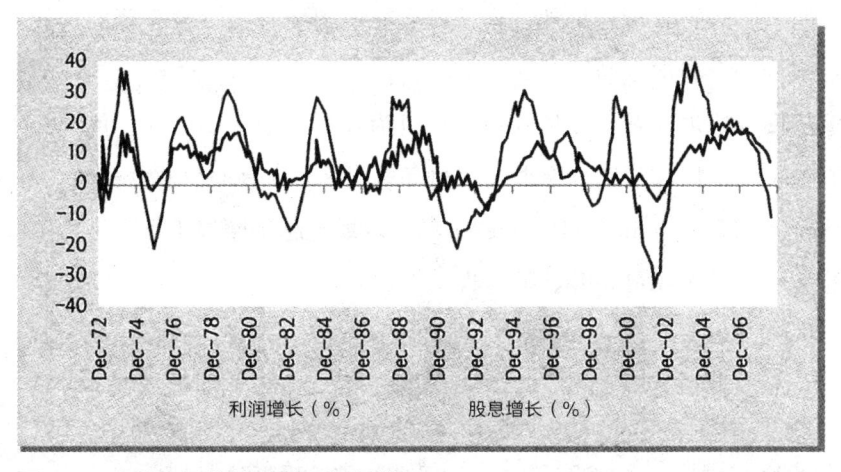

图 4.3　全球有记载的利润和股息增长

资料来源：SG Quantitative Research, MSCI.

更关键的是，当使用 β 值分析股息相对于收益的敏感度时，他们发现到相对较低的敏感度（0，代表毫不相关；1，代表绝对敏感），在除了医疗、建筑、旅游休闲之外的所有股票板块中，该值的范围在 0.12~0.50 之间。这隐含的意义是，股息的变化不随着收益的变化而变化，以及与市场估值的不一致性。

花旗的股息观

花旗集团全球投资策略主管罗伯特·巴克兰（Robert Buckland）领导的分析团队值得我们关注，他们也认为股息非常重要。他们认为：

> 历史上看股息对股票市场回报有着非常重要的贡献。从 1970 年以来，股息占到了全球股票市场年化总回报的 30%（见图 4.4）。个别市场则更大。在英国占到了 37%。在股票市场疲软时期，股息的重要性更是显著上升。在 2000 年代，股息贡献了全球股票回报的 144%（也就是说，资本的回报是负数）。在 1970 年代，该数字接近 60%。（图 4.5）[1]

花旗团队的分析还另外一个关键点——围绕着高收益股票的选股方式已经成为一个非常有利可图的策略。

从投资的角度看，股息收益策略也为投资者确保了盈利。例如，不管是在景气还是疲软时期，摩根士丹利资本国际全球高股息收益指数（MSCI World High Dividend Yield Index）都稳定地超越了摩根士丹利资本国际全球指数 (MSCI World index) 的表现。[2]

---

[1] Buckland, R.（2008）*Global Equity Strategist: Dividend Resilience*, client research, Citibank.
[2] 同上。

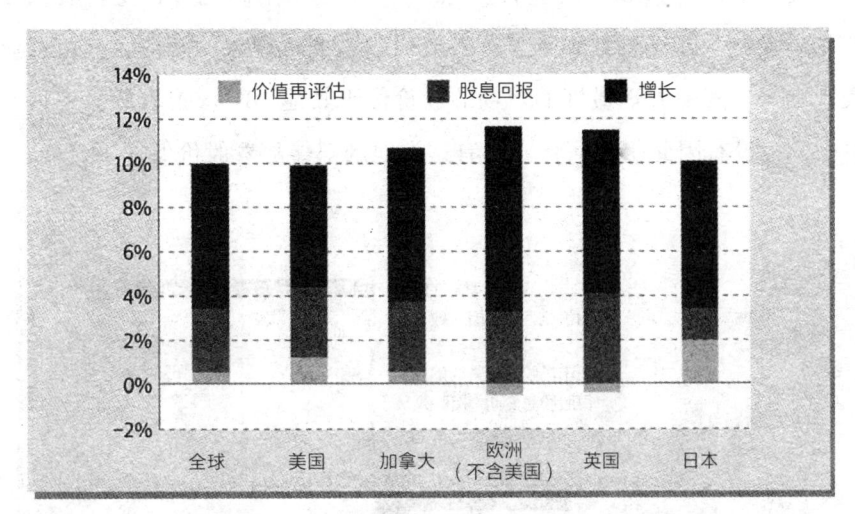

图 4.4　股市回报贡献分解（1970 年 1 月 1 日 −2008 年 8 月 30 日）

资料来源：MSCI, Citi Investment Research.

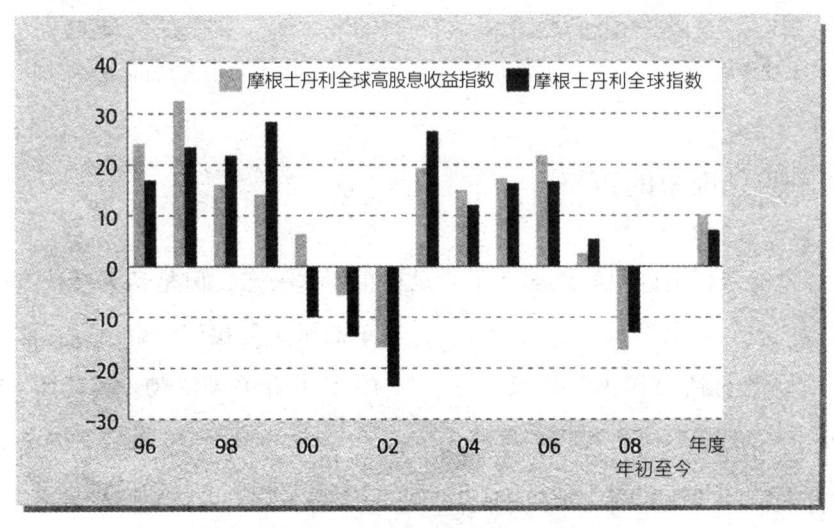

图 4.5　摩根士丹利国际高股息生息率指数业绩（%）

资料来源：MSCI, Citi Investment Research.

从图 4.6 中可以充分证明这一点。图中显示不同地区在支付股息方面的相对强弱。巴克兰观察到"有着较强股息支付现象的地区，其市场业绩表现更好。其中表现最好的市场的股价优于其他 18%。拖着股息迟迟不支付的，也没有因此得到回报。所有这类地区都伴随着股价低迷"。[1]

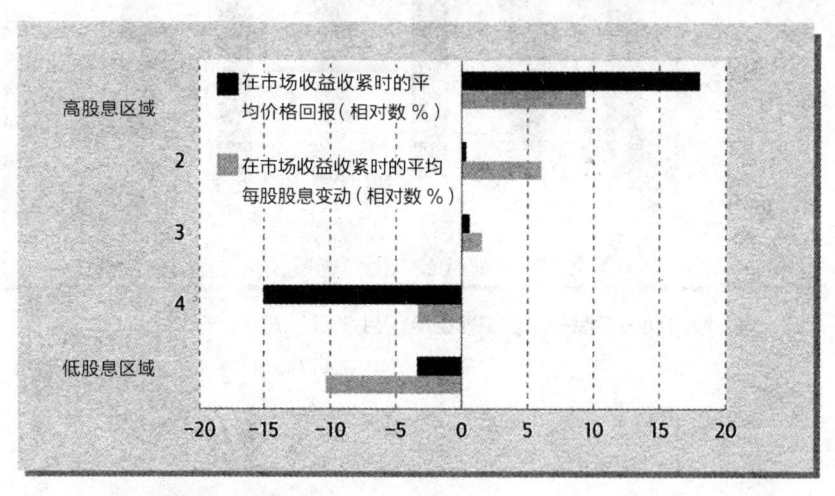

图 4.6　区域股息和业绩表现情况

资料来源：MSCI, Citi Investment Research.

利用股息现象的策略

投资分析也许很好地揭示了股息很重要这一点，但是私人投资者如何可以充分利用这一现象赚钱呢？一个简单的做法是找到一个指数，该指数把股息支付情况作为重要权重。在第 12 章中有关于罗勃·戴维斯（Rob Davies）的基本面指数投资策略（fundamental indexing）的详细讨论，他掌管着一支叫作芒罗（Munro）的以股息为重要权重的指数跟踪基金。

1　Buckland, R.（2008）*Global Equity Strategist: Dividend Resilience,* client research, Citibank.

全球指数提供商富时集团（FTSE Group）已经推出一个易于理解的股息权重指数——富时英国股息强化指数。该指数由富时 350 指数中的股票构成，用股息收入作为权重的唯一因素。它虽然概念简单清晰，但是该策略近些年的结果很糟糕，导致了银行股占比大，这反过来削弱了收益。图 4.7 显示，从 2005 年以来的交易所交易基金（ETF）价格，它来自跟踪该指数的 iShares——该 ETF 直到不久前还受到规划师和咨询师的追捧。

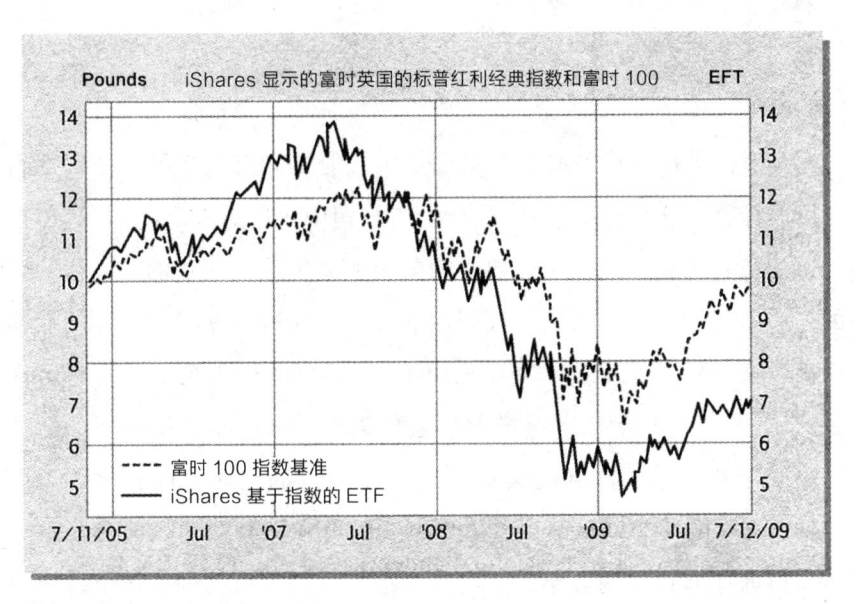

图 4.7 iShares 英国股息加强 ETF

资料来源：www.ShareScope.co.uk

但是该指数的相对糟糕的表现和以此为基础的 ETF（见图 4.7）仍然没有阻止竞争对手试图构建同样的策略。

作为竞争对手的美国指数提供商标准普尔引入了一个稍复杂的采用高收益策略的指数方案，但是该方案有着对股息收入策略的戏剧性的曲解，因为它关注长时期股息支付的一致性。这个指数仅仅挑选了长期内股息支付持续增加的股票——它被称为标准普尔红利经典指数 (Dividend Aristocrats Index)，并在 2005 年发布。在发布时，该指数的开发者宣布该指数是"用来衡量标普 1,500 成分股中股息支付最高的前 50 家企业的业绩表现，这些企业至少 25 年来严格遵循了不断提高股息的股息政策"[1]，也就是说，它只包含了那些长期持续支付较高股息的大企业。

入选该指数的股票，企业必须通过一套简单的测试，测试包括：

- 指数用年度股息收益标注
- 企业市值至少 5 亿美元
- 企业必须 25 年以上持续地增加股息支付

现实中，尽管门槛看起来简单而基础，但是只有极少量的公司达到要求。按照标普"这个选择结果，美国上市公司中入选的不足 2%。"[2]但是因为入选的数量太少，以至于名单中的公司大多是让人乏味的、固执的、守旧的……但是能赚钱的公司。按照标准普尔的说法，其成分企业的资本回报率高，通常都高于平均水平（相对于"标普 500"不足 12%，它们达到了 15%），而且信用评级（标准普尔通过该指标衡量企业偿还债务的可靠性）高于平均水平。红利经典指数中，有 62% 的企业的债务被评为投资级，只有 8% 被评为垃圾级。毫不奇怪，这个精英群体比较能带来丰厚的股息。根据标准普尔的数字，红利经典指数已经在过去的 5 年里持续带来了 3.2%~4.2% 的股息收益，远高于美国市场整体过去十多年接近 2.5% 的收益。

这个进取型股息策略的收益情况必须通过压力测试；标准普尔也彻底对它进行了测试，但是只进行了两个周期的测试——它测试了该策略在 2000~2005 年的表现，之后就推出了此指数。在历史测试阶段，标准普尔发现该策略的回报的年化收益率超过了 14%，而标普 500 基准指数的回报

---

[1] Dash, S. (2005) "The S&P High Yield Dividend Aristocrats Index", Standard & Poors Research Paper, www.sandp.com.
[2] 同上。

只有 -1%，而且这个回报的内在风险——用所谓的标准差来衡量——也比起标普 500 低。

在本书中我们发现进行历史测试对于投资者来说，实际价值有限，因为真正重要的是策略的实际执行。在美国该指数的变体在现实操作上看起来取得了相对的成功——2009 年 9 月底的最近一次分析揭示，现实中该指数持续击败了标普 500 基准指数，而且其收益的风险更小（见表 4.2）。表 4.3 显示了红利经典指数中的前十位的公司。

表 4.2 标普美国经典红利指数组合的统计

指数业绩	三季度	全年累计	12个月	3年	5年	10年
标普500经典红利	19.29%	19.84%	0.56%	-1%	4.04%	2%
标普500	15.61%	19.26%	-6.9%	-5.43%	1.02%	0.51%
标准差	3年	5年	10年			
标普500经典红利	19.18%	15.32%	14.7%			
标普500	19.68%	15.96%	16.24%			

表 4.3 标普经典红利指数在 2009 年 9 月的头 10 名公司

名称	权重	行业板块
Gannett Co Inc	2.51%	可选消费品
Walgreen Co	2.14%	必需消费品
Abbott Laboratories	2.12%	医疗保健
Centurytellnc	2.09%	电信服务
Chubb Corp	2.02%	金融
Quester Corp	2.01%	公共事业
Kimberly-Clark	2.01%	必需消费品
Clorox Co	2.00%	必需消费品
Avery Dennison Corp	2.00%	工业品
Sigma-Aldrich Corp	2.00%	材料

标准普尔已经发布了一个欧洲版的指数——称为"标普欧洲350经典红利指数"。[1] 它与美国版的稍有不同——有两个关键指标：

1. 每个公司必须是标普欧洲350指数的成分股，是欧洲大陆和英国的蓝筹股。
2. 每一个公司至少连续10年增加股息。

这两项最终的指数权重相等，成分股每年在12月进行回顾——在表4.4中可以看到在2009年9月底该指数的成员企业。

有趣的是，在欧洲这项策略的回报明显不怎么样——回报显示在表4.5中，显然数字不怎么显眼！尽管其2008年和2009年的结果相当突出，但是在头三年的回报则明显不佳。

表4.4 标普欧洲350经典红利指数前10名公司

名称	权重	行业板块	国家
Legal & General Group	2.99%	金融	英国
Man Group	2.82%	金融	英国
Novartis AG	2.73%	必需消费品	瑞士
Misys	2.72%	信息技术	英国
Gas Natural SDG SA	2.71%	公共事业	西班牙
Daily Mail & General Trust	2.71%	可选消费品	英国
AbertisInfraestructuras	2.69%	工业品	西班牙
Essilor Intl	2.67%	医疗保健	法国
KBC Group NV	2.62%	金融	比利时
Scottish & Southern Energy	2.61%	公共事业	英国

---

[1] Soe, A.M. (2008) "S&P Europe 350 Dividend Aristocrats", Standard & Poors Research Paper, www.Standardpools.com.

表 4.5　标普欧洲经典红利指数组合的统计

指数表现	3季度	全年累计	12个月	3年	5年
标普欧洲经典红利	25%	42%	12.88%	-3.5%	6.18%
标普350	23.21%	31%	2.6%	2.92%	7.08%
标准差	3年	5年			
标普欧洲经典红利	25.22%	20.67%			
标普350	25.76%	21.54%			

在下表中列示了标普 350 欧洲经典红利指数中的英国公司。

标普欧洲 350 红利经典指数 2008 年中的英国公司

Barclays	Hammerson	Centrica
Cobham	Legal and General	Next
Capita Group	Misys	Pearson
CRH	National Grid	Rexam
Daily Mail	Scottish and Southern Energy	Royal Dutch Shell
MAN Group	WPP	Tesco
Enterprise Inns	British American Tobacco	Vodafone Group
FirstGroup	British Land Company	

关注收益的投资策略

还有另一类由法兴银行的安德鲁·拉普索恩团队采取的高收益策略。该团队观测了在过去几十年各主要发达国家市场的收入策略中，到底是什么因素在起作用。他们为此找到一种聪明的方法，该方法基于实际支付的收益，外加了一个重要补充因素，也就是所说的资产负债表状况。

在我们讨论这个策略的细节之前，有必要了解法兴银行的地区市场研究。法兴团队的第一步以股息支付水平作为门槛，对世界主要发达国家市场进行了筛选——仅包括那些支付水平 100% 达到了市场基准收益的公司。后来非常激进地将门槛从 100% 提高 200%，但是其结果在各个不同地区呈现出了差异。除了欧洲大陆的大多数地区，将门槛提高到 200% 时，其回报反而降低了。拉普索恩的团队决定以 110% 来考察大多数市场。研究结果显示在表 4.6 中。

表 4.6　1988 年分地区的股息生息率的回溯测验（仅做多收益，年化 %）

股息率大于	美国 年化回报	美国 最大回调	欧洲（不含英国） 年化回报	欧洲（不含英国） 最大回调	英国 年化回报	英国 最大回调	日本 年化回报	日本 最大回调
100	11.3	54	10.3	58	9.1	57	5.1	53
110	11.1	55	10.3	59	9.4	59	5.5	53
120	11	55	10.3	59	8.9	64	6.2	53
150	10.4	57	11.4	63	8.1	73	7.8	57
200	9.6	61	12.6	67	6.1	79	8.3	58

资料来源：SG Client research at www.sgbcib.

随后法兴团队按照时间将这些收益的数字绘制成图。图 4.8 显示了股息支付不低于 110% 的市场平均收益水平的选股策略自 1987 年以来的情况。很明显，这个简单的策略在各地表现不一，其中所有超过 1 的部分表示业绩相对超常。然而只有在英国这个简单的策略的业绩明显低于整体回报，比如低于不考虑收益情况的富时 100 指数。

第4章 股息：寻根溯源 | 127

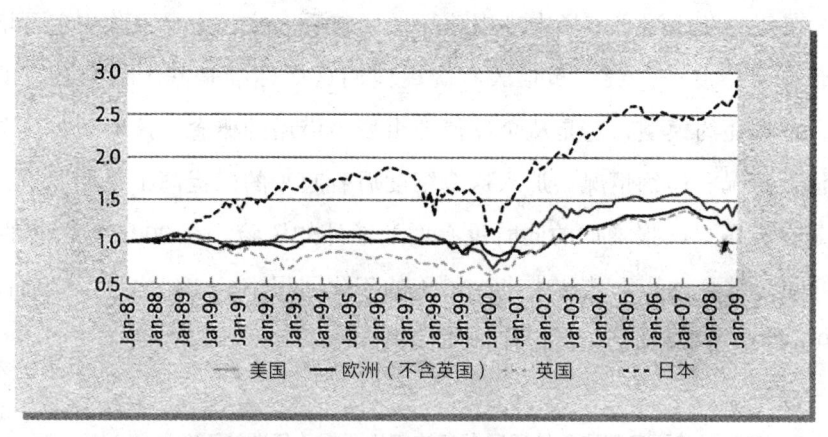

图4.8 高股息生息率组合相对于大市的业绩表现
（相对100指数的积累整体回报）

资料来源：SG Quantitive Research

这项研究的结果让法兴团队意识到，必须增加新的条件，从而剔除那些满足了收益要求的股票，缩小入选股票的范围，使得策略更好操作。拉普索恩团队总共观测了6项指标——本章下文将介绍其部分细节。这些筛选指标包括：

- 股价动量——6个月内股价动量排名前20%（详见第8章）
- 每股收益动量——3个月内每股收益预测变化最大的前20%（见第6章）
- 资产负债表风险——"默顿违约模型"（Merton Model of Default）中前20%（见第5章）
- 品质——Piotroski F-score得分大于等于7（见第5章）
- 收益偿付倍数（Earnings Cover）——EPS大于DPS的收益最好的前20%
- 增长——五年股息增长率前20%（见第6章）

在各个发达国家市场中应用该筛选标准后,拉普索恩团队决定再增加一个测量维度——资产负债表状况。他们这些标准是基于一个既有的观念,默顿违约模型,它是从全球债券市场中借用的概念。该模型关注资产负债表状况和违约情况。加入这个维度后看起来的确提高了长期回报,特别是在英国,回报增加的同时没有增加额外的风险。在 2008 年之前的 20 多年里,这个两步筛选法带来 12.3% 的年化回报率,相比之下,之前仅以 110% 的市场平均股息支付为门槛的策略只有 8.4%(见表 4.7)。

表 4.7 在英国应用各筛选条件后只做多的年化回报(每期的百分数值)

Period	高收益组合	资产负债表良好	收益覆盖	价格动量	收益动量	品质	成长
最近一年(2009)	-47	9.4	-34	-16	-26	-21	-27
最近5年	-0.2	14.8	8.2	12.4	11.2	9.5	10.9
最近10年	6.2	9.8	8.1	6.2	3.9	7.3	7.5
最近20年	8.4	12.3	11	10.6	12.1	11.3	11.9

资料来源:SG Research.

法兴该选股策略在 2009 年时入选的英国股票有:

- 必和必拓(BHP Billiton)
- 大东电报局 (Cable and Wireles)
- 英国公用事业公司 Centrica
- 联合利华
- 阿斯利康(AstraZeneca)
- 英美烟草
- 国家电网
- 培生 (Pearson) 出版集团

摩根士丹利策略师格雷厄姆·塞克（Graham Secker）也开发了以股息支付为重要权重的策略，该策略以高收益股票为目标。在英国，他的这项策略被称为富时100股息可靠增长策略（FTSE 100 DPS-Based Reliable Growth Screen）。塞克使用该策略构建了一揽子股票，他主要考虑了以下因素：

1. 自1995年以来的12个月每股股利预测变化的季度平均值——塞克使用该指标试图捕捉分析师不断调高其股利增长预测的股票。
2. 这些季度均值五年以上的标准差——塞克以此测量和剔除股息变化波动太大的股票。
3. 自1995年以来正向变化的概率——塞克团队开发这个概率工具用于观测股息变化随着时间的变化。

从2005年以来，塞克的策略获得了巨大成功，不仅资产价格回报超越了市场，而且股息支付也随着时间不断增加（图4.9）。

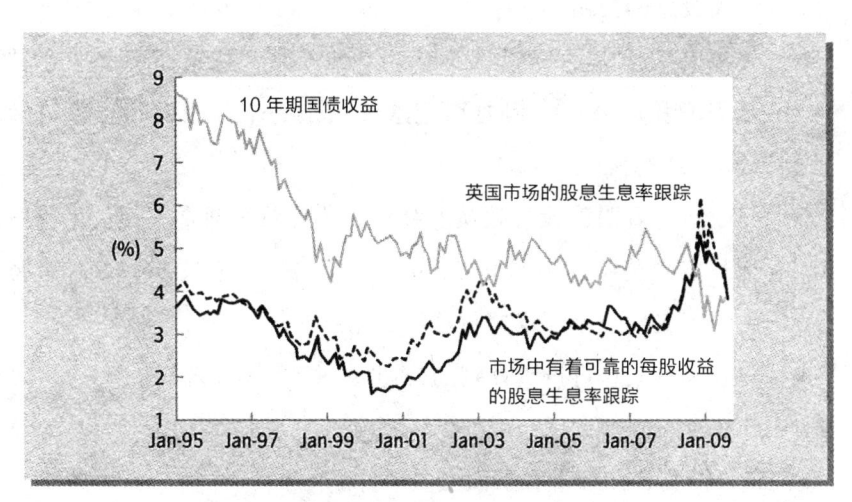

图4.9 摩根士丹利的股息可靠增长策略虽然有很好的投资回报记录，但股息收入与英国股市和国债相当，没有收益

资料来源：Morgan Stanley.

激进的派息英雄

许多以上策略（以及基于策略的特殊指数基金）的问题在于市场太容易变化，许多情况一夜之间就会逆转。为了便于理解，可以看一看标准普尔早期的红利经典指数中的名单，我们会注意到类似巴克莱银行（2009年停止支付股息）以及英国土地（British Land）和 Hammerson 等地产企业。为了能在多变的市场中生存下来，投资者需要回顾公司股息的连续性和预测将来的增长性，否则我们会发现自己可能投资了类似英美资源集团（Anglo American）和 GKN 之类的公司，它们曾是派息方面的历史英雄，但是现在停止支付股息好几年了。

我们试图把这种思想融入一个被称为派息英雄的简单的选股方法，它关注富时 100 的整体并且系统剔除不符合下列标准的公司：

- 关注近期的情况——最近 8 年；例如排除最近 8 年没有做到每年增加股息的公司。
- 关注的关键点是分析师的股息增长预测，只选择那些股息被设定为增长的公司。但要切记这仅仅是一个预测，并且分析师也会出错！
- 只收录有着明确股息政策的公司。这种政策通常表现为承诺股息增长多少英镑（例如 Pennon 公司承诺每年增长 3%），或者公司致力于支付一个固定的收益百分比。
- 只收录有股息再投资计划的公司。

我们建议投资者仔细审查下面一些事件：

- 潜在的外汇风险——查清其英国之外的业务比重。例如美元或者欧元的收入比重过大，企业就面临着汇率走向不利的风险。大多数公司会积极进行风险对冲，但是就整个富时 100 而言，收入将近有 60% 是外汇形式。

- 最近我们还引入了一个每股现金流的指标——它表明了每股股息偿付率。只要该指标高于 1，企业可以负担股息支付，如果超过 2，支付股息就安全。

- 我们还关注养老金计划偿付义务（Pension Scheme Liability）的披露情况。养老金计划的监管部门已经警告过，在企业支付养老金之前别指望先支付股利，所以如果该账户的赤字就是一个潜在风险。我们名单中的股利支付英雄在这方面都没有麻烦。

- 最后一点，但是很重要。我们还考虑了杠杆使用程度。假如法兴银行的分析是正确的，这一条可能是企业未来困境的探测器。尽管许多公共事业公司债务受监管的水平较高，有实际资产和盈利支持，但是仍然需要小心。

当 2009 年 9 月开始运用这个选股策略时，《投资者年鉴》(Investors Chronicle) 选出来的名单由 16 家富时 100 成分股组成（见表 4.8）。耐人寻味的是，这个稍显激进的股息选股策略在过去八年中带来了很好的回报。该段时间，富时全体股票指数下降了 11%（股息也计算在内），而激进的英雄给了投资者平均 30% 的总回报。而且假如你将股息再投资，平均总回报惊人地增加到 61%——即通过公司的股息再投资计划进行投资，收益加倍了。

表 4.8 进取型的股息英雄榜

公司名称	EPIC*	Close	每股现金流（便士）	股息的现金覆盖倍数	净杠杆率	无再投资的总收益	再投资的总收益	养老金赤字
BP PLC	BP	4.5475				5.33	26.60	$301m 赤字
British Land Co PLC	BLND	4.02	58.6	1.67	74.4	25.80	38.75	n.a.
Centrica PLC	CNA	2.5975	50.9	4.4	26.6	20.47	40.78	£97m 盈余
Diageo PLC	DGE	8.3	63	1.83	186	33.14	65.51	£477m 赤字
FirstGroup PLC	FGP	2.6675	87.3	5.13	320	33.97	58.39	£89m 盈余
GlaxoSmithKline PLC	GSK	11.06				19.31	34.73	£285m UK 赤字
ICAP PLC	IAP	2.065	43.7	2.79	7.18	65.22	104.42	£1m 赤字
Imperial Tobacco Group PLC	IMT	16.6	141	2.23	184	65.98	155.81	£105m 赤字
Marks & Spencer Group PLC	MKS	2.51	59	2.62	128	41.23	67.39	
National Grid PLC	NG	6.19	212	6.42	388	27.11	55.22	
Pearson PLC	PSON	6.33	64.9	2.05	28.4	13.03	24.42	n.a.
Pennon Group PLC	PNN	4.28	67.6	3.41	275	56.57	129.98	£58m 赤字
Sage Group (The) PLC	SGE	1.66	19.4	2.69	41.6	6.96	11.77	n.a.
Schroders PLC	SDR	7.01				13.24	23.66	n.a.
Scottish & Southern Energy PLC	SSE	11.27	134	2.21	123	51.18	111.97	£211m 赤字
Vodafone Group PLC	VOD	1.2265	19.5	2.6	32.7	13.92	25.06	
					平均	30.78	60.90	

截至2009年3月1日，已超过8年

* 股票简码

韦斯收入选股策略

基于股息的策略还有一种替代方案,该方案来自美国的著名投资建议刊物的资深编辑杰瑞黛·韦斯(Geraldine Weiss)。自从 1966 年成为《投资体质趋势》(Investment Quality Trend)的编辑,她就被送了个绰号,"股息夫人"。她宣扬一个观点——股息不说谎。她有一句经常被引用的话:"我的父亲告诉我,除非某个股票派息,否则绝不考虑买入。他坚信那些不与股东分享利润的公司是不值得投资的。"[1]

她认为股票派息的水平不是衡量了收入情况(尽管从本质上说是这么回事),而是衡量了企业的价值。因为这个原因,她将选股目标锁定在该时期股息最高的股票上,并以相对较低的价格进行交易。但是韦斯要求的更高。她选择的股票必须还要有另一个特性,例如股息是有收益保证的,另外,债务水平相对较低。但是她选股的关键维度是被称为"股息保障倍数"(Dividend Cover)的指标——公司支付的股息不可以超过收益。她的逻辑无可争辩:假如一个公司不赚钱,那有理由认为支付股利一定不会顺利。这意味着股息保障倍数大于 2 是绝对必要的,也就是说,每一英镑的股息,对应着至少两英镑的收益。并且她近乎痴迷的投资蓝筹股,通常要求市值最低不少于 1 亿英镑,甚至是 5 亿英镑。韦斯还规定股价不能超过账面价值的两倍,并且市盈率不能超过 20 倍。

如果要进入她的核心组合,该股票还必须满足一个严格的指标——公司的股息必须保持年 10% 的增长超过 12 年。

这是一套非常严格的指标。但是根据专做美国投资分析的甲骨文通讯——《赫伯特金融摘要》(Hulbert Financial Digest)——的分析,该策略的确有效。从 1986 年以来,赫伯特计算了韦斯推荐的股票,它们获得了

---

[1] Brill, M. (2003) 'Duchess of Dividends', Financial Advisor website, www. Fa-mag. Com/component /content /article /650html?issue=29&magazinedID=1&ltemid=27.

12.2% 年收益，击败了同期的威尔希尔指数（Wilshire Index）。更为关键的是，韦斯推荐的股票的波动性比指数低了 27%，并且通过风险调整后，她选股的表现比其他赫伯特跟踪的 42 种策略都好。

但是韦斯的方法日益不再适用于美国市场，该市场认为股息是失败的信号。经过过去的十多年，收益一直下降，公司也开始停止支付股息。它们的理由是，保留收益并在投资到业务中从而使得利润增长是最好的方法。随着收益锐减至 6%，甚至 3% 以下，韦斯开始看空。从 1990 年代末期，韦斯已经认为整个市场被高估了，并建议她的读者保留几乎 70% 的现金这意味着可以避开 2001 年和 2008 年的股市崩盘，但是也因此错过了随后的反弹和牛市，因而错过了赚大钱的机会！韦斯从 1990 年代以来就没有改变过自己的观点。在最近的一次访谈中她谈到，尽管"道琼斯的收益情况在演化……也必定有新的范式适合道琼斯，也许 1.5% 的收益率是市场高估的信号，也许 3% 的收益率意味着市场被低估。"[1] 这样有点看空的描述也许过于保守。她的观点忽略了在美国股票回购的重要性在逐步增加，有些分析师认为，[2] 假如把股息作为对股东的回报的话，那么在同时期把它买回来则意味着股息收益计算应该加倍。

寻找韦斯蓝筹股的策略

在英国可以非常直接地使用韦斯的选股方法，但是需要将其美国版本做一些演变和少量的改动。投资者应关注如下一些关键指标和筛选条件：

■ 股息收益应该在市场平均水平之上。

---

1 Brill, M. (2003) 'Duchess of Dividends', Financial Advisor website, www. Fa-mag. Com/component /content /article /650html?issue=29&magazinedID=1&ltemid=27.

2 Dillow, C. (2004) 'Op Ed' column, *Investor Chronicle*, 1 October.

- 股息保障倍数不应低于 2，即公司利润额是派息额的两倍以上。
- 最小市值至少在一亿英镑以上。
- P/E 倍数表现至少是积极的，并有证据表明企业每股收益在过去的 3~5 年间是增长的，超过了平均水平。

在资产负债表方面，韦斯给出了一些关键指标的建议：

- 净杠杆比率应低于 50%，从而避免公司负债水平过高。
- 在运营方面应保持正现金流。
- 流动比率（Current ratio）应高于 1。
- 股价不应超过有形资产价值的两倍。

韦斯还建议投资者调查成功企业更多的细节，特别是检测派息方面是否具有可行性。按照韦斯的说法，投资者需要观察连续五年的派息情况，是否逐年持续增加。韦斯希望投资的股票是稳定可靠和有市场地位的，而不希望哪一天投资的公司消失了。这说明了为什么韦斯更青睐大机构持有的股票。他建议选择的股票应该有大机构至少持有 10% 的股份，如果有 50% 则更理想。这最后一条标准可能有点严格，但是还是有不少股票通过了这些要求，并被机构重仓持有。

注意事项——小心哪些东西！

股息也许有着非常的吸引力，但是股息同样有着自身的问题和值得小心的地方。花旗集团的伯特·巴克兰曾提醒他的客户：

任何对股息的分析都应该意识到各个市场和公司对待股息态度上的差异。在某些地区公司压根就不关注股息，也许因为他们没有能力支付，或者因为他们相信投资者更愿意将现金保留在被投资企业用于业务发展。更有可能是，税收政策造成购票回购成为更好更灵活的回报股东的方式（在美国1990年代后期，当时资本利得税只有20%而股息收税达到了39.5%）。同样，回购计划比起派息更容易被企业更改撤销；另一种情况，在英国则有着强烈的派息传统，尽管对股息的征税同样很重。[1]

股息随着时间也在发生变化，比如在2009年至少有3个主要的富时100的成分公司砍掉了股息。巴克兰团队在《花旗研究》上的报告称："影响富时100股息变动的几个重要因素是油价、美元与英镑的汇率、国家的财政体系"。[2] 荷兰国际集团零售银行（ING Wholesale Banking）观察了59只年中宣布股息的欧洲大盘股。研究人员发现，几乎有一半削减了股息，或者干脆取消派息——不少法国公司削减了现金支付，代之以股票支付。

这种非常规的派息数量突然下降引起了金融市场的密切关注——特别是在一些跟踪和预测股息情况的衍生品交易的利基市场。在2009年年底，这个特殊市场给予欧洲2008~2009年的股息支付的定价下降了31%，2009~2010年的则下降48%。这数字看起来很糟糕，但是金融史学家们会提醒我们，之前的熊市也曾对股息支付造成了同样的影响。当世界从1973年的石油危机恢复过来时，作为市场基准的标普500指数成分公司的股息是1970年的60%，到1974年第二季度则只有37%。尽管股息不像利润那样变动较大，但是投资者不应该因此就低估派息行为的快速演变……甚至取消派息行为！

所有富时100公司的总体股息支付随时间变化的情况列示在表4.9中，它揭示了一些趋势。

---

[1] Citi Research Client Paper, 'Global Equity Strategist: Dividend Resilience', 30 September 2008.
[2] 同上。

表4.9 所有富时100公司的总体股息支付

	预测	兑换率
Dec-07	72,377	2.0434
Jan-08	68,475	1.9587
Feb-08	69,886	1.9484
Mar-08	71,202	2.0125
Apr-08	71,349	1.9746
May-08	70,582	1.9608
Jun-08	71,451	1.9538
Jul-08	71,330	1.9773
Aug-08	72,702	1.9127
Sep-08	74,881	1.7596
Oct-08	68,402	1.6975
Nov-08	66,735	1.5626
Dec-08	67,329	1.4834

资料来源：Rob Davies, the Munro Fund, www.themunrofund.com/

投资者需要关注的不应只是股息下降或者取消的现象，更需要特别小心几个大公司，因为构成它们大部分利润的收入来自于海外，还有些需要关注石油（或者其他有毒资产）。根据花旗的研究，在2009年，7家大公司的股息占到整个英国市场的一半。花旗银行的分析还表明，整个股息中有37%是以美元支付的，25%来自石油板块。花旗的结论是"油价暴跌到每桶40美元以下将使股息支付成为问题"。[1]

此外，美元兑英镑的即期汇率快速走高，其结果可能是灾难性的！葛兰素史克（GlaxoSmithKline）在其2008年的年报中说到，美元兑英镑即期汇率每10美分的变动，即使在采取对冲措施之后，也将对收益造成3.5%的直接影响。其190亿英镑收入中，只有6.2亿英镑来自英国，所以可以

---

[1] Citi Research Client Paper, 'Global Equity Strategist: Dividend Resilience', 30 September 2008.

理解为什么要小心美元的波动，如果美元兑英镑即期汇率返回到 2 美元，可能对每股收益造成 15% 到 20% 的影响，进而可能影响到股息支付。

除了以上这些坏消息，还有英国养老金管理部门也在为股息支付的未来添堵。戴维·诺戈罗夫（David Norgrove）是一名养老金监管者，他告诫确定收益（defined benefit）养老金计划的经理们："没有理由让一些本来能够存活下来的公司因为养老金计划而清算，但是更不应该因为给股东支付股息的需要而牺牲养老金的补足。"[1] 所以在监管者眼中，股息的优先权是低于弥补养老金亏空的——类似于投资了有着巨额养老金赤字的 BT Group 的投资者应该考虑股息支付是否真的安全可靠（即使股息最近已有所削减）。

投资者使用基于股息的选股策略时，还不得不小心一个明显的结构性风险——板块偏好。一般说来，大多数股息导向的投资组合和指数基金主要投资两个板块，金融和公共事业。例如，道琼斯精选股息指数和在这两个板块的投资比重分别达到了 60% 和 80% 的水平。按照道琼斯对这些股息贵族的评论"这种情况是因为在这些板块中的公司有着大量支付股息的传统，并且追求特殊高收益的资产组合也青睐这些板块。高股息支付的方式提高了即期的收益，也给该板块带来了风险。从过往的一般情况上看，金融和公共事业板块在稳定和低利率的大环境下会有很好的表现。"[2] 图 4.10 显示了这个一贯的板块偏好，它跟踪了标准普尔基于股息的欧洲指数的组成——标普欧洲 350 经典红利指数。

---

[1] 见 www.tltsolicitors.Com / resource/ publications/ pensions/ pensions archive/ contingentassetsmaar09。
[2] Standard and Poor's research paper, 'The S&P High Yield Dividend Aristocrats Index' by Srikant Dash, www.Standardandpoor.com.

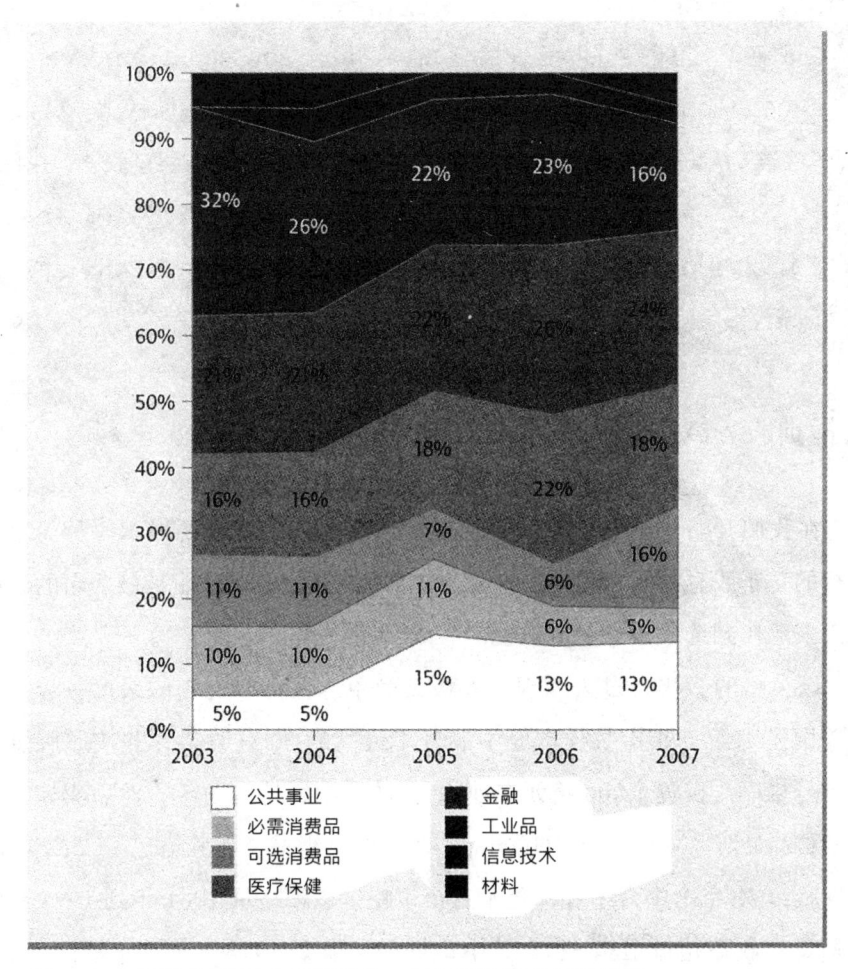

图 4.10　标普欧洲 350 红利经典：各年度的行业板块结构

以上这些危险告诉投资者，把投资单纯集中在股息支付丰厚的公司上也有很大风险：当亏损发生时，股息站在最前线。这就意味着，当企业有了麻烦，最先减少的就是股息！

股息再投资计划（DRIPs）

现代投资界送给 DRIPs 一个雅称，伟大的无名英雄。它是一个令人难以置信的简单的投资计划——你只需要联系一个类似 Equiniti 这样的

> 注册商，下载一张 DRIP 表格（www. Shareview.co.uk/ products/ pages/ applyforadrip.aspx）。这张表格告诉注册商有关你通过券商持有哪些公司的股票。当公司派发股息时，就用股息自动购买其股票，并将其登记在你的券商账户中，而且不收取额外费用。注册商免费提供这些服务，但是你必须申请加入该计划，当然你需要找出哪些注册商提供这些表格。

道指狗股（Dogs of the Dow）

在我们开始讨论下一章的价值投资策略之前，有必要提示一种简单而风行的基于股息的投资策略——"道指狗股策略"。它可能是最著名的将股息因素运用到选股策略的方法。

该策略的做法在过去和现在都极其简单。在每个财年的最后一天，选择美国道琼斯工业指数样本股中股息率最高的 30 只股票，并按照股息收入进行排序。投资 1,000 美元在前 10 位的股票，持有一年，然后卖掉。麦克·欧希金斯（Michael O'Higgins）在他的畅销书《战胜道琼》（Beating the Dow）（2000 年）中介绍并优化了这个策略，该策略从 1961 年到 1995 年间平均每年收益超过道指 5%。其中最好的年景是 1973 年到 1989 年，与道指每年 11% 的回报相比，它的回报达到了 17.9%。在美国受到追捧的策略也引起了英国记者的关注。如《财经追击》（MoneyWeek）所说："从 1973 年以来，在年底用用该策略就能赚到 17.7% 的回报，这是不错的买卖。想想道指同期收益才 11.9%。除此之外，不仅道指狗股策略收益高于购买道指 30 所有的股票，而且风险也低。"[1]

英国投资作家彼得·坦普（Peter Temple）也采用了同样的观念，并为

---

[1] www. Moneyweek. Com/ investment-advice/ how-to-invest/ the-dogs-of-the-dow-an-investors-best-friend. Aspx.

《金融时报》设计了英国本土版的模型。它使用了不太被人熟知的富时30指数，涵盖了英国最大的30只股票，在英国应该是与道指最接近的指数。与道指狗股策略类似，它投资于股息最高的前五家公司，击败了富时30指数。

在美国出现了不少同样重要的演化后的策略。欧希金斯推荐了另一个策略，其做法是先在道指中选取10个收益最高的股票，然后再从中选出5支股价最低的，以同样的方式买入。这个策略被戏称为"打狗策略"（BTD 5）或者"道指小狗策略"。然而另一个演化策略更是取名"PPP"（利润前景次劣策略）。它的做法是选取五支小的狗股，并选其中股价第二便宜的股票。

小丑网站（Motley Fool Website）设计了它自己的小狗策略和PPP策略。被称为四傻的策略是选取道指中四个收益最高的股票，忽略股价最便宜的，并且加倍投资于第二便宜的股票（PPP），剩余平均投资于第3、4、5位的股票。这个策略在25年间（1973~1997）的复合平均年回报达到了23.17%，远高于道指的回报。

真的管用吗？

这类策略的思想基础是如此的简单——市场最终再次发现高收益大盘股后，其股价也就被抬高了。在下一章，我们将对基于这类观念的策略做更广泛的研究。

悲剧的是，这个策略近些年的结果并不怎么样。截止到2008年12月31日的10年间，狗股上升了1.9%，而道指则上升了3.3%。投资刊物分析师赫伯特观察到，"该策略没有其历史上的表现良好，往往是因为这些股票的高收益下降了，因为它们的股价上升了。但是最近的熊市提醒我们，还有另一种导致高收益变低的原因——股息被取消了"。[1]

---

[1] www.Marketwatch.com/ story/ recent-performance-of-dogs-of-the2009-08-26.

经济学家也抨击该策略体系——狗股策略是典型的数据挖掘的结果，利用数据统计手法撒谎，混淆了有效系统背后的逻辑。更有甚者，多数经济学家认为"狗股策略"已经算不上一个策略了。在一篇题为"道股还有价值增值吗？"的论文中，Jeong等人研究了其长期回报并发现"基于股息的价值组合在1983年5月到1995年4月期间的有着非常好的回报，其业绩比1995年5月到2007年4月要好很多"。[1]

结论

长期看，股息为投资者带来巨大影响——有足够多的学术研究证明在提醒我们，没有股息以及其再投资，股票并不比债券更有吸引力。

把股票选择集中在高收益方面是有效的——只要你能小心熊市中那些原本喜欢支付股息的银行股受到重创的风险。还建议投资者不要仅用一个指标集中研究挑选高收益股——比如"超过平均收益"。对股票的股息和股息增长的长期持续性应有自己的判断和感觉，同时也请关注其资产负债表状况。对股息情况是否理想的判断脱离不了对资产负债情况和现金流情况的研究。在下一章中我们会发现许多价值投资策略也倾向于将股息作为一个重要组成因素。

假如一定要提供一些适用性强的一般性建议，我建议记住以下几个原则：

- 关注股息支付的频率和一致性！大多数分析师都很关注股息支付的一致性，最好还随着时间稳步增加。
- 股息保障倍数非常重要。它是每股收益和每股股息之间的比率。

---

[1] Jeong, J.G., Lee, Y. and Mukherji, S. (2009) 'Do Dow Stocks Offer a Value Premium?', The Journal of Wealth Management, Vol. 12, No.3, pp.95-103.

如果一个公司有 2 英镑的收益，支付 1 英镑的股息，那么保障倍数就是 2。大多数分析师认为股息保障倍数最少不能低于 1，否则就会有麻烦（股息无法用收益足额支付）；超过 2 则表示状态良好。

- 最后一点，但是也很重要的一点，有些分析师偏好关注每股运营现金流（扣除息税和投资支出，加回折旧后的现金流），然后将其与股息支付对比，而不仅仅关注企业公布的每股净收益。

第 5 章　深层价值探寻：特威迪、布朗和格雷厄姆的世界

> 许多原应复兴的现在沉沦了，许多原本沉沦的现在被奉为英雄。
> ——贺瑞斯（公元前 65—8 年）《诗艺》

引言

多年前一位资深的投资者向笔者透露："还有比买廉价股和价值型股更特别的策略"。他认为股权投资关乎风险和探险，关乎追寻资本世界中能为你的投资组合带来巨大回报的明星，并把其收入囊中。他说的这个概念我们会在第 6 章中讨论，那时我们将检验和设计用来追逐高增长而且股价合理的优秀公司的各种策略。在金融城内部人认为，搜寻"合理价格成长"（GARP）股票就是股权投资的全部！"投资理应承担风险，否则最好去买债券。"他还解释说，"价值投资本质上是有点反投资家的。其实质上是你不相信管理层对利润的承诺，而是相信有形的固定资产和现金。"

另一位投资者（目前是基金经理）针对为什么价值投资存在谬误之处，提供了一个新的视角。总体上价值投资的纯粹做法就是搜寻相对业务资产而言的低股价，这好比"事实已经变化了。正如你嘴上说喜欢在阿尔迪

（Aldi）和阿斯达（Asda）超市买东西，我们都明白，如果允许选择的话，我们其实更愿意在类似 Waitrose（译者注：面向英国中产阶级的超市）这样的让人心情舒畅的地方买东西，当然感觉价格也会贵些。那么为什么你要有意识地选择在廉价市场上花那么多时间去淘货呢？"

这话让有些人想到了该基金经理的账单，但有些人能看出其中的深意——卖便宜货是理性，但是它无法替代奢侈品给我带来的感觉；想想那些品牌的徽章，顾客的阶层水平等，都需要价格上多付出一些。如本书前文所述，大多数投资都锚定于各类行为模式，深深地契入大脑并形成了一些注定亏钱的观念，例如好像有个内心的声音告诉投资者他们可以通过频繁交易赚更多的钱，或者某支高增长股票的确值那么高的价格。价值投资者相信的则是一套不同的价值观和观察世界的方法。本书没有打算给出各类投资风格的权威性指南（比如以 GARP 为指标去评判价值投资和增长型投资），但是本章我们将勾画价值投资者观察世界的方法，以及简要地总括地阐释其选股策略。我们以对投资大师第一人的介绍作为对价值投资探索的开始。他就是本杰明·格雷厄姆。许多人真正了解投资是始于"本"（Ben）的。

本前和本后（BG and AG）

我曾经在一个论坛上开玩笑说现在投资应该像历史纪年法划分成公元前和公元后一样，划分为本杰明前和本杰明后（BG and AG）。观众们的沉默反应和尴尬表情让我怀疑这满屋子投资者是不是都是基督徒，他们并不欣赏这样直接用上帝之子做比喻，或者不愿称呼本·格雷厄姆为侍祭，他们认为"这个伟人"就是投资之神。

格雷厄姆认为市场犯了错误，因为市场对增长太贪心了，为此甚至不惜代价。现在你可能已经非常熟悉奥马哈智者（沃伦·巴菲特）的预测。他有句广为传播的话，当今市场非理性地高估了有着令人遐想的增长前景的一般股票，而低估了那些同样有着良好增长前景的坚实的股票。周期性地他就会提醒私人投资者当心非理性繁荣，当他感知到股价的疯狂时，他会限制投资。与他的第一位伟大导师格雷厄姆相似，巴菲特认为集中投资才能赚钱。通往财富的道路就在于坚定不移地进行价值投资并保持足够的安全边际。当他将自己来之不易的钱投资于某只股票时（对于巴菲特和格雷厄姆来说股票意味着真实的业务，而不仅仅是一张纸），他希望确定的是这只股票和这家公司足够便宜。

在价值投资者的词典中，便宜的内涵很深。它可能意味着，就更广的市场价格而言，它的基本统计数据、基础面表明股价是便宜的，或者是PE比率很低，或者是市销率难以置信地低。

但是廉价不仅仅是简单的比率，它还意味着股票的安全边际。格雷厄姆和巴菲特，以及价值投资的信奉者相信，此类公司有着某种内在价值。观察它的财务报表并考虑股票背后的资产——与资产相比是否便宜？其他投资者则喜欢用动态的眼光看待未来的前景，并且考虑将来的利润增长和现金流将增加企业的内在价值。

还不止这些，价值投资者坚持以"街头智慧"看待问题，此外他们还努力了解能透析股东财富的其他指标，特别是股息，如我们在前一章中发现的，在长期范围上看，丰厚的股息在为股东创造总回报上显出了的巨大的不同之处。不仅从市场对资产内在价值的评估升值中受益，而且还获得让所有人都欢喜的股息支票。总体来看，你的回报将超过市场平均水平。

该方法的基础观念是，市场犯错的频率比较高，经常低估有前景的好公司的价值。马里奥·盖伯里（Mario Gabelli），一个伟大的价值投资者，他也是格雷厄姆的门徒，很好地总结了其哲学核心。在彼得·泰纳斯（Peter Tanous）的那本关于论述投资家的《投资大师谈投资——世界顶级基金经理的财富路线图》（*Investment Gurus: A Road Map to Wealth from the World's Best Money Managers*）一书中对此有这样的记载：

我们买入一项业务，并且该业务有一定的属性……可作为企业的表征，比如存在着某些特许权，以及由此产生现金流的能力，以及管理层的品质……你也应有价格的观念。我把我的思考框架叫作"自由市场价值"（private market value），其他人或许称之为内在价值。在这个框架下，考虑从哪儿买股票？在此框架下，市场会给你机会，以市场价格买入，同时低于内在价值。[1]

盖伯里正是因为这个对内在价值的专有版本的称呼方法——"自由市场价值"，而出名。事实证明，私募股权（PE）进行杠杆收购成为世界的驱动力之一，它依据的概念就是内在价值定义的一种演化。假如你咨询一个资深的实业家或者私募股权机构，问他们愿意出多少钱买这项业务，那么其实就是 VC 和 PE 在问的问题。正如所有价值投资者，你关注业务价值的总和，包括现金、应收账款、存货及商誉、盈利能力、再加上一点潜在的未来价值。如果所有这些加起来后发现相比之下市场价格是便宜的，那么你就有赚钱机会了。

本杰明·格雷厄姆和投资艺术

本杰明·格雷厄姆曾经建议，选股策略应该基于"在鱼多的地方钓鱼"这样一个观念。该策略含义非常简单。如果在某个板块看上去便宜股非常多，就在那儿钓鱼（投资），因为其中一些股票很可能就是他们所说的廉价股。

按照格林瓦德（Greenwald）等人[2]说法，理解格雷厄姆价值投资方法的核心是"从长期看，企业业绩和股价将趋向平均值"——贺瑞斯（Horace）的诗歌的精髓。定价较低的便宜股最终价格会涨上来，因为市场变得开始

---

[1] Tanous, P. (1997) Investment Gurus: A Road Map to Wealth from the World's Best Money Managers, Printice Hall Press.

[2] N. Greenwald, Judd Kahn, Paul D. Sonkin und Michael van Biema, Value Investing: From Graham to Buffett and Beyond (Wiley Finance).

喜欢与股价相比而凸显的内在价值。格雷厄姆的投资核心是这样一种信仰，认为尽管疯狂投机以各种形式出现，而股票存在一个相对稳定和能够用内在价值衡量的基础经济价值。简化处理，投资仅发生在投资者发现市场定价显著低于计算出来的"内在价值"时。

格雷厄姆用下面的一个计算等式告诉了我们他说的内在价值的含义。

$$价值 = 当前（名义）收益 \times (8.5 + 两倍的年增长率预期)$$

其中年增长率应该是今后 7~10 年的预期。

对这个等式的解释也很容易理解——任何投资的内在价值取决于其归属于股东的资产和将来现金流的现值。

接下来的分析则与以上对内在价值的理解不同。这也是人们希望看到的。根本的解释之一是之前我们提到的马里奥·盖伯里的"自由市场价值"（PMV）。这个指标测度了一个公司在出售时的真实价值，并且等于其内在价值加上控制权溢价。盖伯里计算 PMV 的方式是"一个资深行家愿意为购买具有相同特征的资产所付的价格"。[1]

对于交易商和私募股权机构来说，有着免费的现金流和良好资产基础的便宜股是一个良好的收购目标。他们将会让股票的隐藏价值得以释放。这些"内部"买手已经意识到资产和现金流比起"盈利"可靠得多——资产可以变现支付收购款，同时现金流可以用于偿还后续的债务。

詹姆斯·蒙蒂尔是法兴银行的前任策略家，现在是大型基金管理公司 GMO 的资产处置大师，也是格雷厄姆的门徒（他曾提醒我们格雷厄姆的绰号是"华尔街校长"），现在仍保持着格雷厄姆的思想。蒙蒂尔这样总结他对格雷厄姆观点的理解：

---

[1] 摘自 Calandro, J. (2008) "The Sears acquisition: a retrospective case study of value detection", Strategy & Leadership, Vol. 36 Iss: 3, pp.26 – 34. ISSN:1087-8572, DOI: 10.1108/10878570810870767 , Publisher: Emerald Group Publishing Limited。

格雷厄姆方法的核心观念是安全边际。也就是说，投资者应该时时须寻找那些内在价值与市场价格相比有着较大折扣的股票……真实情况是，格雷厄姆自己最喜欢的标准是以低于净资产现价三分之二的价格购买。[1]

蒙蒂尔补充了格雷厄姆的方法，定义了选股方法和投资策略，从而可以鉴别出具体的股票——总共10条标准，在1970年代的《投资组合管理杂志》上发表。

为了明确价值投资的机会，蒙蒂尔认为格雷厄姆可能会提出下列的标准：

1. 近期和历史的收益率是AAA债券收益的两倍以上。其中近期收益率数值可以简单用去年的PE倍数换算即可。也就是说10倍PE等于10%的收益率。
2. 五年内移动平均收益按照PE比率衡量，峰值低于40%。格雷厄姆坚持认为投资者应该超越只看去年收益数字的做法，而集中于过去5年的移动平均水平。
3. 股息收益至少等于AAA债券的三分之二。
4. 股价低于三分之二的有形资产账面价值。格雷厄姆有一个偏好，喜欢只看有形资产，忽略无形资产——建筑和设备在企业面临困境时是可以出售，而品牌等价值可以一夜之间灰飞烟灭。
5. 股价低于流动资产净值的三分之二。
6. 负债小于有形资产账面价值。
7. 流动比率大于2。
8. 负债小于（或等于）流动资产净值的两倍。
9. 过去10年以上的复合收益增长至少为7%。

---

[1] Montier, J. (2008) "Mind Matters - What would Ben think? Or, how low can we go? Valuations – a bottom-up perspective."

10. 过去 10 年以上的年收益下降超过 5% 的次数低于两次。

（假如你不确信这些条款，可以查看第 2 章介绍指标的内容，或者查看附录 2 交易工具表。）

蒙蒂尔认为：

前五项标准是确保安全边际足够大的手段。它们是所有价值状况的深入。接下来的三条标准是关于资产负债表状况的。它们是衡量破产清算可能性的手段。毕竟，买了一只便宜股票但企业破产了，那也没有什么用。最后两项试图将增长情况和稳定性纳入考察筛选范围。[1]

蒙蒂尔还建议假如没有股票能通过以上 10 条标准筛选，那么你可以用 1、3、6 来做初选，然后再集中筛选。

标准 1 和 3 是有效的价值约束条件，（同时）标准 6 确保即使面临清算，股权仍有价值存在。因此，整体标准看起来很严格，要求便宜、不会破产、质地优良……简直是每一个投资者的梦想。在我们明白了这些标准的深层价值含义后，我们从不期望真有这样的股票大量出现。[2]

蒙蒂尔的法兴银行前同事非常详细地检测了这个策略——测量了该策略在美国市场从 1950 年到 2008 年之间的风险和回报。平均年化回报率低于每年 16%，而那些价格更高的股票——成长股——带来的收益低于每年 10%，而且比较起来该策略的波动更小。美国同行无数次对格雷厄姆选股

---

[1] Montier, J. (2008) "Mind Matters - What would Ben think? Or, how low can we go? Valuations – a bottom-up perspective."

[2] 同上。

策略的研究同样支持了法兴的分析结论,其中包括在 1988 年以来美国个人投资者协会(AAII)自己的股票筛选规划。AAII 的有两项基于格雷厄姆策略的筛选方法(防御型和进取型),自 1998 年以来分别带来了 517% 和 767% 的回报,大大超过了标普 500 指数。甚至出现了一个格雷厄姆指数,它将格雷厄姆的思想转变成一组稳定的股票,通过交易所交易简报跟踪,同样持续击败了市场。

格雷厄姆防御型筛选法

蒙蒂尔的 10 条标准是"第二次世界大战"后华尔街校长(译者注:格雷厄姆)一些著作中描述过的一种,但是源自其最重要的经典著作《聪明的投资者》(2003)。格雷厄姆有着雄辩的写作风格,尽管他的观点随着时间在变化,但他还是详细说明了两种不同的策略。一个称为防御型投资者筛选策略,一个更激进些,为那些愿意承担风险的投资者筛选策略。

格雷厄姆的更为谨慎的防御策略详细论述了他所寻找的安全边际——对股价进一步下跌做出保护并有机会从长期投资中获得收益。对于格雷厄姆,它意味着有资产做支持。他的防御策略和筛选测量指标如下:

1. 格雷厄姆设置了一个相关的最小规模,要求年收入不低于 1 亿美元。就此他说,排除小企业是因为它们容易受到影响,稳定性不足,特别是在工业领域。
2. 格雷厄姆希望股票的财务背景良好。流动比率(流动资产与流动负债之比)至少为 2,这意味着流动资产是流动负债的两倍以上。
3. 在过去 10 多年中,收益一直很稳定。
4. 持续支付股息连续 20 年以上,其间没有中断。
5. 过去 10 多年的每股收益至少增加了三分之一。
6. 合理的 PE 比率在过去 3 年间没有超过 15。

7. 目前股价不超过账面资产价值的1.5倍。
8. 针对公共事业股票，格雷厄姆有一个专项选股策略，以上排除了所有公共事业股。

当今市场中没有几家公司能满足格雷厄姆这么严格的标准。"股票界数据挖掘"软件在1,900家公司的数据库中，有600家的有形资产超过其股价的1.5倍。再考虑上述的其他标准，符合的只有一家业务在亚洲的种植企业！记住，格雷厄姆寻找的是有着优质资产、合理利润和分红的公司，事实上这是非常苛刻的。

英国市场中的格雷厄姆选股策略的替代方法

为了使得英国投资者能切实应用这项策略，需要对模型做一些微调。《投资者年鉴》（*Investors Chronicle*）已经使用了经过微调的筛选版本，并运行了几年。

- 把最小市值设置为1亿英镑是合理的，这条标准可以排除市场中一半的股票。
- 流动比率定在2也很容易应用，但是至少排除了四分之三的股票。假如和上一条标准一起应用，可以得到几百只股票。
- 15倍以下的PE比率在大多数市场算不上很严的要求，但是可以排除大多数小型成长股：格雷厄姆并不喜欢承诺美好前景的股票，而对有着优质资产和真实现金流的公司比较热衷。防御型投资，按照他的观点，就是要控制风险。
- 股价不高于账面价值的1.5倍[PBV在1.5（含）以下]应用很容易，但却是一条相对严格的标准。它大大消减已通过并保留到现在的股票的数量，剩下的是更强的候选者，面临下一条更难的要求。
- 对过去10年企业收益提出要求，对于英国公司来说是非常强的标准和筛选条件。大多数市场上的公众软件都没有包含超过 10 年的数据。一个现实的做法是用过去 5 年的（标称）利润对企业进行筛选。股息的要求照此处理。

有了上面的清单作基础，接下来值得对其中每家企业做更详细地研究。

- 查看 5 年的股息支付和 EPS 数据记录。这里要求至少 5 年股息支付和 EPS。假如期间有中断情况发生，则毫不犹豫地将其剔除。
- 另一条关于公司质地的标准也要严格执行。查看公司现金流，并确信现金流为正，很容易支付股息和基建资本支出。

至此我们还没有做完筛选工作。以下阶段筛选是查看 5 年前的 EPS 和现在的 EPS 数据，要求现在的数字应该至少比 5 年前的高三分之一。

按照这个修正了的格雷厄姆的防御型策略，我们是寻找在创造利润、分配股息方面信誉稳定的公司。我们并不会为其下一年度利润增长数字的高低而担心。

经过以上相当费时费力的选股程序后，我们得到了一个估计公司数量不会超过一打的清单。要留心这些公司是不是集中在了某一两个板块，或者主要影响因素来自于某一两个板块。举例来说，假如我们在 1998 年 2 月进行筛选时，我们会得到 16 家公司的名单，它们大多是建筑商或者是不动产企业，也就是说，筛选出来的这些企业在 10 年后很多都会破产！

事实上，入选股票少，这样的结果是因为过于倚重少数关键的廉价板块造成的。格雷厄姆筛选方法太容易转变成投资某个行业的策略，比如房地产和建筑业股票，显然这有违他一心想规避风险和保持安全边际的初衷。他强烈地意识到投资组合过于集中和缺乏多样性的风险。有一个可行的解决办法是从每个板块中按照 PBV 排列，从中挑选出股票。所以如果你让五个建筑商都通过了筛选标准，那就按照其账面价值排序，然后从中选一个 PBV 最低者。

有些增长，但是其增长的成本合理……进取型投资者

许多价值投资者都有理由被称为增长悲观主义者——他们经常公开地对"讨论未来的增长前景"表示不屑。但是如果因此把格雷厄姆说成是不关心企业增长潜力的人，那可就错了。格雷厄姆事实上非常关心增长，甚至于把一种选股策略命名为"进取型投资"（Enterprising investors）。但是对增长这样的定义与本书后文中讨论的理想化增长型股票的话题没有任何关系。后者认为增长仅仅在有受保护的特许经营牌照时才有价值，也就是说，通过或者很强的商业排他性经营权和受保护的管制地位带来的增长，其增长前景才真正是一种不错的机会。

当格雷厄姆讨论进取型投资者时，他并不必然是指那种为了获得高回报而甘冒高风险的投资者。理解这一点很重要。他定义的巨大回报来源于时间的积累，更多的知识，更资深的投资者对于股票看得更广，看得更远。一个进取型投资者更愿意在行业板块和市值规模上大胆投资。他们还是用更多的指标，对所买的股票有比寻常人更深的鉴别能力。

事实上，格雷厄姆认为真正聪明的进取型投资者会更聚焦，在搜寻猎取某种特定类型的公司上花费更多的时间，这是狙击手式的投资方法。

- 尽管格雷厄姆警告不要被那些处在周期性行业中好年景公司的低 PE 倍数所愚弄，因为市场意识到它们的好收成并不可持续，但是他还是建议"进取型投资者"更关注那些低 PE 倍数的不受市场追捧的公司。为了避免这些周期性的陷阱，格雷厄姆建议一个附加的要求，即股价与收益的历史平均水平相比很低。
- 格雷厄姆非常偏好被他称为"淘货"的做法。在买小型股时，这些股票可能以其标价的 50% 甚至更低价格出售。很明显，这意味着一只股票售价低于其运营资产净值——实质上是相对于投资者购买公司时将不必为厂房、设备等有形资产付钱。
- 格雷厄姆也在寻找在过去十多年中收益稳定可靠的公司，其间该

公司没有出现过亏损，并且有着较大的规模和财务实力，可以在将来任何挫折和逆境中生存发展下去。同样逻辑还用于猎寻那些股息记录良好、收益很可能远高于市场均值的企业。

- 他还追逐财务状况良好的公司——负债低，现金流充沛，并且，如他所言，"相对之前高价格，现在股价很低"。[1] 格雷厄姆建议股票应有很好的分析师口碑。这意味着不止一个分析师关注了这只股票，分析师们还给予了较好的评级，至少应是"持有"级别。

如果将以上标准付诸实践，则意味着有很多指标是和防御型策略类似的。比如 PE 倍数必须合理这一条——格雷厄姆再次明确要寻找平均 PE 倍数较低的企业。一个简单易行的做法就是按照 PER（Price Earnings Ratio）排序，只关注其中最低的那 25% 部分。另一个可替代的做法是将其历史最大 PE 倍数设定在市场平均水平，大约 15 倍，或者更低。

企业的财务状况当然也非常重要。类似防御型选股条件，格雷厄姆希望有一个安全的流动比率，在此处门槛降到了 1.5，但同样很明显，他希望债务能在可控范围之内 [净杠杆率（net debt/total equity）低于 50% 是合理的]。还要求现金流为正，即使用 PCF（译者注：市现率——股票价格与每股现金流量的比例）衡量也至少为正。

但是这个筛选方法在几个关键方面还仍属于防御型。

- 采用 3 年的利润记录而不是 5 年的，而且要求当年利润高于 3 年前。
- 假如你想用一个特殊的要求，那就要求当前 EPS 的数字至少高于 3 年前 20%。
- 防御型策略要求市值至少 1 亿英镑，而本策略要求减到不低于 3,000 万英镑。

---

1 格雷厄姆（2003）《聪明的投资者》，哈珀柯林斯（HarperCollins）出版社出版。

- 只对 3 年期提出要求,并且接受小型公司,意味着带来了更多的风险。入围的公司名单就不会那么保守,不会只有蓝筹地位的股票才能入选,那么这就要求特别考察以下两条。
- 股价与账面价值之比从 1.5 降到了 1.2——这项大胆的策略要求承担更大风险的投资背后有一些资产进行支持和保护。
- 这个进取型策略要求股息收益要高于防御型投资者的要求。这意味着收益至少在市场的前 25%。并且,股息支付至少有两倍以上收益的保障(股息保障倍数在 2 以上)。

再次说明,作为防御型选股方法,格雷厄姆更强调投资组合的多样性,至少要求持有 10 只股票,最好是有 30 只股票覆盖了各个有前景的板块,而不是大多数股票集中在一个板块上。在现实中,这些标准比起防御型筛选方法的要求要高,最后能找到 5 只以上的备选股票就算不错了!

完美的格雷厄姆股票

直到 2008 年年初,上面这种选股方法可能只能得出很短的备选名单,而且大多集中于英国建筑商!在过去的 20 多年中,它们通过对土地供应设限,通过销售看起来每年都升值(有些甚至是每个月)的梦想中的房子而赚得超额利润。

类似住宅建筑商泰勒(Taylor Wimpey)和珀西盟地产(Persimmon)这样的企业在格雷厄姆筛选策略(防御型和进取型)中保持着周期性的爆发。直到 2008 年,它们的财务状况良好,负债低,毛利高,完美的资产负债表。这些公司的管理层也相信将会给予股东们坚实而丰厚的、有保障的股息。但是有一个小问题,相对于不断跃升的收益,它们的股价并不高,即股价出奇的低。很明显投资者无法理解为什么这个板块会有这么好的利润,投资者担心行情逆转,房价泡沫破裂。这些满腹疑虑的投资者是对的。在 2008 年不可预见的事情发生,房市迅速冰冻,利润暴跌,泰勒(Taylor

Wimpey）和珀西盟地产(Persimmon)几乎破产，被迫配售上亿股，以此支撑其遭受重创的资产负债表。到2008年，事情就很明显了，尽管企业有大量的资产，但是资产大多是土地储备，这些资产一夜之间价值崩塌！不可避免的，经过2008年和2009年的市场阵痛，一些异样的观点开始出现。

首先，对分散化投资有了更长期更深入的思考。我们已经提醒该风险，请投资者从每一个板块中选取一两家公司。特别是对建筑商这样天生的周期性业务，并且容易受到利率突变的影响——但是也要意识到该板块的财富会在极短时间内发生非常大的变化。

房产商的例子同样印证了格雷厄姆的另一个忠告。他曾被问及如何管理价值股的投资组合时。在1970年代早期，他的观点是设定50%的利润并且持有两年即可。也许格雷厄姆对于盈利上限的设定有些保守，但是他对价值股持有时间太长的担心是正确的。或许他更能意识到价值股的内在脆弱性，它们许多受到周期影响而增长，也使得它们的价值容易受到宏观经济潮起潮落的影响。

投资原则

在我们结束对格雷厄姆的讨论之前，非常值得再做一个快速的回顾，重申他在《聪明投资者》一书的结尾为私人投资者设定的四项指导原则。它们值得我们为之唱赞歌，应该为价值投资者所熟知：

1. 知道你正在做什么——明白你的业务。不要试图取得超出正常权益和红利收入的"商业收益"。
2. 不要让任何其他的人经营你的业务，除非你能够理解和非常谨慎地控制他的行动，或者你能异常坚定地、无保留地相信他的忠诚和能力。
3. 不要急于操作，除非可靠的计算表明其很有可能产生相当好的收益。对于进取型投资者，你的利润不是源于乐观，而是基于理性的计算。

4. 利用你的知识、经验和勇气。如果你已经从事实中得出一个结论，并且你知道你的判断是正确的，按照它行动，即使其他人可能怀疑或有不同意见，因为你的数据和推理是正确的。[1]

> **格雷厄姆风格的指数化跟踪**
>
> 在第 12 章我们将用大量篇幅讨论基于价值投资理念的主动性选股策略的替代方案，基本面指数。这是一个创新概念，并且因为建立的是一个分散化的股票指数，从而避免了投资组合过于集中的风险。该指数中各个股票的权重是通过类似股价与企业资产账面价值比值来衡量的。美国研究机构 Nuveen Hyde Park 已经采用了这个概念，并做了创新，添加了前一个指数的双胞胎指数——该指数也采用了格雷厄姆的思想，并且将其指数化。约翰·伯格对此开了个玩笑，如果格雷厄姆在世，那么他将成为一个指数投资者。很有意思的是投资者现在可以使用 Elements 公司在市场上销售的交易所交易票据（ETN）进行指数跟踪投资。这些票据实际是一种在大投行和投资者之间的衍生合约——投行收钱，承诺支付指数到期时的回报，并且以此发行一种互换合约（swap contract），它是该票据的核心。关键在于该票据不是通过所有成分股票组合来复制该指数——它只是承诺为此付款。

这个创新使得基金经理可以如发售股票一般发行基于各种不寻常观点的票据，比如跟踪一揽子格雷厄姆观点的指数。这是一个全新想法——该指数仅在几年前才设立发行——但是最近的业绩（2009 年 12 月）已经让人侧目，表 5.1 中详细给出了该 ETN 的回报。

---

1 格雷厄姆（2003）《聪明的投资者》，哈珀柯林斯（HarperCollins）出版社出版。

表 5.1 截止到 2009 年 12 月 21 日的回报

时间框架	3 mo	6 mo	当年累计	1年	3年	5年	自有标记以来
罗素全体回报价值指数	3.45%	23.55%	20.00%	22.73%	-8.80%	-0.11%	-13.96%
本杰明·格雷厄姆大盘股价值指数总回报	N.A.	N.A.	N.A.	N.A.	N.A.	N.A.	-2.54%
本杰明·格雷厄姆大盘股交易所交易票据（指数化价值）	6.98%	25.00%	46.21%	49.15%	N.A.	N.A.	-3.50%
本杰明·格雷厄姆大盘股交易所交易票据（市场价格）	6.06%	22.08%	49.38%	63.33%	N.A.	N.A.	-3.80%

*3 年和 5 年代表年化收益，表中业绩数据指的是历史业绩。

该指数的一个不足是其开发者——在本例中是 Nuveen Hyde Park——没有披露他们使用的格雷厄姆策略和选股方法的精确细节。通过它给出的关于该指数某些具体方面的文献资料，发现有了一个值得关注的细节。按照 Nuveen 资料所示，该指数"寻求鉴别出有着强大的高流动性的资产负债表的业务，并且是相对于其隐含内在价值进行折价销售。该指数执行本杰明·格雷厄姆投资原则的方式是使用现代投资组合理论和统计分析方法，按照定量化的客观程序来执行。其方法包含四个步骤：1. 广泛筛选；2. 选择股票；3. 每半年进行配置调整；4. 每年进行重新构建。"[1]

Nuveen 还继续列出了在指数中使用到的 7 项主要因素。

1. 收益质量——该定量分析的目的是通过与真实的经济收益评估进行对比，以此评测公司报告的收益。
2. 价值评估——考察公司股价与特定财务矩阵的比率，包括历史收益和账面价值。
3. 预期 P/E ——股价与其将来收益的普遍预测之比的倍数。该预测将从不止一家提供普遍预期数据的供应商那里取得。

1　http://www.nuveen.com/ HydePark/ Products.aspx.

4. 股息收益——股息与其股价之比。
5. 赢利能力——基于测量公司资本回报率进行评估。
6. 负债及流动性——企业现有资产的分析及其偿债能力分析
7. 相对行业领袖的地位——价值评估的关键指标，在既定的行业中与行业平均业绩水平作对比。[1]

关键是指数投资方法的这项创新在过去几个不好的年景中取得了实际效果。表 5.1 显示了指数和 ETN 基金在过去几年的数据。

特威迪布朗（Tweedy Brown）论述价值股筛选法

有实实在在的证据表明，在 20 世纪 60 年代和 70 年代，本杰明·格雷厄姆修正了他的股票操作方法——按照先锋基金的金牌投资者约翰·伯格的说法，指数跟踪基金可能是私人投资者最好的投资方案。格雷厄姆的确看起来也意识到再坚持这些严格的标准选股几乎是不可能的事情，巴菲特试图在战后时期应用格雷厄姆的这些伟大原则，但是到 60 年代末，他最终还是放弃了。格雷厄姆的"net nets"（译者注：股价低于净营运资本的价值）和防御型方法简直成了屠龙之技！

所有这些情况对信奉格雷厄姆的专业投资者提出了挑战。任何一个大型基金经理在应用格雷厄姆价值投资思想时，如何应对当今看重增长的主流市场？纽约的基金管理企业特威迪布朗公司仍能获利丰厚。格雷厄姆也许是价值投资者的教父，而特威迪布朗公司则像是传教士——把价值投资背后的思想显化，并将之切实付诸实际应用。作为格雷厄姆思想的传道者和价值拥趸，这类人群已经在投资管理游戏中生存了 40 多年。他们有两个显著的特征。第一个，他们非常严肃地对待投资，如果所投企业的管理

---

[1] http://www.nuveen.com/HydePark/Products.aspx.

变得一片混乱时，他们一定会撤换管理层。在这方面有个著名的案例，他们以管理混乱为由驱逐传媒大亨康拉德·布莱克 (Conrad Black)，并协助法院最终判其有罪。他们是价值导向的股东和非凡的活动家。第二个，也是更让人喜欢的特点，与格雷厄姆类似，他们对价值投资存在的理由和意义进行长期和深刻的思考，并关注事实，以此来构建自己的策略——然后把这些思想传播给大批信徒。

几年前，为了验证特威迪布朗是否正确，他们搜集了所有关于价值投资的从最简单的到最复杂的各种宣言，以《有效的投资之道》(*What has worked in investing*，译者注：中译本的书名为《投资者的头号法则》)[1]为题，发表了综合 44 项研究的报告。书中列示了获得巨大成功的长期投资组合的几个特性。格雷厄姆的思想很自觉地被用到书中，该书列示"已经为特威迪布朗所应用的标准和特性，就像线索一样，指引他们找到真正被低估了的公司；求助于常识；并且因为合伙人一直相信那些在低风险下的价值低估将带来让人满意的回报。"[2]

综合了 44 项研究的报告验证支持了他们价值投资的世界观。其中论述的一些主题非常引人注目。按照特威迪布朗合伙人的说法，成功被他们的策略选中的公司需要有这些特点：

- 股价相对于资产价值非常低。股票低于其账面价值出售，如果低于其运营净资产的价值（现金和容易变现的资产）就更好了。
- 股价按照 PE 倍数计算很便宜。如果把 PE 倍数做倒数运算，就得到其收益率，也就是说 10 倍 PE 就相当于 10% 的收益率，那么收益率不应低于 AAA 债券收益的 2 倍。但是在保持较低的 PE

---

[1] 'WHAT HAS WORKED IN INVESTING: Studies of Investment Approaches and Characteristics Associated with Exceptional Returns', 相关 PDF 文件可以从特威迪布朗公司的网站上下载。

[2] 同上。

倍数的前提下投资者不应该忘记收益的增长潜力（他们引用了巴菲特的表达，价值和增长永相随）。他们还寻求高股息率和运营产生的良好现金流。

- 他们乐于管理层回购自己公司的股票。
- 真正的逆向投资。特威迪布朗经常能跳出自己的轨迹，开放地寻找那些股价已经下跌，但是公司的业绩有可能从最近的低谷中走出来的股票。
- 特威迪布朗集中在小盘股做投资——他们发现投资在小盘股能产生更好的长期收益。

他们这样表述自己的观点："每一个特征都像一小块马赛克。当一些马赛克拼在一起时，整个画面清晰地呈现出来，一支被低估了的股票"。[1]

文中有一部分用来详细描述学术研究的情况，至少在他们的观念中，这些研究超越了各种理性的质疑，证明了价值股的良好业绩。表 5.2 强调了其中一部分学术研究成果，但是这些研究的总体结论是震撼性的，假如你能组合使用他们的标准，那么你将已经取得了 50 年以上的超越平均水平的投资收益。

---

[1] 'WHAT HAS WORKED IN INVESTING: Studies of Investment Approaches and Characteristics Associated with Exceptional Returns'，相关 PDF 文件可以从特威迪布朗公司的网站上下载。

表5.2 特威迪布朗引用的学术研究

流动资产净值	
奥本海默关于使用流动资产净值选股的研究。[1]	从1970年到1983年,亨利·奥本海默(Henry Oppenheimer)在美国市场筛选流动资产(营运资产减去负债)与该公司股票价格之比较低的公司,它们给出的回报为29.4%每年,而整体市场的回报则是8.91%。
低市净率(Price to book ratio)	
伊博森关于低市净率股票回报的研究。[2]	罗杰·伊博森(Roger Ibbotson)观察1967年到1984年间的股票回报。他发现市净率最低的20%那部分股票的回报是29.4%,而整个市场的平均水平是11.5%。
低市净率(Price to book ratio)	
该研究进一步探究了低市净率股票的出色表现是否在全球[3]都一样,低市净率股票是否在获得超额收益的同时伴随着高风险和波动性。[4]	低市净率股票即使在美国股市回报最好的时期也能获得超额收益。对于是否全球市场都存在类似现象,巴顿·比格斯(Barton Biggs)观察了摩根士丹利自己的全球股市数据库,发现最低的10%那部分股票在1981年到1991年10年间超越市场回报5.1%。
低PE倍数	
麦克马斯特大学(McMaster)的萨珠·巴苏(Sanjoy Basu)观察了五组不同PE倍数的资产组合。[5]	在1957年和1971年期间,PE倍数最低的股票的年平均回报率是16.3%,而PE最高那部分股票(中位数为35.8)的回报率为9.3%,而且有着较大的风险。
股息收入	
迈克尔·开普勒对全球的高股息股票进行了研究。[6]	开普勒发现各国的高股息前四分位的股票回报每年为18.49%,最低四分位的则是5.74%。
相对现金流比率而言的低价格(price in relation to cash flow)	
在一份独立研究中,开普勒还观察了全球有高现金流支持的股票的回报。[7]	1970年到1989年全球范围内(使用摩根士丹利全球指数),投资在相对现金流比率而言的低价每年的回报率为19.17%,而相对现金流比率而言的高价股则是4.37%。
股价表现不佳	
鲍德巴(Poterba)和萨默斯(Summers)研究了股价表现不佳的股票在随后的时期的市场表现。[8]	他们得出结论,经过一段较长时间后(比如说一年),世界范围内,各个股票回报最终都会反转,趋向于市场平均值。现在低投资回报的股票,将来会更低(因为市场平均值在下降)。

1 Oppenheimer, H. (1986) 'Ben Graham's Net Current Asset Value: A Performance Update', *Financial Analysts*.

2 Ibbotson, R. and Cooper, G. M. (1972) 'Risk-Return Classes of New York Stock Exchange Common Stocks, 1931-', *Financial Analysis Journal,* March/April, pp. 46-54,81,95-101.

3　National Bureau of Economic Research (1993) 'Contrarian Investment, Extrapolation and Risk', Working Paper.
4　Barton Biggs, (1991) 'Ben Graham Would be Proud', Morgan Stanley, April.
5　Basu, S., (1977), 'Investment Performance of Common Stocks in Relation to Their Price-Earnings Ratios', Journal of Finance, June.
6　Kelper, M. (1991) 'The Importance of Dividend Yields in Country Selection', Journal of Portfolio Management.
7　Kelper, M. (1991) 'Further evidence on the predictability of international equity returns', Journal of Portfolio Management, Fall.
8　Poterba, James M., and Lawrence H. Summers, "Mean Reversion in Stock Prices: Evidence and Implications," Journal of Financial Economics, February 1988.

特威迪布朗的执行策略

特威迪布朗用自己的方法在资产管理实践中赚到了钱，所以他们在披露自己选股策略的细节方面非常小心。但是基于他们的分析，我们可以通过推测构建出其策略的一个简化版，大概能标记出他们投资黑匣子中的大部分。

第一步，投资者需要缩小有潜力的候选股的范围，方法是基于股价与账面价值的比率，最有可能的要求是在多数时间内 PBTV 水平低于 1，甚至在某些熊市中，有可能把这个门槛降到 0.6，然后从中选取前 25%。

第二步，使用与资产负债表相关的两个标准。借债应该在可控的范围之内，具体的合理杠杆率应在 50% 以下，这样可以排除很多可能将来会有麻烦的公司。另外，流动比率高于 2 的要求也是明显的。

特威迪布朗团队很可能试图寻找股息丰厚而且有保障的公司。这不是一个严格的收入策略，但是把健康的股息用来平衡股权投资承担的高风险还是合理的。此外，从逻辑上讲，投资者应该是要求支付股息的，因此需要确保能顺畅地拿到股息支票，所以要保证股息保障倍数不低于 2。

接下来关注企业规模。对候选公司设定一个市值上限和下限。下限应是一千万英镑，这样可以排除那些太小的公司，上限为一亿英镑，这样才算得上是小盘价值股策略。

PE 倍数应低于市场平均水平。应该寻找 PE 倍数合理，同时经营现金流水平好的公司。经验告诉我们 PCF 指标应在市场平均值（或者中值）以上。同时不要心存幻想，这个标准将选出便宜的、不受市场热捧的、现金流很好的公司，该公司将带来合理的利润。

表 5.3　筛选方法总结

第一步：筛选条件	PTBV 最低的前四分位（比如，在1999年2月低于0.79） 流动比率高于2 净杠杆率低于50% PER 最低的前四分位 股息在市场中值以上 市价与现金流的比率低于市场中值 一个月和三个月的 RS 为负 市值低于一亿英镑高于一千万英镑 股息保障倍数高于1
第二步，筛选条件	排除那些公司股东正在抛售持有股票的公司 买入那些公司股东正在回购股票的公司 珍视股价低于净资产的股票 排除来年会亏损的股票

价值的新国王

尽管被那些不重视资产和股息的各类思想及方法深深地质疑，格雷厄姆和在特威迪布朗里的追随者仍然宣称自己是价值投资的先锋，奉行"深度价值"发现手段。相比之下，进入新千年后，大多数价值投资者已经开始调整和演进，以适应变化了的市场，赋予了价值投资更新的解释。

特别是约瑟夫·皮奥特洛斯基，他是芝加哥大学的一位会计学教授，可以称为在深度价值投资世界中的新科冠军。重要的是他还成为了日益轻视选股策略的主流学术界和认为市场并不总是有效的现实私人及机构投资者之间的连接桥梁。和当今大多数价值投资者一样，他敏锐地意识到世界已经变化的不再像格雷厄姆时代那样了，已经很难找到在净资产价值以下出售的股票了。最核心的是他的一项伟大创新，不再单纯将注意力集中于收益和股息情况上，而是集中在资产负债表上。

正如一位评论家所说，皮奥特洛斯基构建的模型不再是"经过无数的检验测试活动后结果，而是他（包括前人的研究）鉴别出来的能提高股票回报期望的一组特性"。[1] 定量分析师安德鲁·拉普索恩这样推荐该模型，"它没有纠结于动态地或者优化地使用历史回报数据，它的主要吸引人的一个方面是它的简洁"。[2]

皮奥特洛斯基进行了大量研究，他发现一般价值股的业绩有普遍的差异，其中有大赢家，也有不少失败者。直言不讳地说，他设计了一套系统，重点着力于"良好的行为"，从而找到那些受冷落的宝石。但是皮奥特洛斯基还注意到一些情况，比如经济学家普遍乏味地定义价值股为按照 PE 排名处于底部的 20% 部分。在整理的数字之后，他发现有与之类似的一只股票的长期业绩表现可是一点也不让人乏味：高账面价值公司的平均回报每年增加值超过了市场整体平均水平的 7.5%。

皮奥特洛斯基的方法核心是两个简洁的和经典的价值驱动观念。第一，财务资产非常重要——对于这一点他重复了格雷厄姆的思想，超越平均水平的回报之路在于找到那些相对于市值有着坚实资产支持的公司。

皮奥特洛斯基还认可价值投资哲学中第二个同样重要的经典——对于有着坚实财务基础的公司，市场定价可能不充分，也就是说市场经常低估某些公司的股票。此分析的实质是相信市场太容易受到周边动荡和短视的投机行为的影响。不论是个人还是机构，投资者都会为其短视而付出代价——他们对于任何一点点传言和消息都要做出反应，而忽视了过去的回报和坚实的财务基础。

相比之下，高 BM 值（账面价值与市值之比）说明"企业被忽视了，它最近业绩不好导致了市场对其未来的业绩太多悲观"。[3] 按照皮奥特洛斯

---

[1] Lapthorne, A. (2008) 'Piotroski F-score - Help to pick the winners while identifying potential losers', *Global Quantitative Strategy*, SG.

[2] 同上。

[3] 同上。

基的观点，随着公司在其良好的内生现金流和财务状况支持下逐步回归正常轨道，这种悲观情绪将在未来瓦解。[1]

为什么市场不反省自己，从这种非有效性中醒来，并开始重新评估这些被忽视了的公司呢？问题在于这些被忽视的股票大多"不被分析师们跟踪，因为缺乏关注而被低估"[2]。同时还有一个关键点，这些企业也没有落入"那些非正式的消息、传言等散布传播圈子"[3]中，所以真实欣赏它们价值的便只出现在一样值得信任的东西上，也就是它们的财报（财报也被广泛地忽视了）。

皮奥特洛斯基相信投资者应该坚持报告和会计上反映的事实。他们应仔细查看损益表、现金流量表和资产负债表，用全面的工具分析这些报表，包括流动比率等特定工具。当他在美国市场中运用这些方法时，成果（公布在《会计研究》杂志上）相当引人注目。企业越是符合他制定的标准（下文我们将讨论他的筛选标准），其股票表现的越好。事实上，一项买入期望中的赢家并卖空可能的输家的投资策略在1976年到1996年期间，带来了23%的年复合回报。应用一项长期策略——只买不卖——收益同样可以超过平均水平。在相同的时间跨度内，BM得分高的投资组合能产生至少高过市场7.5%的回报。

实际应用中的皮奥特洛斯基筛选法

皮奥特洛斯基的著作对于私人投资者有一个特殊好处。他详细地说明了方法中的各个细节，这样该方法就能被广泛地复制应用。这个分析模型包含一套基于盈利性、杠杆、流动性和营运效率的财务测算公式。一只股

---

1 Lapthorne, A. (2008) 'Piotroski F-score - Help to pick the winners while identifying potential losers', *Global Quantitative Strategy*, SG.
2 同上。
3 同上。

票通过测试的项目越多，说明越值得投资。所以如果一只股票通过了全部测试（F-score=9），它将是最佳投资；反过来，如果一只股票得分为0或者1，那么要极力避开它。

这位芝加哥教授以相对聚焦的几个主题开始他的分析，但设置了一个关键门槛，即股价与企业资产账面价值之比。

皮奥特洛斯基寻找那些高BM值公司，而在英国我们常使用的则是其反向指标PBV（股价与账面价值之比），那么也就是在寻找PBV值低的公司。现实中皮奥特洛斯基只对PBV值最低的20%的公司感兴趣。在大多数市场，这意味着PBV值要低于1，而在某些低迷的市场中这个数字可能会低于0.6。

有了这个基本的门槛之后，皮奥特洛斯基接着使用了一组围绕三个主题的指标。这三个主题是利润、资产负债表和运营效率。

- 观察盈利能力，皮奥特洛斯基注意到许多价值股因为其商业模式衰败而变得廉价，他们比起以前盈利下降，或者是没有利润，因此股价以下跌的方式反映这个情况。避开这种公司是有道理的，因为它的盈利能力很差。
- 他建议投资者关注被称为资产回报率（ROA）的指标，即主营业务利润除以总资产。同样关注经营现金流（CFO）情况，对此他使用的指标是经营现金流除以企业总资产。加入ROA为正，说明企业是有盈利能力的。目标企业因此可以得1分，否则得0分。同样的方法再用于CFO指标。皮奥特洛斯基还希望ROA的趋势是向上的，每年的变化也是正的，
- 皮奥特洛斯基非常关注资产负债表以及资产的使用。他观察相关资本负债率的变化——一年接一年的长期负债与总资产的比率的变化。他还关注流动比率的变化情况。他相信流动比率的提高说明偿债能力好，否则可能意味着短期融资会出问题。皮奥特洛斯

基主要关心之处在于企业会不会被不良的资本结构压垮。
- 皮奥特洛斯基蔑视企业不断发新股以筹集资金的行为。这种蔑视是有理由的。拉普索恩在他对皮奥特洛斯基著作的评论中对此作了注释，"发新股最终损害了现有股东的利益，或者是在钱方面，或者是在股权稀释方面。以一个令人沮丧的价格折价发行新股更让人愤怒，特别是有些公司现在发股票募资，而几个月前它们却以相当高的价格回购股票。"[1]
- 最终的指标集中在运营效率方面，又被称为"运营边际"。皮奥特洛斯基希望每年都能在运营边际方面看到增长——比如资产周转率的年度变化情况。运营边际指标显示了销售额相对于资产基数的增长。按照安德鲁·拉普索恩的观点，"相对于企业运用的资产规模，销售以更快的速度增加，这相当于从现有资产内生出更多的业务，比简单粗暴并购增长的质量更好。"[2] 最后这一组指标说明皮奥特洛斯基非常关注企业改善运营的方式，希望能看到效率更新。它们是否在销售方面增加了更多的毛利，那些资产是否充分有效？

所有这些概念最终转变成易于理解的要点体系。具体如下：

- 正向的 ROA——企业的主营业务利润除以总资产。
- 现金流为正。
- 过去几年中资产周转率不断提高。
- 从运营获得的现金流超过了净收入。折旧和非现金支出减少了净利润，但是对现金流无影响。

---

1 Lapthorne, A. (2008) 'Piotroski F-score - Help to pick the winners while identifying potential losers', *Global Quantitative Strategy*, SG.
2 同上。

- 财务杠杆指标（总负债比上总资产）在过去几年中是下降的。
- 流动比率（流动资产比上流动负债）在过去几年持续增加。
- 在最近几个财务年度内没有发行新股——企业发债太多可能会难以管理其流动性，并且会面临资金短缺。
- 毛利在增加。
- 资产周转率（财年的期初总收入比上总资产）在持续增加。

皮奥特洛斯基的研究也许相对容易理解，但的确不容易应用。试图对市场上的众多股票进行评分，你面对的可能是几百家公司的股票，这是相当花时间的。即使是拿着高薪的分析员也会反对试图筛选整个市场，从而找出能得到完美的9分的股票（假如真的有这样的股票）。尽管很多评论员倾向于放松标准到5分，但是皮奥特洛斯基说他自己一直在挑选得9分的股票。

许多分析员还修订了皮奥特洛斯基的筛选标准和评分体系，还有部分分析员甚至引入了新的指标。在这其中主要的一个是《财智月刊》（*Smart Money*）的彼得·斯特姆（Peter Sturm），他建议纳入另一个关键指标——内部人回购。斯特姆的理由是任何按照皮奥特洛斯基筛选标准的品质优良企业的股票都有可能是便宜的，而且背后还有坚实的资产支持。那么最了解企业被低估这个情况的一群人就是管理层。分析师和机构投资者也许会忽略这种公司，但是管理层则非常清楚公司有着优良的资产、现金流和有潜力的未来。假如管理层抛售自己的股票，那么这个消息绝对糟糕——甚至内部人都对企业未来没有信心；反之，管理层买入自己的股票应看成是一个积极的信号，是一个内部消息对未来有信心的信号。

把这些不同版本的方法组合成一个相对简单的筛选机制并不困难。

- 第一步是定量筛选，从而快速收窄候选股票范围。这里的关键指标是股价与账面价值之比。皮奥特洛斯基的研究成果表明，试着

- 使用 PBV 把整个市场范围直接缩减到最便宜的四分之一。
- 然后设置市值过滤器。皮奥特洛斯基比较喜欢小盘股，但是应用经验告诉我们最好做个微调。建议将最小市值设置在 3,500 万英镑，从而避免太小的无人关注的小鱼小虾入选。
- 资本回报率或者 ROCE 指标至少为正，而且在过去几年一直是保持向上的趋势。这意味着公司在运用资本和资产方面是有效的。
- 确保公司的利息保障倍数高于 2，净杠杆率小于 50%——两个非常明智的保守指标。
- 现金流方面，确定 PCF 指标至少为正，并且与 ROCE 一样，应该在过去几年中保持向上的趋势。
- 至于利润，PE 倍数通过之前的筛选后，大多已经很低了，但是经验告诉我们，任何被做空的公司也至少要有合理的利润，所以将 PER 设定在 3 以上。
- 最后一个小指标约定每股收益必须小于经营现金流。

深入理解

筛选第一步的目的是把整个市场中的股票数量缩减，挑出那些值得进一步分析的股票。接下来，定性的筛选步骤是寻找那些管理层增持的股票，因为这是一个强烈的信号，说明企业内部人对公司非常有信心。在这一步骤中还要剔除那些"净负债额"持续增加的公司，因为好公司会用其现金流偿债，而不是更多举债。最后，但也非常重要的一步，明确类似 ROCE 和净利率等关键指标把各行业板块的龙头公司选到名单中来。假如行业的 ROCE 是 10%，那么 15% 将是一个不错的标志。但是如果该板块的平均水平是 20% 怎么办？显然这只股票就没有吸引力了。

模型测试

皮奥特洛斯基在美国市场中测试了他的体系。在他的论文中推荐了评分系统——也就是随后被大多数分析师称之为 F-score 的体系。该体系看起来效果不错，其回报超越了市场平均水平。[1]AAII 已经采用了该体系的观念并将其应用到自己的美股筛选体系中——从 1998 年以来，它的总回报达到了惊人的 1,861%。

尽管摩根士丹利股票策略师格雷厄姆·塞克的团队也测试了该体系，甚至标榜他们的基金在选股时使用了 F-score，但是在欧洲和英国市场，该测试体系还是被诸大投行使用，特别是法兴的定量团队。

法兴团队将该体系在全球市场中进行测试。测试期是从 1985 年至今，每年设立一个投资组合并在当年持有，在年末卖出。该模型剔除了金融股，并将体系的市值限制"与该国总市值占全球市值的比例匹配起来。全球范围内挑选的股票其市值应在 10 亿美元以下。"[2] 值得关注的是，法兴团队将此筛选体系既用于看多策略，也用于多空结合的策略。

从 1985 年以来的 23 年，法兴团队发现"平均说来，全球范围内只有不到 4% 的股票得分在 3 分以下，43% 的得分超过了 7 分。这个现象说明该体系很难作为多空结合策略的基础，被该模型选中的看空股票的相对数量太小。即使是那些不良的易波动的小型股，做空的成本也非常高。这也并不令人意外。即使你有一只即将破产的高风险股票，估计你也不大愿意把它借给空头！"[3]

观察总体回报（见表 5.4），拉普索恩和他的定量团队发现："买入高 F-score 分值的多头策略在大多数年份中表现良好——强劲复苏的 1999 年和 2003 年除外。该策略在北美平均胜出了 200 个基点，在欧洲是 260 个基点，在英国则是 370 个基点。只有在日本，结果有点令人失望，每年的超额收益表现是 70 个基点。"[4]

---

1 Lapthorne, A. (2008) 'Piotroski F-score - Help to pick the winners while identifying potential losers', *Global Quantitative Strategy*, SG.

2 同上。

3 同上。

4 同上。

表 5.4 F 评分选股法自 1986 年以来的回报（全球范围，一年绝对回报）

F评分	业绩3/4分位	业绩中值	业绩前15%	正业绩表现的股票
1	-53.6	-25.5	102.4	40
2	-56	-11	21.3	42.9
3	-28.4	-5	25.9	45
4	-22.4	1	27.3	51.2
5	-17.2	3.4	27	54.8
6	-15.4	5	28	56.5
7	-13	6.9	29	59
8	-11.4	8.2	32.1	61.1
9	-8.6	10.7	32	64.9
低分区（0~3）	-28	-4.8	26.7	45.7
高分区（7~5）	-12	7.7	30.7	60.3

资料来源：SG Quantative Research

魔力在哪里

皮奥特洛斯基筛选法是典型的价值筛选法，有着少许的保守，并且那些廉价股总体上在过去的十多年表现不错。拉普索恩对此总结到，"皮奥特洛斯基的体系针对的不是火箭之类的现代科技。他寻求找到被忽略的有着良好前景的公司，这些公司有着良好的管理，能够成功转型，然后经过几年的时间，将在股价上反映出来。"[1]

皮奥特洛斯基筛选法比起其他的价值方法，鉴别出来的小型候选股票要多。小型的资产组合规模意味着更集中回报更高，但是也有更大的风险。的确如此，该策略承担了更多的潜在风险，而其他方法倾向于更安全的蓝筹股。但是与其他不严肃的筛选方法相比，由此带来的风险并不算大。其出色业绩的核心在于其记分体系，在于坚持低账面价值下的高运营效率，

---

[1] Lapthorne, A. (2008) 'Piotroski F-score - Help to pick the winners while identifying potential losers', *Global Quantitative Strategy*, SG.

某些 F-score 版本中还在于坚持内部人回购的信号。这是个艰难的测试，要求入围的是企业运营良好但目前不受市场喜爱的股票，对于测试者还要能在市场重新对该股票感兴趣之前能发现它，市场留给我们的时间不会很长。

另一类以价值为基础的方法——奈夫和欧萨那希

任何关于价值投资的论述如果不讲述这两位有影响的价值投资者就不能算完整。他们两个各自都有自己的大型基金，实践着他们自己的方法。他们是约翰·奈夫（John Neff）和詹姆斯·奥肖内西（James O'Shaughnessy）。这两位投资大师都拓展了价值投资，引入了新观念和方法，相对股价表现（欧萨那希方法的特征）和收益增长（奈夫方法的特征），已被目前的主流投资者所用。

我们已经注意到很多价值投资者对收益增长的概念有些排斥——他们认为，如同格雷厄姆一样，利润当然很重要，并且需要随着时间不断增加，但是价值投资者对于收益增长成果（或者预测）持怀疑态度，并且特别关注它是否被高层管理者操纵从而达到影响投资者的目的。无论如何，增长是不能被忽视的，格雷厄姆当然也会热烈拥抱利润长期有机增长的观念，而约翰·奈夫就是以增长作为他分析的核心。

奈夫的选股方法聚焦于搜寻廉价股，并且是有着坚实和广阔的增长前景和良好股息的廉价股。可悲的是约翰·奈夫不那样出名，没有那么多像巴菲特和彼得·坦普尔顿那样的传奇故事，然而他的成就并不比这些人差。投资者可以把他当作美国版的富达国际（Fidelity International）资深基金经理博尔顿（Anthony Bolton）和景顺基金（Invesco Perpetual）的尼尔·伍德福德（Neil Woodford），而且只会比这两人更好。

他的魅力可以归结到这个名字上——先锋温莎基金（the Vanguard Windsor Fund）。把它描述成一个伟大的成功品牌都不足以匹配它的价值。

原因很简单，它被普遍认为是美国基金有史以来最能持续成功的基金。更不用说它的基金经理被称为"行家中的行家"，甚至许多基金经理非常信任地把自己的钱委托给他，认为那是最安全的处置方法。

专业基金经理之所以选择奈夫的原因只有一条——他太成功了。超过30年，温莎基金稳据美国所有共同基金前5%。

这里简单列示奈夫和他的基金取得的成绩。

- 温莎基金的年化总回报在奈夫期间的32年里平均为13.7%，而标普500指数则为10.6%。
- 这个结果意味着在他掌舵的32年中，每年击败市场3个百分点，相当于每投资5,000美元在他的基金里，将额外收获175,000美元。
- 该基金在他做经理的31年中，有22年击败了市场。

奈夫巨大的成功源于其坚持价值投资方法和他那固执的反向投资。奈夫在这个投资理念上有过豪赌。例如，在1984年，他把基金的大部分份额押注美国汽车制造商福特身上，当所有人都担心其破产，该公司的PE倍数已经降到了2.5！他买入的价格低于14美元。在随后不到三年时间，价格攀升至50美元，这让温莎基金赚了5亿美元。

奈夫成功的核心还在于他选股策略的一致性。他把自己描述为"低PE倍数（本益比price/earning）的投资者"。他使用了一系列选股策略从美国庞大的股票市场中筛选过滤出廉价股。他希望以较低的价格买入质地还不错，有着良好增长的公司。幸运的是，他的投资理念非常简单易懂。它们也被类似AAII这样的机构复制应用，形成的各自版本的奈夫筛选法已经有十多年历史，总收益也达到了682%。

奈夫用下面几条标准作为他的策略的总结：

- 低 PE 倍数
- 基础收益增长超过 7%
- 坚实而且增长的股息
- 比平均水平好得多的 PE
- 排除那些周期性波动又没有额外补偿的低 PE 股票
- 在一个增长的行业中的优良公司
- 符合投资基本面的要求

实际上，只要两个关键方法就几乎可以解释奈夫成功的全部。在他写的《奈夫论投资》一书中，他解释了第一个击败市场的秘密：在 32 年持续超越市场的 3 个百分点中有两个点来自股息。所以，当他努力工作寻找并买入廉价股时，他的成功大多来自发现了碰巧还在支付高股息的股票。奈夫认为那些能很好支付股息的企业有潜力带给投资者更为稳定和一致的高回报。奈夫珍视这种一贯支付股息的做法，部分因为正是这种稳定性使得高派息股票的业绩能够长期超越市场。

奈夫的第二个秘密手段是采用了一个被称为总回报率（TRR）的指标，也就是我们熟知的股息调整后的市盈增长比率（PEG）。这项指标作为其筛选股票的基础，是这么定义的：

总回报率 =（分析师预期收益增长率 + 股息收益）/ 市盈率

TRR 比率，也就是我们所谓的股息调整后 PEG 比率，目的是用来寻找那些相对未来几年收益增长而言市盈率较低的企业。

奈夫认为单个股票的 TRR 应该与整个市场相比较。他喜欢 TRR 比率高于市场水平 50% 以上的股票。他相信，这样做可以找到那些高于市场回报的股票的同时还能有效降低风险。

奈夫筛选法的构建细节

股息调整后的 PEG

有明确的证据表明企业近期的增长率和在未来两年的增长率在每年 6%~20%。奈夫喜欢增长型企业，但同时也认为过高的增长是不可持续的。

低市盈率

任何价值投资方法的基石就是低市盈率，任何高于市场市盈率的股票都应该忽略。按照最近的市况，基于历史回报率，超过 20 以上的市盈率都是被敲竹杠的对象。

股息收益

低市盈率策略常伴随着高股息率。两者正常情况下是手拉手相伴一起的。所以，目标定在股息率在 4% 以上。

销售增长

如果一个企业的销售增长不可持续，那是很可怕的事情。奈夫坚信投资者应该找到能表明收益和销售收入增长都在每年 6% 以上的可靠证据（但奈夫认为销售收入增长在 20% 以上是可疑的）。

自由现金流

自由现金流是指在支付资金成本之后的运营创造的现金流。奈夫要寻找的公司应该有着充足的现金流可用于支付股息，用于支持将来的扩张。

利润率

奈夫寻找的公司，其营业利润率应该高于行业平均水平，后者高于行业中位数。特别是，奈夫坚持认为公司的营业利润率应该与同行业的先锋企业相比起来有着合理的水平，而不是与某个宽泛的市场平均水平相比。

奥肖内西和市销率作为关键指标的重要性

投资研究大师詹姆斯·奥肖内西在1996年再次王者归来，出版了他那本最著名的畅销书《华尔街股市投资经典》。[1] 这本书中记载了一场英雄般的挑战，他回溯了44年的历史数据，使用最综合的标准普尔计算数据库验证各种策略，从而找出到底是什么在股市中发挥作用，到底什么造成了投资失败。该项研究的跨度为43年，从1951年到1994年，大概是目前用于检测各类投资策略最长的时间段。他的检验方法是，使用每种策略在年初选出50只股票，然后计算假定在12个月后售出时这50只股票的回报。举一个在这种严格检测方法下最简单的策略的情况为例，聚焦于市盈率，在每个测试年度的开始时买入市盈率最低的50只股票，然后在年底卖出这50只股票，计算其实现的收益。

让大多数人感到震惊的是，他发现类似于低市盈率这种经典价值投资法几乎是毫无意义的，另外，那些预测股价增长，中小盘股等策略，研究结论与这些流行的聪明做法相对，它们与投资大盘股策略相比没有显示出任何优势。

最好的策略是综合使用这三类因素：

- 市销率
- 一年内股价变动与整个市场的对比情况
- 逐年的收益增长

在下一章中我们将详细讨论收益增长的重要性，但是头两个重要指标应该更引人注目。大多数价值投资者对股价的相对运动非常不感冒——作为反向投资者，他们倾向于假定没有人会喜欢上价值股，直到他们买入之

---

[1] O'shaughnessy, J. (1996) *What Works on Wall Street : A Guide to the Best-Performing Investment Strategies of All Time*, McGraw Hill.

后。如果向他们讲股价中含有重要的动量效应，这简直就是异端邪说！

但是作为三位一体（译者注：这里作者借用了基督教中三圣一体的说法）指标中的第一个，是最具影响力和创新性的——市销率（the price to sales ration）。奥肖内西认为，市销率（每股价格与每股总营收的比率）就是他在寻找的"价值因子之王"。他使用详尽的回溯测试分析得出如下结论：

> 低市销率击败了市场的程度超过了其他任何一个价值投资指标，并且在两类测试中的结果是一致的。一类是50只股票构成的投资组合（筛选后的股票清单），另一类是10%分析（将市场划分成10组，即每组为10%）。低市销率的股票不管是从整个市场中筛选（不考虑市值因素的所有股票），还是从大盘股中筛选，都击败了所有10个为一组构成的股票组合。[1]

为什么销售收入这么重要呢？戏剧性的是，奥肖内西对该指标为什么如此关键的解释却躲躲闪闪，干脆引用了知名大投资家肯·费雪（Ken Fisher）的话来解释，"一个股票的市销率是最反映其人气的一个指标"，并且警告"只有那些惯于炒作者才会抬高高市销率股票的价格"[2]。为什么市销率如此重要，费雪本人对此还有更令人敬佩的解释。他这样说道：

> 鲜见超级公司（费雪的分析标的）的销售业绩有大幅下滑。而遭受收益反转的公司则很多。销售收入相对稳定性的增加，与其他财务指标相联系，让你能在证券估值分析过程中以销售收入为锚。[3]

我们需要深入理解费雪和奥肖内西之所以如此分析的深层原因。两人

---

[1] O'shaughnessy, J. (1996) *What Works on Wall Street : A Guide to the Best-Performing Investment Strategies of All Time*, McGraw Hill.

[2] 同上。

[3] Fisher, K. (1990) *SuperStocks: The Book That's Changing the Way Investor Think*, McGraw Hill Companies.

都是基本面价值投资者，他们喜欢使用基于基本面的指标寻找被低估了的公司。但是费雪对那些有着实实在在增长趋势和潜力的公司更感兴趣。为此他使用"超级股"（SuperStock）的概念，用来描述这样一类公司："一家公司的业务能在行业中凸显自己，是因为该业务产生的资金能够支持该业务自身发展的需求，而且自身创收的资金增长率在行业平均水平之上"。[1]他继续指出，这类超级股的另一类特征包含了以下方面：

- 增长导向
- 卓越的市场营销
- 独特的竞争优势
- 良好的财务控制

费雪总结了以上考虑因素，并且恳请读者深入研究那些看起来很有价值的股票，因为其中可能隐藏着一些问题，要关注该股票的市销率是否低，关注是不是准备推出新产品和服务，以此带动未来收入的增长。

我们在下一章中将会讨论以这两个因素为核心的投资策略中的最佳方法——以合理价格买入增长股。至少奥肖内西相信这样的策略。持有一家销售收入增长而利润率尚可的公司，优于持有销售在下降而利润率较高的公司。对于前者，好的管理者可以想方设法提高毛利率，股价也会因此而上涨，而后者的股东可能面临股价长期的下滑。奥肖内西也非常重视市销率这个指标，因为收益经常是大幅波动的，但是销售收入则大多与将来的趋势保持一致。

奥肖内西认为他找到了通往胜利之路，那就是聚焦于市销率。假如你能筛选出那些销售收入情况与股价水平相比要好，而且有证据表明其股价强势，那么虽然这样筛选很辛苦，但是你的确能赚到钱。将这个策略放到1951年到1996年这段时间进行检验，他发现低市销率和股价相对强势的

---

1 Fisher, K. (1990) *SuperStocks: The Book That's Changing the Way Investor Think*, McGraw Hill Companies.

股票带来的年回报率为23%，击败了各类指数和市场基准。他的结论是什么呢？买入那些在52周内创出新高的便宜股票，绝对不要触碰那些在52周内走到最低谷的股票，无论其股价有多便宜。不要像反向投资那样试图与市场为敌，这样做是不会有好果子吃的。

基石策略

基于以上的详尽研究，奥肖内西开发出两种投资策略："增长基石"和"价值基石"策略。

切忌望文生义，增长基石策略本质上还是一种价值投资为导向的策略——它引导投资者寻找股价开始上涨的那些相对价值较高的股票。按照奥肖内西的说法，增长基石策略在过去超过43年期的测试中，回报率在18%以上，而同期整个市场的回报率则在13%以下。这个策略中的关键指标由两项组成。一项是市销率，另一项是股价相对于整个市场而言在过去12个月的表现。他还补充了一项收益增长方面的指标，即在过去一年中利润是增长的。

在奥肖内西看来，理想中的公司应该是一个能产生大量销售收入，并且已经开始赚取可观的利润，但是企业在业务上的进展和成功刚刚开始被市场认识，在股价上开始有所反映。

增长基石筛选法

- 找出上一年度收益增加的所有股票。
- 选出市销率小于1.5（但是要大于0.1）的股票。
- 市净率合理。
- 选出其中50只在12个月内股价相对最为强势的股票。

最终得到的这50只股票（奥肖内西建议买入所有这50只股票，以避开你在筛选过程中的个人行为偏好影响），应该可以击败大市。顺便指出，如果你不想全部买入这50只股票，同时又想避免行为偏好的影响，可以选择买入各个板块或行业中的排名第一的股票。

价值基石策略拥有一些与增长基石策略相同的特色指标。它也关注销售收入强劲的公司，但是它还关注了另外一些附加指标，即公司现金流和股息收入等指标。该策略非常适合那些关注整体回报最高的投资者，丰厚的股息则必然是其中的重要部分。如果你同样不愿意买入所有选出的 50 只股票，则可以选择每个板块或者行业中按照股息排名第一的股票。不管你怎么选，总之切勿武断地仅仅挑选排名靠前的头几只股票。这样做会极大地增加风险，因为这样的结果可能是所构建的投资组合中仅有一两个板块或者行业；在英国，这样做的结果最终可能是构建了一个只有零售和食品制造商的投资组合。

最后还要提醒一点：与许多投资大师一样，奥肖内西把自己的研究成果和投资智慧转变成了实际应用，建立了自己的基金，但是这类基金至多是不温不火。在他的大作发行不久，奥肖内西就设立了增长基石和价值基石基金，但是基金的业绩在过去五年中多少令人有点失望（见表 5.5 和表 5.6）。

表 5.5 平均年化总体回报（至 2009 年 9 月 30 日的历史业绩）

基金/指数	当年累积	1年	3年	5年	10年	自1996年11月1日设立
价值基石增长	2.06%	-20.76%	-14.54%	-3.84%	5.79%	7.4%
标普指数	22.43%	-9.55%	-4.57%	2.41%	4.88%	5.94%

资料来源：http://www.henessyfunds.com/cornerstone_growth_fund.html.

表 5.6 逐年总体回报

年份	2000	2001	2002	2003	2004	2005	2006	2007	2008
价值基石增长	5.3%	12.15%	-4.71%	45.82%	16%	11.96%	10.42%	-2.18%	-43%
标普500	-9.1%	-11.8%	-22%	28.68%	11%	4.91%	15.8%	5.49%	-37%

资料来源：http://www.henessyfunds.com.

重大提示——价值投资并不总是有效

一旦投资者接受了买入便宜股、卖出高价股的逻辑，那么投资于"狗股"的标签就算是揭去了。怨不得那么多领先的对冲基金，包括纽约第三点基金（Third Point）这样的世界知名机构也奉行价值投资理念的某些方面。实际上，有时价值投资好像已经从一个反叛思想的角色转变成了一个主流的投资思想，成百上千的基金打着价值投资和反向投资的旗号在市场上募集资金。

不幸的是，很多投资者发现了一个令人价值投资者不安的事实，尽管一个又一个的研究表明，从长期看价值投资是有很好回报，但是绝对不表示价值投资在短期可以获得成功。

为了进一步了解这个悖论，长期的成功并不能带来短期的回报，我们可以观察下面的一系列图表。图5.1来自从1969年开始的MSCI Barra编撰的一系列指数（全球领先的基准指数与风险管理分析产品供应商）。该图显示了MSCI UK指数从1969年到2009年12月的回报，顶部的曲线是该指数的价值投资版，它清晰地揭示了与其他英国主流指数相比的长期上的巨大回报。

图5.2显示了过去10年的回报。同样价值指数曲线在上部，下部的曲线是英国主流核心指数。虽然两者相去不远，但是就10年期上看，还算可以。

图5.3揭示截止到2009年，过去4年的回报，结果是令人震惊的。我们还加入了一条线，表示增长类指数情况，从业绩表现上衡量，它一直处于图的顶部，而价值类指数曲线则一直处于底部。

糟糕的短期回报在表5.7中也有体现。该表显示了该指数（包括了美国市场的情况）过去10年的"年化回报率"。几乎无例外地看出，英国市场中的价值类指数业绩低于核心指数和增长类指数。

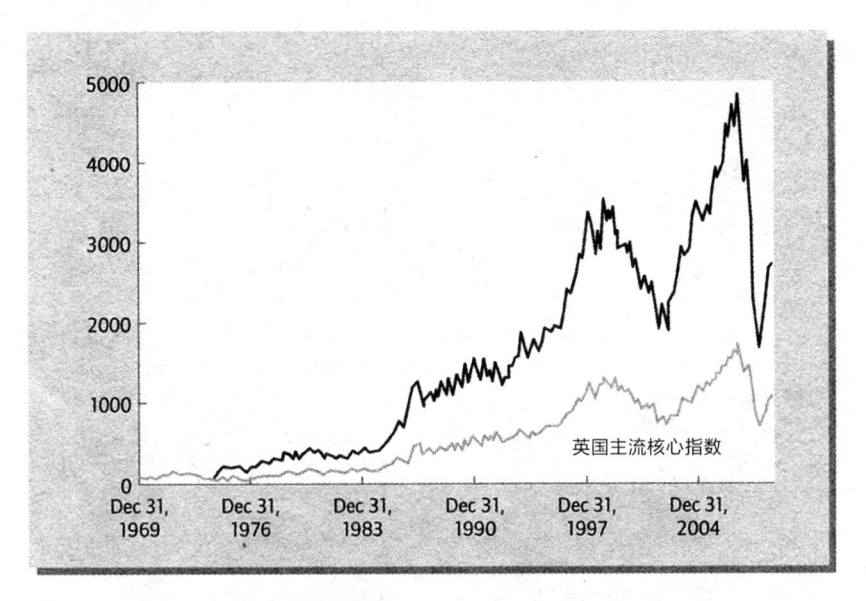

图 5.1 MSCI 英国指数回报

资料来源：MSCI Barra.

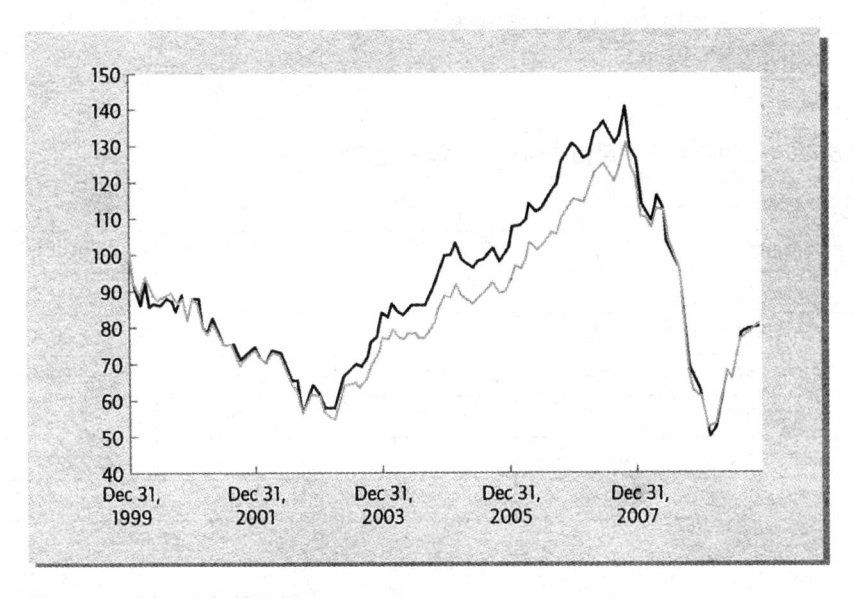

图 5.2 过去 10 年的回报

资料来源：MSCI Barra.

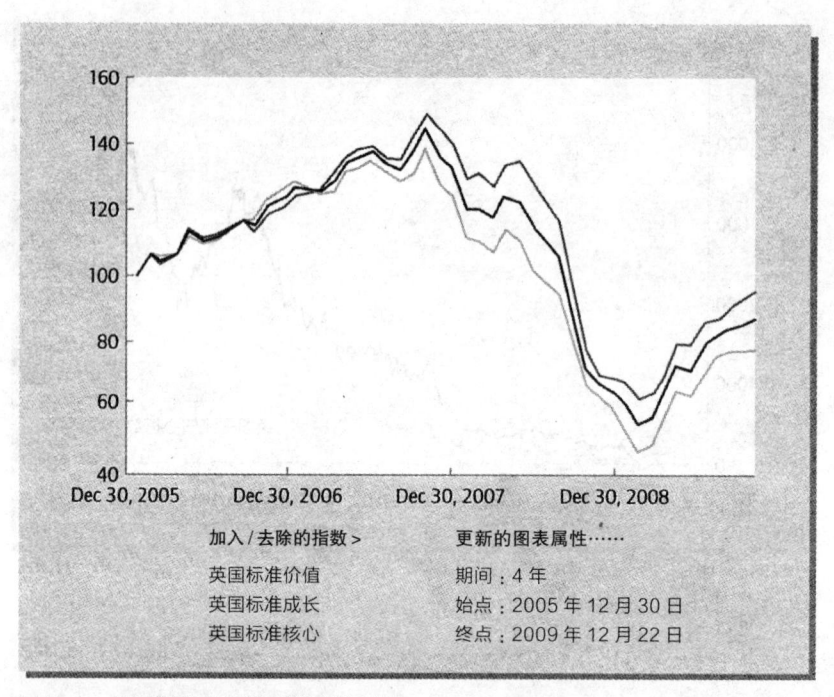

图 5.3 英国指数的另类成长型版本

资料来源：MSCI Barra.

表 5.7 MSCI 指数不同风格的回报——年化回报率

地区指数	1年	3年	5年	10年
英国成长型	41%	-7.84%	0.59%	-2.08%
英国价值型	29%	-15%	-4%	-2.20%
英国核心型	31%	-9%	0.86%	-0.36%
美国成长型	38%	-3.46%	0.31%	-4.44%
美国价值型	19.8%	-10.9%	-3.02%	-1.59%
美国核心型	29%	-7.16%	-1.28%	-2.82%

资料来源：MSC Barra.

近期的糟糕表现

GMO有限责任公司（Grantham，Mayo，Van Otterloo & Co.LLC）的杰里米·格兰瑟姆（Jeremy Grantham）睿智地总结了目前价值股业绩糟糕的普遍性：

> 价值股已经被市场推高到了相当的水平，以至于它们可能不再具有取得超额收益的恰当的风险溢价。因为价值投资一直存在一项重大但潜藏着的风险：60年周期。所谓的市净率（price/book）效应（还有小盘股效应）听起来像是免费的午餐，但是在1929年—1933年，20%的此类公司破产。它们不是大型的、高品质的蓝筹股，而是市净率较低的小盘股。把这些损失考虑进来后的数据说明，最优秀的增长型投资经理为增长过多支付的程度超过了最好的价值型投资经理为价值过多支付的程度，原因可能是基本面和股价对于增长型股票而言可变性更大。[1]

安德鲁·拉普索恩领导的法兴银行团队在2009年他们的出版物中对近期价值股的糟糕表现这样解释道：

> 全球经济大环境的低迷造成了股价的大幅下滑……价格下挫的股票在为我们带来了一些投资机会的同时，也带来了更多的陷阱。价值投资已经在过去的12个月被证明并不划算，低市净率和低市盈率以及高股息率策略在大多数地区受到重挫。当收益不确定性高，股息支付压力增大，资产负债表因为减记资产而变得脆弱的时候，很难找到一个指标作为评估这些股票的基石。[2]

---

[1] 摘自 http://deanlebaron.com/book/ultimate/chapters/val_inv.html。

[2] www.sgcib.com, proprietary research.

按照拉普索恩团队的观点，简单买入低 PE 倍数股票的投资风格的业绩是最差的，尤其是在 2008 年："对历史的和未来预期盈利情况的信心崩溃，使得大多数价值衡量指标都失去了意义。"[1] 简单的股息策略同样开始变得糟糕，在危机的下半段，很多羸弱的企业开始削减股息。

《投资者年鉴》制定的一个基于皮奥特洛斯基的观点的特殊策略在动荡的 2009 年同样不尽如人意。该年度评论中的一篇文章这样写道：

> 在本期期初，即 2008 年年末，我们基于芝加哥会计学教授约瑟夫·皮奥特洛斯基的核心价值筛选法已经运行了三年，总收益为 5.94%，但是到 2009 年元月底，总体收益变成了亏损 12.9%（在添加了新股和卖掉部分原投资组合之后），其间反转程度接近 20%。[2]

因此，市场出现了这样一个重要的主题，卖掉那些在最近的 2008 年和 2009 年表现糟糕的价值股。很多分析师认为这种情况是由一系列因素引起的。比如说以价值为基础的策略最终选取了较多的小盘股，很不幸的是，在投资者逃离高风险板块时纷纷卖空小盘股，以至于小盘股股价遭受重创。市场崩溃最传统也最僵化的指标，富时小盘股指数，已经下跌了 40%，富时初级市场（FTSE Fledgling）指数截止到 2009 年中期的前 12 个月内下跌了 42%。传统的防御型板块，比如被众多偏好股息和稳定现金流的投资者所钟情的公共事业板块，在 2008 年和 2009 年的业绩同样不怎么样。同样值得注意的是，那些简化的价值策略在萧条的 2008 年和 2009 年的也不灵光。聚焦于低市盈率或者高收益率，而不注重资产负债表的策略在 2008 年的业绩更糟糕，特别是在 2008 年的上半年。这些策略经常是最终选取了一堆高负债的公司。

---

1 www.sgcib.com, proprietary research.
2 Stevenson, D. (2009) 'Dash to trash bypasses Piotroski', *Investors Chronicle*.

价值投资已经过气了吗？

有些学者甚至认为价值投资虽然有效，但是仅仅适用于特定的时代。有效市场学派的理论家尤金·法玛在1998年的论文中提出了这样一种可能性：在过去30年中观测到的回报异常（"高回报"的学术用语）是一种所谓的"时间周期特定规则"（time-period specific regularity）[1]，它已被研究人员发现，但是还缺乏系统性、基础性的解释。

对于这些反对观点，目前还没有一个定论，除非某人有可以透视未来的水晶球。许多价值导向的学者提出了两项简单的反驳理由——第一，从长时间跨度上看，价值投资已经取得了突出的业绩，自从主流的各类指数创立以来，可以看出这是真实存在的。这里的关键点是价值投资是在超过10~20年甚至更长时期的框架下开始超越其竞争对手——增长型投资。

但是，过去几十年中同样有众多研究表明，价值作为一种风格业绩表现并不好，只是在后来的一些年头中出现了反弹——实际上，伴随着市场和各种投资类型呈现出以10~20年为周期的运动方式，投资收益逐步趋近平均值的规律的确在发挥着作用。

这些反驳并没有让主流学界中的价值投资批判者平息下来。他们从另一个方面进行了攻击。他们认为价值投资在过去50~100年的长周期上取得并不是超额收益，实际上是对所承担的额外风险的补偿。事实上，这些分析师认为，价值投资策略带来的超额回报是因为它们有特殊的风险。

尤金·法玛作为有效市场的理论家，再次站到了批判廉价股投资策略的前沿。他认为这种以市净率指标为核心的方法"是在承担价格方面的系统风险，而且观察到的价值股和明星股之间的回报差异实际上是反映了对风险的公平补偿。"[2] 但是这个大胆的论断还远没有被普遍接受，在最近

---

[1] 摘自 Chan, L.K.C. and Lankonishok, J. (2004) 'Value and Growth Investing: Review and Update', *Financial Analysts Journal*, January/February。

[2] 同上。

研究范畴与之相关的学术文献评论中,路易斯·陈(Louis Chan)和约瑟夫·拉格尼沙克(Josef Lakonishok)给出了这样的结论:

> 包括贝塔值和回报波动性在内的众多指标数据表明,价值股并不比增长股的风险高。事实上,从普遍采用的集中于下行市场中业绩情况的风险指标上看,我们发现当股票市场和整个经济表现不良时,价值股受挫程度没有增长股严重。除非特意要按照某种形而上的风险定义,价值股的优异业绩表现不可能全部归结到风险敞口上去。对价值股溢价的一个更令人信服的解释来自于投资者行为特征和投资管理代理成本。

笔者还想特别强调 LSV 资产管理公司(以三位行为金融学家 Lakonishok、Shleifer 和 Vishny 的名字命名)的研究结果。该研究认为,"高市净率企业的股票之所以会出现暂时低谷,另一种可能原因是投资者对于之前不良业绩反应过度了,并且对待业绩预测的态度也'过于悲观'。"[1] 这个理论与约瑟夫·皮奥特洛斯基关于高市净率企业的分析是一致的。

对价值投资的学术批判还试图证明过去价值策略从长时期上衡量的超常业绩其实是经济周期的副产品。按照这个观点,价值股只不过是周期性股票的代名词,比如银行股和工业股,当周期开始时这类企业开始繁荣,但是当经济步入衰退时,其股价也开始崩塌。研究人员认为,因为有那么多的价值股具有周期性的内在特征,投资者应该小心投资时点。对此观点,也有许多批驳的声音。学者 Kwag 和 Lee 观测了这种趋势,强烈地认为这个将额外风险与经济周期相关的假设是错误的:

> 这项研究调查了从价值投资到增长投资的相对业绩情况。经验上的证据

---

[1] Lakonishok, J., Vishny, R. W., and Shleifer, A. (1993) 'Contrarian Investment, Extrapolation and Risk', NBER Working Paper, National Bureau of Economic Research.

表明基于高价值比率（也就是账面市值比，收益价格比，现金流价格比，以及股息收益）的业绩超过了基于低价值比率的增长投资。该良好业绩在各种经济状况下表现都很明显，这意味着无论在经济周期的哪个阶段，投资者最好投资于高价值比的股票而不是低价值比的股票。价值投资甚至在经济收缩阶段的好处大于经济扩张阶段。[1]

日本的经验教训

我们没有办法知道是否价值因素在未来几十年中仍然处于优势地位，或是趋于平庸！但是有一个可用的参考例子说明价值也许最终还是会取得成功。这个参考案例就是日本。日本的股票市场经历了失去了20年，长长的熊市中间也会频繁地夹杂着牛市出现。不幸的是，这些牛市反弹很快被新一轮的呆坏账泛滥，系统性地去杠杆化，以及看似独立实则与股市相关的人口老龄化等问题所吞没。

法兴银行的团队观测了日本市场过去十多年的情况，认为日本股票市场中如果有某些因素还能有效用的话（股权投资近20年日本属于不受追捧的暗淡的投资品类），那就是价值（见图5.4）。按照安德鲁·拉普索恩团队的观点，"在经济遭受了长期的增长乏力和在通货紧缩的宏观环境下，价值因素的业绩表现得到了实实在在的提高，特别是在投资策略指标体系中不包含收益指标时。"[2] 他们使用策略的关键是放弃收益指标。相比之下，拉普索恩的团队发现在日本很难隔离债券对股价的影响，买入高股息收益和有着强大的资产负债表的股票，的确产生了很好的回报。特别是选择与历史情况相比市净率低的股票成了取胜之道。

---

[1] Kwag, S.W. (A) and Lee, S.w.(2006) 'Value Investing and the Business Cycle', *Journal of Financial Planning*, January.

[2] www.sgcib.com, proprietary vesearch.

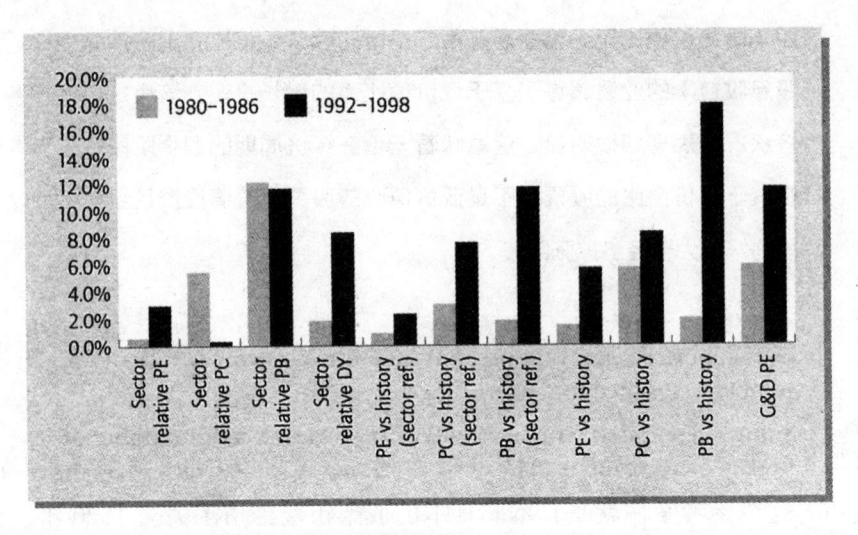

图 5.4　日本价值投资在前后期业绩情况

资料来源：SG Quantative Strategy Research.

拉普索恩的关键点：

日本的例子表明，大多数增长型投资最终都会让人失望，增长乏力和通货紧缩的最好防御方法就是买入便宜货。特别是价值投资策略中那些与利润无关的指标，如市净率和股息……最有实际意义。[1]

结论

本章花大量篇幅讲述了找廉价股的价值投资及其策略，在章节结尾姑且给出一些结论。

- **价值投资并非总是有效**：尽管近期有不少价值投资的批判者，但是很多客观的证据表明价值投资从长期看是成功的。不过，多数

1　www.sgcib.com, proprietary research.

受人尊敬的价值导向的学者和分析师，比如罗勃·阿诺德等，指出价值投资的回报最终不可避免地出现均值回归。但是投资者需要保持谨慎，留心观察数据，并了解业绩甚至长期低于指数的风险——这个风险是有可能发生的，它将导致投资组合的失败！

- **价值投资是众多有效的投资策略中的一个**：价值投资不应成为你唯一的策略——投资者还应该考虑在进行价值投资的同时，再选择一项其他类型的策略，比如基于动量的策略。

- **如果你的确有价值投资偏好，建议最好选择皮奥特洛斯基的策略**：我们有理由信任这位芝加哥教授的策略方法，因为它从学术方面和策略操作方面来讲都是可行的。该策略目标是找到那些有着良好资产负债表的优质价值股。尽管格雷厄姆类的筛选法是无可挑剔的，也很难批驳，但是我们怀疑该策略已经不适用于当代的股票市场。

- **有些以价值为基础的策略，可能只有极少数的股票符合它的要求**：我们在过去10年间运行了许多价值筛选法，大多数情况都是最后只剩下5—10只股票符合条件，而且这些股票基本属于同一类别的不讨人喜欢的板块。这种情况本身没有什么问题，但是它加大了我们的投资风险。小心此类风险，并控制你在某个板块的风险敞口。

- **还可以选择基于价值的指数作为价值投资的方式之一**：在第12章，我们将讨论这个观点。也许捕捉价值异常更好的方法不是寻找某只具体的股票，而是投资某只特殊目的的指数，比如富时针对廉价股的指数。与其他基于价值的反向投资策略一样，我们并不百分百确信该策略能赚大钱，但是我们认为把它放在10年甚至20年以上的时间框架下与基准指数相对比时，它将产生持续的超额收益。

采访詹姆斯·蒙蒂尔

在 2009 年年初，我在法国兴业银行采访了其高级策略师詹姆斯·蒙蒂尔（James Montier）。最近他加盟了资产管理公司 GMO。蒙蒂尔是知名的行为金融学专家和价值投资者，并撰写了相关的两部经典教材。除了到全球各地会见投资者，他大部分时间几乎都在盯着数据和图表进行投资方法研究开发，本着严谨的科学作风对数据进行验证、质疑。他是以事实根据为基础的投资方法倡导者，但是他对价值投资却有着自己的偏好。那么我们的问题就集中在：价值投资观念是否仍然有效？是不是存在过多的投资者采用格雷厄姆的投资原则，然而价值投资的市场基础已经发生了变化？在过去 10 年，是否价值投资已经开始出现泡沫，使得股价上升和收益下降？

采访人：您是否认为价值因素仍然存在，还是已经有点开始成为历史了？

詹姆斯·蒙蒂尔：我认为仍然存在。在我看来，无论在什么环境下，它是唯一有意义的投资方式。当然，我们需要留意自己对价值的界定，小心过去那些简单地衡量价值的指标，比如市盈率、市净率等分析员常用的一些简单指标体系。我认为过去 18 个月我们在市场中的经历表明，我们需要重新考虑本·格雷厄姆方法的核心，即资产负债表；那些没有顾及资产负债表背景情况的价值评价模型及思考方法，在我看来是没有意义的；与之相反，在投资过程中整合了资产负债表分析和资本结构分析的价值投资方法仍然很有意义。另一个有意义的价值投资方式是综合考虑多类资产组合的特性，而不是仅仅局限于股权投资领域。这是一种趋势。即使我们这个行业本质上几乎被股权投资占据，但是如果我们开阔我们对价值的认识，没有理由认为在股权投资之外找不到价值的存在。

采访人：债券是否是其中经典的一个？

詹姆斯·蒙蒂尔：的确如此！这要看你如何考虑债券的估值。你可以把企业债看成一种廉价的保单，其中同样有价值因素的考虑，因为你仅希望为该保险支付尽可能地少。所以，我认为价值远未消失，如果认识不到这一点，我们就走进了死胡同。

采访者：与股权相关的收入是经典的价值因素之一。其主要的形式是股息。现在股息方面的衡量指标还有效吗？因为现在出现这样一个问题，基于股息收益和股息支付的超额收益在很多情况下已经消失了，从资料上看它会一夜间消失殆尽。但是现在它仍是大多数价值投资中的一个核心因子。因为，虽然这些投资方法中会考虑许多方面，但是股息仍占了很大的比重。现在看来，股息预测也是不可靠的，而且正在快速消失。我的意思是说，现阶段我们已经不知道是否还可以继续信任富时100股息支付。

詹姆斯·蒙蒂尔：我非常认同你的观点。基于股息的方法的一个大问题就是之前说的它忽略了资产负债表；人们现在非常乐于看到强劲的收入增长，但是没有关注是不是因为过度使用了杠杆。当此类企业因为资本结构风险过高，而被迫需要去杠杆化时，第一个被砍掉的就是股息。有鉴于此，我们应该寻找那些资产负债表健康、持续支付着股息的企业，因此需要我们舍弃之前轻视资产负债表的做法，不再去过度关注损益。当你看《证券分析》一书时，你会发现，30%篇章讨论损益表，70%集中在资产负债表范围。

采访人：是格雷厄姆写的那本吗？

詹姆斯·蒙蒂尔：是的。所以，要想解决刚才你提及的股息问题，就应该想想其失败的原因。那就是没有正确地理解杠杆的角色，理解资产负载表等式的运用。

采访人：你是否认为2009年的市场属于完美的格雷厄姆市场。格雷厄姆描绘的是1930年的市场，当时市场上有很多低市净率的股票，有很多持续支付股息的企业。再看我们现在的市场，你之前曾经多次说过，在过去20年前，甚至30年前就很难找到此类股票了。不过从2009年是不是好像又进入了类似的市场？

詹姆斯·蒙蒂尔：我想我们正在回归。如果我们观察格雷厄姆喜欢的股票类型，net-net（股价低于净营运资本的价值）类型股票以运营资金净额估值（净流动资产减去流动负债）的2/3进行交易。现在你可以在日本股市中发现许多这样的小公司。所以我认为我们已经回归到格雷厄姆所熟悉的运行轨道上了。他明确地反对靠财务杠杆来创造收益，所以我认为现在的去杠杆化过程将为我们带来格雷厄姆认为的那种便宜货。

采访人：这种情况会不会也是基于股权收益或者以股息为导向的选股策略的好时机呢？

詹姆斯·蒙蒂尔：是的，我认为有可能是这样的。但是有一个特别值得提醒的地方，就是必须要有长远的眼光，因为我们无法保证短期内市况不会变得更差，而且各类机构满脑子想得都是短期内的业绩。如果你能买入一套今天的股票组合，把它们埋在地下五年，笑到最后将是你。但是问题在于很少有机构会那样做。

采访人：时间跨度是关键。如果投资者选错了投资的时期，那么这个机构/个人投资者基本上就算失败了……时期跨度之所以对投资者如此重要，是因为他们经常有自己的投资周期。选错了数十年的周期，那投资就彻底没救了。现在的问题如众多价值投资者所说，"从长期看，价值投资是有效的。股权在长期看，总是赚钱。"但是确实有许多投资者这选错了投资时期，即使有着超常的耐心，等了五年、十年，他们仍旧失败了。

詹姆斯·蒙蒂尔：是的。他们的问题是在错误的时点买入。他们买的时候恰在市场高点。比如他在2000年买入，那就惨了……如果现在买入，那估值背景就不同了，而且长期收益的基本决定因素是买入时的估值因素……所以，在市场估值很高的时候买入是非常糟糕的做法，只要我们在估值便宜的时候买入，加上耐心，就是获得良好长期收益的做法。

采访者：也就是投资者受制于市场时机（market timing）了？

詹姆斯·蒙蒂尔：与短线投资者那种赌短期市场前景的市场择机方式不同，我这里说的是价值驱动的资产配置。它是更有意义的，是一片尚未被充分开发的市场区域，因为市场时机的概念并不那么僵化。你不需要真的去试图计算市场的时点。我就不去费心猜测市场的前景，我所做的概括起来说就是，贵了就不买，便宜了就买。这与那些挑选个股的投资者们不同。我着实看不懂为什么他们不从整体水平上去思考。

采访者：你怎么看待采用买入并长期持有的策略？如果简单地按照投资计划采取买入并持有一个月的策略，就没有效果吗？

詹姆斯·蒙蒂尔：我认为是这样的。因为这里面有一套完整的预设和规则需要我们重新思考。整体资本定价模型已经不再受到重视。多样化和分散化也需要我们重新思考。买入并持有，这是有效市场理论的产品，因为该策略其实就是资本权重指数，所有这些已经不再受到重视。最简单的事实就是它们从来没有对过。它们基于的理论值得怀疑。不幸的是，我们有个坏习惯，把理论当作事实，喜欢跟随一些简化易懂的建议。事实上，我们需要反躬自省，从最初始的原则开始重构金融，这样能让你得出一些不同的结论。可以说，买入并持有的做法没有什么实效，所以，你需要在配置自己的资产时采用更灵活的策略。

采访者：动量投资策略如何？按照大量的研究，它的确有效。

詹姆斯·蒙蒂尔：尽管动量策略有效的事实非常清晰，但是我无法欣然接受它。我认为从理性上讲，该策略是难以令人满意的，说起来它本质上是一个非常势利的做法。我不喜欢仅仅是因为其他人买入了我就买入的做法，这样做从来就没有成为一个能打动我的理由！同样的心理，这导致你相信其他的事情都是垃圾，因为你只需要复制其他人的做法即可。我认为价值导向的做法更健康，能防止你陷入困境。你知道的，动量策略最大的风险就是你成为接最后一棒的人，成为最大的傻瓜。巴菲特总是用玩扑克做比喻，若是你没有办法看出谁是肉脚，那么那个肉脚很可能就是你！。这就是动量投资的最大问题所在。就我自己而言，我更偏向于结合了长期考虑的价值投资，所以我最愿意做的事情就是买入廉价股然后忘掉它。

采访者：但是市场是否也许真的已经变化了？也许动量就是未来！一个持久的调整，间或有些小泡沫！

詹姆斯·蒙蒂尔：有两个事情值得我们注意。一个是约翰·肯尼思·加尔布雷思（John Kenneth Galbraith，美国经济学家），他认为金融市场的特性就是健忘；另一个是杰瑞米·格兰瑟姆（Jeremy Grantham；GMO资产管理公司创始人），当他被问起我们应该从近期的金融危机中吸取什么教训时，他说"就短期看，有很多；从中期看，有几条；从长期看，根本没有什么新的教训可以吸取。"你知道的，越是有人说这次不同，事实上越是和过去一样。你观察下历史上各次泡沫的方式，它们总是那么惊人的相似。细节上呈现出不同形式，但是泡沫被吹大，破裂的总体过程完全没有什么变化。所以，我们可以预见下一次泡沫的出现和破裂，因为每一次新生代的出现，迎接他们的是某种程度的傲慢和与年轻人相伴的过度自信。

第6章 品质和增长：关于护城河以及GARP策略

> 成功的长期投资不仅仅是挑选坚实的业务，或者发现一个快速成长的业务，或者买入廉价股票。我们相信成功投资还涉及了评估一项业务是不是经得起时间的考验。
>
> ——Morningstar.Com

注：GARP "Growth at Reasonable Price"

也可以两全其美

如我们在第5章中的讨论，对于那些下决心追踪非主流股票的理性反向投资者们而言，价值投资有着巨大的吸引力。不幸的是，在该章结尾我们发现，价值投资在未来的长期投资中不一定能为投资者带来期望中的回报。

表6.1摘引了被广泛应用的摩根士丹利资本国际（MSCI）英国和美国指数。该指数再进一步拆分出价值股指数和成长股指数。如先前所说，从更广泛的意义上看，价值策略在过去10年，特别是2006年以来表现欠佳。

表 6.1　不同风格的 MSCI 指数年化收益率

地区指数	1年	3年	5年	10年
英国成长型	41%	-7.84%	0.59%	-2.08%
英国价值型	29%	-15%	-4%	-2.20%
英国核心型	31%	-9%	0.86%	-0.36%
美国成长型	38%	-3.46%	0.31%	-4.44%
美国价值型	19.8%	-10.9%	-3.02%	-1.59%
美国核心型	29%	-7.16%	-1.28%	-2.82%

资料来源：MSCI Barra-MSCI World Indices.

毫无疑问，实际回报业绩差给了认为价值投资是个危险策略的投资者和基金经理们很好的口实。投资年鉴专栏作者和经济学家克里斯·迪洛（Chris Dillow）最近发表评论说，价值投资本质上是"马克思主义"秘密成员！他用该词描述部分"说话带着讥讽和略显粗鲁语气"的价值投资者们。他们彻底不相信资本主义，特别是不相信当期收益的意义，他们认为唯一的生存之道就是逆流而动，在实物资产中寻求庇护和价值。

克里斯·迪洛公开表示过不少专业投资者认为价值投资者太关注某些指标群，从而无法在当代市场中开拓前进。这里说的当代市场，其近十多年的交易量比起 20 世纪大多数时候要大得多。甚至本·格雷厄姆的门徒，比如沃伦·巴菲特，也曾评论这位华尔街教父的最终落败。巴菲特的合伙人查理·芒格（Charlie Munger）提醒他，随着管理资金规模越来越大，简单地在底部钓鱼赚钱已经很困难了。他俩都认为，廉价股的数量已经无法满足他们管理的巨额资金。更有益的是，芒格建议巴菲特将共同基金的关注点转向业务有着稳步发展前景的坚实的质地优良的公司。

巴菲特转换投资风格已经被整个基金管理行业效仿——当市场已经没有多少廉价股时，不是整个市场都还坚持做逆向投资！但是基金经理用一种不同类型的股票让投资者心动起来，它就是价格合理的，有着良好增长品质的公司。与下一章中讨论的让人捉摸不定的快速成长的 tenbagger（股价能涨 10 倍的股票）策略不同，本章讨论的是如何寻找强健的、可靠的业务，这也是沃伦·巴菲特和查理·芒格引以为傲的策略。

这个投资观念有一个专用缩略语，"GARP"。它还有自己的热门话题和词汇，比如优质股和竞争优势的护城河。但是，该思想观念的核心很简单，就是投资者可以两全其美，即廉价买入伟大的股票并长期持有。这个两全其美的方法——有一点价值概念，还有很高的增长——是全球基金管理行业的主流方法，毛利水平远远超过了价值恶魔和逆向投资者。私人投资者看起来也很喜欢优质股，向他们兜售时用的最好故事莫过于说"投资组合资产池中都是好价钱买入的优质股票"。

这种风格有着丰富的投资方法，对此有人给出了一个定义，他被认为是美国最好的基金经理之一，被认为是格雷厄姆的对手，他的名字叫彼得·林奇（Peter Lynch）。他在 1977 年到 1990 年间是掌管着声名显赫的富达麦哲伦基金。林奇掌管基金期间，基金资产规模从 1,800 万美元增长到 100 亿美元。令人震惊的是，他持有超过 1,000 支个股，并且基金在他掌管期间的年回报率超过了 29.2%。

他为主流投资者简明扼要地定义了这种受追捧的投资风格。他建议，最好的方式就是为某只股票支付的价格不能超过每股收益在过去三到五年的增长率和预计未来三到五年的增长率的一倍。这个基于收益的策略与价值投资策略有较大区别。林奇认为收益增长更为重要，其地位不应该被过度看重强健的资产负债表和丰厚的股息所淹没。林奇还建议投资者要密切关注股价，并且他还喜欢特别关注经理们和董事们发生回购行为的股票。他还喜欢投资于实际收益好于各类预测消息的股票，因为这将导致股价上升，市场热度会持续提升。

卓越的公司能成为卓越的投资标的

一直到今天，所有这些关于伟大公司的言论都能给在市场有效性思想中成长起来的经济学家们带来欢乐。他们已经确信的确存在着伟大的公司，并且这些公司的股价随着时间和价值的增加而上涨，但是如果试图预先挑选出这些公司，几乎是不可能的事情。用谷歌查找出一个早期的新贵，然后跟踪着它，希望它成长为超高市值公司，投资者这样做的结果很可能是最终手中持有了一堆"网景"这样的公司（译者注：网景公司主要产品是网页浏览器，后来被微软的 IE 击败）。按照学术批判的说法，业务卓越的快速成长型公司，总是让大家成为事后诸葛亮。

但是在 21 世纪前 10 年，一些学者提出反对观点，他们认为挑选出增长前景广阔的卓越公司在现实中是完全合理的方法。其中的两个重要学者是加利福尼亚的杰夫·安德森（Jeff Anderson）和加里·史密斯（Gary Smith），他们发表了一篇名为"卓越的公司能成为卓越的投资"的文章[1]。和同道一样，他们一直被灌输着正统观念"不要混淆卓越公司和卓越股票的概念"。他们甚至提示了一段安德鲁·托比亚(Andrew Tobia)与掌管亿万资产银行家在午餐讨论时的经典论述。它发生在 1970 年代对"漂亮 50"的狂热时期（译者注："漂亮 50"是美国股票投资历史上特定阶段出现的一个非正式术语，"Nifty Fifty"用来指上世纪六七十年代在纽约证券交易所交易的 50 只备受追捧的大盘股），也是对高速成长大盘股的狂热时期，随后在股灾中股价一直走低。下面是安德鲁对那次午餐讨论的描述：

> （他）告诉我，仅投资于预期收益增长率超过平均值的股票，这是银行的既定策略。那么预期增长等于或者低于平均水平的公司怎么办呢？他回答，不考虑。他们没有买入这样公司的股票。价格怎么考虑？不管价格因素吗？无论价格怎样。银行可以任何价格去购买高增长的股票吗？这个问题显然让这位资产管理人不舒服了。他很想明确地回答"是的"，之前他没有因为这样买入股票而受到了指责。但是他又不能真的直截了当这样回答，因为他知道

---

1 Anderson, J. and Smith, G., 2006. A Great Company Can Be a Great Investment. *Financial Analysts' Journal*, Vol. 62, No.4, pp. 86-93.

他的确应该考虑以什么样的价格购入风险高于"漂亮50"的中型股票。[1]

两位加利福尼亚的经济学家还援引了对于约翰·凯恩斯(John Maynard Keynes)在1930年代的警告,"投资收益的每日波动,这样一个普遍的和不值得大惊小怪的特性,倾向于聚合在一起从而过度地,甚至是粗暴地影响市场。"[2]

为了把观点论述到位,安德森和史密斯有援引了LSV(Lakonishok,Shleifer,Vishny)[3]的正式研究结论:"假如投资者不明白超额收益向平均值回归的道理,他们可能会高估企业所谓的卓越之处,并为此类股票支付了过高的价格;当此类卓越性指标回归均值之刻,也就是他们后悔之时。"[4]

现在学术研究的大背景是蔑视预先甄选品质卓越的公司的行为,也就是在市场识别出来之前就买入的做法,而安德森和史密斯的概念就与以上背景相抵触。他们想知道是否简单地买入每年被美国《财富》选出的十佳公司就是一个聪明的选股策略。他们测试了从1983年到2004年这段时期。《财富》的这项评选要调查10,000个高管,董事和证券分析师,在8个方面对其所在行业的企业按照1~10打分。这8个方面是:创新,财务状况,资产使用,长期投资,人员管理,运营品质,社会责任和产品/服务品质。按照安德森和史密斯的说法:

> 请这10,000名参与者提名他们认为在行业中最令人羡慕的公司,最后形成两份清单,第一份清单是在各个行业中平均得分最高的两家公司,第二份清单是上一年度总得分排在前25%的公司。[5]

---

1 Anderson, J. and Smith, G., 2006. A Great Company Can Be a Great Investment. *Financial Analysts' Journal*, Vol. 62, No.4, pp86-93.

2 同上。

3 Lakonishok, J., Vishny, R., Shleifer, A. (1993) 'Contrarian investment, extrapolation and risk', NBER Working Paper, National Bureau of Economic Research.

4 同上。

5 同上。

图 6.1 显示，按照以上清单买入股票，是如此简单的选股策略的结果。让学术界意外的是，该策略业绩斐然。

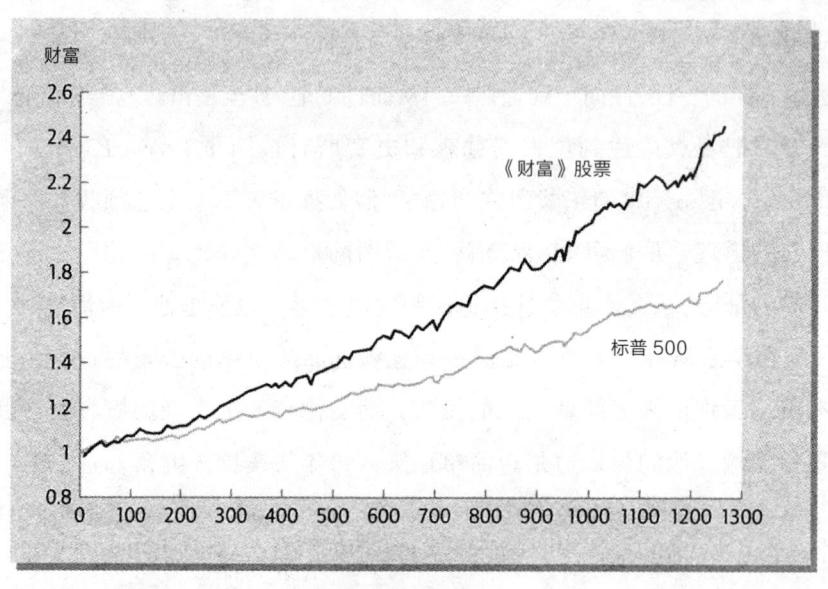

图 6.1　跨越不同视角下的股票的财富积累

资料来源：Anderson, J. and Smith, G. (2006) 'A Great Company can be a Great Investment', *Financial Analysts Journal*, Vol. 62, No. 4, pp. 8–93.

按照安德森和史密斯的研究：

财富策略击败了标普 500，其超额收益是明显的，在统计学上是成立的……年化收益率为 17.7%……因为买入的这些公司在美国都是有声望的，财务上也是坚实可靠的，所以这些公司的股票不可能因为被投资者视为风险超过平均水平而给予溢价，进一步说，也不应该将观测到回报差异归结于某种风险溢价。由公开的《财富》杂志选出来的有声望的公司构成的一个投资组合，其业绩超过了标普 500，而且不论是在杂志公布后的 5 天、10 天、15 天还是 20 天后购买。鉴于《财富》杂志信息的公众性和可得性，这样的结果对市场有效性假说构成了一个明确的挑战。[1]

收益的重要性

这项财富策略虽然没有在现实中被哪位基金经理复制采用，但是明确说明了两个关键因素。第一个，市场并不总是能正确地为行业领导性公司进行定价。此项失败为那些能仔细寻找优质公司的选股者带来了机会。

这项研究还暗示的另一个事实，研究学者们现在才逐渐明白的事实，那就是有着灵通消息的这样一类投资者的力量。有效市场默认地接受全部参与者的智慧，因为他们的决策聚合起来有效地通过每日市价的波动反映出来。但是对于有着洞察能力的主流经济学家而言，他们是和蜂拥进交易所的大量投资者集合起来做决策，产生了一个市场价格。财富策略说明不同群类的投资者，甚至是专家也会扎堆（通过某种调查）在一起，集体对一个公司及其股票的吸引力给出判断。事实上，这样的共识在大多数时间是正确的。

在下一章中，我们会再次审视群体智慧如何作为一种策略在发挥作用，但是现在有另一类专家群体，他们的做法是诉诸于学术研究——股权分析。他们的群体判断是否也必然影响了市场的情绪，进而影响了价格呢？第一个有力的答案来自布朗（Brown）、韦（Wei）和沃默斯（Wermers）的一篇论文，"分析员推荐，共同基金的羊群效应，以及股价的过度反应"[2]。该研究希望能分析"1994年到2003年期间，共同基金交易行为的羊群效应……我们特别对基金在卖方分析师修正推荐时的羊群效应趋势感兴趣。

---

[1] Lakonishok, J., Vishny, R., Shleifer, A. (1993) 'Contrarian investment, extrapolation and risk', NBER Working Paper, National Bureau of Economic Research.

[2] Brown, N. C., K. D. Wei, and R. Wermers, 2009, Analyst recommendations, mutual fund herding, and overreaction in stock prices, Working Papers-University of Southern California, http://papers.ssrn.com/sol3/papers.cfm?abstract_id=1092744.

我们认为，共同基金十分关注分析师推荐，甚至在投资过程中盲从盲信"。[1]

布朗等人已经将群体性和羊群效应等行为因素纳入了分析，但是他们特别关注基金经理对分析师推荐的反应（美国的共同基金经理），比如说分析师的客户是否应该对买入和卖出的推荐做出响应。

他们的结论是：

> 我们对1994年到2003年间的分析说明，共同基金很可能跟随分析师的买入推荐，但是更容易跟随降级信号出现羊群效应……我们还发现，发生群体效应时买入的股票，其价格在羊群效应指标出现后的一个季度里经历了快速的拉升，在随后的一年中出现了下降；如果是卖出的股票，模式雷同，方向相反……当我们用分析师对收益预测的修正替换分析师对推荐级别的修正时，结果是一样的。[2]

作者们还观测到此类羊群行为可能在近十年内逐步加强："在样本期（1994~2003），我们发现了共同基金的羊群效应对股价的影响程度高于研究前导期（Polit Survey）的相关证据。"[3]

这是一篇非常有趣的论文，它明确了群体行为力量的存在，而且选股能力在一定时期击败了市场，前提是这个时期不长。该论文还开始着手对羊群效应的成因进行解释。论文作者认为是"源于对声誉的关注"：

> 因为共同基金亏损的基金经理们更倾向于短期内改善业绩，从而避免被

---

[1] Brown, N. C., K. D. Wei, and R. Wermers, 2009, Analyst recommendations, mutual fund herding, and overreaction in stock prices, Working Papers-University of Southern California, http://papers.ssrn.com/sol3/papers.cfm?abstract_id=1092744.

[2] 同上。

[3] 同上。

炒鱿鱼，我们期望他们能多多的投资……依据分析师修正给出的共同信号。[1]

没能跟上其竞争对手的行为，基金经理就这样成了悲剧。

最后一部分是关于信号的。也就是分析师的行为举动。布朗等人明确指出，共识的修正源于分析师的推荐。这些分析师通常被大银行或者大经纪商所雇佣，花费大量时间用在对公司损益表和资产负债表的细节观察上，但是其实他们特别关注的是一个指标——收益。对下一时期预期收益的共识被基金经理广泛地采用，并简单地参考所有分析师的平均值。假如该值增加，这就成为专家群体（分析师）认为公司将快速成长的强烈信号。对此布朗等人的结论就是，股价会随之快速攀升。

作者认为，这对我们是一个告诫，在短期内股价因此而攀升是不可持续的，因为基金经理们对这些上升到信号反应过度了：

> 当共同基金遵从分析师的修正建议时，看起来的确是反应过度了……因为羊群效应而大量买入那些级别被提升的股票，在下一年的规模、净值市价比和动量等方面均表现不佳，而那些被降级而被大量抛售的股票的表现则超过了同类。[2]

品质，收益和专业的重要性

前文说的这两项学术研究引出了需要在本章中进行详细讨论的一系列重要主题。

《财富》的研究认为早期鉴定出优质企业是有可能的，而且是有利可图

---

[1] Brown, N. C., K. D. Wei, and R. Wermers, 2009, Analyst recommendations, mutual fund herding, and overreaction in stock prices, Working Papers-University of Southern California, http://papers.ssrn.com/sol3/papers.cfm?abstract_id=1092744.

[2] 同上。

的事情。它还告诉我们某些专家群体有着一些可以为投资者所用的"洞见和智慧"。

布朗等论述"分析师推荐"的论文还告诉我们，专家作为一个群体绝对可以撼动股价。这些专家就是分析师。他们通过发布收益预测形成了自己的影响力。整个分析师群体预测的收益增长越快，股价看起来就升得越快。

从这些讨论中还引出了一个指标——股价动量。一旦共同基金经理聚合起来在某个股票上形成羊群效益，那么预测的收益增长越快，股价向上移动的也越快。这说明了一个明显的动量效应（惯性效应）——赚钱的、幸运的公司的股价变动站在了整个市场排行榜的前列。在下一章的增长策略的论述中，我们将详细说明强势股价的重要性，这是理解任何一个基于增长的策略的核心。但是动量的影响力和相对股价强弱同样被本章所讨论的思想家们看重。甚至价值投资者也不得不接受这样的观点，与市场的股价判断作对是徒劳的。由此必然得出一个问题，是否应该开发一种聚焦于股价变动先于市场的选股策略？而且加入这种股票代表的公司还有着合理的价值，即用类似于市盈率这样的基本面指标衡量结果合理，并且收益还随着时间不断增长，那么，它岂不是再好不过的策略了吗？基金经理马里奥·盖伯里（Mario Gabelli）认为，完美的股票是以低于内在价值出售的成长型股票。

至此，欢迎进入 GARP 投资世界和以合理价格买入成长股的艺术世界。

GARP 的世界

一个典型的 GARP 策略要求投资者关注收益稳步增长但是股价合理的公司。如果你能找到收益稳步增长，但是价格有很便宜的公司，那么尽可高枕无忧了（SWAN: Sleep well at night）。SWAN 对于 GARP 投资者，已经成为一个专有词汇。

策略的核心源于这样一个简单的驱动因素——通过收益增长本身和反映收益增长的市盈率增长这两方面获利（见图 6.2）。

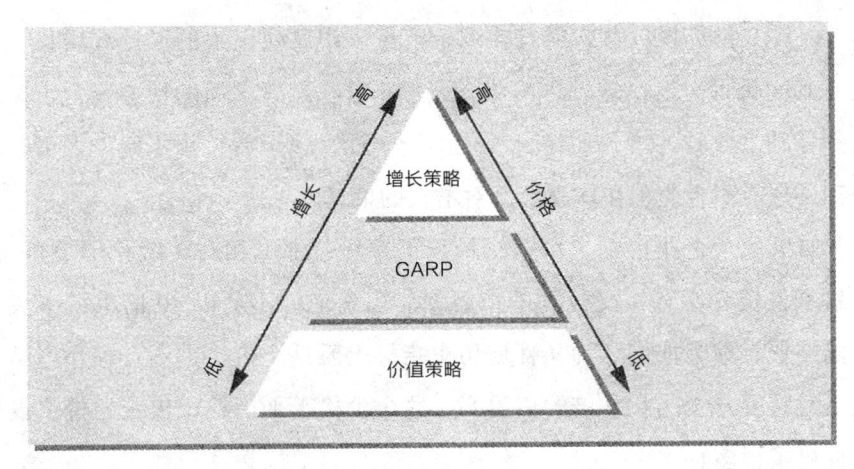

图 6.2 GARP 哲学基础

该图解释了双重获利的过程。当公司的每股收益增加，如果股价保持恒定，那么市盈率就下降（因为在计算市盈率时作为分母的每股收益变大）。但是投资者通常会给快速增长公司的股票溢价（译者注：溢价是指即使该股票的市盈率高于市场，投资者也会买入），因为投资者喜欢看到快速增长，耀眼的明星公司就这样带上了光环。所以，一个机敏的 GARP 投资者，不仅仅从收益增加驱动的股价上升中赚钱，还可以从投资者对它评级的提升和由此带来的市盈率增高中赚钱；也就是说，那些分析师开始建议某 ×× 优质公司的股票现在可以安心地以 20 倍市盈率交易，而不是之前的 15 倍。

这个机制有助于解释为什么 GARP 投资者喜欢看到在过去几年中收益增长都是正数的情况，而且要求未来几年预测仍然持续为正数。然而 GARP 投资者是在价值投资的思想熏陶下"成长起来的"。他们对企业是否真的可以飞速发展，收益高增长是否可以持续总是持怀疑态度。对于那种以极快节奏发展的"放卫星"的公司，GARP 投资者们认为风险太大，并且不可预测。对于他们来说，收益能稳步长期地以 10%~25% 的速度增长的公司是更好的目标选择。

GARP 投资者更喜欢通过在现金流量表中反映出来的可持续增长，以此对其增长可持续性进行再确认。这意味着在运营层面的现金流为正，而且是伴随着收益的增长而增长。还不止于此，现金流数额还应该大于收益数额，这表明企业正在摆脱现金对增长的束缚。

如果一个企业得到了可持续增长的评级，那么相对传统价值投资者，GARP 投资者愿意接受较高的市盈率。当然他们不会以 40 倍市盈率买入一家企业，因为他们认为从任何历史指标上看这个价格都不合理，但是他们乐意接受从 15 到 20 倍的市盈率，这个价格水平已经比传统的价值投资者慷慨了很多。

GARP 投资者也倾向定位于"冷门股"（out-of-favour），也就是说市况不佳和金融界还没有留意到的有着真实价值的公司。此时他们会持有此类公司，直到公司基本面变化显现出来的时候，或者企业增长到了不会比整个经济系统增长更快的时候。

老实说，不能硬把 GARP 这个策略说成是"世界第一"投资法：它简单地告诉我们以较低价格找到好公司。这个道理没有问题，但是这个神话般的目标公司确实难以追踪，特别是在这庞大的股票世界中。

在现实中，大多数 GARP 投资者倾向于集中投资于中型和小型股。因为市场对高增长的大型股的定价非常有效，但是对小企业的定价就不那么灵光了。原因是只有小部分经纪商愿意照顾覆盖到这些股票，这就意味着大型机构玩家没有用于做出买入决策的基础，即敏锐精确的信息。这是一类由信息不完全造成的市场非有效性，进而产生了市场定价异常。

但是集中于中小型股也带来了不小的风险。能被分析师照顾到的小型股确实不多，有时甚至是只有一家券商做了跟踪分析，而它还是被企业雇来做盈利预测的。这意味着你对未来可持续增长的预测是基于有点可疑的信息来源，而不是像对大盘股进行预测时，有众多相对客观的分析来源。

尽管如此，还是有数不清的基金经理和私人投资者将这种策略作为其投资的核心，而且不少人还取得了可观的回报。也许检验这种策略是否取得了相对的成功，需要观察模拟此种策略的指数。指数研究企业 IndexIQ 已经开发出了一种特殊的指数，该指数只集中观察跟踪美国市场中 GARP 股。Index IQ 没有透露该指数策略的细节，但是其开发者做过这样的表述："一个 GARP 策略重点在于选取这样的股票。历史上看它们的收益增长持续稳定，并且预期在未来几年仍可以持续增长，而且现在被市场低估。"[1] 表 6.2 显示，在过去被监测的 10 年，GARP 股能持续击败市场（这里以标普 500 为参照），但是 2008 年是个特例。

表 6.2　业绩表现（截至 2009 年 11 月 30 日）

指数历史（%）	当年累计	1年	3年	5年	10年
IQ GARP Index	32.70	34.12	-4.41	5.21	10
S&P 500 Index	24.07	25.39	-5.79	0.71	-0.2
Russell 1000 Growth Index	33.09	35.50	-2.76	1.80	-2.6

图 6.3 显示了几种指数年度表现，在 2008 年 GARP 指数损失 45%，而标普 500 只亏损 37%。

1　http://www.indexqi.com/ indexes/ inaw/ infundgarp.html.

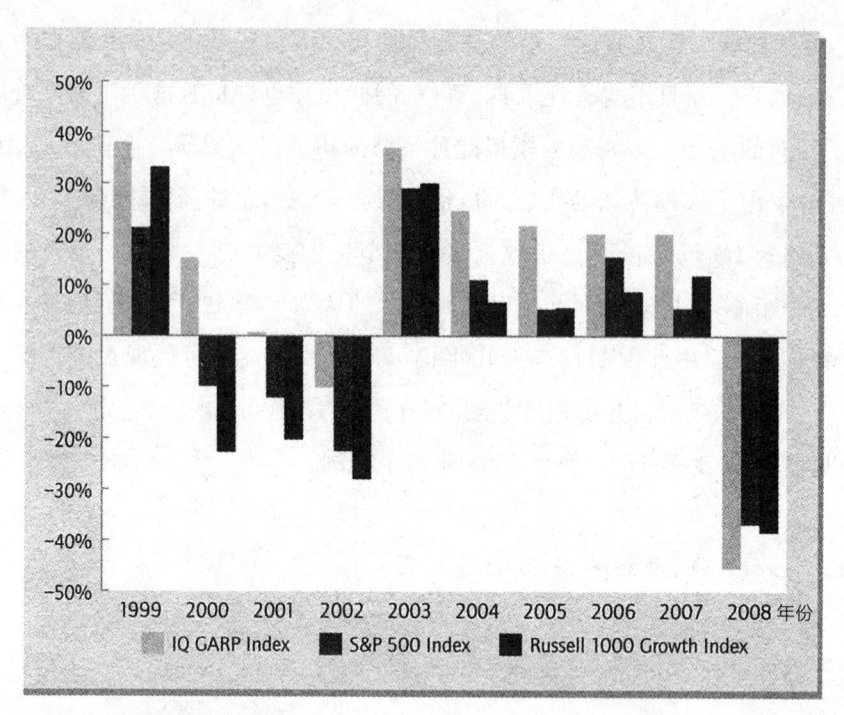

图 6.3　指数的年化回报

一种简单的 GARP 策略

把 GARP 策略设计成为一种简单的股票筛选方法会是什么样子呢？这里提供的 GARP 筛选法是一种融入了一些简单易懂的思想观念的混合型策略，所有的设计目标都是为了找到股价便宜且坚实可靠的增长型企业。

该方法的核心观点是，过去几年收益稳定增长表明了其增长的可持续性。在实践中，这意味着以 GARP 为基础的筛选法应该寻找收益增长在每年 10%~20% 范围内的股票，因为他们认为增长超过了 20% 是不可持续的增长，不是追逐的对象。

但是怎么考虑企业的规模情况呢？因为这个筛选法的目标瞄准的是中小企业，所以设定了股票市值在 1,000 万英镑到 1 亿英镑之间的范畴。该策略的一个风险是，按照标准找到了有着良好增长前景的股票，但是该股票却一直被市场所忽略。因此，我们加入了另一个筛选标准——在过去 12 个月的股价相对强弱。只要这方面的数据是正的,就认为市场有可能再次对该股票表现出热情。如果数据是负的,那么就相对增加了市场仍旧忽略其内在价值的风险。

我们还加入衡量公司内部效率和盈利能力的指标。许多 GARP 投资者不愿意费心关注净利率,他们喜欢看到每股收益的数字不断增长,但是尽管利润不断增长,如果毛利率不断下降,则应该给予足够关注。这种利润的增长最后有可能导致销售收入降低。所以,假如可能的话,请设置一个指标,剔除出那些在过去几年中营业利润率(息税摊销前收益除以营业收入)下降的公司。

公司对资本的利用效率也值得我们详细考察。在我们的筛选法中设置了一个最低的 ROCE(运营资本回报率),为 15%。

总而言之,我们给出的第一个主要 GARP 筛选法是:

- 市值应该大于 1,000 万英镑,但是低于 1 亿英镑。如果发现这个标准太严格的话,也可以把最大值增加到 5 亿英镑。
- 每股收益增长在过去的 3 年或 5 年间应该在每年 10% 以上,最理想的状态是平均每年在 20% 左右。
- ROCE 的增长如果达不到 15%,至少也应在 12% 以上,更关键的是,过去几年其趋势是增长的。
- 营业净利率在过去几年也应该是持续向上的,这表明企业的盈利能力是不断提高的。
- 市盈率应该合理,也就是不应超过 20 倍。
- 再过去的 12 个月中,相对市场的平均值,该股票价格表现相对强势。

第一条和第二条标准应配合起来,以收窄下一步的筛选范围。其中第二条的每股收益增长其实要求的是稳定性,不会太快增长和急剧下跌,

> 避免不可持续的快增长，追求一步步地稳定增长。
>
> 最后剩下的将是为数不多的坚实稳定的廉价增长股。它们可能不会在牛市泡沫中有突出表现，但是它们将长期稳定地增长。

神奇的数字

目前我们看到的 GARP 方法是将增长置于核心位置的方法——收益长期、稳定、可持续地增长，而且股价合理的公司，是我们最理想的选择。但是目前分析师们却认为这个策略和上述列出的指标太过复杂。他们建议将注意力放在衡量企业对资本使用的效率上：公司的管理层是否能为投资者投入的资本带来恰当的回报，从而证明自己？这个方法相对简单，但是被乔尔·格林布拉特（Joel Greenblatt）所推崇。

他的"那本小书"《股市稳赚》(*The Little Book that Beats the Market*) 在美国和英国取得了巨大的成功，苏格兰皇家银行（RBS）甚至还引入了一个基于该方法的指数。即使最谨慎的分析师和研究员也在关注格林布拉特的创新方法是否真的能看到未来的巨大回报。

在这本小书中，格林布拉特开创了一个小孩子都能理解和使用的方法，但该方法的确反映了他管理投资组合的核心价值。

这个简单易懂的方法有两条主要规则：

- 寻找资本回报率高，能为投资者创造利润的公司；
- 一个股价低、市盈率低（收益率高）的股票。

这两个概念——以那种讨价还价才能得来的低价格买到好生意（Good Business）——构成了格林布拉特所谓的"神奇公式"。

找到好生意

格林布拉特方法的第一个核心点,是通过检验资本回报率找到一个健康的生意。这个总投资(股权和债权)回报的指标用于衡量企业创造利润的能力。假如一个企业能创造很高的回报,比如说超过 25%,那么它在做的就是一个很好的生意。

格林布拉特方法的关键是使用了一个特殊的指标,投入资本回报率(return on capital invested)。大多数投资者使用类似净资产收益率(ROE),或者资产收益率(ROA)等指标评价业务盈利状况。他测算资本回报率的方式是息税前收益(EBIT)除以运营有形资产(流动资本加固定资产净值)。

再看股票价格方面,格林布拉特采用了市盈率的倒数——盈利回报率(earning yield)——计算价格,而且他的这种测算有自己独特的定义,即用息税前利润除以企业价值(enterprise value)来计算。这里的企业价值是一种新的容易理解的指标,计算方法是所有的投入资本加上所有债务。

找到符合神奇公式的公司

使用这些基本原则,格林布拉特开始构建了一个简单的选股方法。其关键指标和步骤包括:

- 他剔除了外国公司的股票。
- 他还剔除了银行股、金融股和公共事业股。
- 格林布拉特认为流动性低的微型股的交易成本高,所以他只关注规模在前 3,500 名的公司。相当于市值低于 500 万美元的公司是不考虑的。
- 他对这 3,500 家公司按照投入资本回报率进行排序。
- 再对这 3,500 家公司按照他自己特有的盈利回报率指标排序。
- 这种排序出来后,给第一名标上数字 1,最后一名标上数字 3,500。

这两种排序的得分相加，就产生了神奇的最低综合数字。举例说明，一只股票的投入资本回报率排名数字是 100，盈利收益率的排名数字是 431，那么最终综合数字是 531。

这个方法有效吗？

格林布拉特表示，他用了大量的细致工作检测其体系的效果。买入排名前 30 位的公司，并持有一年，在第二年时重复该筛选工作，那么在过去的 17 年中，年化收益率达到了 30.8%。相比之下，标普 500 的年化收益率同期只有 12.4%。

按照 AAII 分析师们的说法，假如你把筛选范围限定在最大的 2,500 家公司（市值在 2 亿美元以上），年回报率将降低到 23.7%；如果范围再缩减到最大的 1,000 家（市值在 10 亿美元以上）公司，那么年收益率则是 22.9%。

任何过于简单的系统都伴随着一种风险，即评论家们所说的"错进错出效应"（garbage in garbage out syndrome）。所以这两个数字看起来衍生出了一系列相互关联的回报率，但并不意味着在现实世界中真实有效。然而一些方法背后是有着产生超额业绩的基础的。统计学家常常提醒我们小心数据挖掘的陷阱，但是公平而论，格林布拉特方法背后的价值思想和道理是很容易归纳清楚的——你买入的公司是有效率的，资产利用充分的，利润可观，而且其股价较低。从本质上讲，这个神奇公式是一种聪明的用钱之道，即它唤醒有潜力的好公司，再推动其股价上升。如果你对这种方法感兴趣的话，可以通过格林布拉特的网站（www.magicformulainvesting.com）了解到更多能实际操作的选股方法。（你需要先免费注册，并确定你想要的投入资本回报率，然后挑选其中前 25 家最好的股票）该网站的数据每日更新，并获得了标准普尔的许可。在表 6.3 中我们给出了从 2009 年底开始的所有推荐名单。

表 6.3　选出的市值在 5,000 万美元以上的头 30 家公司（价格确认日 2009 年 12 月 22 日）

公司名称	股票代码	市值（百万美元）
CF Industries Holdings Inc	CF	4,198.41
Cherokee Inc	CHKE	143.4
Chicago Bridge & Iron Co. NV	CBI	1,962.14
Corporate Executive Board Company (The)	EXBD	764.39
Cytokinetics Inc	CYTK	173.59
Deluxe Corp	DLX	760.89
Dyadic International Inc	DYAI	52.82
EMCOR Group Inc.	EME	1,801.65
EarthLink Inc	ELNK	878.4
Endo Pharmaceuticals Holdings Inc	ENDP	2,358.73
Forest Laboratories Inc.	FRX	9,747.04
GT Solar International Inc	SOLR	843.09
Immunomedics Inc	IMMU	257.15
InterDigital Inc	IDCC	1,127.93
KHD Humboldt Wedag International Ltd	KHD	410.33
Lorillard Inc	LO	12,662.65
Net 1 Ueps Technologies Inc	UEPS	888.96
PDL BioPharmaInc	PDLI	814.95
PRG-Schultz International Inc	PRGX	127.62
Pervasive Software Inc	PVSW	86.94
Pre-Paid Legal Services Inc	PPD	443.24
Questcor Pharmaceuticals Inc	QCOR	277.18
Sturm Ruger & Co Inc	RGR	194.16
Synta Pharmaceuticals Corp	SNTA	186.54
USA Mobility Inc	USMO	242.83
United Online Inc	UNTD	591.33
Universal Travel Group	UTA	142.96
ValueClick Inc	VCLK	839.85
Versant Corp	VSNT	53.4
j2 Global Communications Inc	JCOM	858.66

资料来源：www.magicformulainvesting.com.

适用于英国的格林布拉特策略

即便不考虑其他方面，仅仅格林布拉特的策略特有的关键指标 ROCE，在英国应用就有一些小小的问题。但是如果进行以下的调整，其思想和观点仍然可用：

- 按照投入资本回报率选出前四分位，大约是要求高于 25%。
- 再使用盈利收益率进行筛选，这里采用它的倒数形式，即市盈率进行筛选——我们推荐使用预期市盈率，当然也可以使用市盈率的某个历史数据。再次将前四分位的股票挑出来，此时的市盈率大约为 15，甚至可能低到 13。我们也需要设定一个最低限值，比如市盈率不能低于 5，这样做是因为如果数字大大低于正常水平，从统计意义上讲，该公司很可能正面临着较大的困境，而且企业自身较弱。
- 排除外国公司和金融、公共事业类企业。
- 按照市盈率排序给企业赋值，倍数最低的公司标注 1，以此类推。同样按照 ROCE 排序再赋值。假如你能导入到电子表格，这项工作非常容易做。最后将两个值加起来。

当你得到一份长长的名单后，只须挑选其中的前 20 位或者 25 位股票。

巴菲特信条

本书谈到的许多投资大师认为普通投资者陷入了所谓各种神奇的数字和简单的数学中！我们真正需要做的是将其他人的思想和观点运用到我们的决策程序中，尤其是符合类似本章中提到的《财富》调查逻辑的思想和观点。

和伟大的价值投资者格雷厄姆一样，他们认为作为一个投资者你买入的是现实世界中的公司，有着真实的生意，有着实实在在的产品／服务，这些才是真正应该影响你选股的因素。这些投资大师，比如彼得·林奇、"奥马哈的智者"（Sage of Omaha）沃伦·巴菲特等，认为个人投资者比专业机构投资者在这方面应该有着巨大的优势，因为你可以真实地走出家门，到大街上看看谁的生意最好。就像彼得·林奇所说，"华尔街的思维就像古希腊的哲人。他们整日坐在那里争论马应该有多少颗牙齿。正确的答案不用辩论，只要去数一数就可以。"[1]

彼得·林奇建议投资者应该走出去实地看看你所分析的企业的产品，听听客户的反馈和意见，检验公司产品是否有问题疏漏（kick the tyres），是否质地优良。如果公司的产品品质卓越，这就可能意味着企业前景很好，即使华尔街和金融城与你的看法相左。

彼得·林奇这样总结现实调查学派的思想，并建议：

> 企业发生的一定是100%与其股票所发生的相关。秘诀在于这种相关是在一星期后发生，或者是六个月后甚至九个月后发生。有时企业的基本面表现良好，但是股票表现一直低迷。这就是我们所要寻找的目标。股市和股价不可能永远背离企业基本面。[2]

沃伦·巴菲特在调研上花费了大量的时间，目的是寻找存在这种背离现象的公司。他能成功地找到这些企业已经成为了传奇故事。在他自己的秘密策略下，巴菲特为他自己的伯克希尔哈撒韦公司创造了巨额利润。其每股账面价值在过去的37年间按照复合增长率计算，超过了每年20%。更让人惊奇的是，基于他的思想所构建的选股方法看起来也有效。按照标准普尔／商

---

[1] Lynch P. and Rothschild, J. (1994) *Beating the Street*, Simon &Schuster.
[2] 同上。

业周刊的分析师从 1995 年 2 月起就开始使用巴菲特筛选方法。截止到 2008 年 1 月 17 日，该筛选法的年化收益率为 14.9%，而标普 500 的则为 8.2%。

标准普尔／商业周刊的"巴菲特筛选法"

美国商业杂志《商业周刊》喜欢在新年开始时启动它自己的基于巴菲特思想的投资策略。该筛选方法是由标注普尔的顶级定量分析师霍华德·罗森布拉特（Howard Rosenblatt）开发的，并且是基于这位奥马哈智者的投资标准。按照《商业周刊》的说法，巴菲特使用了五项投资准则：

1. 自由现金流（税后净收入，加上折旧摊销，减去财务成本）至少在 2.5 亿美元以上。
2. 净利率应在 15% 以上。
3. 净资产收益率在过去的三年和最近的一个季度中均应在 15% 以上。
4. 每 1 美元的留存收益在过去的 5 年中至少带来了 1 美元的股东价值。
5. 较高的流动性。只考虑市值在 5 亿美元以上的股票。

这位标准普尔的分析师还加入了一条标准，以避免估值太高的股票。

6. 通过对比现在的股价和五年折现现金流的预测，剔除定价过高的股票。

表 6.4 列出了标准普尔的"巴菲特筛选法"在 2009 年 1 月的筛选结果。

表6.4 标准普尔的"巴菲特筛选法", 2009年1月

公司名称	股票代码
Alcon	ACL
America Movil	AMX
Autodesk	ADSK
Baxter International	BAX
Becton, Dickinson	BDX
BG Group	BRGYY
British-American Tobacco	BTI
Brown-Forman	BFB
C.R. Bard	BCR
Canadian National Railway	CNI
Companhia Vale do Rio	RIO
Frontline	FRO
Genentech	DNA
GrupoTelevisa	TV
McDonald's	MCD
Noble Energy	NBL
Novo-Nordisk	NVO

准确地讲,巴菲特没有披露过他的选股标准以及可能的投资目标(毕竟这是他的赚钱之道),所以他的拥护者们只能推测出他的投资准则,再进一步模拟他的选股策略!

在这方面有两个主要的流派。第一个是巴菲特主义者,以巴菲特前儿媳玛丽(Mary)和他的老朋友戴维德·克拉克(David Clark)为代表。第二个阵营是以罗伯特·海格士多姆(Robert Hagstrom)为代表。海格士多姆写了三本关于巴菲特的书,其中《沃伦·巴菲特方式:世界最伟大投资者的投资策略》成为1994年度畅销书。被《商业周刊》和标准普尔采用的是第二种。

两类信徒都描述了巴菲特的经典哲学思想——花时间找到正确的股票，为此不辞辛劳地进行研究和筛选，然后坚守自己持有的股票直到其价值彻底为市场发现。如巴菲特所说："买入卓越的公司而不是卓越的股票"。这意味着你即使只买入了 1 股，也应该像买入了整个公司一样。

巴菲特分析的核心之一是摒弃他所谓的大众化企业，这类企业的产品特点是价低为王，产品只有低价格才能卖得出去。这类企业一般都是毛利低，净资产回报率低，没有品牌忠诚度，行业产能过剩，并且收益起伏不足。

与此相反，能做到消费者垄断是巴菲特最乐意看到的，这也是他投资思想的一部分。他喜欢有定价权的企业，可能通过很强的品牌认知或者其他无形资产，而这个价值却没有被资本市场认知。这些"垄断"企业能通过让其内在价值逐渐释放从而被市场认可的方法轻松地为股东创造价值。

巴菲特策略的实践

巴菲特是一个明察秋毫的投资者，他不厌其烦地深入研究业务和行业情况（他的观点是通过投资最终拥有了该业务的一部分）。许多投资者秉持了多项的定量筛选标准，比如低市盈率、高股息收益等，然后买入选中的股票，而巴菲特不是这样的。典型的巴菲特筛选法，一部分基于他的方法论衍生出来的各种研究，我们能推断出其中某些部分，应该是包括了许多不同层次和不同主题的方法：

- 首先，投资者应核查企业盈利能力的基础。对于巴菲特来说，这项工作不仅仅意味着看看损益表和季度收益数字。这些一季度一季度的数字现实了稳步增长，其实告诉巴菲特想要的业务和盈利基础方面的东西并不多。巴菲特最终想要的是发现业务内在价值的基础，其唯一的方法就是深入挖掘和找到究竟是什么让该企业获利。当你做这样的研究时，企业赚钱的过程就非常重要了。至少你在寻找的企业应该是一段历史时期内赚钱的企业。这也就意味着企业在过去 3 到 5 年内收益在持续地增长——增长不必一定要非常高，但是要在市场的平均水平之上。对于巴菲特来说，也有可能观察一家亏损的企业，但是企业需要有盈利的记录，有释放其资产隐藏价值的可能才行；但是对于个人投资者，关键还是锁定有盈利并能相对稳定增长的企业。

- 与多数的价值投资者一样，巴菲特关注目前的市盈率。他在互联网泡沫破灭之前发表了个智慧的声明，说他不喜欢高市盈率的企业，并且任何投资策略都应该为自己设定一个市盈率的上限。任何高于市场平均水平两倍的东西对于巴菲特来说都是太贵了。但是，实话讲，收益在巴菲特的投资世界中的地位并不是十分重要的。他看重的是实实在在的现金。

- 你是否希望这个生意能为你带来现金？那就请分析现金流量表吧——现金是否能支持公司的持续发展，是否足以支付资本和基建支出？花点时间检查下收益的现金保障倍数——现金流除以每股收益应该在 1 以上。还请再深入些审视企业现金流是否净流入（相关的指标是 PCF，即股价除以现金流，该指标应当为正），并且挑选那些现金流趋势良好的股票，因为它暗示了净现金流入是增加的。

- 现金流是检测内在盈利能力的指标，ROE 也是同类指标。巴菲特研究者认为，这位智者更偏好将 ROE 和 ROCE 设定在 12% 以上，尽管有些人建议应定为每年 15%。如果说巴菲特希望看到某些事情的话，那么应该是 ROCE 持续稳定的增加。净资产回报率高，意味着企业的毛利率高于行业平均水平。

- 我们回溯下巴菲特接受的价值投资的训练。请不要忘记，格雷厄姆是他的老师。这时需要你看看资产负债表，核查企业的资产情况。在 PBV 指标方面，他比他的导师格雷厄姆要更开放一些，但是即使他需要把庞大的巨额资金投出去，也没有出现过 PBV

值在 0.5 以下的情况。
- 巴菲特对过度举债持怀疑态度——当你须按照一项质地优良的业务时，要检查它的杠杆率和利息覆盖倍数是否超过了你设定的可承受负债程度。净杠杆率超过 100% 也就超过了警戒线，同样的道理，利息保障倍数不低于 1 也是最基本的要求。
- 巴菲特只会关注那些有着行业地位，利润和收益清晰可见的公司，那些市值低于 5,000 万英镑的公司很可能通不过巴菲特的任何一个筛选门槛。

以上这些指标都有可能采用定量方法来筛选，但是结果经常是只有一小部分股票能入选。然而这只是巴菲特调查选股的开始：

- 在第二阶段，投资者应该检测企业相对于行业领军企业的业绩表现。ROE 为 12% 或者净利率为 10%，看起来比整个市场要强，但是如果在具体行业中比起来，有可能变成了低于平均水平。与行业领军企业对照一些关键指标，比如 ROCE、毛利率、杠杆率和 PCF，即使并非都在平均水平以上，至少要入选公司的指标大部分是超过了平均水平。
- 在最后阶段，投资者需要预测出公司未来的增长，是否对你投资该股票所承担的额外风险给予了足够的补偿。

假如公司能够在未来延续过去的增长，那么股价未来的溢价是否为你承担的风险带来的足够的回报？这个风险可以采用无风险回报率 (risk-free rate) 基准进行测量，无风险回报率就是投资金边债券所获得的利息率。将该利息率未来几年的数字加总，就得到了无风险替代的对比指标。

这个思想的根基是本书企业财务检测和不同财务模型应用部分所讲述过的现金流折现模型。该模型需要预测增长率，需要回溯过去几年超过无风险替代品的那部分收益。巴菲特特别强调了威廉姆斯（John Burr Williams）提出的现金流量贴现价值评估模型：

任何股票、债券和业务的现值都是由该资产剩余生命周期内产生的现金流入和流出决定的，以一定利率的折现。[1]

> **沃伦·巴菲特和查理·芒格的论述**
>
> 法律专家劳伦斯·坎宁安（Lawrence A. Cunningham）为那些渴望了解沃伦·巴菲特和他的合伙人查理·芒格的全部智慧，但是又没有耐心阅读他们致伯克希尔哈萨维公司股东的信的投资者们奉献了一本好书。坎宁安将他们的思想和关键词浓缩入一份219页的PDF文件中你可以通过这个链接进行下载。http://www.monitorinvestimentos.com.br/download/The%20Essays%20Of%20Warren%20Buffett%20-%20Lessons%20For%20Corporate%20America.pdf。
>
> 在这份总结中你可以看到巴菲特投资哲学从其根源价值投资开始的演进过程。巴菲特非常忠实于这个哲学——他从寻找格雷厄姆所说的日益神奇的廉价股开始，但是他发现因为时代的变化，自己在当时已经几乎找不到这样的股票。"必须特别注意的是，本人虽然以反应快速著称，不过却花了20年才明白要买下好企业的重要性，刚开始我努力寻找便宜的货色，不幸的是真的让我找到了一些教训，农具机械、三流百货公司与新英格兰纺织工厂等商业业态给我上了一课。"
>
> 简而言之，对于沃伦·巴菲特和他的合伙人查理·芒格来说，市场上已经没有什么廉价货。"如果你以很低的价格买进一家公司的股票，应

1　Williams, J. B.（1936, reprint 1997）The Theory of Investment Value, Harvard University Press, 997 reprint Fraser Publishing.

该很容易有机会以不错的获利退出了结,虽然长期而言这家公司的经营结果可能很糟糕,我将这种投资方法称之为'烟屁股'投资法,在路边随地可见的香烟头捡起来可能让你吸一口,解一解烟瘾,但对于瘾君子来说,也不过是举手之劳而已。"

"不过除非你是清算专家,否则买下这类公司实在是属于傻瓜行径。第一,长期而言原来看起来划算的价格到最后可能一点都不值得,处在经营困境中的企业,通常一个问题才刚解决不久,另外一个问题就又接踵而来,厨房里的蟑螂绝对不会只有你看到的那一只而已,第二,先前的价差优势很快地就会被企业不佳的绩效所侵蚀。"

巴菲特和芒格在 1960 年代和 1970 年代调整了他们的策略。他们的目标调整为发现"价格合理的卓越公司,而不是低价格的一般公司"。

当巴菲特和芒格谈论他们的目标业务时是有两种不同的定位的,认识到这一点很重要。第一种是那些他们直接控制的业务,如通过伯克希尔哈撒韦买入并以私有化方式运营(非上市公司)。然而公众关注更多的则是第二种,他们作为投资者在公开投资市场的投资(购入股票);两人称之为"市场化控股"。对于第一种情况,"我们可以划拨分配资金,很可能就免去了控股上市公司要求披露的那么多流程和细节"。不管是两类中的哪一类,他们两人都要求该项业务"1. 是我们所了解的;2. 具有长期的愿景;3. 由德才兼备的人所经营;4. 非常吸引人的合理价格"。

巴菲特和芒格在股票市场中挑选投资对象时,所用的评价衡量指标越来越具体——他们会明确表示关心企业募集资金的使用及其该项业务的资本回报情况。"先不管价格多少,最值得拥有的企业是那种在相当长一段时期内可以将大笔的资金运用在相对高回报的投资上,最不值得拥有的企业是那种跟前面那个例子完全相反的,将大笔的资金运用在相当低的报酬的投资之上。"

他们两人还关注收益指标:"找到公司盈余能持续累积的投资组合后,你就会发现其市值也会跟着稳定增加……当时透视到的盈余,在过去几年间如期大幅跃进，而同期我们的股票价格也跟着大涨。"

巴菲特和芒格还给出了他们认为的业务品质的概念——基于商业模式寿命的指标。"我们希望买到的公司是能够持续拥有竞争优势达10年或20年以上者，变迁快速的产业环境或许可能让人一夜间大发利市，但却无法提供我们想要的稳定性。"他们又继续使用"永久持股"的思考方式来衡量这些公司——像可口可乐与吉列这类的公司。"分析师对于这些公司在未来一二十年饮料或刮胡刀市场的预测可能会有些许的不同，而我们所说的永久概念并不意味这些公司可以不必继续贯彻在制造、配销、包装与产品创新上的努力，只是就算是最没有概念的观察家或甚至是其最主要的竞争对手，也不得不承认可口可乐与吉列，在终其一生的投资生涯，仍将在其各自的领域中独领风骚，甚至于他们的优势还有可能会继续增强，过去10年来，两家公司在原有极大的市占率又扩大许多，而所有的迹象显示，在往后的10年间，它们还会继续以此态势扩大版图。"

伯克希尔哈撒韦双雄不愿透露他们选股标准和筛选条件的具体细节。但是巴菲特和芒格明确表示在使用的是GARP（合理价格下的增长策略）。这是一个结合了价值策略和增长策略优点的策略：

基本上我们认为这两种方法是一体的：在计算一家公司的价值时，成长当然是一件很重要的因素，这个变量将会使得所计算出来的价值从很小到极大，所造成的影响有可能是正面的，也有可能是负面的。此外，我们也认为所谓的"价值投资"根本就是废话，若是所投入的资金不是为了换取追求相对应的价值的话，那还算是投资吗？明明知道所付出的成本已经高出其所应有的价值，而只是寄望在短期之内可以用更高的价格卖出根本就是投机的行为，（当然这种行为一点都不会违法，也不违反道德，就我们的观点来说，只是在玩吹气球游戏而已）。不管适不适当，"价值投资"这个名词常常被人引用，一般而言，它代表投资人以较低的股价/净值比，或是本益比，或是高的股利收益率买进投资标的，很不幸的是，就算是具备以上所有的特点，投资人还是很难确保所买到的投资标的确有此价值，从而确信他的投资是依照取得企业价值的原意在进行；相对地，以较高的股价/净值比，或是本益比，或是低的股利收益率买进投资标的，也不一定就代表不是一项有"价值"的投资。同样的企业成长本身而言，也很难保证就一定代表价值，当然成长通常会对价值有正面的影响，有时是相当重要的一项前提，但这种影响并不绝对，例如投资人以往将大笔的资金投入到国内的航空业来支持获利无望（或是悲惨）的成长，对于这些投资人来说，应该会希望莱特兄弟当初没有驾着小鹰号成功起飞，航空产业越发达，这些投资人就越悲惨。

巴菲特和芒格在如何建立一个有意义的投资组合方面为私人投资者总结了一些大师的建议。他们一开始这样提醒私人投资者："大部分的投资人，不管法人或是散户，可能会认为投资股票最好的方式是直接去买手续费低廉的指数型基金，当然这样的做法所得到的结果（在扣除相关手续费用之后），应该可以很轻易地击败市场上大部分的投资专家。"如果私人投资者坚持自己选股，巴菲特和芒格建议："大家其实只要以合理的价格买进一些很容易了解且其盈余在未来五到十年内会大幅成长的企业的部分股权，当然一段时间下来，你会发现只有少数几家公司符合这样的标准，所以要是你真的找到这样的公司，那就一定要买进足够分量的股权。"当然，也不应该忘记价值投资者们寻找廉价股和增长型投资者们寻找十倍明星股的劝告，"以市场一般价格买入了一个优质公司的做法大大优于以'优质'价格买入一般公司"。永远记住格雷厄姆关于安全边际的建议："若是我们所计算出来的价值只比其价格高一点，我们不会考虑买进"。

资料来源：Warren Buffett, Lawrence A. Cunningham (2009) *The essays of Warren Buffett: lessons for investors and managers.*

英国的投资大师——吉姆·史莱特和祖鲁原则（PEG）投资法

直到现在，我们对 GARP 的讨论都限定在美国的学术界和投资界，其实英国也有一位类似的大师，吉姆·史莱特（Jim Slater）。他之前是银行家和基金经理，后来变成了股评家，他也清晰地构建了以合适价格挑选成长型股票的策略。他多年前就雄辩地提出"成本合理的增长"的投资哲学，并获得了极大成功。在他 2000 年发表的著作《超越祖鲁原则》（*Beyond The Zulu Principle: extraordinary Profits From Growth Shares*）详细描述他个人挖掘刚起步小型成长公司的选股策略，而且成为了英国投资者的基本读物。他对该方法的执著导致了他为此成立了一家公司，推出名为"金融统计精髓"(Really Essential Financial Statistics：REFS) 的信息服务系统。

史莱特是一位典型的 GARP 投资者，还有一点和巴菲特相类似的保守性格。他的关键指标是 PEG（收益增长率 PEG，是市盈率与每股收益增长的比值）或者是 PE 增长。他认为该指标是以合理价格增长的最好反映。正如他在其 REFS 系统指南中所说："PEG 是一个比 PER 更复杂更综合的指标，因为它把 PER 和企业未来的收益增长结合了起来，是对企业价值更准确的衡量。"该指标是动态的，随着时间发生变化，但是史莱特认为"从长期看，PEG 值在 1 以下进场购入股票是值得的"。[1]

史莱特在运用 PEG 指标时有自己独特的方式。在他的 REFS 系统中，他仅给出了 PEG 的数值，但是这个数值是企业四年内每股收益增长的记录。通过这个测试指标的企业就是典型的增长型企业，因为它有着稳定收益和可持续的发展。

史莱特继续深入研究 GARP 的方法。他以"装满了的箭壶"形容那种有着众多指标和数据的策略。他关注的核心是收益的稳定性和动量。这个关注点暗示着企业每股收益必须要有四年的持续增长，而且五年内要连续

---

[1] www.companyrefs.com.

盈利，也就是说允许某一年的业绩不好，但是随后的四年要表现出盈利持续上升的趋势。史莱特喜欢用 PEG 这个三棱镜来分析企业的收益。他认为最好的状态是 PEG 小于 1，同时市盈率在 12~20 之间，每股收益增长率在 15%~30% 之间。

为了确保这项关于收益的指标真实有效，他还增加了一些重要的注释：

- 必须有券商对该企业的收益进行了预测，最好不止一家。这个关键点是史莱特可以将预测的增长作为分析的基础，所以要求预测源于研究很深入的可靠的券商报告，最好券商是该公司的内部经纪人，与企业管理层有一定的关系。
- 史莱特认为投资者应该非常小心那些英国富时微型股票指数 (FTSE Fledgling Index) 的成分公司。通常只有一家券商在跟踪研究这家公司。大多数史莱特的支持者倾向于将其筛选条件中的最小市值设定在 1,000 万英镑以上。
- 每股现金流应该超过上一年度的每股收益，并超过之前五年每股收益的平均值。
- 不考虑房地产板块和建筑行业及建材行业的大多数企业。

史莱特还使用了基于传统价值投资的一些指标

- 利息保障倍数合理。
- 近期流动比率应该在 2 以上。
- 财务杠杆使用不超过 50%。
- 不含无形资产的 ROCE 应该在行业平均水平之上，而且保持上升趋势。
- 低市销率是一个更诱人的指标，但这一条不是必需的。

- 史莱特不要求股息，但是他认为有了更好，而且实际上能通过史莱特筛选的股票总是会支付股息的。

最后一条，也是重要的一条，史莱特需要确认所要购入的低价成长股的股价上升动量。这意味着需要使用一个指标，比如股价相对强度（相对于某指数基准的强弱，比如富时 100）。按照史莱特的观点，投资者们要关注上个月和最近 12 个月的数字，都应该是正的。如同本书中提到众多投资大师一样，史莱特也特别警惕公司内部人大量抛售自己股票的行为（把它视同卖出的信号），同理，把内部人大量增持视为买入的强烈信号。

史莱特还深入研究了依据祖鲁原则构建的投资组合如何管理的问题。他喜欢由 10~12 只股票构建一个紧密的组合。按照价值计算，任何一只股票的占比不能超过 15%。他属于买入后长期持有的投资者，除非商业模式等基本面发生了变化，或者 PEG 已经升高到了不合理的水平。换言之即选股重于时机。他还认为投资者应该做到"止损不止盈"[1]，也就是说，当股票上涨获利时他不会卖掉，但是当下跌超过某一限度，比如超过 20% 时，他将卖掉这些股票。

史莱特祖鲁筛选法总结

- PER 低于 20。
- PEG 低于 1，最好低于 75%。这个指标将大大缩减入选的股票数量。在大多数情况下，将 PEG 数值设定小于 1，那么 70%~90% 的股票将被剔除。
- 每股收益在来年的预期增长应该高于 15%。
- 每股现金流与每股收益之比大于等于 1。

---

1 Slater, J.（200）Beyond the Zulu Principle: Extraordinary Profits from Growth Shares, Texere Publishing.

- ROCE 大于 12%。
- RS 在过去 12 个月为正。
- 利润率高于行业平均水平或者中位数，至少在 8% 以上。
- 市值在 1,000 万英镑到 10 亿英镑之间（有些投资者认为应该收窄这一范围，设定在 3,000 万英镑到 2.5 亿英镑之间）。
- PSR 应该低于 10。
- 股息收益至少为正，也就是说，至少有股息派发。

第二阶段被设计用来剔除那些被股东持续抛售（比如超过两次）或者大量抛售（比如超过 10 万英镑）的股票。

最后一个阶段，是最细致和量化的筛选。在这个阶段，投资者应该进行独立的尽职调查。在最后的筛选中，投资者应该寻找收益长时间持续增长的迹象和证据：

- 检查目前每股收益增长率是否高于三年前。也就是说，增长是否在加速。假如符合，那么应该给该股票加一分。
- 假如有股东持续买入，再加一分。
- 如果 R 在过去三个月和最近 12 个月为正，再加一分。

在最后这个阶段，入选公司至少应该拿到 2 分。这也是一个非常严格的条件，现实是只有非常少的公司可以通过。

马丁·茨威格和终极 GARP 股

马丁·茨威格（Martin Zweig）是美国的一位重要投资人和评论家。他在追踪快速成长企业的股票方面有着略显激进的主张。在他 1997 年出版的畅销书《马丁·茨威格的华尔街制胜之道》（*Martin Zweigs Winning on Wall*

Street）中有相关的详细描述。

美国投资人协会（AAII）基于他的方法论开发了选股策略。该策略的业绩是令人震惊的——自从1998年设立以来，累计回报已经超过了1,172%。成功的原因是什么呢？茨威格是典型的GRAP（价格合理的增长型股票投资）投资者，所以即使某个股票很"性感"，他也不会高价买入。茨威格的最初想法是挑选出GARP，或者如他所说的"从交易和企业收益中获得合理回报"。他偏好那些收益持续增长的成长型公司，其方法所关注的核心有两点：可持续的收益增长和华尔街对该股票的认知。这两点具体讲就是持续的、一季度接一季度、一年接一年的收益持续增长，并且股价显示出了相对强势。但是仅仅这两点还不足以把茨威格与其他同类投资家区分出来，比如我们在下一章中要讨论的开发出CAN SLIM投资法的威廉·欧尼尔（William J. O'Neil）；茨威格的不同在于他认为价值投资思想应该在他的方法中占有一席之地，也就是说，投资者永远不要为基本面不良的股票支付高价。

简而言之，茨威格不会不计成本地购入他想要的成长型股票。他喜欢每一季度都在增长，每一年都在增长，最近26周的价格强势的股票。虽然偏好此类股票，但是茨威格在买入价格上从不妥协，从不支付超过市场平均水平太多的市盈率。茨威格还关注短期收益动量，而且把自己的分析建立在该指标每个季度的实际结果之上。在英国完全可以套用的相同指标不容易找到，但是可以用每半年的指标做替代。

马丁·茨威格的投资人生

马丁·茨威格推出了自己的投资通讯《茨威格预测》，他推荐的投资组合业绩表现优秀，从1980到1995年的15年间，取得了16%的年回报率。这也使得他成为一个富豪，他拥有美国最昂贵的公寓，位于纽约州第五大道的皮埃尔酒店顶楼，价值超过7,000万美元。一家美国网站分析出了茨威格关于现代投资的主要思想，对我们有一定的帮助：

> - 在一个强势的市场，应挑选那些增速突出，而且高于旧高（Higher highs）和高于旧低（higher lows）的趋势比较持久。
> - 止损不止盈。
> - 无论是入市还是清盘退出，市场时机比较重要。可以关注最优利率指标（Prime Rate Indicator），美联储的政策方向（Fed Indicator）和建安指数（the Installment Indicator）。"股市和赌马一样的，有钱能使鬼推磨（Money makes the mare go）……货币供应情况（比如基础利率和美联储的货币政策）是决定股市方向的基本因素。"简单说就是"不要与美联储作对"。
> - 一个公司最重要的基本面有两个，收益趋势和市盈率："如果一个公司显示出持续的盈利增长，我才不在乎它是做扫帚还是做电脑。"
>
> 来源：http://sumofsome.com/stock-market-strategies/martin-zweig-investment-strategy/

实践中的茨威格筛选法

与其他 GARP 投资者类似，茨威格要寻找的是能指示企业收益在加速增长的信号。不论在时间方面关注季度的还是本年度的情况，他想找的公司就是收益增加、趋势明确的公司。他希望能看到收益在三方面都很出色：

- 收益稳定（受短期季度因素影响不大）。
- 收益持续（持续增长）。
- 收益动量（短期和长期都有增长）。

茨威格给出了鉴别这三方面的方法，认为可以通过查看某个公司的收益增长是否相对于下列因素更快：

- 去年同期相比。

- 与前三个季度比。
- 与前三年相比。

茨威格非常看重与去年同期增长的比较，因为该指标提出了短期季节影响因素，透视了企业如何应对变化。茨威格希望看到的是一个在过去五年内持续增长的快速成长型公司。

茨威格还看重两个很有深意的指标——销售增长和股价动量。他特意要求销售增长不应低于收益的增长，因为单靠控制成本消减费用的方式来提高收益率是不可持续的。这一点与本书前面讲到的詹姆斯·奥肖内西的观点是一致的。另外，绝对量上看，销售增长也不应该低于15%。

茨威格同样不想和市场对着干。尽管他愿意为自己看中的机会付钱，但是可不愿意支付比市场平均市盈率高三倍的价格。他还认为只能在市场情绪比较积极的时候买入，因此他要求不论用什么指标衡量股价动量，比如相对于大盘指数的RS指标，在过去六个月都应该是正数。

以上量化指标仅仅是茨威格筛选股票的基础阶段。他用"霰弹枪和来复枪"打比方，也就是说，量化筛选就像霰弹枪，适合大范围初步筛选，定性、细致的研究就像来复枪，用于精确定点研究列入名单的公司。

茨威格筛选法

因为英国公司一年披露两次财务报告，所以茨威格使用的季度收益增长不方便英国投资者直接采用。可以通过调整，采用半年的或者一年的收益增长指标进行分析。

- 当年每股收益增长不低于20%。
- 每股收益在过去三年不低于15%。
- 每股收益增长在过去五年至少10%。把这三个指标放在一起对比，看看是否能得出收益增长在加速的结论。也就是说，现在的增长高于三年前的，最好三年前的高于五年前的。
- 每股销售收入增长不低于10%，最好能是20%。还要查看最近两年的指标，看看是否也是在加速增长。
- 投资专栏作家彼得·坦普尔（Peter Temple）建议利润率应该为负增长，因为按照上面说要求的收入增长快于收益增长，那么这意味着利润率降低是一件好事情。
- 市盈率应该在5~43之间。在英国大多数茨威格的拥趸更愿意把上限降到25。
- 剔除那些相对股价强度在过去一个月、三个月和六个月为负数的股票。

最后应该考虑到一个重点是设置一个最低市值门槛，从而忽略那些交投不活跃的股票。因为的确没有多少分析师会关注小型股。资产负债表状况不好的公司也应该忽略掉：

- 剔除流动性不好的公司，也就是交易量低的公司。
- 将负债情况与行业龙头作对比。应该挑选那些债务水平相对低的公司。
- 关注内部人的抛售行为。如果股东在过去三个月内抛售股票，那么就剔除该公司。如果在过去三个月内有三个以上的内部人增持公司的股票，这就是极强的买入信号。

茨威格的劝诫

在我们结束一连串对收益增长型企业和其股价的讨论之前，有必要注意茨威格投资记录方面需要警惕的地方：近几年采用其投资策略的基金业绩并不理想。尽管美国投资者协会根据茨威格的著作进行设计的选股策略曾经获得了超过1,000%的收益，但是在2009年损失惨重，跌去了23%。该损失大大超过了同样基于茨威格策略的凤凰茨威格A级基金；该基金的回报当年的5.2%来自凤凰投资企业发行的六只茨威格基金之一。按照凤凰基金的说法，马丁·茨威格不会为基金挑选个股，但是他参与决定基金资产分配组合，并开发选股模型。根据美国 *Morningstar* 的报道，凤凰茨威格策略基金错失良机，因为茨威格模型在1990年代繁荣期时的看空频率比较高。结果，基金错误地持有了过多的现金：1998年是22%，1999年达到难以置信的43%。该基金的基金经理承认"马丁过于谨慎，因为他看到利率在上升，市场也过于乐观……过去五年（截止到2007年）我们的投资模型风格都不太适合市场。"[1] 该基金管理公司在美国的交易所还有一些封闭式基金，分别执行了茨威格策略不同角度的分析，其中茨威格基金的业绩表现，如图6.4所示，自从1990年代后期就一直赶不上标普500。

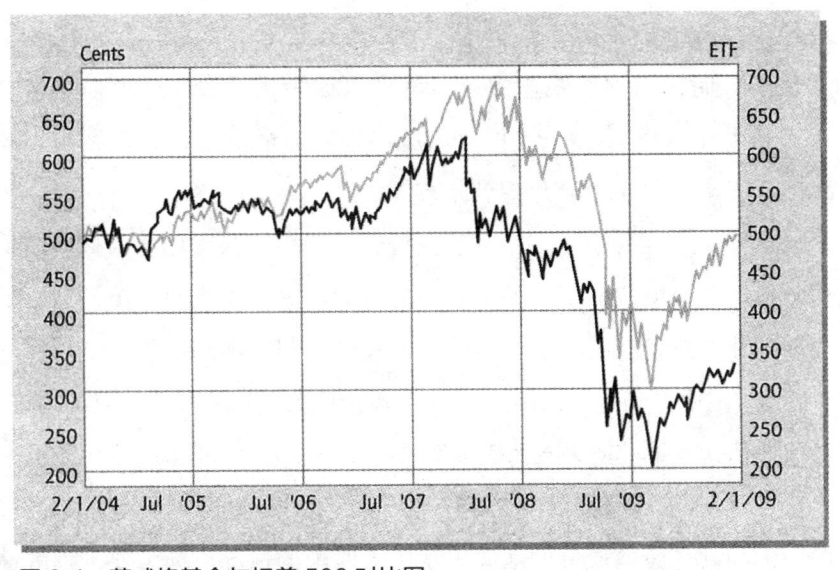

图6.4 茨威格基金与标普500对比图

资料来源：www.ShareScope.co.uk.

1　www.morningstar.com.

拼出全貌——优质公司

挑选GARP的策略这么多，各自不同，那么投资者如何把它们综合起来考虑呢？是否应该按照马丁·茨威格和吉姆·史莱特建议的那样聚焦于收益增长，还是应该向巴菲特一样寻找一家伟大的公司，有着竞争优势和宽宽的利润护城河呢？在结束本章之前，应该讨论下那些试图将这些伟大的思想融合在一起的各种努力。英美各大银行和证券公司尝试将这些不同的思想拼在一起从而形成一个新的交易策略，从而为投资者赚大钱！

优质股（quality stock）这个词现在已经被金融城的分析师和研究员们滥用。从快速成长的小盘股和中型股，到那些不让人兴奋但高市值、有着强大的资产负债表的大盘蓝筹股，统统都可以描述为优质股。事实上，优质股是可以清晰定义的，也完全可以找到定义的基础。那些通过一套并不宽泛的参数筛选出来的优质企业，是私人投资者在今后几年市场风暴中的避风港，而代表这些企业的股票就可以称为优质股。这个描述来自摩根士丹利（Morgan Stanley）的著名股票策略师格雷厄姆·塞克（Graham Secker），他所秉持的投资思想就是GARP。

2009年，塞克援引了一系列让人震惊的观察结果，他认为这些结果可以作为他所定义的优质股的例证。塞克认为一家优质企业应该是经历了经济周期的几个阶段，其收益都能持续增长的公司。他高调给出了一揽子股票（在表6.5中看到这些入围的公司名单），认为"这些股票相对英国市场，其价值低估达到了前所未有的程度"。[1]

回溯2009年，塞克的分析非常引人注目，因为当年被塞克定位优质股的股价和其他股票股价的涨幅出现了不匹配的情况。为了便于理解这个独特的变动情况，塞克所说的机会以及优质股策略，我们考察了2008年5

---

[1] Secker, G. (2009) 'UK Strategy: Reliable Growth Has Never Been Cheaper', www.mroganstanley.com.

月19日（此时富时100指数达到了6,376高点）到2009年2月3日（当天闭市时是3,512点）期间的统计数据。在此期间，富时100指数下跌超过34%。但是在这204个交易日中，伦敦市场中的1,400多家股票下跌超过了75%。值得注意的是在这些下跌的股票中，超过90%的公司爆出了基本面的问题，包括糟糕的资产负债表状况和乏力的盈利增长。

自2009年2月4日到2009年10月16日，富时100指数上涨22%，而那些之前跌幅超过75%的股票的涨幅则达到了180%！这个大规模的周期性反弹是当时人类情绪作用的例证——那些被认为能从全球需求增加收益的股票表现最好。利用这两个时间框架（2008年5月19日到2009年2月3日期间的下跌，2009年2月4日到2009年10月16日期间的反弹），可以清晰地看到工业金属、汽车及零部件、基础资源和矿业板块的股票成为了明星（下跌时整体超过60%，上涨时整体超过了75%）。在具体个股方面，有两家代表性的公司。矿业集团（Vedanta Resources）和哈萨克铜业（Kazakhmys）的股票在股价崩溃时期下跌了79%，但是在反弹时也大幅上涨（涨幅分别为279%和348%）。

如果聪明的投资者过滤掉了这些原始数据，看到的则是另一个不同的故事。同样是情绪化的人，则把它们定义为优质股，认为产生了稳定的回报，并看好2010年及其后市。

跨过2008年和2009年的涨跌周期，作为整体去分析时，有多达272家公司的每股收益是增加的，并对来年2010年做出了积极的预测（基于分析师的收益预测）。这样一组可被简单定义为优质公司的股价在市场下跌期（2008年5月到2009年2月）下跌了29%，低于富时100指数5%，而且在反弹期上涨了56%，涨幅相当可观。这个增幅大大高于富时100指数（涨幅为22%），但他们显然也不属于类似矿业集团和哈萨克铜业这样的周期股。相对业绩的差异导致了塞克在当时认为存在一个独特的机会。按照塞克的说法，在2009年10月，他的那些增长稳定的优质股比起整体市场表现低了12%，是前所未有的价值低估（按市盈率计算），并且有着更高的股息收益。（"与10年期国债的收益相同——在2000年3月，大约4倍于低点"）[1]

那么塞克对优质的定义是什么呢？对他而言，虽然也认为回报是与合理价格相关的，但其本质上优质被定义为"在过去记录和分析师对未来的预测方面，公司收益都是持续增长"。先看收益，塞克寻找每股收益在过去保持了一致增长的股票，但是他不要求一定是线性增长方式。类似塞克这样的分析师对一类诡异的公司保持了警惕，这些公司好像根本不受周期影响，每季度或者每半年都保持着4个点的增长。塞克以泰铭能多洁（Rentokil Initial）公司作为例证，该公司增长非常稳定，直到突然宣布盈利大幅下滑，导致股价大幅下跌。

许多分析师和塞克一样，偏好使用收益稳定性指标。他们观察过往该公司面临市场较大变动时的收益报告，将这种变动转换成标准差来衡量。该指标可以找出收益随着时间有巨大波动的公司，这样的公司就是收益增长一致性不好的公司。

塞克和他在摩根士丹利的同事还搜寻收益在最近仍将持续增长的公司。这让我们回想起本章开始时的学术研究结果，公司收益预测被分析员持续调高时，股价通常也会升高。与很多GARP分析员一样，塞克没有忽视资产负债表和企业债务水平，观察公司债务的可控性，流动负债不能出现快速增加，财务成本占比不大，没有调节和夸大利润数额。

尽管在投资策略中没有把股息作为决定性因素，塞克还是对股息有着特殊的偏好。

把以上因素综合考虑，塞克在富时100成分股中挑选出了31只股票，而且市盈率平均下来只有12.3倍。

---

[1] Secker, G. (2009) 'UK Strategy: Reliable Growth Has Never Been Cheaper', www.mroganstanley.com.

格雷厄姆·塞克的优质股策略

塞克使用了三项指标作为投资策略的核心：

- 分析师在跟踪该股票时所做出的盈利预测的季度中值——这项指标从1995年开始，观察期相当于13年，显示了企业的盈利增长是否一致连贯。
- 标准差——衡量围绕均值上下波动程度的指标——在过去五年中，12个月每股收益预测的季度变化。使用该指标，塞克观察收益历史变动情况。波动性越大，评分越低。
- 以自从1995年以来的数据为基础，计算季度变化为正值的概率。

表6.5列出了摩根士丹利这项策略所提出的目标股票。

表6.5 摩根士丹利策略选出的重点关注股票（2009年10月）

公司名称	12个月EPS预测的季度变化 平均值	12个月EPS预测的季度变化 中值	季度变化标准差 2年	季度变化标准差 5年	季度变化标准差 10年	EPS正向变动概率（%）	12个月PE预测	12个月的股息率预测（%）
Serco Group	4.6	4.2	1.8	1.4	2.2	95	15.2	1.4
Capita Group	6.1	5	0.9	1.9	2.9	100	16.5	2.7
Sage Group	4.8	3.9	2.8	2.2	3.7	90	12.8	3.6
Cobham	3.6	3.5	2.2	2.5	2.6	91	10.7	2.9
Reckitt Benckiser	2.3	3.3	2	1.7	2.2	87	15.8	3.2
Intertek	4.1	3.8	2.7	3	3.4	87	14.4	2.1
Tesco	2.6	2.8	1.8	1.6	1.5	91	11.9	3.6
Imperial Tobacco	3.5	3.1	4	2.7	3.1	91	10	4.8
WPP	3.1	3.2	3.2	2.8	4.3	87	11.6	3.1
Bae	3	3.8	2.7	3.4	7.1	75	7.7	5.1
Next	3.5	3.9	5.5	5.2	4.8	84	11.4	3.3
BAT	2.2	2.4	1.6	2	4.9	82	12.4	5.8

资料来源：Morgan Stanley.

《投资者年鉴》选出的优质股

在 2009 年 10 月《投资者年鉴》使用自己设计的优质股策略来选股。该策略的灵感来自于格雷厄姆·塞克，但是进行了改进，使用的是个人投资者更容易获得数据的指标。

同时让我感到诧异的是有很多企业都通过了测试，所以我们增加了市值指标，将市值门槛从 5,000 万英镑提升到 2.5 亿英镑，即使这样仍有 16 家中型股和大盘股通过了测试（见表 6.6）。然后我们选择排名前 10 的股票，但是我们也从落选股票中选择了一些将要能通过测试的股票。这些公司大多数是中型股，但是也有四家"富时 100"成分股（包括了爱尔兰食品成分集团 Kerry Group）入选，其中有类似于 GlaxoSmithKline 和 Reckitts（利洁时）这样的典型的防御型公司，它们当时股息支付都在每年 3% 以上。

在这个策略的方法和使用的指标包括：

- 不会为优质股支付过高的价格——基于目前的和预测的市盈率都不得超过 25 倍。
- 寻找那些资本使用效率高的公司。大多数分析师认为回报率应在 10% 以上。
- 现金流也很重要——企业在运营层面获取现金流的能力关乎企业的生死。许多分析师需要看到企业现金流增加的趋势，优质公司的现金流应有持续增长。
- 债务——如果企业有足够的偿付能力，借贷和发债券并不是坏事。多数分析师都会认为净杠杆率在 200% 以上的公司需要小心了——除了那些受到牌照限制保护的公共事业公司有可能活下来，其他类型公司就很危险了。
- 与同行对比。利润率和动用资本回报率自身有衡量价值，但是配合与同行业企业的对照，就能更有力地反映企业价值。所以，使用营运利润率和 ROCE 指标来筛选处于行业中前 25% 的企业。
- 收益增长——过去和将来都必须要有增长。观察过去六年的情况，剔除那些过去收益增长突然反转的公司。

表 6.6 小型样本详表

名称	EPIC	预期PE	市值（百万英镑）	预期收益	ROCE (%)	收盘	分析师意见统计	EPS增长预测
ASOS PLC	ASC	19.82	256.5		59.1	3.51	买入	33.56
ITE Group PLC	ITE	10.07	320.1	4.13	14.7	1.29	弱买	37.74
Synergy Health PLC	SYR	15	334.3	1.96	58.9	6.15	买入	29.17
Halfords Group PLC	HFD	11.34	847.1	4.23	27.9	4.028	买入	8.89
Chemring Group PLC	CHG	12.15	912.4	1.77	68.9	25.83	持有	72.87
Rotork PLC	ROR	16.86	1,010.7	2.54	40.5	11.68	持有	12.41
Intertek Group PLC	ITRK	17.53	2,113.4	1.75	34.4	13.32	持有	20.51
Sage Group (The) PLC	SGE	14.33	3,101.2	3.16		2.362	买入	29.87
Kerry Group PLC	KYGA	12.13	3,192.3	1.25		19.9	买入	2.08
Reckitt Benckiser Group PLC	RB.	16.32	22,030.3	3.03	45.8	30.82	买入	18.4
GlaxoSmithKline PLC	GSK	10.9	66,026.3	4.88		12.725	弱买	5.92
The also rans								
Petrofac Ltd	PFC	17.12	3,433.6	2.01	64.5	9.94	持有	3.83
Fidessa Group PLC	FDSA	20.44	438.9	2.38	74.4	12.27	买入	16.86
MITIE Group PLC	MTO	14.02	886.6	2.99	87	2.519	弱买	10.58
Spice PLC	SPI	11.23	311.7	1.86	82.3	0.885	买入	44.85
United Drug PLC	UDG	9.65	494.9	3.36	19.6	2.095	买入	10.08
平均值		14.30688	6,606.894	2.753,333	52.153,85			22.351,25

寻找阿尔法——高盛的策略

高盛，作为摩根坦利定量分析团队的主要竞争对手，也开发出它们自己的鉴定优质股的方法。这里的优质股是指有潜力而且价格合理的股票。

一份2004年的报告显示，高盛团队以一些基本面为主导的策略取得了超额的回报。回溯了直到1993年1月的一系列关键指标，并进行了测试，给出了对基本面驱动阿尔法（Fundamentals Drive Alpha）[1]研究的结果。该报告的主要结论是投资者应该使用传统的价值指标，并配合类似于相对股价强度的动量指标、分析师预测的起伏波动指标等。

总的来说，高盛团队鉴别出了6个关键要素[2]：

- 估值。股价是否真实反映了企业的内在价值？"所有等值或者便宜的股票比那些市盈率高的股票更有吸引力"。
- 盈利能力。资本回报率是否足够高？"利润率高和资产运营效率高的公司的股票表现超过了利润率低和缺乏效率的对手。"
- 收益的质量。"收益有多少表现为实实在在的现金收入……这是可持续性的基础。否则年复一年每股收益只体现在数字上的高速增长最终变成了空"。
- 管理层影响。"管理良好的公司不会把资产浪费在没有盈利能力的项目上，不会为自己的公司大兴土木，而是创造超额收益回馈给股东。"
- 动量。市场交易惯性已经形成的股票，其股价表现要好于那些投资者还没有认识到企业潜在价值的股票。

---

1 Alford, A., Jones, R., Lim, T. and Litterman, B. (2004) *Fundamentals Drive Alpha*, April, GS Asset Management.
2 同上。

■ 分析师情绪。"调整盈利预测较慢的分析师为那些看涨的投资者带来了交易机会……因为股价的调整迟于已经传递出的能反映市场共识的信息。"

通过以上六个方面，我们可以在头脑中形成一个典型的对 GARP 的综合认识——私人投资者可以把它看作复制这些最优秀（所以会以阿尔法冠名）投资经理的基础。当然高盛的团队没有提供一个直接的简单的股票筛选方法——他们的目的是给出他们的"计算机搜寻优化"（CORE）的方法论。做法就是在各主要国家的股市，为各指标设置一个影子投资者组合（一组有着高收益的优质股票），然后观测出哪个基本面指标经过 10 多年时间后可以胜出（从 1993 年开始）。他们由此来演练和提高严格量化筛选的效果，从而找出"阿尔法"业绩是由哪些基本面变量驱动。

虽然是虚拟的投资组合，但是他们在运用和配比权重时也非常慎重，毕竟并非各个阿尔法基本面指标的效用都一样。所有这些关于权重和 CORE 如此复杂，作为普通投资者几乎不可能完美复制高盛此类强大的工具，但是它们简洁核心的分析思想，我们是能加以利用的。

至少从道理上讲，你应该能够将高盛关键阿尔法驱动因素组合成一个投资策略，从而跟踪那些股价动量明显，分析师们一致认为预期收益增加的便宜股。

当然，这种筛选方法的局限性也是显而易见的。使用该方法，你很可能将一大批有价值的股票排除在外了。（在下文中我们开发了此类策略的一个版本，涉及了至少 15 中不同的指标。）很少有公司经过层层筛选还能被保留下来，更值得注意的是，很少有"超值"的股票能通过最后一道关——股价相对动量指标。

还需要指出，高盛此项研究是全球范围的，也许在英国正确的策略不见得适合美国或者其他市场。尽管现在各个市场间的关联性增强了，但是这并不意味着各个股票市场对某项关键指标的变化做出同样的反应，比如说分析师情绪。有些市场只要当天有事情发生，分析师的态度和情绪就会相应有变化；比较明显的是澳大利亚和加拿大的股市，它们对群体情绪反应非常敏感。另外一些市场，比如日本，则表现出一种犬儒主义的态度，这也许是源于股票等众多金融市场都长期低迷，使得分析师的能力也变得"低迷"了。类似日本这一类总是徘徊在低位的市场，投资者对企业增长的预测就变得比较迟钝和悲观。与之相对应的是中国香港股市，没有看到任何一种特殊指标或情绪能长期主导市场：收益增长和动量指标看起来都比较重要，而且分析师们调升股票评级和群体情绪变化也是非常关键的。还有一点有必要提出来，某些英国市场的对冲基金，比如 Marshall Wace，已经发展出了具体策略，并设立了以分析师群体性情绪变化为基础的基金（译者注：该对冲基金利用数百名分析师的每日股价预测，推动旗下 Trade Optimized Portfolio System 基金的交易）。

高盛策略的简化版

各种被用到的想法和点子成百上千，但是我们应该对这些观点进行重构，形成一套完整的体系，从而反映刚才讨论的高盛"阿尔法驱动"小组的策略。这类体系完整的选股策略应该是一种复杂的，多阶段选股方法，但是它的确能发现那些股价便宜、分析师的态度开始变得乐观、收益增长也是可持续的目标。

我们观察每个阿尔法驱动因素时，最好先从最简单的价值驱动因素开始：

- 比较理想的是 PBV（账面值与价格比）不高于 3。
- 剔除那些无形资产过多的公司（因为这类资产很可能不具有真实的价值），确保入选公司的 PBTV（股价与有形资产账面价值比）都小于 3。
- 市盈率不超过 20 倍。

接下来查看三个考察盈利性的指标:

- 占用资产回报率(ROCE)大于15。
- 利润率。这里最好使用更具体明确的全行业利润率排名进行筛选,而不是使用市场平均利润率的指标。排名应该在前四分位。
- 无论利润率高低,它都应该在过去几年中呈现出增加的趋势。

然后,我们再查看收益品质情况。考察的核心是主营业务产生的利润是否有良好的经营现金流为依托。

- PCF(Price Cash Flow Ratio)(市现率)至少应该不超过5倍,也就是说,相对于股价,企业的现金流是坚实可靠的。
- 每股现金流与每股收益之比高于1;这意味着每股现金流数额超过了每股收益。

高盛这样定义"管理层影响力"的阿尔法因素:"管理良好的公司不会把资产浪费在缺乏盈利性的投资上,或者为公司修建大楼上,而是用在为股东取得超额收益上。"[1] 大多数股票筛选系统不可能顾及到股票回购的情况,但是你可以用股息作为替代。一个公司赚取了大量利润,通过慷慨的股息派发政策回报股东,当然值得我们为此付钱。这个关键阿尔法可以通过以下两个指标进行筛选:

- 股息收益是实实在在的,而不是象征性的。公司从历史记录上看,股息收益应该在3%以上。从传统上讲,股息超过3%可以视为

---

[1] Alford, A., Jones, R., Lim, T. and Litterman, B. (2004) *Fundamentals Drive Alpha*, April, GS Asset Management.

比较慷慨的，低于这个数，就被认为比较吝啬。这个标准还可以调高到 3.5%，甚至是 4%。
- 股息支付应该是力所能及的。这意味着股息覆盖率至少在 2 以上。

最后一点，但也是重要的一点，股价动量。该论文的作者相信动量是一个关键变量，是投资者绝对不能忽视的关键变量。但是如何使用该指标呢？有一个简单实用的方法就是 12 个月的 RS——与市场基准指数相比的强弱程度：

- RS 在最近三个月里至少是正数。

下一阶段的筛选涉及非常多的细节。你有可能寻找到分析师们态度正在变得积极，一致认为收益将会增长的股票。而且对其增长的预期是一致的、强烈的，这就要求至少有两家券商给出良好的预测和推荐：

- 超过两家券商在跟踪该股票，提供每股收益的预测。
- 最近三个月和上个月，市场一致认为其收益预期是增加的（最好是有一点点增加）。

这一阶段的筛选是非常重要的，因为你寻找的是一个令人信服的故事，故事主题是收益增长的期望。这就意味着我们要找到真实的证据来说明股票开始反转了，市场对该股票的态度开始乐观了（至少券商的分析师是这样的）。

作者明确地说："分析师是保守的，他们逐步渐进地改变自己的观点，这样朝着一个方向的改变是逐步加深的。此外，市场对这种收益预测和股票评级的反应也不足。在保守和反应不足这两种情况的联合作用下，出现了投资者的赚钱机会。把握这个机会就需要在向上修正时买入,向下修正时卖出,因为股价将随后调整,以反映这些信号所传递出的信息。"[1]

在最后筛选阶段,也就是第三阶段,我们需要将目标企业与同行业龙头企业对比。请你确认,企业的几项关键指标,比如 ROCE 和利润率,至少都在行业平均水平之上。如果你无法得到这些信息,就挑选两个竞争对手进行对比:

- 基于整个行业或者龙头企业的数据,该公司的 ROCE 和利润率至少应该达到平均值以上。

具体行业策略——麦克·墨菲的低价科技股策略

在我们对本章的 GARP 策略进行总结之前,至少我们还应该关注一个实用的行业聚焦策略。如何在某个特定具体的行业或者板块(比如说在高科技板块)中使用 GARP 策略?因为如果在这个板块投资时,提出低价超值股策略的概念往往让人感到可笑。

高科技企业现在已经臭名昭著。往往因为其荒唐可笑的估值大多源于荒谬的财务预测和商业计划书。在网络泡沫破灭时候,整个美国和英国的科技板块突然反转。我们眼睁睁地看着股价往下掉,整个科技类板块一大批公司,特别是科技领域的投资公司,就这么消失了。

与此同时新的情况出现,异类投资者,其中许多人还有着 GARP 偏好,开始投资科技股了。这种动向悄然兴起,没多久就有了麦克·墨菲创办并兼任编辑的《加州高科技股通讯报》,(*California Technology Stock Letter*)专门讨论此类投资。该刊物追踪分析科技股并向投资者给出自己的推荐。投资

---

[1] Alford, A., Jones, R., Lim, T. and Litterman, B. (2004) *Fundamentals Drive Alpha*, April, GS Asset Management.

者对它的评价很好，因此很受追捧。

墨菲有两个关于科技股的观察结果非常引人注目。第一个观点，尽管所有网络神话都不足信，但是科技行业的确是世界经济发展的强大动力，这意味着如果不是价格高得离谱，投资者绝对值得买入这些高速成长的股票。他独特的投资方法是鉴别出有可能成为行业领导者的公司，然后在股价相对成长性还有潜力时买入。

哲学基础

墨菲坚持认为美国经济正处于他所说的"模式转型"期，这是一个世纪性的革命，在创造巨大价值的同时也在摧毁那些跟不上时代变化的行业和企业。这种转型的结果，按照墨菲的说法，就是在所有行业中科技板块发展最突出，并将快速统领其他板块。这种现象已经在美国市场中逐渐呈现出来，我们已经可以看到谷歌、微软和思科这类企业的崛起，其市值已经使得整个工业行业相形见绌。

但是还有让墨菲更感兴趣的事情。科技板块业务快速成长的同时，多变性也随之日益严重，包括在规模方面（全球巨头企业被一群创新小企业包围和威胁）和细分领域发展方面。以墨菲的观点来看，现在科技类企业已经分出了七个主要的板块，而且用不了多久，在这些板块中还会有某些企业出现爆发性增长（比如，纳米技术很可能在下一个 10 年中快速成长为重要板块）。

然而墨菲认为股票市场还没有完全认识到这种巨变。他还认为，大多数投资者在科技类股票上投资不足。尽管媒体方面对科技企业进行连篇累牍的报道，但是墨菲认为不足 10% 的华尔街分析师把自己的研究范围扩展到科技股，并且只有少数大型基金专注于此板块。

墨菲还相信过去几年的"回归根本"运动（只投资于自己能看得懂，能理解的股票）完全是误导。他断然拒绝投资大师彼得·林奇的观点，林奇认为投资者不应该投资于他们无法看懂的公司的股票。墨菲的观点是，投资者不需要理解科技类公司的基本技术，需要了解的是公司和竞争环境。

就像投资者不必了解石油公司能在特殊地方钻出石油的技术一样，也没有理由要求投资者理解科技公司的具体技术。投资者所要了解仅仅是投资机会并量化风险。

比较幸运的是，墨菲给出了他投资于早期科技企业的 GARP 策略的细节。其核心观点是应该投资于：

- 产品线较宽的公司；
- 相对而言，股价便宜。

墨菲称之为有着科技基础的价值投资。他这样描述到："投资分为两步。第一步是研究整体环境，包括产品、市场和公司管理，并将资本和这些因素关联起来考虑。第二步，在第一步的基础上确定你愿意为该股票支付的价格。（投资者应该）聚焦于入选清单中最优秀的几个公司。这些公司增长快速，财务指标良好。之后，就是耐心等待每家企业被市场认知后卖出。"[1] 跟踪完美的墨菲股可以采用这两个相对直截了当的步骤。

第一步，使用五项关键指标来对科技板块进行普查：

- 尽可能多地在研发上投入。按照墨菲的观点，判断企业是否顺应模式转型大趋势的可靠方法，主要是看企业是否在研发上有足够的投入。墨菲认为最可靠的衡量指标是用研发费用除以收益。一个科技企业至少应该将收入的 7% 用于研发。
- 净资产收益率（ROE）应在 15% 以上。该指标表明了企业是否有能力实现自我增长，从而不必依靠外部投入，进而稀释股权。
- 是否有新产品？公司是否在持续不断地推出新产品？墨菲还建议通过过去三年中新产品的收入占比来衡量科技公司的前景。如果

---

[1] http://www.worldinvest.com.

公司的研发投入是有效的，那么这个指标的数字应该在 50% 以上。
- 每年的销售收入增长应该在 15% 以上。墨菲认为这是检测一个企业的关键指标，如果增长低于 15% 就根本不值得再关注。
- 税前利润率应达到 15%（净收入除以营业收入）。快速增长的销售，研发上的高投入，以及净资产回报率高，这些都是很好的迹象，但是利润率也需要比较丰厚才行。

第二步，计算入围的股票是否足够"便宜"，墨菲不会因为追求增长而不顾价格高低。

墨菲面临的问题是如何使用传统的价值评估方法，例如市盈率。对科技股应用这种指标是有误导性的。比如研发支出直接降低了当期的收益，这意味着一个企业在研发上花费越多，当期收益就越低，从而推高了市盈率。但是从股东角度看，将收益以研发的方法进行再投入，相当于投资未来，这与当期报告的收益有多少是一样重要的。

墨菲处理这个问题的方式是将均摊到每一股的研发支出和每股名义收益加总起来。他为这个加总后的指标取了个名字，企业"增长流"（Growth Flow）。选股程序中的最后一步是股价除以每股"增长流"，墨菲把这个结果取名为"股价成长流量比"（price-to-growth-flow）。墨菲认为如果股价成长流量比在 10 到 14 之间是合理的价格；如果低于 8，股价就比较便宜了；低于 5 的话就是超值；如果在 16 以上，那就太贵了。

构建科技股投资组合

墨菲对于投资科技的风险是直言不讳的。他认识到了科技股价格的剧烈波动以及技术周期性兴衰的风险。控制这些风险的最好方法是在科技股的 7 个主要子板块中进行分散化投资。

- 半导体设备制造（半导体设备制造公司）。

- 半导体制造商。
- 商业计算机。
- 个人计算机。
- 软件。
- 通信，包括数据通信（点对点数据交换）以及电信。
- 医药技术，包括生物技术和医药设备。

墨菲认为投资者构建科技股投资组合时至少要从这 7 个不同板块中买入 10 只股票。为了将组合控制在合理的规模，当你将现金投入该组合时，要按比例增持组合中的既有股票。如果你认为有必要引入新股，那么就替换出一个吸引力最差的股票。

墨菲还认为这种投资方式只适合激进型投资者。他建议这样计算投资便宜科技股在总资产中的比重：用 100 减去你的年龄。这也就是说，如果你是 50 岁，应投入到科技股中的比重占到你总资产的 50% 左右。

该策略有效吗？

对墨菲的投资策略最准确、最客观的分析来自于 AAII。自 1998 年至今，它运行了一个基于墨菲观点的选股策略，结果发现该策略收益有着巨大的波动。

在好年景，也就是牛市中的小型成长股表现良好的时期，该策略带来了巨大的回报。在 1999 年，AAII 墨菲选股策略的回报是 139.7%；在 2004 年科技股反弹时，墨菲的投资组合也有着惊人的 108% 的回报。但是在熊市中，与被认为是小型成长股的情况一样，经历了剧烈的波动。回报情况则惨不忍睹。在 2002 年的回报几乎是灾难性的 -80%，在同样悲惨的 2003 年，又损失了 34%（相比之下，纳斯达克的回报还有 50%）。总体上看，从 1998 年设立以来，AAII 这项策略表现糟糕，累计损失达到了 63.3%。

同样需要注意的是，墨菲1982年创立《加州高科技股通讯报》[在2009年成为《赫伯特金融摘要》（Hulbert Financial Digest）评选出来的最佳刊物]，在上一年度他的策略获取了70.7%的涨幅，而威尔逊5000指数（Wilshire 5000 Index）则下跌了6.4%（数据为截止到2009年9月为期一年的数据）。

那么这些巨大波动的根本原因是什么呢？当股票市场处于牛市时，这种聚焦于特定行业的GARP策略能创造非同寻常的回报，但是它同样有着遭受巨大损失的风险，直到现在仍是如此。这个独特的策略还有不少值得商榷之处。比如说，研发上的支出并不能有效地衡量价值创造。使用研发支出代言股东价值创造，这在理论上行得通，但是在现实中很多研发经费是无效的，是被浪费掉的。因为企业花费了上千万在研发上，并不必然就能生产出适销对路的产品，带来丰厚的利润。施乐就是这方面的一个例证。它在十多年前花费数十亿美元在前沿研究上，但是其股票的表现一直逊色于同行。

对于使用该策略的英国投资者来说还有一个不得不面对的问题，那就是如何在英国股市中实现分散化。墨菲号召大家在使用他的投资策略时尽量通过在各个科技子行业中分散化投资来控制风险，这显然是明智之举。但是在英国很难做到，因为美国市场有着几百家高科技上市公司，但是在英国的高科技公司只有百十家，而其中能真实盈利的公司也就几十家！除此之外还有一个更重要的问题，英国市场中在科技板块中只有3个子行业——生物技术、电信和软件，所以在英国股市中如何实现分散化是一个巨大的挑战。

墨菲科技股投资策略总结

- 研发投入应占到收入的7%以上。
- 每年销售增长至少为15%。

- 税前利润率在 15% 以上。
- 净资产收益率超过 15%。

估值方法

使用"股价成长流量比"(price-to-growth-flow)来判断企业价值:

每股研发费用 + EPS = 增长流

股价 ÷ 增长流 = 股价成长流量比

使用股价成长流量比进行价值判断的指导

公平价值:10 到 14 之间

超值:低于 8

昂贵:16 以上

有着金边魅力的思想

通过本章如此长篇幅的论述,让读者弄清楚那些拥护"价格合理的成长股投资"(GARP)的众多学派的策略和观点。许多典型的 GARP 投资者,比如巴菲特,比起另一些 GARP 投资者,比如马丁·茨威格和吉姆·斯莱特,更接近于价值投资。

如此的多样性源于各个派别对关键指标的选择。他们应该坚持类似净资产回报率的指标 [如乔尔·格林布拉特(Joel Greenblatt)所建议的],还是像马丁·茨威格建议的那样将收益增长放在首位?

这些众多不同声音的目的是一样的,就是寻找到这样一类股票——神奇的 GARP "妖股"。这类股票也许是存在的,但是市场不可避免地将为这类股票支付过高的价格。在下一章中,我们在讨论收益增长预测的可靠性所面临的挑战时,将对此进行更详尽地批判。大多数 GARP 策略的思想核心是找到收益持续增长,未来增长可期,并将这些因素整合在一起,用类似于 PEG 这样的指标进行筛选判断。但是我们也看到大量的事实表明，那些基于分析师报告的预测是有致命缺陷的，几乎所有的预测都像是一部虚幻小说。

这里还有必要重申 LSV（Lakonishok，Shleifer，Vishny）的学术成果。它注意到"假如投资者不明白超额收益向平均值回归的道理，他们可能会高估企业所谓的卓越之处，因此支付了过高的价格；当此类卓越性指标回归均值的时候，也就是他们后悔当初自己的决策的时候。"资深学者们还提醒我们，企业不可能总是处于高速增长中，最终它们将走出高成长阶段，从而不可避免地对股价产生影响。

诚然，投资者也可以变换追逐的对象。与其试图猜测收益的未来增长模式，不如承认真正重要的是弄清楚到底市场在想什么。如果一个公司的股价飙升——相对整体市场而言显示出了巨大的动量——也许我们应该忽略那些关于股价是否合理的警报信号，而简单地投资于热点的、性感的股票。

在下一章，我们将探讨以动量作为核心的策略，并与寻找增长股的策略结合起来。也许由此开发出的策略可以让我们不必担心一只股票的相对价值是高是低，但是此类策略或许只能聚焦于寻找未来之星。

第7章 增长至上：小盘股和动量效应

> 想象雪球滚下山坡的情景：不断地滚动，沾上更多的雪，滚动越发快起来，雪球也越发地变大，就这样相互作用下去。
>
> ——韦恩·索普

寻找神秘的十倍股

在电影业内有句老话，十个影片中有九个发行的结果是赔钱，但是只要能有一部大片，赚的钱就比在九部亏钱影片上损失总和还要多得多，让那些抽雪茄的传媒大亨赚得盆满钵满。

帕累托原则（Pareto Principle），这个深奥的专业术语可以用来描述上面所谓的"十赔一"赚钱方式。另一个大家所熟知的说法是20/80原则，或者关键少数法则。在商界常用此来描述为数不多的成功却创造了无可估量的巨大影响。许多企业管理层研讨会也以此为基础，认为企业80%的销售来自于20%的客户。

同样的原则也可以用到投资者的投资组合上。许多职业投资者，例如索罗斯和巴菲特，坦承他们长期收益中的大部分可以归结于几项为数不多但回报极其丰厚的投资上。

对于大多数私人投资者而言，这种情况可以用一个略显冒犯的词来解读——眼光，有从股市中寻找神奇的十倍股的眼光。彼得·林奇创造了十倍股（Tenbagger）这个词，描述那些股价能涨十倍以上的股票。有趣的是这个词竟然源于不以增长为投资核心的彼得·林奇。当然彼得·林奇并没有被自己价值投资的名头所累，他给出了寻找神奇的十倍股的关键原则指标。他列出来的因素包括：

关注小公司。林奇宣称大公司的股票是不可能有大动作的。你需要从小公司中谋取大收益。

- 寻找收益增长每年超过 20%~30% 的快速成长型公司。
- 寻找那些内部人持续买入和回购股票的公司。
- 分散持有大量不同风险类型的股票。

但是彼得·林奇还有两项关键指标作为必杀技，该指标现在并未被增长痴迷者们广泛应用。

- 从没落行业中挑选产品普通，公司名字普通的股票。
- 从分析师不屑一顾的板块中挑选股票。[1]

考虑到彼得·林奇是以价值投资为导向的，他有最后这两条标准也就不足以为奇了。但是公平地说，的确没有多少增长型投资者会去考虑这两条标准。然而，在当今多变的、关注当下的股市中，寻找十倍股的确有了更多的迫切性，并且这些神秘公司更多是在高科技板块中出现。从某种意义上讲，1990 年代中期，投资者开始醒悟并注意到现代资本主义社会中两

---

[1] 参考 Harry Domash 的《基本面：像彼得·林奇一样投资》, http://money central.msn.com/content/investing/Findhotstocks/P87270.asp。

个有着内在联系的现象。科技企业的快速成长反过来也极大提高了其他行业企业的生产率，并且借助于专业外包，流程再造，聚焦于核心业务等趋势，为企业创造了更多的利润，为股东带来了更多的回报。

在美国，一批成长异常迅速的公司已经出现了，它们成为了耀眼的十倍股公司。在帮助投资者寻找十倍股的各类机构中，最值得提及的是被称为私人投资者网站之父的"弄臣网站"（Motley Fool）。

2004年，戴维·弗瑞斯特（David Forrest），网站的联合创始人，精确定义了他习惯使用的"高辛烷值投资"的内涵。弗瑞斯特是一位很有文采的专栏作家，而且其专栏还精选出了寻找跟踪高成长型股票的好方法。他的观点是，买入股价正在快速上涨的股票的投资者其实是在告诉我们一件事情，那就是该公司正在快速成长。衡量该情况的常规关键指标是相对强度（RS），但弗瑞斯特不满足于此，他感兴趣的是开发一个表示RS的新版指标。他开发的这个"指标"被称为《投资者商业日报》（IBD），已被美国媒体采用。本章我们在讨论CAN SLIM方法时将对这本公开刊物进行说明。

弗瑞斯特进行此类调查的目标核心是建立一套找到未来能成为十倍股公司的思想体系。但是弗瑞斯特却又讽刺道："如果某些公司的RS值很高（IBD有一个紧密跟踪股票RS排名的系统），这是因为其业务表现超乎预期，所以股价在上涨（增长型投资的理论基础），或者是某种疯狂的自我实现的动量预言在起作用。"[1]

不管弗瑞斯特所持的怀疑有多合理，他很快就给出了选股套路。他发现一家公司可以阐释十倍股背后的逻辑，这家公司的存在说明即使在这10年初期的网络泡沫破灭之后，快速成长的高科技股仍然存在。这家公司就是美国在线电影租赁公司（Netflix）。该公司是实体世界（bricks and mortar world）中音像出租企业百事达（Blockbuster）的网络竞争对手，它在过去的10年中以惊人的速度增长。Netflix是典型的高成长企业股，

---

[1] Forrest, D.（2004）'High Octan Investing', www.fool.com, 10 February.

是一只明星股，对于那些以合理价格买入的投资者而言，它就是十倍股！2002年在纳斯达克Netflix的价格已经上涨到8美元左右，在21世纪的头10年内它的股价一直在涨，当其他科技股逐渐被遗忘时，它2009年的股价达到了56美元。但是很多投资者可能忘记了，它IPO时的价格，以及投资者有机会在2002年和2003年股价在3~6美元之间波动时买入。在2000年代末，它的股价上涨不止十倍。

导致股价如此巨大的涨幅，大体上只能源于"商业创新带来超额收益"这样一种情况。就Netflix而言，与谷歌和亚马逊一样，是因为它进行商业模式创新，并把该创新实实在在地转化为一个巨型赚钱机器。Netflix商业模式的过去和现在都很简单。你登录www.netflix.com，支付包月费用后，Netflix就通过邮件向你寄送DVD。在2002年，Netflix的销售收入增长至2亿美元，税前亏损额是2,100万美元；到2008年底，销售收入达到13亿美元，利润达到了1.31亿美元，而且大多数分析师认为在2009财年，Netflix仍将有大幅增长。

利润强劲增长创造了一个良性循环——随着收入和利润规模的增加，越来越多的分析师开始跟踪分析它，从而激起了越来越多的投资机构对它的兴趣。券商的评论在某个时点开始突然转变，预测其在随后的几个季度和几年内收益将持续增长。表7.1摘自美国技术分析网站www.clearstation.com（09/12/2009），显示了2008年和2009年以季度为单位的市场平均预测（Consensus estimate）。你马上就会注意到，分析师的增长预测是不断增加的，并且Netflix的实际业绩总是超过分析师的预期。该表中的最后一栏显示的是Netflix的异常收益（实际收益与市场平均预测之间的差异），可以看出都是正值。

表 7.1 美国在线电影租赁公司的预期收益与实际情况

季度超预期收益	估计	实际	超预期
Quarter ending 09/2009	0.46	0.52	13.04%
Quarter ending 06/2009	0.51	0.54	5.88%
Quarter ending 03/2009	0.32	0.37	15.63%
Quarter ending 12/2008	0.34	0.38	11.76%
Quarter ending 09/2008	0.31	0.33	6.45%

注：EPS 包含非经常性项目；EPS 未被稀释

资料来源：www.clearstation.com.

不用说，这种增长从历史图表上看就是可持续的，于是分析师持续不断地增加收益预测值，以跟上 Netflix 实际增长的步伐。所有这些增长对股价造成的影响很明显，2008 年和 2009 年一开始是收益的增长，然后因为投资者争相购买，市盈率倍数也开始增加。

表 7.1 还说明，截止到 2009 年 12 月中旬，Netflix 的股价与标普 500 指数在 2008 年和 2009 年的对比。底部的虚线代表了标普 500 指数，与 Netflix 对比，简直看不到什么前途！中间平滑的细实线显示了 200 天的移动平均值：Netflix 不断向上突破关口，显示出很大的相对强势。在过去的几年中，Netflix 股票市盈率也发生了巨大的变化，在 20 倍与 50 倍之间高位变动，这说明市场愿意为这只明星股支付的价格是其年收益的 50 倍。

如果你认为这种惊人的增长只能在美国出现，那就错了。在英国也有机会出现此类超级成长股。如果在英国寻找一个与 Netflix 类似的成功，那就可能是 ASOS（As Seen On Screen），这也是一个基于网络的成功。这个网络时尚店已经取得了巨大的成功，成为一个名副其实的十倍股。从 2001 年的每股 23 便士开始上涨，到 2009 年年底股价几乎达到了 500 便士。图 7.2 说明了 ASOS 的成功。经过几年的平缓期，在 2004 年初该股票开始显示出向上的动量；到 2007 年夏季，股价获得了一次实实在在地快速推升，在 12 个月内从 115 便士上涨到了 400 便士的峰值。图中处于底部的粗实线是富时 100 指数，可以用来参照对比。

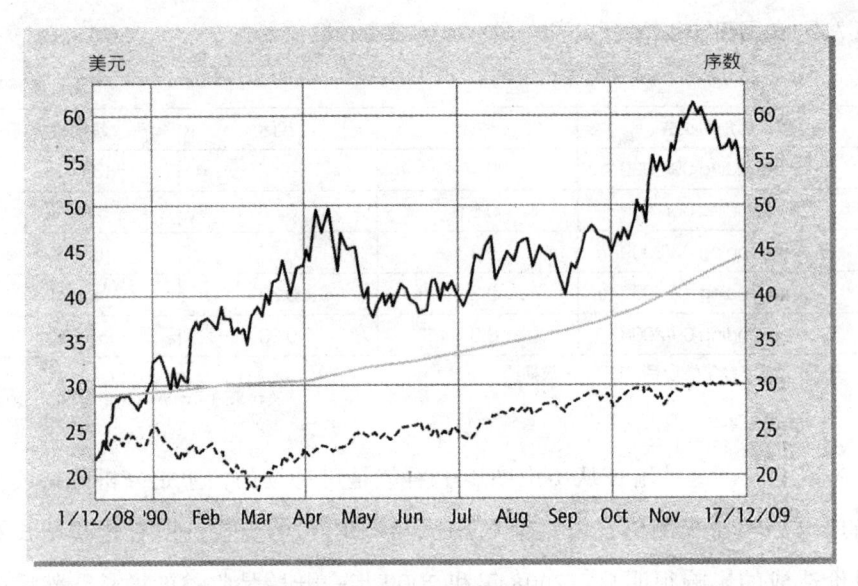

图 7.1　Netflix 相对标普 500 指数的股价表现

资料来源：www.ShareScope.co.uk.

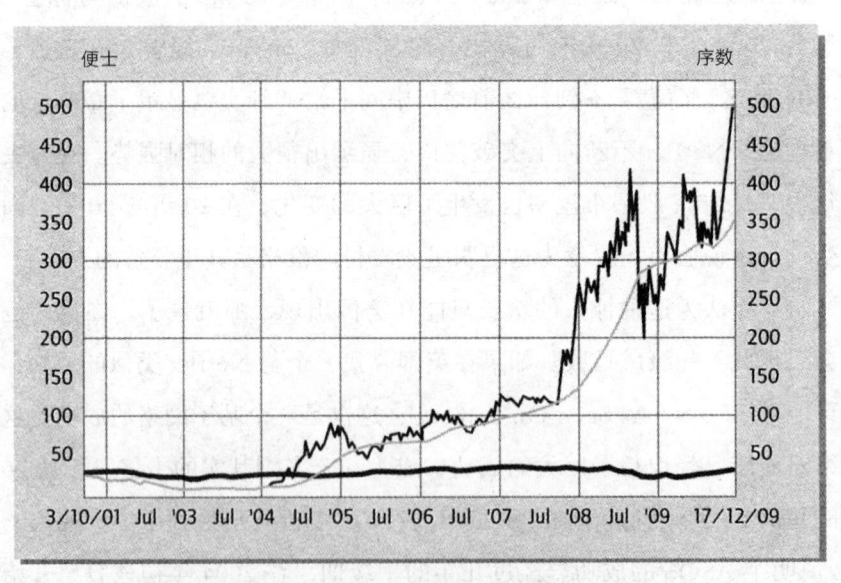

图 7.2　ASOS 相对于富时 100 的股价表现
　　　　（2001 年 10 月 3 日到 2009 年 12 月 17 日）

资料来源：www.ShareScope.co.uk.

在我们详细研究其强势动量的起因之前，有必要了解它在获得动量之前的一段相对长的徘徊期。图 7.3 显示了 ASOS 股票从 2001 年到 2004 年夏季期间的情况。处于顶部的粗实线是富时 100 指数，以此为基准；处于中部的细实线是 200 天移动平均线。可以看出 ASOS 股票在此期间的大部分时间是弱于整个市场的。然而，在 2007 年夏季，相对弱势的状况消失了（见图 7.4），并且几乎没有什么可以阻挡 ASOS 表现出来的强势，即使 2008 年在 Hemel Hempstead 的仓库大火也只能让股票的升势延缓几个月。

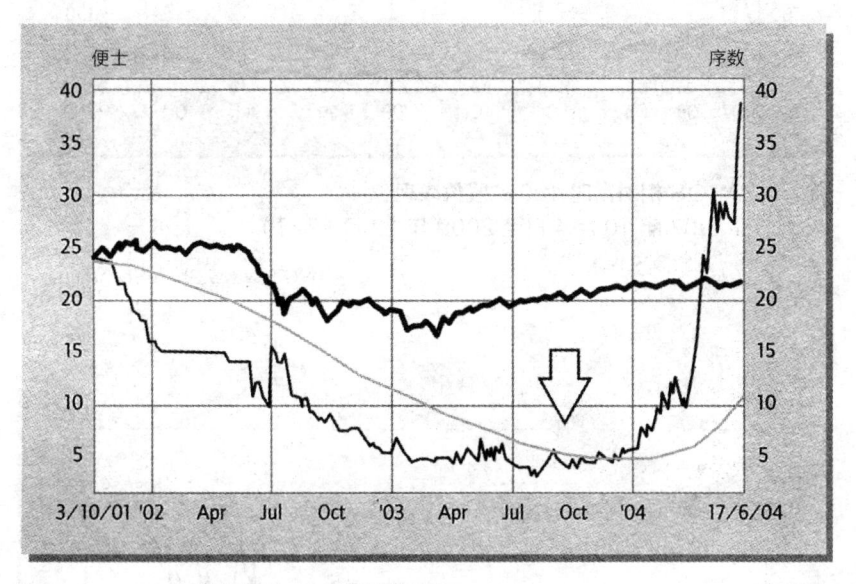

图 7.3　ASOS 相对富时 100 的股价表现
　　　　（2001 年 10 月 3 日至 2004 年 6 月 17 日）

资料来源：www.ShareScope.co.uk.

图7.4 ASOS 相对富时 100 的股价表现
（2007 年 10 月 4 日至 2009 年 12 月 17 日）

资料来源：www.ShareScope.co.uk.

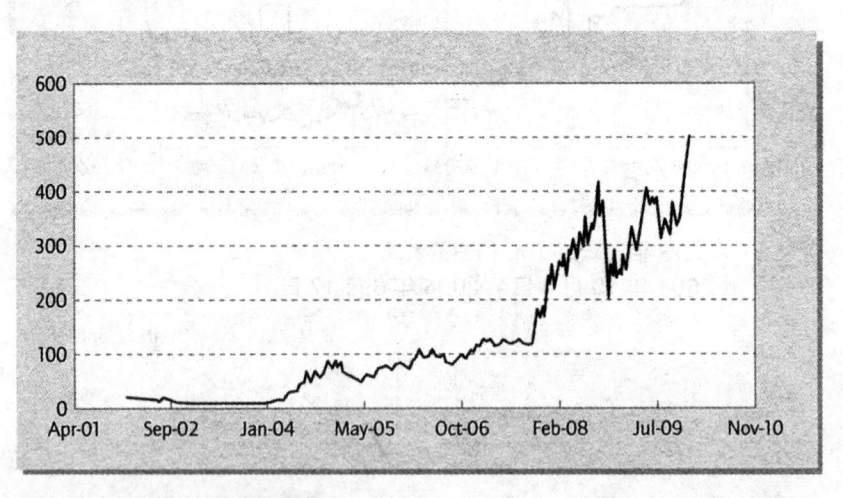

图7.5 ASOS 的股票交易量

资料来源：Investor Ease.

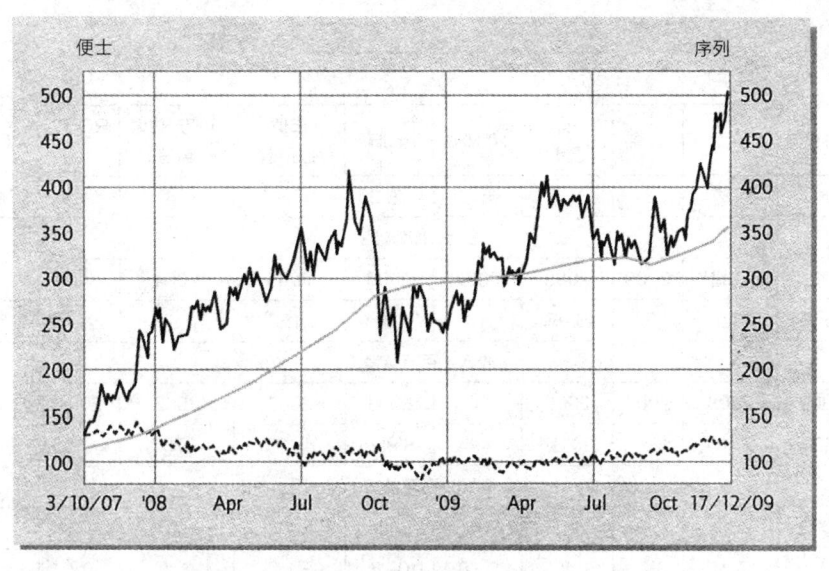

图 7.6　ASOS 相对 Tesco 的股价业绩表现

资料来源：www.ShareScope.co.uk。

股价的强势也同样反映在另一个分析师常用的指标上——股票日交易量。图 7.5 说明股票交易量几乎完全对应了股价不断持续上涨的趋势。

最近几年，这家零售商甚至已经超越在英国最强大的零售商 Tesco。图 7.6 显示了 ASOS 和 Tesco 股价的表现。底部细虚线是 Tesco 的股价走势。

表 7.2 清楚地说明了 ASOS 成功的原因。它真正成为了一个赚钱机器。销售额从 2001 年的不足 100 万英镑上涨到了 2009 年的 1.65 亿英镑，同时利润从亏损 50 万英镑转变为赢利 1,410 万英镑。在此期间，销售收入和利润每年都实现了增长。

表 7.2 ASOS 分析

股票代码	收盘	价格	股价（便士）	1年涨幅	5年涨幅	市值（百万英镑）	净资产估值（英镑）	ROCE(%)	PCF
ASC	4.87	-3.6	1.17	95.58	476.33	356.2	34	59.1	26.9

EPS动态预测							
PE	EPS增长	2009	2008	2007	2006	2005	2004
26.89	36.58	13.6	6.95	3.4	2	1.3	0.99

收入（百万英镑)								
2009	2008	2007	2006	2005	2004	2003	2002	2001
165.4	81.04	42.61	20.37	14.42	8.956	4.104	1.702	0.335

利润（百万英镑)								
2009	2008	2007	2006	2005	2004	2003	2002	2001
14.1	7.31	3.37	1.405	0.88	0.26	-1.7	-1.11	-0.49

毫无疑问，此时分析师已经醒悟过来，认识到了这个小盘股的潜在价值。表 7.3 显示了各个券商对 ASOS 的 2009 年盈利预测。它们的分析意见一致，认为应该买入。

与 Netflix 相比，ASOS 也许是一个十倍股的更好的代表。这里有一处关键不同——当 Netflix 不断超过分析师的预期，取得良好收益的时候，ASOS 则显得一直是慢慢吞吞。表 7.4 显示在 2000 年后的五年内分析师对它的盈利预测的变化。该表引自 Investor Ease 软件，说明了 2000 年～2005 年之间预期每股收益的变化。可以看出，实际收益的结果总是滞后于券商的预期。

表 7.3 券商对 ASOS 收益的看法（2009 年 9 月）

券商名称	意见	预测时点	股息预测	确认日期	EPS预测
Investec Securities	买入	02/11/2009		12/11/2009	16.86
KBC Peel Hunt Ltd	买入	11/09/2009	2	11/11/2009	19.7

续表

券商名称	意见	预测时点	股息预测	确认日期	EPS预测
Numis Securities Ltd	买入	30/09/2009		10/11/2009	17.5
SG Securities	买入	13/10/2009		10/11/2009	18.11
Shore Capital	买入	06/07/2009		06/11/2009	19
Arden Partners	买入	27/07/2009		03/11/2009	18
Singer Capital Markets Ltd	买入	06/07/2009		03/11/2009	16.7
Evolution Securities Ltd	买入	30/06/2009		02/11/2009	19.2
Seymour Pierce	买入	07/08/2009		02/11/2009	17.9
Altium Securities	持有	06/10/2009		30/10/2009	17.1
Fyshe Horton Finney Ltd	持有	28/07/2009		28/07/2009	
Consensus	买入				17.71

表7.4 2000年~2005年间ASOS的盈利预测变化

	统计时点	估值时点	利润（百万英镑）	+/-%	EPS（便士）	+/-%
实际		31/03/05	0.88	-20.00	1.30	-3.70
预测	05/07/05	31/03/05	1.10	-15.39	1.35	-27.81
预测	13/05/05	31/03/05	1.30	-15.03	1.87	-10.53
预测	09/02/05	31/03/05	1.53	4.08	2.09	2.45
预测	10/12/04	31/03/05	1.47	-0.68	2.04	-0.97
预测	05/11/04	31/03/05	1.48	1.37	2.06	8.42
预测	01/10/04	31/03/05	1.46		1.90	
实际		31/03/04	0.67	-43.70	1.00	-42.53
预测	14/06/04	31/03/04	1.19	21.43	1.74	19.18
预测	19/03/04	31/03/04	0.98		1.46	
实际		31/12/03	0.12	-72.73	0.19	-69.84
预测	14/06/04	31/03/03	0.44	25.71	0.63	18.87
预测	19/03/04	31/03/03	0.35		0.53	
实际		31/12/02	-1.70		-2.80	
实际		31/12/01	-1.11		-2.60	
实际		31/12/00	-0.49		-1.70	

资料来源：Investor Ease.

同样以 ASOS 和 Netflix 为例，我们应该好好探寻它们之间众多的相似点，以发现其共同点内在驱动力量。

在这两个案例中，增长的原始驱动力都在于成功建设了一个品牌——网络上快速增长并有着忠诚度的客户。这个因素反过来成就了持久的销售收入和收益增长。而且即使是销售高速增长，这两个企业的净利率仍保持恒定，没有下降。

当受关注度增加，大量券商开始跟踪研究该公司时，收益增长引擎将成为选股游戏和收益增长预测游戏中最性感的核心。在 Netflix 的案例中，很明显那些分析师的预测没有能成功地跟上它每季度的实际增长，所以让 Netflix 不断地显示出"收益增长异常"。在 ASOS 案例中，尽管公司表现持续没有达到预测，但是由于分析师十分严谨，所以也没有太多的异常出现。

当商业模式的成功被确认后，基金经理和职业投资者们蜂拥而至，很快就把股价推得非常高——还可以从股票交易量上进一步验证这种趋势。当动量快速聚集时，投资者们就不再恪守基本面数据（这时从此类数据看股价的话，股价已经非常高了）——他们考虑的是一只股票技术面的强弱，那些短线投资者不断买入，因为他们相信从相对量上看，该股票表现还将持续好于大盘。那么为什么投资者突然愿意给予该股票更高的市盈率？动量驱动力可以给予解释。

在前一章中，我们介绍了以合理价格投资成长股策略，我们观察了收益与分析师盈利预测之间的关系。在本章中，我们将探讨另一个成长股的基本因素——动量（译者注：亦可称为"惯性"）。我们发现一只股票的股价表现强于大盘时，往往会再持续获得更强的上涨，针对这个现象，很多专业学者进行了研究探讨，其中包括类似被称为现代市场有效假设理论之父的尤金·法玛这样的大家。动量效应是有效市场假设的最大缺憾，也是市场有效理论无法用风险溢价进行解释的最大谜团，但是动量效应对投资来说又很重要。人们甚至因此给了动量效应一个绰号——"头号市场异常"

(Premier Anomaly)。

头号市场异常——动量机制

埃罗伊路·迪姆森（Elroy Dimson）和保罗·马修（Paul Marsh）教授在他们2009年版的年度瑞信环球投资回报年报(Credit Suisse Global Investment Returns Sourcebook)中提醒我们，经济学家法玛和弗伦奇试图对动量效应做出解释，并且为此赋予了该效应"头号市场异常"的称号。蒂姆森和马修之所以要提醒这一点是因为借助这些文献我们明确地看到，即使市场有效论者可以不承认价值投资的地位，但却无法否定动量的真实存在。分析师们已经开始质疑小盘股效应及其价值溢价，但是动量效应却无可置疑。在蒂姆森、马修和斯汤顿2008年为荷兰银行（ABN AMRO Bank）撰写的投资年报中，他们使用了一个简单的策略来验证动量效应。在该分析报告中他们这样定义该策略："纯粹的动量策略需要将股票按照过去某个特定时期的回报进行排序，然后买入排名靠前的，卖出排名靠后的。再持有一段时间。为了有可操作性，在投资之前设置一个等待期。因此该策略被命名为'R/W/H'（ranking/waiting/holding）。例如，一个'12/1/1'策略表示按照过去12个月的回报进行排序，等待1个月，然后持有1个月直到下一次再平衡。"[1]

蒂姆森等人对这个简单的12/1/1策略进行了测试。按照他们的说法："在英国整体市场中从1956年到2007年（因为在此期间有综合数据可查），过往投资于（排名前20%的股票）的回报超过了（排名后20%股票）每年10.8%。另外，如果在1900年起始投资1英镑到'赢家'构成的投资组合，现在将增长到425万英镑（15.2%每年），1英镑投资到'输家'，则

---

[1] The ABN Amro 2008 report is available at http://www.london.edu/assets/documents/facultyandresearch/786_GIRY2008_synopsis%281%29.pdf.

为 111 英镑（4.5% 每年）。"[1] 这几位伦敦商学院的教授还对他们的模型做了些调整：

- "不考虑市值权重等因素，而是按照同样的动量指数区分后，计算出的赢家和输家之间的差异达到了 12.0%（译者注：显然比上面 10.7% 的差值要高）。
- 把赢家和输家的范围定义在排名最前和最后的 10%（不是之前的 20%），这两组之间投资结果的差距依然很大。
- 当投资者把投资范围限定在头 100 只股票时，赢家减去输家（WML）计算出来的差值减小到每年 7.0%。但是，在流动性很好这 100 只股票中，这种策略是很容易操作的。"[2]

详见图 7.7 和图 7.8。

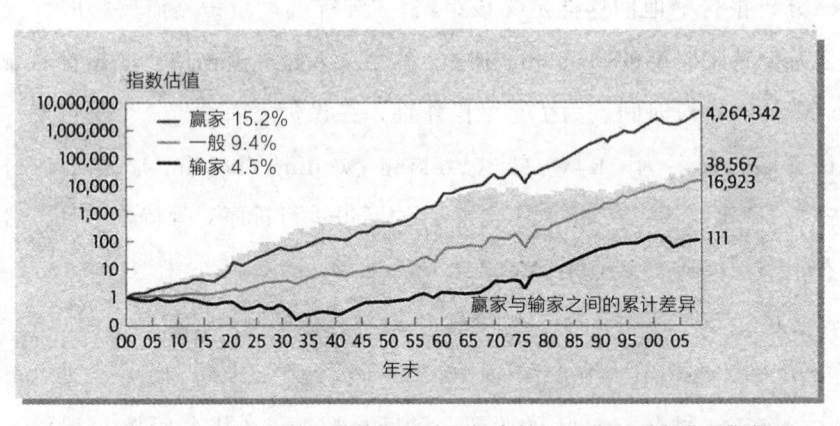

图 7.7　1900 年~2007 年英国价值权重动量组合前 100 名股票年化回报情况

---

[1] The ABN Amro 2008 report is available at http://www.london.edu/assets/documents/facultyandresearch/786_GIRY2008_synopsis%281%29.pdf.

[2] 同上。

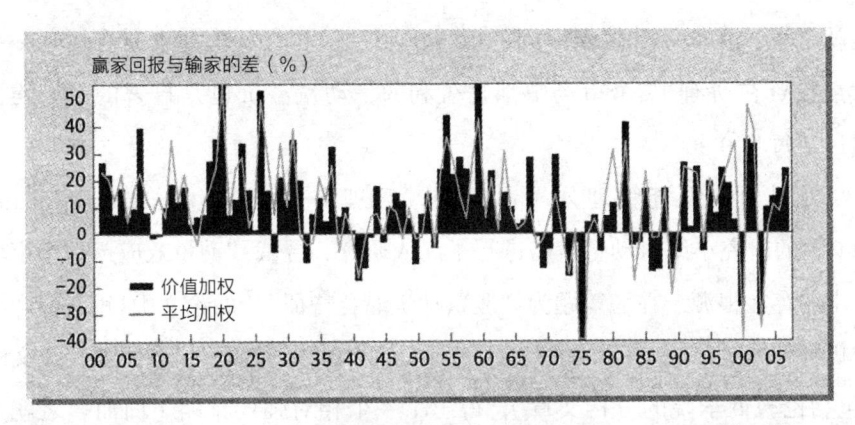

图 7.8　1900 年~2007 年英国赢家与输家回报差，前 100 名股票的回报

蒂姆森等人的结论："在英国和全球范围，动量效应都一直存在，显著地存在。尽管独立执行这个策略的成本比较高，导致该效应在操作上有难度，但是所有投资者都应该意识到它的存在。哪怕你确实感到无法利用它，但动量却实实在在地影响着你的投资收益"。[1] 对此还有这样的一个劝诫："动量策略的玩家需要一颗坚强的心，因为很多时期'赢家'不如'输家'，甚至业绩大大低于输家。"[2] 另外，交易费用显著地侵蚀了动量策略投资的收益。但是即使如此，该策略的回报还是明显的、一致存在的，而且已经超越国界，在全球都是这样。

在 2009 年，伦敦商学院重复了之前关于动量策略的测试，得到了与瑞信报告相同的结论。

我们把投资组合的构成范围限定在流动性好的股票上（最大的前 100 名公司），研究英国市场的情况，并且其采用了之前没有人研究过的长跨度样本期（109 年）。从 1900 年到 2008 年，每年年初从整体市场中选出前 100 强的公司，执行该投资策略，结果赢家超越输家每年 10.7% 的收益，

---

[1] The ABN Amro 2008 report is available at http://www.london.edu/assets/documents/facultyandresearch/786_GIRY2008_synopsis%281%29.pdf.

[2] 同上。

也就是说，在赢家和输家之间的差异按照每年 10.7% 的速度复合增长……动量投资在所有 17 个市场中都是盈利的，动量溢价也是显著的……均值超过了每月 0.80%[1]。

美国加州投资管理公司锐联资产管理有限公司（Research Affiliates LLC）的研究小组对动量策略进行了深入研究，寻找"动量效应"这个市场异常的存在根源。在一篇题为"股票动量综合特征"[2]的论文中，锐联资产的分析师韩冰（Bing Han）和杰森·苏（Jason Tsu）回顾了所有主要相关文献（包括伦敦商学院的分析文章），得出了一个相对强弱策略（简而言之就是"买入过去 3 到 12 个月高回报的股票，卖出同期回报最低的股票"）。尽管他们也在意伦敦商学院提出的劝诫，并对此做出了相应安排，但是该策略的效力还是普遍性的。他们引用了一项库珀（Cooper），古铁雷斯（Gutierrez）和哈梅德（Hameed）在 2003 年的一项研究，该研究认为："动量效应带来的超额利润取决于市场的状态。从 1929 年到 1995 年，动量效应利润的月平均值为 0.93%，而在整体市场回报为负值时，其月均值为 −0.37%"。[3]

但是分析师们提出了警告："长期看来，动量效应也将慢慢地消失。例如，以过去六个月的回报为基础构成的投资组合，随后 12 个月的回报为 9.5%，但是在随后的 24 个月后变成了净亏损。"[4]

韩冰和杰森·苏还回顾了动量效应之所以显著存在的根源，对众多研究成果进行了综合总结。他们得出这样的结论：从持有量和覆盖率上看，那些没有被机构关注到的股票的动量效应最强，所以动量效应是对承担额外风险的补偿。他们还认为，投资者面对的是对股价和收益增长预期有系

---

[1] Credit Suisse Global Investment Returns Yearbook 2009 by Elroy Dimson, Paul Marsh and Mike Staunton, available at http:// emagazine.creditsuisse.com/ app/ shop/ index.cfm?fuseaction=OpenShopCategory&coid=254070&lang=EN.

[2] Available at http://www.researchaffiliates.com/ideas/pdf/A_synthesis_on_stock_Momentum.pdf.

[3] Citation. Gutierrez, Roberto C., Cooper, Michael J. and Hameed, Allaudeen, *Market States and Momentum* (2003). Available at SSRN: http://ssrn.com/abstract=299927 or doi:10.2139/ssrn.299927.

[4] 同上。

统性偏好的市场：所以他们对于企业具体短期前景的信息反应不足，并且在买入过去赢家和卖出输家时则反应过度！

研究学者，特别研究行为经济学的学者，非常喜欢对动量效应这个市场异常进行持续深入研究，但是公平地讲，他们的确取得了在常规研究之外的成果：

- 动量效应真实存在。买入比整体市场更为强势的股票，取得超额收益的可能性更高。
- 对于那些没有被机构关注到的快速增长小盘股，动量效应更加显著。
- 特别是那些增长异常强劲的，并开始被分析师关注，进而持续调增预测和评级的股票，是 ASOS 和 Netflix 成功所在的明显例证。

在过去的几十年中，许多投资理论家和专业作家都在试图综合利用动量效应，并寻找成长最快的十倍股。有些投资者已经开始以股价走势强弱为主要关注点，而另一些策略如 CAN SLIM，则更聚焦于小盘股的收益增长强弱和持久性。

CAN SLIM

大多数英国投资者可能从未听说过威廉·欧尼尔（William J. O'Neil），以及他那部著名的《笑傲股市》(How to Make Money in Stock)。更令人遗憾的是，美国投资者协会（AAII）按照欧尼尔的思想设计了经典的 CAN SLIM 选股方法，自从 1998 年设立以来，带来的回报超过了 2,700%。该方法甚至经过了 2009 年大熊市之后同样保持着成功，当同历史时期的其他策略的回报只在 40% 左右挣扎时，它的回报仍然达到了惊人的 97%。

该方法的成功也许更多地源于欧尼尔深入研究了究竟是什么造就了成功的企业，同时也造就了成功的股票。从 1960 年开始，他就通过他创办的《投资者日报》每天向机构投资者提供信息和数据，因此建立了一个庞大的数据库，记录了几千家上市公司的基本面和股价的信息。借此，他跟踪了从1953年到1993年的40年中500家最大的赢家。如欧尼尔所说，发现成长股的本质在于从过去的赢家中找出最成功股票的特性。[1] CAN SLIM策略充分利用了该项研究的成果，我们可在其网站上看到详细信息（http://www.canslim.net）。

值得关注的是，欧尼尔对价值投资不感兴趣。他深深地相信股票是按照其价值被卖出的，他认为市场对于那些低PE倍数股票的定价很可能是正确的。欧尼尔认为PE倍数不重要，其历史记录可以证明"他是这么说，也是这么做的"。他对资产负债表和内在价值不是特别感兴趣，他在意的是他买入的企业是否能快速增长，市场是否认识到了企业在快速增长。

对于欧尼尔来说，最关键的核查是企业收益。他寻找的是那些季度增长同比超过18%~20%的企业。他特别喜欢那些"推动收益增长的引擎"正在启动的公司，比如有新产品和服务推出的企业。

在详细描述欧尼尔的策略之前，我们有必要解释一个关键点——他几乎是沉迷于季度数字的研究。他的方法要求使用者必须详尽地筛选最近一个季度企业经营成果。这个要求在美国是能够做到的，但是在英国却有着巨大挑战，因为大多数英国投资者只能看到上市公司的半年报和年报。不过虽有缺憾，但是大多数情况下也可以有一个不错的替代。

典型的CAN SLIM筛选法大概包含了以下指标（按照首字母分别说明）：

- C 代表目前的收益（Current Earning）。这里的关键是寻找到与去年同期相比EPS有了较大增长的企业。如欧尼尔所说："从1970年到1982年间的主要赢家中，有86%在最近一期的季度报告中公告了季度收益的大幅增长，其中有76%的企业增长幅度

---

[1] O'Neil, W. (2009) *How to Make Money in Stocks*, McGraw-Hill Professional.

超过了10%"。如果欧尼尔在美国股市中喜欢寻找季度收益同比增长为18%~20%的公司，那么在英国应该寻找那些在年报或者半年报中公告的增长至少达到20%的企业，收入则要求至少在30%以上。请记住，你所要寻找的是那些每个报告期的收益都在加速增长的企业。

- A 代表了年收益（Annual Earnings）。在过去的五年中，至少有四年的年度增长在20%到50%之间。但是这里有一个值得注意到地方："小心那些五年内年度增长达到惊人的30%，但是在最近两个季度的增长却显著放缓到10%~15%的公司。在大多数情况下避免染指这些公司。"所以，这项指标要求设置在五年和三年的增长率至少要求20%以上。

- N 代表了新产品。欧尼尔认为新产品或者创新服务是收益加速增长的引擎。他以美商雷氏国际股份有限公司（Rexall）为例，在1958年设立了新事业部"特百惠"（Tupperware，非常畅销的储物盒品牌），这使得其股价从16美元上涨到50美元。

- S 代表了股票的供需情况（Supply and demand of the share）。如果某只股票的可流通数量太少，那么小量的需求就能推动股价快速上涨，所以，美国投资者寻找的目标公司的可流通股应该在500万股到2,500万股之间。还要警惕那些在近两年内频繁拆股的公司，这种做法有可能引起股票数量过剩，从而弱化了股价。

- L 代表了领先和滞后（Learder or Laggard）。欧尼尔认为格雷厄姆对便宜股的偏好是完全不合时宜的。欧尼尔坚信股票贵是有道理的，这反映了股票价值在上涨，而那些便宜的股票只会越来越便宜。股价相对强度才是真正的关键。按照欧尼尔的说法，"从1953年到1990年表现最好的500家公司，在它们成为主要的领涨股之前，其股价相对强势指数平均达到了87（整体范围是1~99）。所以要避免呆滞的股票，而要寻找真正的领导者"。

- I 代表了机构持有。欧尼尔比较喜欢机构持股的股票，当然这也是有度的。他希望机构持股比例在 5%~25% 之间的股票。
- M 代表了市场方向。当大市不好的时候，很少有股票能逆势而动的。按照欧尼尔的观点，投资者仅仅应该在股市整体（标普 500 指数）上行时买入股票。

欧尼尔这样总结自己的投资哲学：

我们买入基本面良好，收益和销售大幅增长主要源于新产品和创新服务的股票，并且要选择正确的投资时点，也就是在公司整合期和在股价大幅上涨之前。[1]

值得强调的是，欧尼尔认为投资者不必陷于众多潜力股中，关键点在于找准并买入正确的股票。正如欧尼尔自己在作"投机性常规当日交易员"（speculative day trader；译者注：与 in-and-out trader 相对）时所说："我的经验就是，你在市场中的目标不是为了看对市场，而是在你看对市场时能赚到钱。"[2]

英国市场中的 CAN SLIM 方法

英国投资者如何应用 CAN SLIM 方法呢？比较好的做法可能需要你进行两步筛选，其中第一步专注于收益状况。我们建议由以下五项指标构成第一步筛选方法：

- 当年的每股收益增长应该在 30% 以上。
- 在过去三年和五年的收益增长都应该在每年 25% 以上。
- 第三条还是关注收益情况，应该要求 PEG 小于 1；这一条很容易被忽略。

1　O'Neil, W. (2009) *How to Make Money in Stocks*, McGraw-Hill Professional.
2　同上。

- 股价应该实实在在地表现出向上的动量。最近一个月的和三个月的 RS 指标都应该为正数。
- 与欧尼尔表面上讲的话不一样，他还是关注资产负债表的。在他的书中，他还是非常小心地提出了债务方面的问题。这也就意味着应该设置一个相关指标，要求企业的杠杆率低于 100% 或者低于 50%。

第二步关注之前提到的"寻找收益在加速的证据"。查看最近一期的会计报表（可以是六个月的，也可以是一年期的），并且要找到当前的收益增长超越了过去三年或者五年。最核心的要求就是企业收益已经开始起飞了。另外，如果收益增长没有持续性，那就立即剔除该股票。

还应该关注企业的股权机构，看看是否有机构持股的现象（希望在 10%~20% 之间）。与此同时，管理层已经开始增持股票，因为这个行动告诉了我们其增长故事的真实性（如果董事们都开始卖出股票，那就要求我们对该股票敬而远之），并且管理层持股最好在 5% 以上。

如欧尼尔所预言的那样，你不能陷于那些符合标准的公司之中。残酷的事实是市面上没有那么多的十倍股，即使有这样的十倍股也很可能被忽略，也很可能没有被机构纳入研究和关注的范围，这个情况也困扰着 CAN SLIM 策略的应用。这些情况应该引起英国投资者们的警惕。对此类股票的筛选方法常常让人想到某只股票的增长故事的内幕消息传播，以及突然蹦出来的某只明星股。这类股票除了科技股之外，还有商务服务类和休闲服务类的股票。

但是这里有必要再次重申，这种筛选操作不会让你找出很多的赢家。这也不是该策略想要达到的目标。CAN SLIM 类型的筛选方法最根本的用途不是告诉你如何构建一个由"赢家"组成的投资组合，而是给你一个方法来找到明星，找到明天的十倍股。

小盘股投资

另一个最有可能找到明星股和超级成长股的方法是关注小盘股。那些有着巨大潜力的快速成长的小盘股更有可能成为明天的谷歌和Netflix。这个方法有着许多有影响力的学术研究成果的支持。这些研究认为，通常市值在1,000万英镑到5亿英镑之间的中小型公司更容易创造超额回报。

伦敦商学院的蒂姆森和马修教授联合荷兰银行所做的分析研究对此给出了更有力的证据。[1] 在过去几十年中，他们使用了一个独特的英国小盘度指数，也就是大家现在熟知的HGSC指数（该指数还有一个姊妹指数HG1000）。HGSC指数涵盖了市场中公司市值最低的20%的股票，相比之下HG1000覆盖了2%市值最低的股票。这两个指数已经有20年的历史，但是，蒂姆森等人把这两个指数向前推演应用到了1955年。

利用该指数对小盘股的研究结论令人震惊。HGSC和HG1000这两个指数的业绩表现比富时全类股指数（FTSE All-Share index）高许多，40多年间的"年化回报率"分别高出了3.5%和5.7%。这个业绩表现简单说就是，如果1,000英镑在1955年投入到HGSC中，今天价值将达到180万英镑，而投入到富时全类股指数的话，现在的价值则是40万英镑（该计算中假定将股息进行再投资）。假如你选择的是HG1000指数，那么你的回报更大，为460万英镑。

这个适用于英国的结论在全球范围同样适用。詹姆斯·奥肖内西（James O'Shaughnessy）在他那本知名著作《华尔街股市投资经典》也给出了他的类似发现。那些用市值衡量的小公司，真正的小公司，却带来了巨大的回报。在1951年到1996年的45年间，这类股票的年复合回报率达到了35%（见表7.5）。

---

1 The Hoare Govett Small Companies Index 2005 An Analysis for ABN Amro. Downloaded at faculty.london.edu/edimson/assets/.../Hoare_Govett_Book_4th_proof.pdf.

表7.5 小盘股回报

投资1万美元于1951年12月31日（排除百万美元的微型股），在1996年12月31日的价值		复合年收益	按市值调整后的夏普指数 1951~1996（越高越好）
所有股票	2.7	14.97%	49
大盘股	1.6	13.11%	48
小盘股	3.8	16.30%	50
标普500	1.7	13.39%	48
大于10亿美元	1.6	13.18%	48
5亿~10亿美元	1.9	14.04%	47
2.5亿~5亿美元	3.4	15.90%	50
1亿~2.5亿美元	3.4	16.51%	46
0.25亿~1亿美元	7.8	19.75%	48
小盘股（微型股）	NA	35.93%	64

资料来源：O'Shaughnessy, J. (2005) *What Works on Wall Street*, McGraw-Hill Professional.

甚至在调整小盘股特有风险补偿之后，其回报也远远超过大盘。同时他的分析还清晰地表明，不只是微小公司，所有市值低于2.5亿美元的股票，其回报率都超越了整体股票市场。

图7.9显示了英国股票按照市值排名列出了各自回报情况。

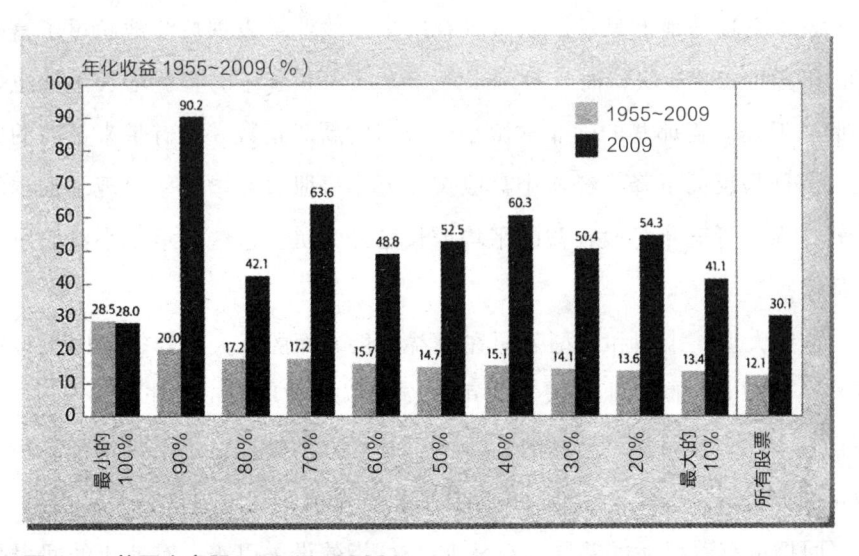

图7.9 英国小盘股，1955~2009

资料来源：E. Dimson and P. Marsh, *The RBS Hoare Govett Smaller Companies Index 2010*, Royal Bank of Scotland 2010.

小盘股的快速成长性

这种超额业绩背后的深层原因是什么呢？真正的答案也许很简单：小盘股公司比起大公司更容易快速成长。与此相关的证据见表7.6，来自被称作CompanyREFs的指引参考。本书其他章节会讨论如何用它来选股。表7.6显示了不同层面公司的增长率——按照富时100到富时新股指数（fledgling index）的市值大小次序进行划分。

表7.6 不同类型公司的年增长率（取中值）

指标	市场	富时100	中型250	小盘股	富时新股
当年EPS增长预测（%）	8.62	9.02	10.6	11.3	5.31
3年间EPS增长率	14.7	11	8.68	12.9	11.3
5年间EPS增长率	7.91	5.54	7.29	7.35	-1.33

资料来源：CompanyREFS, Hemington Scott, 2008.

表中有趣的地方是，我们可以看出小盘股业绩表现持续地超过了富时100和富时250板块，而且对未来一年、三年和五年的收益增长预期也是如此。但是涵盖那些的确非常微小的公司的新股指数并没有带来更高的回报，其回报反而下降。经典小盘股按照五年每股收益增长率出现了根本的反转，在最近五年每股收益的平均增长已经为负！这些揭示了小盘股所含的风险。

这些大型、小型和微型公司在收益增长方面的巨大差异的原因很容易解释，那就是风险。小盘股不大可能有良好的被历史证明了的业绩记录，而且其中许多公司甚至已经消失了——图7.10清晰地显示了每年都有相当数量的小公司（也就是我们所说的新股指数中的公司）退市。

回报也有着巨大的差异。自从HGSC指数设立以来，有5年的回报是负值，有13年的回报为正值。还有一些投资于小盘股时的不那么显而易见的问题。例如小盘股总是一个不被市场重视的板块。因为从定义上讲，在英国小盘股是那些市值低于 5 亿英镑的公司，所以很少会有银行或者烟草企业，更不可能有石化和燃气企业。另外，詹姆斯·奥肖内西提醒我们，他在分析中得出的回报对于大多数投资者可能只是一个传说，因为想要复制类似回报要求我们投资至少几百万美元到 2,000 只股票中。

这些风险在该奥肖内西开发设计的一个用于寻找筛选快速成长的小型股的策略中也有体现。并为该策略取名为"迷你泰坦"（Tiny Titans）。他对几十年的市场数据进行研究挖掘，探究该策略的有效性，并在他的最新著作《预测明日市场：未来二十年投资策略》（*Predicting the Markets of Tomorrow: A Contrarian Investment Strategy for the Next Twenty Years*）[1] 中给出了他经过深思熟虑找到的答案。他的观点是，当市场趋势出现时我们可以通过使用一些基本面指标对历史数据进行测试，从而发现这些趋势。奥肖内西对数据的研究挖掘一直上溯到 1790 年，他发现股票市场的一个趋势的周期大约为 20 年。按照这个观点，最近一个 20 年的趋势始于 2000 年左右，表现为中小盘股和大型价值股在此期间获得了更大的回报。那么我们如何找到这些有潜力的小盘股呢？可以考虑采用他的迷你泰坦策略，该策略用于筛选有着明确向上动量的便宜小盘股。

奥肖内西认为投资那些小盘股和微型股有许多优点。几乎没有什么分析师会特别关照这些股票，这样当它的潜力被市场认知和接受时，就给了我们很大获利的空间。另外，美国股市中的小盘股与其他"市值策略"的相关度较低。然而小盘股的波动性较大，所以它适合那些能接受投资组合有着剧烈振荡的投资者。为了能找到高回报、有潜力的小盘股，奥肖内西建议我们聚焦于下列几个关键指标：

---

[1] O'Shaughnessy, J. (2006) Predicting the Markets of Tomorrow: A Contrarian Investment Strategy for the Next Twenty Years.

- 市值。奥肖内西的迷你泰坦筛选方法的目标范围是那些市值在 2,500 万美元和 2.5 亿美元之间的公司。
- 市销率。该公司的市销率必须小于 1。
- 相对强弱。最终，入选投资组合的 25 只股票应拥有最大的 52 周相对强势（RS）。

这个策略有效吗？AAII 在过去几年中实际运行了该策略，事实证明该策略的确有效。在过去一年中，AAII 的迷你泰坦策略的 25 只股票投资组合的回报达到了 24.6%，过去 9 年间累计回报达到了惊人的 1,960%！

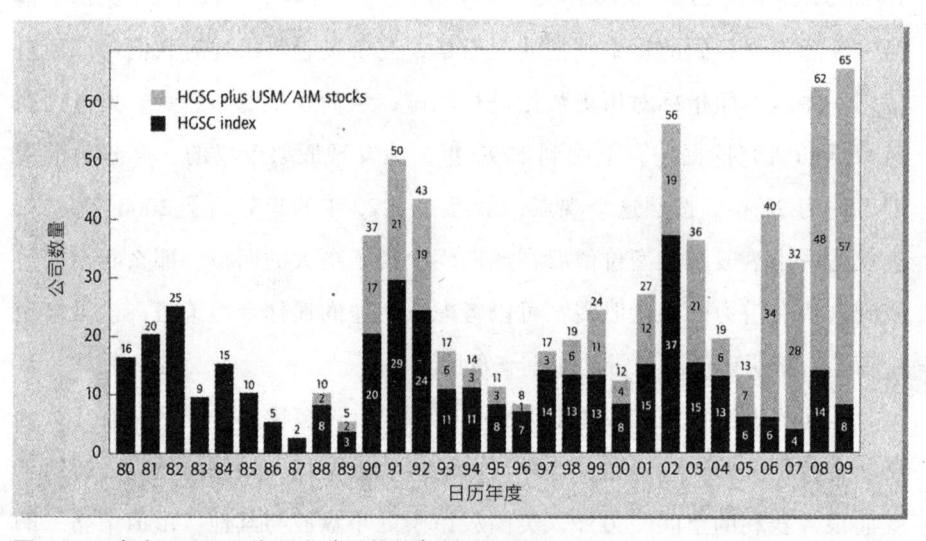

图 7.10 每年 HGSC 中退市（无价值）的公司数量

资料来源：E. Dimson and P. Marsh, ABN AMRO.

投资小盘股的傻瓜方法

弄臣网站（Motley Fool）的一些有着真知灼见的分析师给出了一个与迷你泰坦策略同样有趣的策略，可以用于筛选和定位那些快速成长的小盘股。这个策略目标更偏重于寻找那些处于早期阶段的潜力最大的小盘股。

与奥肖内西的观点类似，他们认为许多有趣的小公司不在券商和分析师的关注范围之内。事实上，他们认为这种情况出现对于他们来说是一个好消息，这意味着机会的存在。分析师，新闻传播机构和专业刊物的内容已经完全被快速成长的大企业占据。按照弄臣网站的说法，这些机构的专家很少关注到小公司。

弄臣网站的专家布莱恩·格兰尼（Brian Graney）观测了《商业周刊》在过去5年的档案，结果发现"有19个封面故事集中于6家公司——微软、苹果、AT&T、通用电气和太阳公司；在此期间作为封面故事的小公司只有3家，而且，对应的3期杂志的主题都是'快速增长的热点公司'。说到这里，其中的道理大家也都不言自明了吧。"[1]

但是弄臣网站也意识到，投资者对此种现象的忽视基本上是源于恐惧。很多传统的价值系统在小盘股方面并没有良好的积累。并且格兰尼注意到，尽管美国市场中四分之一市值在5亿美元以上的公司资本收益超过了15%，但是在小公司（销售低于5亿美元的公司）中能达到这个数字的只有八分之一。分析师发现将众多传统价值评估方法很难应用到小盘股的分析中，而且采用传统方式分析小盘股往往费力不讨好，无法获得好的回报。所以，他对此采取的策略就是，不嫌麻烦地全面覆盖（小盘股）。

基于以上认识而采取的这个策略被称为"傻八策略"（the Foolish Eight）。其美国原始版本中有8个关键指标，分两组列示如下：

第一组，与公司业务相关的基本面指标：

---

[1] 'Buy Small' by Brian Graney at www.fool.com/foolish8.

1. 收益和销售增长至少在 25% 以上。
2. 营业净利润率在 7% 以上。
3. 运营现金流为正。
4. 内部人（例如监事和董事）持有自己公司的股票（弄臣网站建议内部人至少持有 10% 以上的公司股份）。

第二组，采用了与股市相关的指标，用于捕捉那些流动性好，有着合理交易量和股价相对强势的股票。这些指标是：

5. 日交易在 100 万美元至 2,500 万美元之间。
6. 股价最少应在 7 美元以上。
7. 股票相对强势（RS）。

第八个指标是个有特色的指标：

8. 剔除了营业收入在 5 亿美元以上的公司（弄臣网站以此坚守对小盘股的偏好）。

把这些指标套用到英国市场并不容易。第一组指标比较容易在英国市场中运用，但是第二组指标套用时会遇到麻烦。英国市场中小盘股的市场容量比美国市场小得多，并且股价不低于 4 英镑（大致相当于 7 美元）的指标对于英国投资者来说有些莫名其妙，因为大多数英国股票都是以便士标价的，很少用到英镑。

英国版弄臣网站小盘股策略

英国版"傻八策略"的 8 条指标与其在美国的策略略有不同，侧重点也有差异。可以说是一个非常有英国特色策略。

其指标列示如下：

- 在最近三个月的 RS 属于市场的前四分位。这是一条严格的标准，要求公司股票动力十足，走在市场的前列。
- 净利率必须在市场的前四分位。在实践中，这意味着至少采用弄臣网站建议的 7% 的最低标准，最好能达到 10%~15% 的区间。
- 股价高于 10 便士。这条指标的设计目的是为了避免流动性不足（日交易量过低）。
- 市值应该在 1,000 万英镑到 1 亿英镑之间。
- 市现比（市值与现金流的比率）应为正数。这个指标实际上是剔除了现金流为负的公司，从而缩减了我们进一步筛选的范围。
- 过去三年的每股收益处于市场的前四分位，并且当年的收益应该较前一年增长至少在 25% 以上。
- 我们最后设计的一个指标 ROCE 不是那么正统，弄臣网站并没有涉及。这种设计的目的是为了应对弄臣网站"傻八策略"的一个缺点，就是小盘股的资本回报率和 ROCE 无法与大盘股相提并论。之所以选择 ROCE 是因为我们选择的是正在成长的小盘股，不仅仅表现在股价上，应让分析师们能知道公司的资本回报是有效率的。现实中，当小盘股快速成长时也能有着较高的 ROCE，并不是一个过分的要求。我们将此条指标的门槛设定在 15%。

第二阶段的筛选指标更加量化，主要关注企业的具体情况。这些指标是：

- 上一年的营业收入增长应在 25% 以上。
- 内部持股人（管理层）至少持有公司全部股份的 10% 以上。

- 最近两年的 ROCE 应达到 15%。
- 营业收入不超过 5 亿英镑。在实践中，这一条也可以设置得更低一些——大约 2 亿英镑左右。
- 确保营运现金流足以支付财务费用和股息。

应用这个筛选策略与 CAN SLIM 一样，入选的候选股票不会太多。最终大概能得出 12~20 只股票的清单。在这份清单中，你还需要进一步调查其中个股。

董事的交易行为

董事增持自家公司的股票，一直以来被分析师和投资者认为是积极的信号。如果公司董事都认为公司的股票在未来更值钱，那么我们私人投资者没有理由不跟随买入。吉姆·史莱特（Jim Slater），英国的传奇性投资大师，他坚信事实的确如此，他还将公司董事交易自家股票的行为作为他选股策略的一项重要指标。史莱特推出了"金融统计精髓"（Really Essential Financial Statistics：REFS）的在线服务，该网站的 CompanyREFS[1] 指南中，他提及了史密斯纽科公司（Smith New Court）1993 年 8 月的一项具有领先性的研究，该研究认为投资者可以通过跟踪上市公司董事们对本公司股票的交易情况赚取超额收益。按照史莱特的说法，当董事们自己进行交易时，我们可以思考其中的一些关键点：

- 相对于卖出行为，董事增持自己的公司是一个更为清晰明确的信号。他们卖出股票的原因可能有很多，比如购置新的房产、清偿债务或者就是为了改善生活。而董事的增持行为基本上只

---

1 Available online at http://www.companyrefs.com/Guide/guideindex.htm.

可能是一个原因，就是他对自家公司有信心，至少说明持有公司股票好过手握现金。董事们通常此时认为市场低估了他们的公司。该现象也有例外情况存在，比如董事买入资格股（译者注：就任重要职务时的必要股数），或者需要行使期权而买入股票，或者大股东象征性地买入自家股票以显示对公司的信心和兴趣。

- 当然，这种情形发生的次数较多时会让我们更放心。有三个董事或者更多的董事大量购入自家股票，显然比起一项孤立的交易传递出更强的信号。
- 董事买卖公司股票的行为需要与其手中的股票数量和涉及的交易金额联系起来。拥有一百万股每股价值一英镑的董事卖出2万股，算不上什么大事情。但是，如果将仅有的2万股悉数卖出，这就是一个值得警惕的信号。
- 买卖自家股票的董事的身份也很重要。董事会主席、总裁或者财务总监通常是最了解企业的三位董事。其他董事的交易行为虽然也有参考意义，但是他们毕竟不见得了解公司的全部。
- 还有一些董事处于规定的禁售期。了解这些信息，可以避免误把他们的行为当作了有意义的信号。[1]

并不是只有史莱特把董事们的交易行为作为强有力的信号来解读。许多成长型投资者，比如威廉·欧奈尔和理查德·崔赫斯（Richard Driehaus）也把董事买入行为作为一个重要信号，更有甚者，一家伦敦的投资企业已经把这种方法发展到了新的高度。诺克斯达西（Knox D'Arcy）投资管理公司的美辉证券（Mayfair）以董事交易行为为核心建立起了一套复杂的体系，借此可以整理出一个值得信赖的投资名单。诺克斯达西公司

1　Available online at http://www.companyrefs.com/Guide/guideindex.htm.

的分析师认为董事们比市场更了解企业，而且跟随他们进行投资的策略已经被独立研究机构证实能产生超额收益。最关键的是，他们已经将这种思想变成了一套量化投资策略，但是目前还没有一家典型的投资企业能揭示该策略体系的工作原理。该体系是建立在董事交易行为 14 年期的数据上的，该数据库包含了超过 710 万条记录和 18,200 名董事的交易历史。据我们了解，它观测了以董事交易行为为核心的几个不同要素：

- 交易动机（比如期权等）。
- 进行交易的董事的角色（比如总经理）。
- 与企业消息和经营成果相关的交易时机。
- 交易量和交易规模——相对值和绝对值。
- 公司的类型——规模、富时的板块归类。
- 交易的群体性。

通过以上的筛选，诺克斯达西将其基金集中在 40~80 只英国中小上市公司构成的投资组合中。该组合虽然偏好中小盘股，但是不会投资于市值小于 2,500 万英镑的公司。诺克斯达西还将该策略回溯到 1994 年~2007 年进行验证，表 7.7 显示，验证的结果是令人鼓舞的。当然这个结果只是回溯验证，而非真实交易的成果。

表 7.7 投资表现（1994-2007）

Simple strategy	120天平均业绩	120天年化业绩	交易数量	240天平均业绩	240天年化业绩	交易数量
所有	2.01%	4.22%	93,300	3.71%	3.87%	89,250
策略1	4.29%	9.13%	2,876	8.46%	8.83%	2,074
策略2	4.34%	9.20%	2,323	9.21%	9.16%	2,240

续表

Simple strategy	120天平均业绩	120天年化业绩	交易数量	240天平均业绩	240天年化业绩	交易数量
策略3	4.90%	10.40%	2,281	9.72%	10.14%	2,194
策略4	6.20%	13.39%	1,144	10.79%	11.26%	1,115

资料来源：Directors' Dealing Trust.

更为关键的是，诺克斯达西的分析表明，董事买入高峰期后的200~240天，其预测效力最高，换句话说，你最好在董事们买入自己股票并持有6~8个月后集中购入该股票。

图7.11显示，该策略在8个时间段内有7个的业绩表现超越了小盘指数。同时，图7.12显示该策略年平均超额回报部分达到了14.3%，也就是说在该期间，它的业绩超越了指数167%。

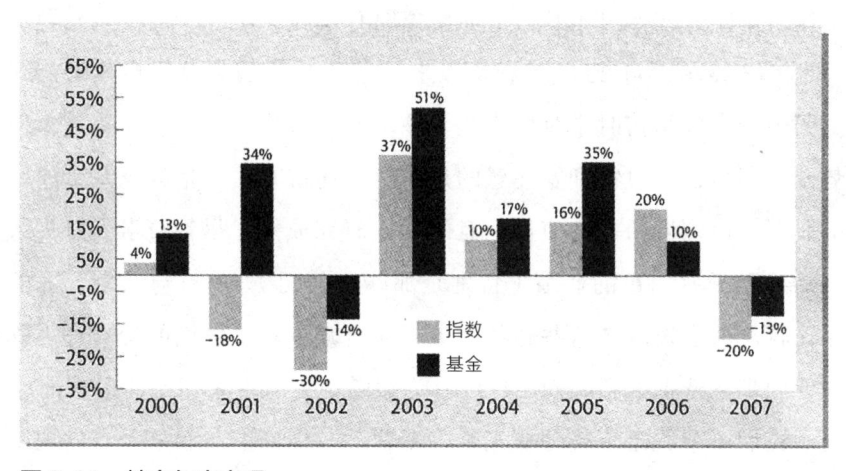

图7.11 基金年度表现

资料来源：Knox D'Arcy.

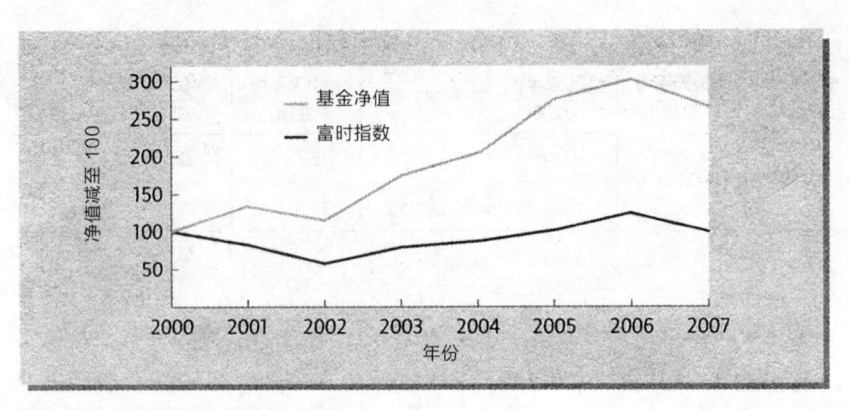

图 7.12　基金相对指数的表现

资料来源：Knox D'Arcy.

但是，特别请注意，该策略至今还没有在某个现实的基金中得到时间的充分考验。在 2009 年，诺克斯达西成功并购了小鹰（Eaglet）小盘股投资信托（小鹰属于竞争对手的一家基金管理集团）。该基金更名为董事交易投资信托，并且从 2009 年起已经开始卖掉原有投资，按照新策略进行再投资。

图 7.13 显示，自 2009 年春季以来该基金与英国小盘股指数的业绩对比。图中的实线是富时小盘股指数。该基金在价格上的确表现更好，但是优势并不明显，不过特别要注意的是它目前还持有了大量的老基金遗留下来的股票。该领域另一个值得注意的学术研究成果：尽管董事大量买入的公司的确随后有出色的业绩（特别是那些小公司），一旦与一个合适的基本相比较，就会发现"这些超额回报在显著减少，董事们的交易行为既没有为他们带来特别的高利润，也没有为跟随投资者带来超额回报。"[1] 该分析提醒我们一个关于定量分析策略的魔咒——理论上看起来合理的现实中不见得可行，尤其是把交易成本等因素考虑进去之后。尽管如此，即使以董事交易行为为核心的策略尚未得到充分实践证明，它仍然有其明晰的逻辑基础成为买卖策略中的一种。

1　Gregory, A., Matatko, J., Tonks, I. and Prtkis, R. (1994) 'UK directors' trading: the impact of dealing in smaller, firms', The Economic Journal, www.jstor.org.

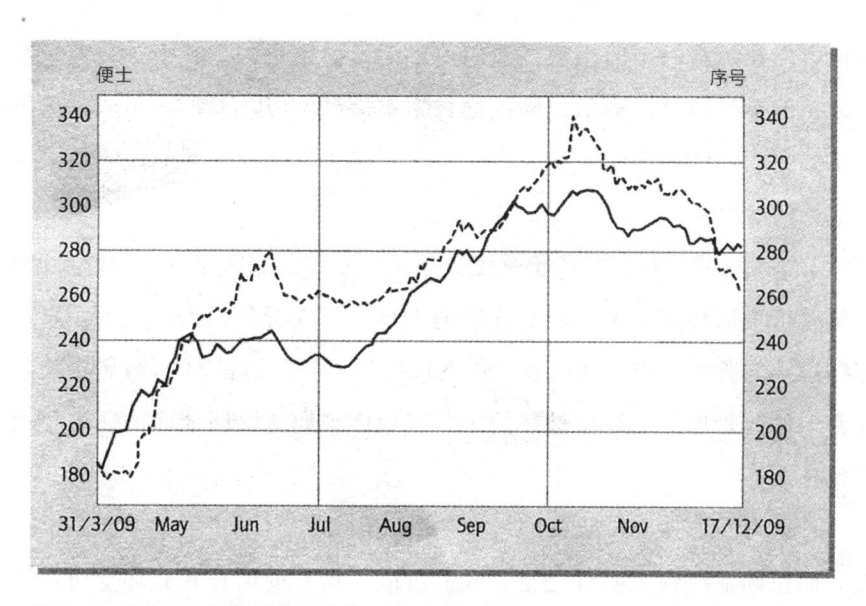

图 7.13 董事交易投资信托与富时小盘股对比

资料来源：www.ShareScope.co.uk.

为什么成长股的风险这么高

纯粹的成长股和发现成长股的策略都有着明显的高风险。它们天生就有着风险基因——所以我们反复强调其风险性！有一个小的案例可以帮助说明这一点。

在 2009 年末，我们使用了一个很简单的选股法，往前观察五年，并设置了每股收益增长的参数。该方法排除了近三年每股收益增长没有达到 10% 以上的股票，最后得出了在伦敦市场挂牌交易的 71 家公司，它们在 2004 年 12 月之前三年的每股收益增长在年 30%~40% 之间。需要重点强调的是，这些通过 GARP 指标的公司中没有那些微型企业，其平均市值在 30 亿英镑以上。猜想一下这个公司在随后五年（截止到 2009 年底）的回报？期间富时全股指数（FTSE all-share index）的回报率是 13.29%，然而这 71 家公司的回报率是平均损失 9.29%。这些收益增长的明星平均说来没有能超越富时全股指数！我们这里无意讨论是否是其中有数据挖掘的缘故，但是我们可以提示，即使把数据扩展到10年或者15年前，选出的样本公司的业绩仍旧跑不赢大盘。总之，过去的高成长并不说明将来还有高成长的潜力！

跟随市场并寻找那些股价强度高于平均水平的股票是一个冒险的游戏。迟早股价上涨将缓下来。回归均值的力量从长期看是相当惊人的。它说明那些攀升的股票最终会跌回来！试图保持每年收益增长50%或者更高是有悖常识的。管理层最终会被绊倒，跌回地面，同时跌回地面的还有公司的股价！

回归均值是高成长股票的一个风险，但是还有一个更大的风险——即使我们正确地找到了明日之星，我们可能将为它的增长和光环支付过高的代价。

锐联资产管理有限公司（Research Affiliates LLC）的创始人罗德·阿诺特（Rob Arnott）特别花费了大量时间来研究成长股的诱惑——即成长股的高股价。在他为《金融时报》撰写的一篇研究文章中，读者可以读到阿诺特对股票和价值的洞察。他认为，"假定我们能看清楚某公司所有未来的股息，那么该股票的价格就可以精确地计算出来，企业的公允价值也就能轻松地计算出来。因为我们可以计算出未来各个时点股息的净现值。"[1] 这的确将有助于我们看清未来：

> 根本不是那么回事儿（au contraire）。我们可以看清楚未来，通过返回过去的任何一个时点来看今天。举例说明，假定我们想要知道有着超人洞察力的投资者如何判定IBM和BP在1980年时的价值。我们可以看到公司从1980年至今的股息分配的分布。虽然我们不知道未来的股息分布情况，但是我们可以使用今天的价格作为市场对企业未来收益的折现。将这些价值总和

---

[1] Arnott, B.（2009）'Future tips from past clairvoyants', *Financial Times*, 9 August.

通过折现返回到 1980 年，我们就能像超人一样预知我们可以在 1980 年为该公司支付的价格……我们通过这种方法将公司当时的价格与最终计算出来的实际价值相比较，借此找出惊人的发现。[1]

通过这种与众不同的思想方法，阿诺特能够确认有些经典股票的价值有 20% 是基于未来 50 年或者更长时间的股息分布："如何得出这个结论的呢？很简单，1958 年公司的 20% 的公平价值包含在这些长寿公司的 2008 年价格中。"[2]

使用这种分析方法，阿诺特进一步研究了高估值的股票是否真的定价过高："我们可以比较市场的估值倍数（比如市盈率和市净率）与上文中的那些超人所给出的公平价值。我们发现过去市场给出的溢价和折价与超人们给出的基于未来股息折现的溢价和折价之间有 50%~60% 的相关性。"[3] 阿诺特认为如此高的比率说明"市场在区分未来赢家和未来输家的方面做得非常出色。市场为前者支付了溢价，同时为后者给出了较大的折扣。"[4] 但是市场是否区别定价过度了？阿诺特给出了肯定的结论。"平均看来，洞察力超人为那些前景良好的公司比那些停滞的公司多支付了 50% 溢价，但是市场则多支付了 100% 溢价。显然市场为将来的发展定了过高的价格，大约多支付的比例为 2∶1 。"[5] 到 2009 年，阿诺特更新了他的分析结论，他认为增长股已经不再是被给予两倍的溢价，而是 2.5 倍的溢价："这种溢价已经达到了洞察力超人过去愿意支付的三倍的价格了！"[6]

法兴银行的团队也对同样的课题进行了研究，得出了类似的结论。法

---

[1] Arnott, B.（2009）'Future tips from past clairvoyants', *Financial Times*, 9 August.
[2] 同上。
[3] 同上。
[4] 同上。
[5] 同上。
[6] 同上。

兴银行詹姆士·蒙蒂尔[1]的一篇论文中，研究了投资者相对于公司实际增长价值为增长股过度支付的程度。表 7.8 中显示了各个类别的实际业绩情况。与之前的观点一致，投资者为增长的期望支付了过高的价格，相对于狗股和整个市场而言，那些增长明星最终变得让人失望，分别比两者的业绩低了 6% 和 3%。

表 7.8　回报表现（%，每年）；美国（1985~2007）市场 =13.4%，
　　　　欧洲（1998~2007）市场 =14.3%

	期望增长	
过往销售增长	低	高
低	狗股 美国14.9% 欧洲19.5%	老狗，新招 美国13.2% 欧洲14.9%
高	坠落天使 美国13.2% 欧洲12.2%	明星 美国9.9% 欧洲12.4%

资料来源：Montier, J. 'Learn to love your dogs, or overpaying for the hope of growth (again!)', *Mind Matters*. Published in Montier, J. (2009) *Value Investing*, John Wiley & Sons.

法兴银行团队研究成果的另一张图（图 7.14）对该主题有了一些略显不同的观点。从价值股到增长股为区间进行分类，图中标记了美国分析师对这五类股票的增长预测和实际增长及历史增长的对比。其中价值股的增长率虽然没有达到分析师的预期，但是与实际相差不多，而这种预测与实际情况的不匹配（预测值基于分析师公布的数据）程度在增长股中明显加大了。增长股通常达不到人们的预期！正如蒙蒂尔给出的结论："值得关注的是，在过去的历史增长率记录和预测值之间的相关度 0.98，但是在增长预测值和未来的实际增长值之间却有着 –0.9 的相关度。"[2]

1　Montier, J. (2009) *Values Investing*, John Wiley & Sons.
2　同上。

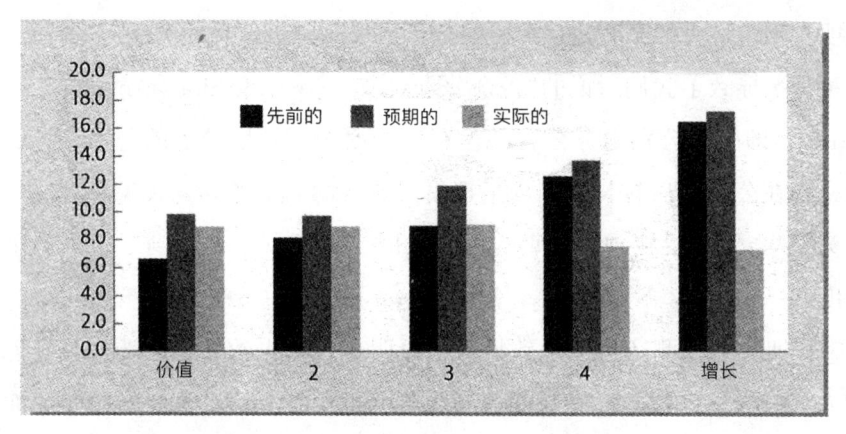

图 7.14 增长：过程，期望和实际（美国 1995~2007）

资料来源：SG Global Strategy Research.

这个结论引导我们应该思考增长股投资的一个重大问题——市场给予许多增长股的额外溢价是基于分析师对其未来收益增长的预测。我们之前介绍的众多投资策略都把股票未来的收益增长作为重要的指标——所以这些预测是至关重要的。

不幸的是，法兴团队的这项研究暗示我们，企业真实收益和分析师的预测之间的相关性非常糟糕，即使是短期的预测也同样如此。金融分析集团（First Call）提供的一项分析师预测的服务研究了自 1999 年第三季度的标普 500 中的 498 家公司的数据，发现从均值上看收益高出分析的预测 3 个百分点。美国投资者协会（AAII）做了同样的研究，发现以 2000 年元月 28 日为时点，在 4,328 家有着收益预期差异公司中，差异的中值为 2.4%。结论是，分析师们一致低估了短期收益增长，结果使得很多公司的收益在市场意料之外！公平地讲，这并不都是分析师的错。我们还应注意到公司的董事和高管层在引导着分析师的盈利预测。布法罗管理学院（Buffalo School of Management）的一位会计研究员徐卫红（音译）研究了 11,000 家企业的季报。在她的这篇研究论文中，她认为管理层在预测收益时往往低估了他们过去的预测错误对市场的影响。毫不奇怪，她的研究表明这种"过去的预测错误"影响到了市场对其最新预测的反应。特别是，这种情况导致了我们所说的"盈余公告效应"（Post-Earnings-Announcement Drift），即上市公司财务公告的盈利数据比上一年增长了的公司，其股票价格会在公告前后较长时间内呈现出一致性的向下漂移的现象。徐卫红还认为："当管理层在预测长期收益增长时，这种低估错误到了相当严重的程度。"[1]

长期收益预测还可能导致另一个更明显但是更致命的问题，与其他专业人员一样，分析师对中长期盈利预测非常糟糕。这个观察结论是显而易见的，不过托格林（Torngren）和蒙哥马利（Montgomery）在2004年的相关研究值得我们关注（在詹姆斯·蒙蒂尔的《投资行为学》中有论述）。学生和金融学教授被要求从一对股票中选择一个他们认为业绩能够胜出的股票。蒙蒂尔对该故事的结局是这样描述的："所有被选的股票都是我们熟知的蓝筹股。股票名字、行业和先前12个月的业绩都告知了测试者。总体上看，59%的学生自信他们有做出正确选择的能力，教授们更是有65%人有此自信。结果是，这两组最终的选择比起纯粹撞大运进行选择的结果都差。这就是说，你只要通过抛硬币进行选择的方式就可以战胜这两组专业人士！"[2] 更糟糕的是，按照蒙蒂尔的说法，当专业人士认为自己100%正确的时候，与之对应的事实是他们真的正确的时候不到15%！

蒙蒂尔的法兴银行同事还公开了他们针对这种分析师们系统性高估未来增长的现象套用在矿业股板块时的研究情况。从长期看，大多数矿业股都做到了每年大约5%的增长率。图7.15显示矿业板块收益预测增长的累计趋势，其中那条漂亮的平直曲线是该板块真实的长期收益增长累积趋势。由此可以看出预测和实际之间的巨大差异。

---

1 'Evidence that management earnings forecasts do not fully incorporate information in prior forecast errors' by Weihong Xu can be accessed at http://www.physorg.com/news177061971.html.
2 Montier, J. (2007) *Behavioural Investing: A Practitioners Guide to Applying Behavioural Finance*, John Wiley & Sons.

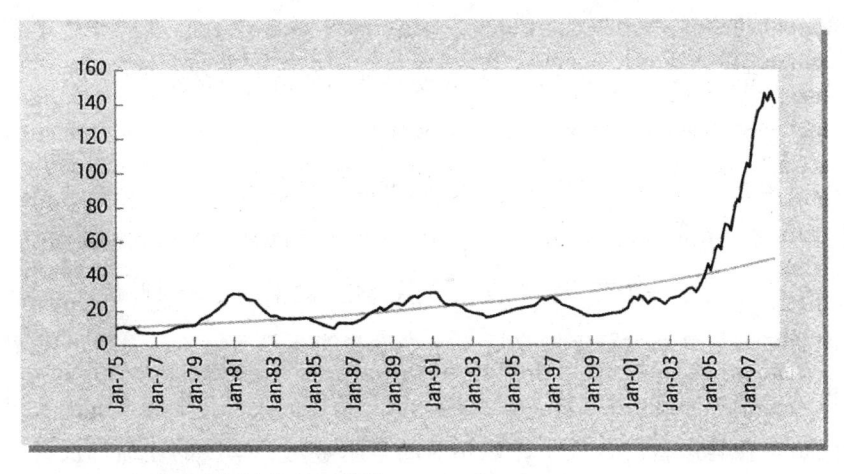

图 7.15　全球矿业板块收益及趋势

资料来源：SG Global Strategy Research.

我们以上讨论的收益预测之不可靠性或许还不足以让那些较真的投资者心生畏惧，因为他们认为其中还有一个关键的动量因素在起作用。本章前面也讨论了众多关于动量的学术研究成果，的确让人惊奇于动量效应的长期存在，但是这并不意味着动量效应总是存在，甚至在许多时点上并不有效。

这个重要提醒的支持论据来自对以交易为基础的现代策略的研究，这些研究的目的就是为了跟踪和捕捉到动量效益。《投资杂志》（*Investor Chronicle*）的艾尔基·霍尔（Agly Hall）运行了一个简单的基于对动量季度性监测的策略。按照霍尔的说法，他的策略基础是"买入富时 100 中前三个月表现最好的 10 只股票，卖空 10 只表现最差的股票"。[1] 在 2009 年的 12 月中旬，霍尔注意到该策略 2009 年几乎无法成功，并且"以大幅振荡的方式结束了 2009 年。自 2008 年 12 月，该策略的看涨部分一度取得了 56% 的涨幅……但在最近的第四季度，整体收益下降到令人失望的 3.8%"。[2] 但是这个摇摆不定的成绩最终被该策略看空部分的投资彻底拖累致死。看

---

[1] Hall, A.（2009）'Momentum's Mixed Message', *Investors Chronicle*, 18 December.
[2] 同上。

空部分的投资组合"把 2008 年 12 月 15 日投入的 10,000 英镑变成了现在的 1,875 英镑——这还是在没有扣除交易费用的情况下的结果"。[1]

有些资产管理人试图研究动量效应背后隐藏的思想，把它转变为成功的简单且可操作的投资策略，从而可以以此管理那些零售型基金。回顾 2008 年，Eclectica 对冲基金管理公司的创始人休·亨德利（Hugh Hendry）发行了一个英国相对动量产品，该产品采用了相对股价评分系统。该产品在当年夏季发行完毕之后，始终没有能获得大幅扩容。图 7.16 显示了该基金到其 2009 年 9 月关闭为止的回报情况，图中的粗线表示富时 100 的回报。在其短暂的过程中，该相对动量基金每一季度的业绩都没有能赶上富时 100——动量也许是最伟大的学术成果，但是却无法在日常交易中取得真实的成果。

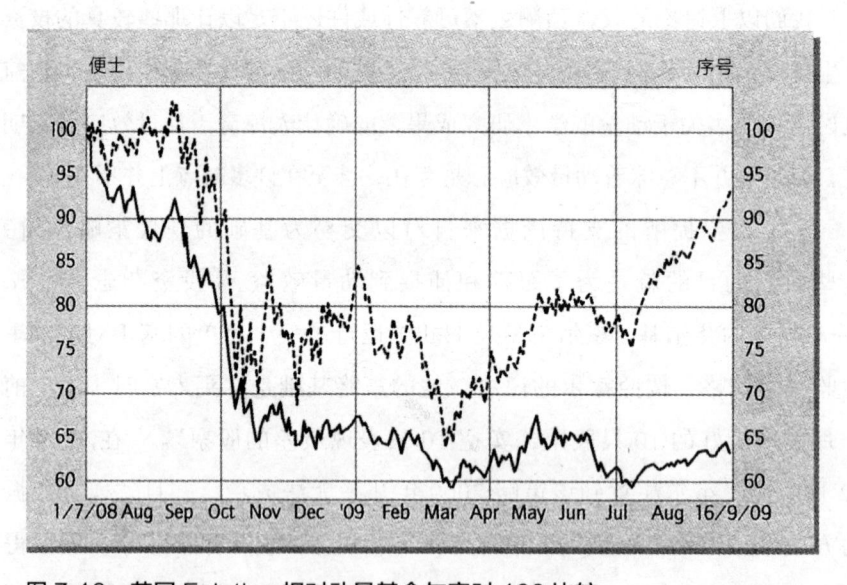

图 7.16 英国 Ecletica 相对动量基金与富时 100 比较

资料来源：www.ShareScope.co.uk.

---

[1] Hall, A. (2009) 'Momentum's Mixed Message', *Investors Chronicle*, 18 December.

总结

增长股的诱惑——走在市场的前头，找到明日的谷歌，这显然太具有吸引力了。如果你能成功将这个观念和想法变成一个现实的和可操作的策略，那么你将赚取无与伦比的超额利润，但是，这类策略里藏着太多的陷阱。

每年有无数的资金按照某种投资原则在市场上进进出出，很明显，这种投资于增长的策略体系必然受到经济周期的影响。换句话说增长股在熊市中的表现是非常糟糕的，因为投资者已经放弃了其他股票，集中于牛市大发展的股票。同样显而易见的是，尽管学术上证明动量策略效果显著，但是从我们对现实中基于动量的策略的了解，这类策略近年的光景可真是不怎么样，动量失败了。大多数分析师认为，那些把动量当作重要因素之一的增长股策略，在相对稳定的中性市况中和处于波峰的牛市中表现较好，而且波动性较小。现实中我们见到的对于动量效应最好的描述来自于最著名的不同意见者罗伯特·阿诺特。在对他的采访中，他是这么认为的：

> 动量在短期上有效，但是长期看没有效果。并且动量的作用会持续到它不再起效（译者注：即动量效用是突变的，而不是渐变的），这句话意味着当它不再有效时，你就亏大了。所以动量的问题在于它在市场反转时突然失效。所以即使你找到了表现突出的股票，也许通过动量的作用能越飞越高，但是建议还是开始抛售为好，而且请持续降低其仓位。因为最终它是要反转的。我们发现动量起效的时段按月计算，反动量起效的时段则按年计算；这可以说是一个规律。在过去五年表现突出的股票，在接下来的五年不大可能继续过去的辉煌，继续的可能性非常小。并且，尽管动量效应非常强劲，但它是一个短期现象。[1]

1　摘自与作者的访谈。

显然，对我们来说，基于增长的策略需要坚决摒弃情绪和情感上的判断，也就是说要求我们在该股票取得高增长之后卖掉它！这个做法类似于威廉·欧内尔和理查·崔赫斯坚持的一个观点——远离失败者。一旦你的增长股的驱动力消失后，就卖出这只股票。同样，采用增长股策略的投资者应该清醒地意识到其投资组合的风险水平——大多数持有增长概念的思想家认为应该严格止损和持续关注现状。

我们还认为，增长策略适合采用狙击手方法。这个方法在本章中讨论过，它在形成最终投资组合的候选股票清单方面非常有效。虽然宽泛的、基于动量的策略（选取大量的呈现正动量的股票构成投资组合）在某些时候的确有效，但是风险在于，对于时间有限的私人投资者来说，它很难用常规的方法进行风险监控，并且经常买进卖出的交易成本严重侵蚀了回报率，特别是当私人投资者无法从券商那里获得最优惠的交易佣金时，这种成本几乎不可承受！这就要求我们使用基于增长的策略时，有别于宽泛的组合策略，应采用精选的方法，寄希望于找到明日的十倍股！

第二部分

实践部分

第 8 章 如何考察一个公司

保罗·达雷尔·多尔曼

进入本书第二部分,我们将把注意力转到如何运用前面介绍过的理论和方法上来。私人投资者如何构建股票评估体系?究竟哪些因素使得一只股票具有投资价值的呢?应当选用哪些方法来确定投资的优先次序呢?在本章中,我们将请私人投资者和一家电视台(网络电视节目:《四只聪明的猴子》)各自选择一家喜欢的公司,然后进入尽职调查程序——既运用之前介绍的投资方法,也运用那些能帮助投资者以合理股价挑选到增长型公司的观念。以下是保罗个人关于公司分析、尽职调查和股票筛选的成功方法。

一个伟大的故事

每一项伟大投资的背后都有一个故事。这个故事可能是世界级的管理水平,新出现的必需品、企业并购或是经济形势突变——总之故事背后一定有致使股价上扬的因素。我们醉心于自己发现的这些因素,认为说不定第二天股价就会上涨,于是在看到结果之前就急于进行投资。

由于股价在不停地变化，人们害怕错失良机，因此投资者常常认为决策速度至关重要，他们所进行的研究往往仅限于那些股票预测文章，以及快速浏览走势图以确定股价的变动方向或者是否会有适当反弹。人们渴望充分利用速度的益处，却对花时间进行研究的益处视而不见。

这是一个信息空前丰富的时代。如今，私人投资者有渠道获取最新股价和历史股价，有能力从报纸杂志中搜索信息，讨论公告牌上的热门股以及浏览公司网页。迅捷的信息和强大的行动力导致投机泛滥，这一点可以从不断攀升的交易量中看出。

投资不仅仅是金钱的投入，同时也是时间的投入。每个公司都有一个故事，但如果你想成功，就不能指望一蹴而就，获得收益。在信息时代尚未到来之时，以投资技巧闻名的伯纳德·德鲁克就曾说过，投资者所犯的最主要的错误就是没有掌握准确的证券投资知识。基本上，他们对于公司的管理水平、盈利状况和未来增长预期知之甚少。

100年后的今天，研究发现仍然只有不到5%的投资者会运用年报，既包括现在的、也包括未来潜在的投资者，甚至是那些年报已经寄到他们家中的投资者。然而，年报恰恰可以反映一个公司的真实状况，包括公司管理层的讨论和分析、公司战略以及财务报表。我们可以在不到一秒钟的时间内下载到最新的年报，并结合历史年报进行分析，从而描绘出一幅逐年连续的画面。通过自己的研究，你可以检验它的正确性，也可以确保不遗漏任何一个细节。这将帮助你理解一个投资决策好在哪里，而不仅仅是远离坏的投资决策。

伟大的投资者（包括沃伦·巴菲特、吉姆·罗杰斯和本杰明·格雷厄姆）都进行他们自己的研究，并且极其重视年报分析。如果你也能做到这些，那么你就能拥有众多私人投资者和专业投资者所不具备的优势，但这需要时间。

本章将会介绍考察一个公司的关键步骤，包括考察公司的经营质量，也包括如何对其进行估值。本章将指导你分析一个公司存在的意义、运营状况及构建自身竞争优势的能力。在充分利用所有信息，并运用一种叫做折现现金流的方法来对公司进行估值之前，我们先要运用财务比率来甄别公司的业绩水平。

年报

在英国，所有的上市公司都必须编制年报，并在互联网上进行公布。本章将围绕上市公司伦敦证券交易所集团的例子（www.londonstockexchange.com）展开讨论。我们将会看到，所有投资观念都源自一种激情和一种最原始的兴奋。这家公司曾从投机引起的交易量增长中获益。这给了我们关于投资的一些经验和启示，但目前缺乏实证研究和充分的证据。

在伦敦证券交易所集团的网页上可以找到近13年的年报——该集团实乃向投资者披露信息的典范。我们将主要关注2009年的年报，而且本章所有研究和证据的唯一来源将是公司的年度报表和官方信息。

年报有助于我们理解公司以前年度的经营活动。年报并非只为股东服务，而是用来满足众多不同利益群体的信息需求的，了解这一点很重要。

主要内容

年报通常包括以下内容：

- 董事长报告
- CEO（首席执行官）报告
- 公司治理的审计报告
- 公司使命
- 企业治理守法声明
- 董事职责
- 股东周年大会邀请函

财务报表则包含以下内容：

- 审计报告
- 资产负债表
- 留存收益表
- 损益表
- 现金流量表
- 附注
- 会计政策

按照法律规定，上市公司的财务报表必须由独立的审计机构依照监管当局制定的标准进行审计。审计报告是一项非常重要的保护股东利益的措施：它包含了审计机构对公司财务状况和报表编制程序方面的观点。

过去、现在与未来

按照惯例，年报开篇通常是公司董事长或总经理所做的年度总结，而且那些大公司往往会用更长篇幅详尽地回顾全年的业绩。该一部分往往充满着光鲜靓丽的图片，简直可以和假日指南（除非亲自去到那里，否则你永远不知道是真是假）相媲美，通常建议投资者直接跳过去，从后面的财务信息开始阅读。年报通常包含两部分，一部分是促使你相信有足够充分的理由去投资的公关语言，另一部分则是与投资相关的审计信息，这些信息或印证或推翻前一部分的观点。不仅如此，年报还可以让你看到一个公司的过去、现在与未来。

当你投资某个行业时，除了要考虑投资时机和投资风险外，还要找出那些未来能够创造更多利润和更多净现金流（自由现金流）的公司。这样的公司已经形成确保其在一个又一个的经济周期和市场周期中生存下来的优势，而且经历了这些周期的洗礼，它们会比其竞争对手更为优秀，再加上处在一个我们之前认定的好行业中，所以就有了投资的价值。至于哪些公司的股价低于其内在价值，我们可以通过对公司的自由现金流进行估值来检测。

沃伦·巴菲特曾这样形容投资："简单，但不容易"。在考察一个投资机会时，避免对哪怕是最简单的问题轻率地下结论，这一点非常重要。例如，伦敦证券交易所集团由于其不断增长的交易量而被选中，这种假设可能很快转化为投资行为。然而年报却显示，尽管来自交易服务的收入在持续增长，但交易收入只占公司总收入的不到一半。仔细研究，你会发现交易量在短期内下降了。所以，年报包含了评估一个公司所需的大部分答案，但不包含问题。

作为投资者，应当永远都不缺少问题，而且应当更喜欢提问题而不是做假设。了解一个公司是如何运作的，不仅包括公司内部的运营状况，也包括与其竞争对手相比它的运营状态。发现那些能够推动公司创造更多利润或限制公司潜力的趋势，包括已经存在的或正在萌芽的。在考察伦敦证券交易所集团时，我们将提出很多潜在的问题，其中任何一个都有可能为我们的投资亮出危险信号。

竞争优势

从长期来看，使得不同公司的业绩和股价水平分出高下的关键因素就是竞争优势。沃伦·巴菲特把竞争优势和利润之间的这种联系称为"经济护城河"。护城河能够构建显著的竞争优势，使得公司更有能力为其投资者创造高回报。通过勾勒出一幅公司的全景图，再利用竞争对手的报告勾勒出一幅整个行业的图画，我们便可对该公司所面临的机遇和风险做出自己的判断了。以下四个关键问题是我们进行所有分析的基础：

1. 公司的目标是什么？
2. 公司怎样赚钱？

3. 公司现在运转得如何？
4. 公司与其竞争对手相比如何？

看涨与看跌

假如你只是去找买入的理由，那么即使是最坏的投资都能被证明是合理的。投资决策的做出应当建立在多方证据的基础上。在考察一只股票时，你可以同时把自己想象成一个看涨的投资者（寻找买进的理由）和一个看跌的投资者（寻找卖空的理由）。突出年报中关键的看涨点与看空点，以便于我们做进一步的调查。值得我们注意的是，年报通常会强调积极因素，并从积极的角度来解读存在的负面因素。

你需要认清形势，考虑各种因素对公司的影响，并做出决策。公司目前所处的不利环境会持续吗？这种不利环境给公司的收入和利润带来怎样的影响？会像其董事长所说的给公司带来机遇吗？

伦敦证券交易所集团：年报概览

公司的目标是什么？

为资金融通提供便利，为投资者提供丰富多样的投资产品，提高市场效率以降低资金、交易和投资成本。

那么，我们需要考虑公司以此为目标是否有意义。

公司怎样赚钱？

伦敦证券交易所有四大收入来源：

- 发行服务 9,000 万美元（年费 4,100 万美元；准入费 2,800 万美元；RNS 新闻服务 2,100 万美元）
- 交易服务 27,500 万美元（股票 18,400 万美元；固定收入证券 2,600 万美元；衍生品 2,500 万美元；4,000 万美元）

- 信息服务 18,300 万美元（数据收费 11,400 万美元；其他 6,900 万美元）
- 交易后续服务（清算费 5,300 万美元；结算费 1,700 万美元；保管费 3,400 万美元）

你要问问自己，你是否真正理解这些收入的来源？这些收入是否在增长？

公司实际运转的如何？

根据公司年报，在过去的五年中，各个领域的收入都在逐年增长。

董事长致辞

- 市场正在受到金融危机的影响（消极的）。
- 基础业绩良好（积极的）。
- 现金流充裕（积极的）。
- 市场（产品）变得越来越必要（积极的）。
- 在收购意大利证交所时支付商誉费 4.84 亿美元（消极的）。
- 收购带来交易后续服务的强劲增长（积极的）。
- 对增长至关重要的战略合作进展良好（积极的）。
- 股息有所增长，但仍旧有限（消极的）。
- 总经理人选变更（积极的或消极的）。
- 集团公司将继续寻找股权基金（积极的）。
- 市场预期仍将保持谨慎的试探状态（消极的）。

总经理致辞

- 商业模式的适应性强（积极的）。
- 本年度整合事务繁忙（积极的或消极的）。

- 在成本方面，合并达到了预期的协同效应（积极的，持续跟踪——可能会减弱）。
- 记名股在增长（积极的）。
- 新客户推动国际股增长（积极的）。
- 后半年股权交易有所减少（消极的）。
- 日交易额下降（消极的）。
- 交易量继续增长（积极的）。
- 为提高交易平台的速度和容量进行的投资（积极的，继续考察——可能会增加成本）。
- 衍生品交易量增长（积极的）。
- 信息服务增长（积极的）。
- 专业终端减少（消极的）。

市场走势回顾

- 金融危机对 GDP 的冲击（消极的）。
- 再股权化，即偿还债务、增加股权融资（积极的）。
- 交易的中心地位和高效的交易后续服务（积极的）。
- 多样化经营的益处（积极的，继续考察——公司的核心服务是否仍在继续增长？）。
- 技术，效率，新的交易类型（积极的，但可能会增加成本）。
- 行业继续衍生发展（消极的，可能会增大竞争）。

业务回顾

- IPO 业务减少——显著下降（消极的）。
- 客户总数量下降（消极的）。

- 意大利和伦敦的股票订单金额均下降（消极的）。
- 混合订单竞价交易（积极的或消极的）。
- 为目标顾客开发新产品（积极的，继续追踪——这些产品是成功的吗？）。
- 终端数量减少（消极的）。
- 交易后续服务合同数量下降（消极的）。
- 交割前指令减少（消极的）。
- 托管金额下降（消极的）。

财务摘要

- 收入增长（积极的）。
- 经营利润增长（积极的）。
- 由于商誉减值，整体利润下降（消极的）。
- 在商誉减值前每股收益只有轻微上涨（消极的）。
- 每股收益下降（消极的）。
- 经营活动产生的现金流增加（积极的）。
- 长期信用评级上调（积极的）。
- 行政费用有相当幅度的上涨（消极的，继续考察——与收购相关）。
- 两项商誉减值（消极的）。
- 净债务减少（积极的）。
- 股权回购计划（调查是否符合股东们的兴趣）。

主要风险和不确定性

- 经济环境走弱可能导致服务需求减少，客户违约增加（消极的）。
- IPO在一段时间内可能无法回到最高水平（消极的）。

- 加强监管的预期增加（消极的）。
- 《金融工具市场指引》（MiFID）的贯彻执行可能会造成低价竞争（消极的）。
- 新技术将降低交易成本和费用（消极的）。
- 来自客户方面的价格压力（消极的）。
- 技术方面的较大压力（消极的）。
- 强大的品牌（积极的）。
- 利用内生资金进行投资的能力（积极的）。
- 当面对更多的资金需求时，可能没有能力筹集（消极）。
- 对增长至关重要的合伙/合资企业（积极的，需要继续考察）。

以上仅仅是从伦敦证券交易所集团年报中所获信息的一个摘要。你会发现，上述内容提供了投资决策所需的方方面面的信息，要比一篇常规的新闻报道全面得多。

问题

- 年报提到的消极因素非常重要——它们会造成怎样的影响？
- 判断公司的发展趋势——未来几年中公司会朝什么方向发展？
- 公司会赢得客户吗？
- 将每一条关键信息看作一个问题。例如，新技术和高效率会使伦敦证券交易所还是其竞争对手获益？它会带来更大的利润还是更高的成本？
- 公司与其竞争对手相比如何？

年报中所列的竞争对手有德国证交所、纳斯达克、泛欧交易所和纽约证券交易所。

> 年报肯定不会着重讨论竞争情况，了解行业竞争情况的最好途径是查看每个竞争者的年报。选择行业对投资的影响非常大，而如果进一步考察竞争状况则会让你对伦敦证券交易所集团业绩判断提出更深层次的问题。有趣的是，我们注意到伦敦证券交易所集团还面临着来自类似绿宝石计划（Turquoise）和Chi-X等新型交易平台的竞争。通常，掌握一个行业在全部关键收入上的市场份额是判断竞争状况的最好方法。

古典管理理论认为，竞争优势可以通过两种途径获得：成本优势（以最低价格提供产品或服务的能力）和差异化优势（难以复制和模仿的独特产品或服务）。伦敦证券交易所年报中将"成为最高效的融资场所"列为公司经营目标。这是超越成本优势的。而将绝大多数英国企业集中在同一个市场上提供服务，不仅会带来规模经济优势，也会带来其他类型的竞争优势。这个市场就像网络一样，当有更多人进入时，就会带来更大的流动性，无论是新客户还是老客户都会从中受益。这是一个非常有力的竞争优势，同时也解释了伦敦证交所何以存在了300多年之久。

竞争优势是罕见的。企业总是会尽一切可能抓住市场机遇，因此我们看到许许多多相似的产品或服务就不足为奇了。这会影响增长和利润，增加企业失败的概率。绝大多数企业的寿命都相对短暂，或是破产，或是缩减规模，或是被竞争吞噬。25年前原富时100指数所包含的公司，今天仍在其中的不到四分之一。因此，当你分析一只股票时，可以立即假定该公司没有任何优势，除非你能证明相反的情况存在。

优势的种类

以下任何一种都可以成为竞争优势：

- 以最低的成本提供商品或服务，通常会为企业带来规模效益和市场份额。

- 独一无二的商品或服务，以市场中的特定群体为目标客户（如奢侈品、特需商品）。
- 较高的转换成本，使客户难以放弃。
- 制造较高的进入壁垒或成功壁垒以限制竞争。
- 无形资产（其中，品牌和专利是最重要的，但注意不要高估它们）。

真正的竞争优势会存续十年之久，通常长于新开发的必需品，它是企业更为内在的东西。在考察一项投资是否具有竞争优势时，考虑一下该公司十年后是否还会具备这种优势。

问问你自己：

- 竞争优势是什么？
- 它会持续十年以上吗？
- 竞争优势到底会持续多久？
- 行业的竞争程度如何？

年报中一定会有竞争优势方面的证据。比如在财务报表中显示出较高的产品利润率，较高的资本报酬率、较高的净资产收益率和较强的盈利能力。这些数字与非财务类证据结合就可以判断竞争优势的强弱，这些证据包括可持续的收入来源，以及有多少竞争者用多么残酷的手段来破坏某种优势等。

> **伦敦证券交易所集团：竞争优势（快速浏览）**
>
> 伦敦证券交易所表现出了一些优势，但都面临着竞争的威胁。
>
> **以最低的成本提供商品或服务**
>
> 该交易所致力于降低价格，但年报却显示这家交易所面临着更低成

本服务的威胁。就全球市场来看，伦敦证券交易所并不是最大的，因此在竞争中可能表现出规模优势不强和市场份额不高等情况。

独一无二的产品或服务

交易所的有些服务是独有的，比如提供与交易所中的交易相关的信息。年报中把提供更为宽泛的产品线作为产品创新。而其核心产品并非独一无二，其他交易所也在提供。

较高的转换成本

对该交易所的会员来说，会承担较高的转换成本。还有那些使用信息和新闻等服务的企业，相对来说也受到束缚。但是来自这些客户的收入占比并不高，交易所的主要收入来自于募集新资本——而这类客户则有其他替代性的选择。

较高的进入壁垒或成功壁垒

该行业监管严格，同时伦敦交易所的品牌好，提供了一系列重要的服务，还受益于已经形成的网络优势和市场定位。确实有一定的进入壁垒和成功壁垒。

无形资产

品牌和市场本身，就是很好的无形资产。

竞争优势的五力模型

迈克尔·波特发明了一种分析框架，用来评估竞争者及其行为所构成的风险。该模型提供了评判一个行业的更广阔的视角。这五种竞争力量形成的威胁越大，公司就需要越强的竞争优势来保住其利润。如果市场是完全竞争的，那么整个行业中的所有公司都将无法获利。然而，一些投机者将可以通过在短期内暂时持有股票而获利，其收益比通过寻找那些拥有与众不同的竞争优势从而能在行业中长久立足的公司所获的收益要高。

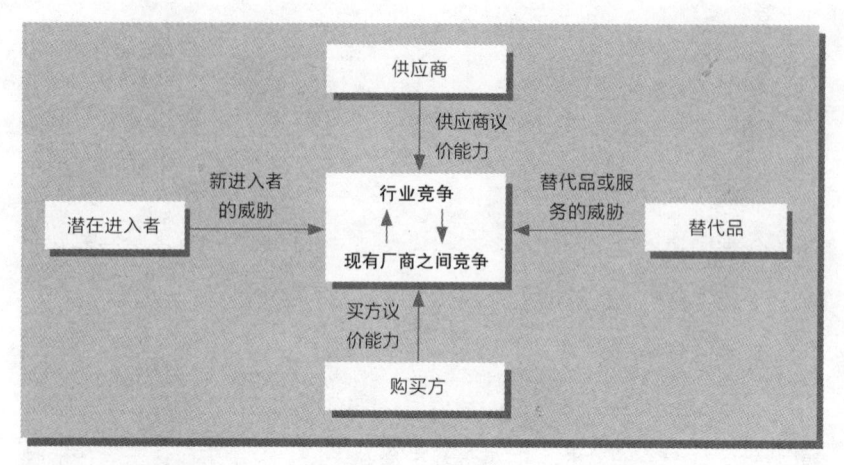

图 8.1　竞争要素

伦敦证券交易所集团：竞争要素（快速浏览）

结合图 8.1 考虑以下问题。

潜在进入者

市场全球化和类似于 Chi-X（在伦敦证券交易所的网站上提到过）等新进入者，说明伦敦证券交易所集团的业务核心——交易市场——存在着潜在进入者。不过，Chi-X 等新型市场的利润数额有限，而且并不提供全套服务（融资）。伦敦证券交易所作为定价市场，市场各方对它的依赖仍然存在，所以潜在进入者是需要克服一些壁垒的。总之，低价竞争和战略合作 / 联盟被看作两大关键风险，表明该行业有新的进入者，或是行业竞争加剧。

购买方

年报的风险部分谈到客户提出了降低价格的要求。伦敦证券交易所比较依赖于其大客户（其他金融机构）；另外，Turquoise（一个新成立的竞争者）的出现再次表明客户可以联合起来迫使伦敦证券交易所重新考虑其费用结构。

> **供应商**
>
> 风险部分没有提到，可见并非十分重要的因素。
>
> **行业竞争**
>
> 收购纳斯达克失败的消息没有在 2009 年年报中出现，但在其他投资者关系信息中提到过。这表明市场中现有企业之间的竞争正在加剧。年报中提到的产品创新也是企业之间争夺客户的一个信号。虽然这个行业的竞争不像其他行业那么激烈，但全球联盟在兴起，而且业务增长依赖该联盟，这些情况表明大公司在争夺更小的市场。伦敦证券交易所收购意大利证交所就是该领域联盟的典型写照。
>
> **替代品**
>
> 负债作为筹集资金的另一种途径，是主要的替代品。年报认为去杠杆化这一重大趋势的出现，使得客户对借债的需求减弱，所以眼下还无真正的替代品出现。

管理

董事会代表公司做重要决策，其成员职责是保证可持续的股东收益。他们有着专业而耀眼的经历，有着在多家公司任职的丰富经验，年报中披露这些信息，使得人们相信他们是公司和投资成功的基石。这些董事们的确是一项投资成功或是彻底失败的关键因素，然而私人投资者很少有机会直接监察董事们，确保他们做出正确的决策。

专业投资公司认为他们有机会亲自考察企业的管理状况、提出严苛的问题并获取利润方面的内部信息，就意味着他们的投资建议与私人投资者相比，具有相当大的优势。但实际上，了解公司以前的行为，是判断管理者能力是否足够强和为人是否正直这两大关键特质的最佳途径，而且比那些专业投资公司的分析师去找企业做访谈得到的描述和保证更为可靠。

伦敦证券交易所在提供关于交易信息方面做得很好。（截至作者写作本章时,从其网站上搜集信息一直很容易。)该交易所也提供关于其业务的明确信息。除了年报,公司还提供网络广播、演示、中期报告、费用信息、查询服务,并能够追溯十年前的信息。所有这些表明其对信息披露的重视。但我们仍有必要就诸如管理层薪酬和公司行为是否符合股东利益等方面,提出一些关键问题。

关键问题:良好的信号

以下问题的答案可能会给投资者提供良好的信号:

- 企业是否在回购股票?这符合公司的最高利益吗(购买股价低于内在价值的股票)?
- 公司是否长期聚焦于核心业务上?
- 公司管理层过去是怎样应对难题的?
- 公司管理层对负债和流动性是否采取保守的处理方法?
- 公司是否有持续增长的收益和报酬率(资产报酬率和股权报酬率)?
- 公司怎样分配资金?收购是否是成功的和有意义的?
- 公司与其股东的交流是否顺畅?是否一直对沟通的及时性和清晰程度坚持最高标准,甚至包括对最小的投资者也是如此?你能很容易地从公司年报中获取你所需要的信息吗?
- CEO是否拥有公司较大股份(包括期权)?

关键问题:糟糕的信号

以下问题的答案可能会给投资者提供糟糕的信号:

- 公司是否不断有坏账产生?
- 公司董事长和总经理是否是同一人?
- 董事会是否参与了明显的关联交易,以至于让人怀疑其为所有股东利益服务的动力？
- 董事会是否通过了一项薪资计划以奖励管理层的工作，而不是增进股东的利益？
- 管理者是否为增长而增长，而不考虑这种增长对于公司的价值？
- 公司是否进行了华而不实、并不能给股东带来良好回报的收购（通常以公司股份或是高昂的负债为代价）？
- 在过去三年中，公司是否以期权的形式每年赠送了超过 3% 的股份？

伦敦证券交易所集团：管理（快速浏览）

尽管伦敦证券交易所提供的信息显示出这是一家十分优秀的公司，然而上述问题则可能引发我们更多的思考。

回购

根据公司年报，股票回购项目已经结束，但公司是在其股价达到历史高位，收购成为可能的时候进行股票回购的。这表明公司没有在其股价低于内在价值时进行回购，不能使长期股东受益。

收购

商誉减值说明公司可能在收购意大利证交所时花费过高。该收购是依据其可行性而选择公告期的，而不是出于股东利益考虑，尽管对于兼并而言，要用股价高于内在价值的股票而不是现金进行购买，才有可能使其股东受益。

年度奖金

即使是在每股收益增长最小的年份，公司也支付了年度奖金。收购公告暂时提高了股东总回报。这也成为了提高管理层奖励的依据。

我主要关心你觉得管理层在潜在的纳斯达克收购事件上处理得如何。他们的行为符合股东利益吗？他们是努力维护股东价值，还是只是一味地维护公司的存在，即使能够得到比今天的股价高得多的股价？虽然时间会给出答案，但作为一个潜在投资者，你需要密切关注公司管理的影响。

财务报表

如果你想了解一个企业，分析其财务报表是非常关键的。损益表总结公司的业绩：公司在一定时期内是否创造了利润？其业绩与去年相比是否有提升？资产负债表告诉你公司的财务健康度——公司拥有多少资产（包括资产的价值和类型），公司所欠债务有多少（负债），以及两者相差多少。现金流量表可能是最关键的，因为现金流是一个企业的命脉。现金流量表会告诉你在一定时期内有多少现金流入和流出一个企业。

损益表

关键问题包括：

- 收入是增加的吗？
- 收入是怎样确认的（收入确认原则）？公司是否收到了现金？
- 从毛利来看，公司的销售利润如何？
- 利润（经营性净收入）是增长的吗？什么是影响利润的因素？它和以前年度相比增减幅度如何？
- 每股收益是增长的吗？与以前年度相比增减幅度如何？

资产负债表

关键问题包括：

资产

- 公司有多少现金和短期投资？
- 客户有多少欠款（应收账款）？公司是否有良好的信贷控制？
- 存货的变化是否反映出什么问题？
- 公司是否有重要的长期投资？如果有，那么该投资是否有风险？

- 公司在不动产、厂房和机器设备方面的投资有多少？这些东西是否需要更新？
- 公司是否有较高价值的商誉（反映公司在以前的收购活动中花费多少）？

负债

- 公司的短期负债有多少（这将影响公司的现金流）？
- 公司对其他企业的欠款有多少？显然延期偿付会更有利，但公司也必须具备偿还能力。
- 公司债务有多少？是否有能力偿还？是否会影响到股东收益？与其竞争对手相比债务水平如何？

现金流

- 公司有自由现金流吗？
- 现金流与公司利润或亏损之间有怎样的差别？造成这些差别的原因是什么？
- 公司花费在资本支出上的现金有多少？
- 公司是怎样为其活动提供资金的？是否依赖于筹资？

财务比率

投资者通过比率来理解三大财务报表中不同数字之间的关系。这些比率将帮助你弄清楚公司的经营业绩和状况，还可以与其他公司的数据进行比较。研究这些比率逐年的变化趋势可以帮助我们了解公司的历史背景。这些比率可以说明公司是在变差（风险增加）还是在变好（风险降低）。财务比率主要有以下四大类：效率比率、流动性比率、财务杠杆比率和盈利性比率。这些比率并非适用于所有的企业，比如，伦敦证券交易所集团就没有真正的存货，此外，CCP（Central Counterparty）数据（与清算业务相关）对大多数企业都不适用，因为它与一般公司经营的相关性很小。另外，所有账目都会有一些特殊情况。

效率比率

效率比率衡量企业利用资产的效率和管理债务的水平。

$$存货周转率 = 销售成本 / 平均存货余额$$

该指标衡量企业的存货管理能力。若该指标过低，则说明企业在销售上存在一些潜在的问题。存货周转率越高越好。

> 该指标不适用于伦敦证券交易所集团。

$$应收账款周转率 = 销售收入 / 平均应收账款$$

该指标衡量公司向其客户收回款项的效率。若该指标过低，则说明企业在收回应收账款方面存在潜在问题，或是信用管制过于宽松。应收账款周转率越高越好。

> 伦敦证券交易所的应收账款周转率：67,100万/7,230万=9.28。该数值是健康的，且有所提高，尽管信贷减值在增加。

$$应付账款周转率 = 销售成本 / 平均应付账款$$

该指标衡量企业管理自己欠款的能力。若该指标过高，则说明企业在向供应商争取优惠条件方面存在潜在问题。应付账款周转率越低越好。

> 伦敦证券交易所的应付账款周转率：33,200万/4,120万=8.05。该数值对伦敦证券交易所意义不大。

总资产周转率 = 销售收入 / 平均总资产

该指标衡量企业利用资产的效率如何。该指标过低，说明企业在资产管理效率方面存在潜在问题。总资产周转率越高越好。

> 伦敦证券交易所的总资产周转率：6.71亿/19.43亿（去除CCP后的数值）=34.5%。该数值有所提高，说明公司的资产回报率较高。

流动性比率

流动性比率衡量企业是否有能力偿还其短期债务并继续经营。即使是当原本盈利的企业停业时，投资者们也往往不明白线索就隐藏在这些指标中。

流动比率 = 流动资产 / 流动负债

该指标衡量企业运用其短期资产偿还短期负债的能力。该指标 > 1，说明企业有能力偿还其短期负债。

> 伦敦证券交易所的流动比率：376.17亿/358.07亿=1.05。该数字包含CCP。流动比率刚刚超过1，如果除去CCP，该数字将上升到1.8。

速动比率 =（现金 + 应收账款 + 短期或有价证券）/ 流动负债

该指标衡量企业运用其流动性最强的资产偿还短期负债的能力（一个更为苛刻的指标）。

速动比率 > 1 说明企业有能力用现金、现金等价物和应收账款来偿还短期债务。

> 伦敦证券交易所的速动比率：2.57亿/1.28亿=2。该数值不包括CCP。速动比率较为理想。

现金比率=（现金+短期或有价证券）/流动负债

该指标衡量企业运用现金偿还短期债务的能力（最苛刻的指标）。现金比率＞1说明企业有能力用现金来偿还其短期债务。

> 伦敦证券交易所的现金比率：1.43亿/1.28亿=1.11。该数值不包括CCP。即使是用最苛刻的指标衡量，该公司也有能力用现金来偿还其短期债务。

财务杠杆比率

财务杠杆比率衡量一个企业的资产负债表中有多少负债。对大多数企业来说，使用债务融资是明智的，因为它可以提高公司效率，但由于债权人在取得公司现金流上享有优先权，因而增加了股东风险。

负债/所有者权益=（短期负债+长期负债）/股东权益总额

该指标衡量了企业的资金有多少来源于负债，有多少来自于股东。负债权益比越高，对股东来说意味着风险也越高。负债权益比越低，风险就越低。

> 伦敦证券交易所的负债权益比：6.253亿/10.53亿=59%。该数值看上去比较合理。

利息覆盖率=营业收入/利息支出

该指标衡量企业运用其收入支付利息的能力。股东只能从自由现金流中获益；而债务是需要付出利息的。当利息覆盖率接近或者低于 1 时，公司就有可能在支付利息方面出现问题。该指标值越高越好。

> 伦敦证券交易所的利息覆盖率：3.386 亿 /3,800 万 =10.1。支付利息的能力绰绰有余。

盈利性比率

盈利性比率衡量一个企业经营业绩的好坏。

$$\text{毛利率} = \text{毛利} / \text{销售额}$$

该指标衡量每单位销售额中企业获利多少，它将生产或提供商品或服务的成本与销售价格进行比较。毛利率越高越好，但不同企业之间的数值相差很大。将毛利率与以前年度的数值进行比较以发现其变化趋势。

> 该指标不适用于伦敦证券交易所，该交易所使用的是营业利润率。

$$\text{营业利润率} = \text{营业利润或亏损} / \text{营业收入}$$

该指标衡量企业包括所有营业成本在内，每单位营业收入所创造的利润或亏损有多少。营业利润率越高越好，但不同企业之间的数值相差很大。将营业利率与以前年度数值进行比较可以发现其变化趋势。

> 伦敦证券交易所的营业利润率：3.386 亿 /6.714 亿 =50.4%。这是一个相当健康的数字，并且每年都在增长。说明公司能够有效利用其资产。

$$\text{净利润率} = \text{净收入或亏损} / \text{营业收入}$$

该指标衡量将所有营业成本和费用计算在内，企业每单位营业收入所创造的利润或亏损有多少。净利润率越高越好，但不同企业之间的数值相差很大。将净利润率与以前年度数值进行比较以发现其变化趋势。

> 伦敦证券交易所的净利润率：2.08 亿 /6.714 亿 =30.9%。这是一个非常健康的数值，而且每年都在增长。说明公司能够很好地利用其资产。

自由现金流率 = 自由现金流 / 销售额

该指标衡量有多少收入可以转化为自由现金流。股东从自由现金流中获益，因而该数值越高越好。将其与以前年度数值进行比较以发现其变化趋势。

> 伦敦证券交易所的自由现金流率：2.05 亿 /6.714 亿 =30.5%。该数据非常好。

资产收益率 =（净收益 + 利息支出）/ 平均总资产

该指标衡量企业将其资产转化为利润的能力。

伦敦证券交易所的资产回报率：（2.08 亿 +3,800 万）/19.43 亿（不包括 CCP）=12.6%。与公司的高利润相比，该数值颇低。因并购而购入的无形资产代表了与意大利证交所和 EDX 有关的客户关系、品牌、软件和许可证。正是这些无形资产降低了总资产回报率。

净资产收益率 = 净收益 / 平均股东权益

该指标衡量企业将其资产转化为利润的能力，往往可以通过增加可持续债务来提高股权回报率。

> 伦敦证券交易所的股权回报率：2.08亿/10.53亿=19.7%。留存收益/亏损一项是负的，表明该集团以前年度有亏损记录。而在今年，公司又宣布了与意大利证交所相关联的重大损失。因此，股权回报率并不像你根据其他坚挺的指标数值所预测的那样乐观。

公司估值

根据大多数指标来看，上市公司伦敦证券交易所集团是一家伟大的公司，但这并不能使其成为一项伟大的投资。我们采用的全都是公开信息，而即使是最小的公司也都有专业投资者和私人投资者进行过估算。识别出伟大的公司是投资的关键步骤，但所有公司也都存在着一个能反映其质量的股价。我们的目标是以合理价格挑选到伟大的公司。合理价格的概念是非常重要的，因为像本杰明·格雷厄姆所建议的那样找出股价低于其账面价值（资产减去负债的现值）的伟大公司意味着很少的投资机会。然而，还是会有一些机会能以低于折现现金流值20%~30%的价格买到伟大公司的股票，偶尔还会以低于折现现金流值多达50%的价格买到。通过对其进行组合，这些便可以成为伟大的投资。即使是那些有着最高销售额、最高利润和/或有着一款改变世界产品的公司，最终也会随着其销售和增长的回落而重返现实，因为股价反映了公司未来的潜力。如果为这种潜力付出过多则会显著影响你的投资业绩。

有几种不同的方法可以对一个公司进行估值，其中最常用的是市盈率法。然而这也不是绝对的，某些时候，一些最有价值的投资的PE值很高，而一些最坏的投资的PEs值却很低。同时，为收益支付的价格总是越低越好，现在计算出来的PE值并不包含关于未来的任何信息。高PE值可能仅仅是一家公司潜力的象征。这些比率也需要与其他公司和市场的数据进行比较来获得对未来的预测。

购买股票等于购买企业的一小部分，为了对其进行估值，我们需要预测企业未来的利润和增长。根据年报描绘出来的趋势图对预测至关重要。未来永远难以预测，人们往往都是事后诸葛亮。这就是为什么我们要找出那些股价低于其合理价值的企业——这样可以降低我们的投资风险。

股东从企业现金流中获益。企业要么继续投资以获取更高的回报，要么将现金流以红利的形式分给股东。股票的价值仅在于支付给股东的红利，而红利支付越晚，其价值就越小。你可以将公司股价与这些折现现金流进行比较以确定该公司是否值得投资。计算和估计公司未来现金流需要耗费更多时间和精力，这就是为什么该方法不是很常用。然而，它所提供的信息却表明它是投资领域现存最有价值的方法之一。

预测

预测公司的未来走向并将其转化为一幅财务走势图并不容易。为了估计公司的预期现金流，我们必须对公司的收入增长率、净营业利润率、所得税率、所需投资和增加的营运资本做出假设。最重要的是预测公司未来的销售额以及由此估算出未来的利润率。该预测不像计算目前的增长和利润率那样简单，因为竞争优势会受到侵袭，未来的销售额和利润可能会随着时间的推移而减少。

销售额的预测是由消费者需求推动的。考虑以下几种可能性：新产品的出现，消费者对原产品购买量的增长和新客户的增加，这些都会带来销售额的增长，而不是一次性买卖。考察目前的销售趋势并思考未来的客户可能来自哪里。他们会从其他地方购买产品吗？还是会成为该公司的忠实客户？

公司在提供商品或劳务的过程中控制成本的能力，以及当成本上升时将其转嫁给消费者的能力决定了利润率。公司在过去的一定时期内是否有能力提高其利润率？过去有哪些因素影响了利润率？公司的成本是否基本固定（意味着如果公司能增加销售额，就能提高利润率）？

现金流折现

预估出公司的自由现金流后，就需要对其进行折现，以体现其时间价值，因为明天的货币不如今天的值钱。选取一个合适的折现率来计算未来现金流在今天的价值，这种方法被广泛应用于投资理财、项目评估和公司财务管理中。

所采用的折现率应该是公司的资本成本（加权平均资本成本），折现率因不同的公司而异，并且要允许股东和债权人有预期的回报。这是非常关键的，这意味着那些能够创造稳定的现金流且自身较稳定的公司（通常是大公司），其资本成本会较低。而新公司和那些至今没有现金流的公司，其资本成本会较高。这就使得风险较高的公司现金流的价值较低，因此当采用像PE这样的指标进行衡量时，通常稳定的公司相对而言更值钱。资本成本是随时间而变化的，并且对公司的最终价值有着很大的影响，因此保持对其的监测和审查十分必要。

加权平均资本成本（WACC）可以通过年报中的数据结合预期权益资本成本（取决于某些外部数据）计算得来。

加权平均资本成本 =（债务资本比例 × 债务资本成本）+（权益资本比例 × 权益资本成本）

债务资本比例或权益资本比例可由前面所述财务杠杆比率计算而来，债务资本成本可通过计算所需支付的银行借款或其他借款的利息占总债务的比重而得到。权益资本成本则要复杂一些，它取决于资本资产定价模型中的三大要素。

权益资本成本 = 无风险利率 +（市场风险溢价 × 公司的 β 系数）

无风险利率是风险极其低的投资（如政府债务）的预期回报率，目前该数值是3.2%。市场风险溢价则是通过计算股票市场回报率与政府债券回报率之差得来，大约为每年 5.5%。伦敦证券交易所目前的 β 值为 1.46，该数值在大多数金融网站上都可以看到。那么，它的加权平均资本成本将在 8%~14% 之间。

> 伦敦证券交易所的 WACC:31%×6.4%+59%×(3.2+5.5×1.46)=8.6%。

现在，自由现金流的预测值就可以如前所述转化为现值，计算公式如下：

第 N 年现金流的现值 = 第 N 年的 CF × $(1/WACC^y)$

这里，CF 代表现金流，WACC 代表加权平均资本成本，y 代表未来的年数。

估值

基于对增长率、营业利润和自由现金流的假设，伦敦证券交易所未来 10 年的现金流为 13.14 亿英镑。我们不可能一年年预测公司的现金流直到无限期。在这里，我们预测了 10 年期的数据，但如果你对公司未来可能的增长率不是很确定，那么你可以选择预测一个较短的期间。伦敦证券交易所已在过去 200 多年时间里创造了收益，而且很可能将继续在相当长的时间内创造利润。那么，确定这些现金流的价值，即永久价值，就很有必要了。

永久价值 = (CFy×(1+COE))/G−COE

这里，CFy 代表最后一年的预期现金流，G 代表长期增长率（通常等于经济增长率，2.5%），COE 代表权益资本成本。

即使是对发展最为强劲的公司，也最好采用保守的方法来计算永久价值，因为我们是在预测很远的未来。增长率采用平均 GDP 增长率来计算，而不是基于公司本身的增长率；同时，我们采用权益资本成本，而不是加权平均资本成本。你对预测未来现金流越不确定，就越应该保守地对待永久价值这种估值方法。如果一个公司有破产的风险，那么请你慎用永久价值方法。当然，希望这样的公司早已被排除在你的研究范围之外了。

> 伦敦证券交易所的永久价值：
> （2.65亿×（1+0.025））/（0.1123−0.03）=32.92亿

这里的永久价值同样需要折现为现值。

> 伦敦证券交易所永久价值的净现值：
> 32.92亿×（$1/1.123^{10}$）=10.31亿

两个现金流值相加得出公司的折现现金流值。

> 伦敦证券交易所的折现现金流值是：
> 13.14亿（第1—10年）+10.31亿（10年后）=23.45亿

用这个数值除以发行的股票数（2.71亿股），我们便得到该公司的每股估值。

> 伦敦证券交易所的折现现金流值每股8.65英镑。

最终评估

预测未来现金流、对公司的竞争地位等要素做出假设以及处理大量的信息，不是一件易事。事情的发展未必会像你预期的那样。公司或行业会发生或有利于或不利于公司前景的重大变化。事后你将会发现之前分析的缺陷所在——既包括你未能考虑到的信息，也包括当时还不存在的信息。

年报给予我们非常详尽的信息。你将发现很多平时所不了解的内容。花时间来研读年报，你才能够弄懂一只股票。作为一个投资者，现在，你已有足够的信息来判断最初的投资想法是好是坏，并且对自己为支持该想法所做的分析有些自信了。

关键问题

你需要回答以下问题：

- 销售在多大程度上是可以预测的？
- 公司能够保持或提高其营业利润吗？
- 公司有能力管理其债务水平吗？
- 未来什么样的特定事件会从根本上改变公司的价值（提高或降低）？
- 你对为计算每股折现现金流值所做的那些假设有多大把握？

本杰明·格雷厄姆和戴维·多德在其1934年所著且影响深远的《证券分析》一书中提出了在"安全边际"内购买股票的概念。格雷厄姆坚持认为对投资者来说，安全边际永远取决于你所支付的价格。当然，对于任何投资来说，最大化其安全边际都是有益的。但显然，那些我们通过研究抱有强烈信心的伟大公司所需的安全边际，应该低于那些我们怀有隐忧的公司。

典型的信心水平与对应的安全边际

较高的信心水平——内在价值折价20%

中等的信心水平——内在价值折价30%

较低的信心水平——内在价值折价50%

很低的信心水平——内在价值折价60%~80%

研究年报、列出折现现金流方程式是一种复杂的公司估值方法，但它允许投资者对未来做出一些假设，包括增长、利润率和公司面临的风险。这一过程中所学到的知识相对于所付出的努力来说，是值得的。它是围绕着自由现金流——投资者唯一的收益来源——而建立的一种成熟而审慎的方法，这种缜密的研究将会改善你的投资决策。

第 9 章　STAR 系统简述

约翰·穆里根

正如前边关于 GARP 策略章节中讨论的那样，以适当价格挑选到增长型优质股票是一项颇为复杂而棘手的工作。虽然挑选该类股票的方法很多，但是根据我们的经验，如果你是一位英国私人投资者，你会发现，在实践中被检验过的投资组合方法很少，容易模仿的方法也很少。在我的经验内，其中有一种叫做 STAR 系统的方法脱颖而出，它是由英国经济学家兼私人投资者约翰·穆里根（John Mulligan）发明的。到目前为止，他已亲自运行该系统多年，并通过严格的测试，现在该系统不但成功了，而且开始流行起来。在本章中，约翰阐述了该系统背后的思想，并介绍了它在过去 10 年中的运作情况。

背景信息

股票跟踪评级系统（the Share Tracking and Ranking, STAR），用于股票投资组合的选择与管理，主要通过对股市中所有股票进行评估，从中选出那些具有较快收入增长潜力而估值相对较低的股票。

作为一个私人投资者，我曾试图构造一个囊括英国主要股票的符合逻辑的投资组合，却失败了，这促使我创造和开发了用来评估股票长期增长的 STAR 系统。

在国外做了大约 20 年的发展经济学家之前，我曾在 20 世纪 60 年代中后期在伦敦做过大约 10 年的分析师和基金经理。那时候，股票分析以及对伦敦证券交易所上市公司未来销售、利润和收入的详细预测，尚处于初级阶段。坦率地讲，我认为那个时候很多投资者的投资决策依据中，谣传、直觉和实际上在今天被普遍称为内幕消息的信息与严肃公正的分析很可能一样多。

然而，那些在大型投资机构工作的人们，则能够利用其公开的或仅用于内部研究的不断丰富的数据库。20 世纪 80 年代中后期的"大冲撞"（Big Bang，译者注：20 世纪 80 年代末的证券业改革）推动了伦敦的开放，使得这座城市在 20 世纪最后 10 年中作为全球金融中心的重要性日益凸显。大型券商和银行高薪聘请的分析师团队的"卖方 (sell-side) 分析"在质和量两方面都不断提高，使得专业机构投资经理们在构建投资组合时能够对个股进行更好的判断。

尽管大型机构投资者的数据分析有了显著进步，但在我看来，20 世纪 80 年代，大多数私人投资者很难有渠道获取该类信息，并以此构建和管理他们的股票投资组合。一方面由于缺乏优质的共享数据，另一方面由于我想亲自管理自己的投资以降低管理成本，于是我决定试试看能否发明一种管理股票投资组合的机械化方法，从而让我不必花费太多时间，又很客观，不需要我在单个股票上进行没完没了的主观判断。

方法的发明与检验

我凭直觉认为，通过构建一个由价格相对较低，但看起来增长潜力位于平均水平之上的股票所构成的投资组合，我就能创造颇具吸引力的长期价值。由于自己没办法分析伦敦证券交易所上市的 300 家左右的大公司的收入潜力,所以我必须找出这一信息的外部来源。很幸运,通过以前的一些社会关系我得到了这些信息,我请他们帮我找来当时伦敦三大龙头经纪公司一些过期的月度股票研究报告。

有了每月派息和收入预测的大量历史数据,我开始着手将10年间约300家最大的上市公司的每月股价和收入预期列成表格,看看股票预测与其后的股价表现之间是否有联系。

本章图表中显示的结果基本来源于经纪商詹姆斯·坎佩尔(现在的汇丰)每月红皮书中的预测,但我也采用了许多其他经纪公司的预测值,以测试多种股票选择方法的长期效果。

基本思路是对各种公式进行评估,以检验它们在挑选回报一贯高于主要市场指数的股票投资组合方面的有效性。更具体地讲,我们的目标是在长期内,产生比英国股票市场整体更大的资本增值和收益。从根本上讲,这项工作要求开发出一种简单方法,并验证它可依据事先确定的标准对股票进行客观的评级。方法中采用了一些有效的定量分析技术,分析那些红利和收益的预测数据。

我们根据9套不同的标准对1986年到1994年间伦敦证券交易所上市的多达300家大公司进行了评级,这些公司的年初市值均超过2.5亿英镑。然后将结果根据每年的价格变化进行分组,每20只股票为一组,为方便讲解,我们在附表中将其称为十等分组。

我们的分析可分为两个阶段。第一阶段对不同的方程组进行测试,看它们根据未来的股价表现和收入支付能力进行股票评级方面的总体一致性。第二阶段在引入了许多附加股票筛选方法后,将选股策略放在实践中进行测试。

其他股票筛选方法

15年前那些分析曾测试了许多等式,这些等式将当时股价与股息及收益的报告值和预测值的各种组合联系在一起。我们对至少9种不同的组合进行了缜密的分析，并将每种方法产生的评级结果与次年度的股价表现进行对比，目的是评估每个等式与第二年平均股价收益的相关性。

- 方法 A 和方法 B 都是用未来收益增长预测值对股息进行加权后得到的市盈率进行评级。
- 方法 C 将股价与未加权的现有和未来股息联系起来进行评级。
- 方法 D 根据当前股价除以所有未加权的未来红利与收益之和得到的倍数对股票进行评级。
- 方法 E 用当前未加权的股息，结合以未来两年的预期增长率进行加权的收益，对股票进行排序。
- 方法 F 按照两年后的增长率进行加权后，根据两年间的预期每股收益进行评级。
- 方法 G 根据当前市盈率，以及以未来两年每年的预期收益增长率进行加权的当前收益，对股票进行排序。
- 方法 H 和方法 J 有所不同，它们将未来收益增长的预期与未来市盈率和股息率联系起来，实际上随市盈率增长（PEG）因素而变化。它们被当作一个以筛选资本增长型股票为主要目标的两阶段方法中的第一阶段。而其他方法的目标则将创收与资本增长结合起来。方法 H 和方法 J 的步骤是先将所有股票根据它们在未来两年内的预期年平均收益增长率进行排序，然后在未来两年里每年根据事先确定的标准筛选股票。

分析

步骤一：检验基本评级程序，得出对比结果

第一步是从测试的多种评级方法中确定出总体效果最好的一种。在评估效果时，不仅要考虑头十等分组的累积资本回报，还要考虑最小二乘回

归分析得出的斜率的稳定性。一个相关的目标是减少由每一时期平均指数回报率的差异百分比衡量的年度波动率。进一步的目标是使得每个十等分组从回归分析所预测的趋势中所得结果的离差较小。

表 9.1 列示了 1986 年至 1994 年（含）的汇总结果。该表显示了每个十等分组（一般由 20 只股票组成）在这 9 年间的年均百分比增长率。这些结果与前面提到的 9 种方法相关联。

表 9.1 每种方法十等分组相对于整体的年均回报率（相对于全部股票回报率的百分比）

方法	第一个十等分组	前两个十等分组	前三个十等分组	前四个十等分组
A	7.4	2.1	1.7	1.5
B	6.2	3.7	3.4	2.9
C	2.1	0.2	0.5	0.8
D	2.4	1.3	2.5	2.6
E	5.3	5.0	4.5	3.7
F	8.4	5.2	4.0	3.2
G	1.1	1.9	3.1	3.3
H	−1.3	−0.1	0.2	0.7
J	−2.3	−0.2	0.4	0.3

最初的估值工作是为了找到一种方法，该方法被证实能有效地为大型机构投资经理进行大规模投资组合管理提供一种低成本工具。实质上是找出一种经检测的方法，该方法能够在前三个或前四个十等分组中产生极其一致的年度高回报率，回报率低的年份较少，且在可接受的范围之内。

小规模私人投资组合的主要目标当然有所不同。在本例中，就是头十等分组有持续的最佳业绩表现。这可以从方法 A（最初测试的方法）、B（该组方法随后在经纪商 Sharelink 发行的第一期高收益月度公报中被采用）、E 和 F 中得到。前三个和前四个十等分组在整个期间的最佳累积回报率，则从方法 B、E 和 F 中得到，正如表 9.1 中显示的那样。

通过分类，年均回报率高于 FTA 全股指数的结果，与方法 B 筛选出的前四个十等分组在 1986 年后的 9 年中产生的高于指数 3.2% 的年均高回报率相类似。而方法 E（4.1%）和 F（3.5%）的结果就更令人印象深刻了，特别是考虑到贯穿所有十等分组的回归线的相对固定性。

波动率

当然衡量波动率的方法有很多种。第一种方法是，采用回归分析来评估每种方法的十等分组与其年资本增长率的预期排名之间的差异。把该结果通过图表进行统计分析。另一种研究方法则是计算每种方法筛选出的前四个十等分组的平均值，看每一年与均值相差多少。

步骤二：小规模投资组合的回报率对比

我们需要对前面那些方法筛选出的业绩最佳投资组合的年回报率进行评估。表 9.2 和图 9.1 总结了投资组合的模拟结果，这些投资组合是通过每年年初从前面介绍的相关评级方法得出的排行榜中选取 10 只股票而建立的。

表 9.2　一些股票评级方法的原始结果

	年资本增值百分比——10只股票组合									
	1986	1987	1988	1989	1990	1991	1992	1993	1994	累积价值
FTA全股指数	22	7	6	30	−16	17	15	23	−10	223
方法A	43	18	9	35	−20	24	27	28	−3	383
方法B	41	21	11	18	−23	25	12	79	1	444
方法H	60	22	11	32	−17	50	28	50	2	698

注：表中数据的具体日期详见每年坎佩尔红皮书元月刊。方法 A 和方法 B 的数据未经核实。

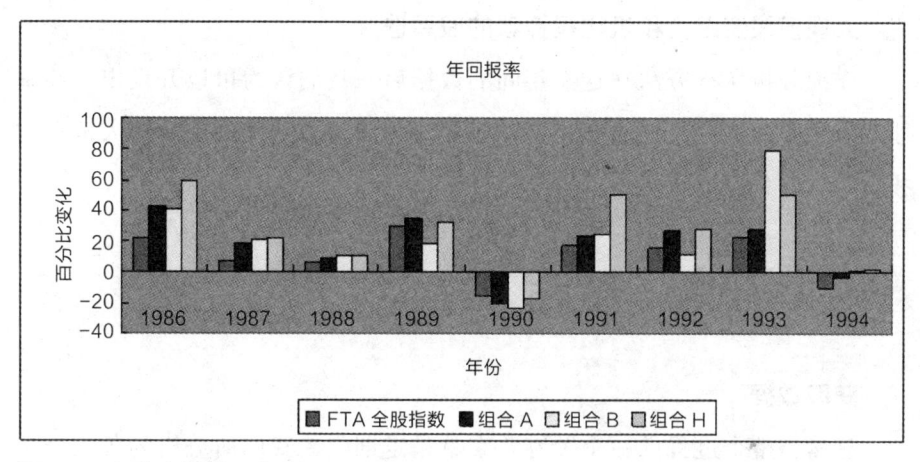

图9.1　年资本增值：方法A、B和H

初始试验阶段结论

小规模投资组合的股票选择

尽管看上去方法E和F给出的股票排名次序与年资本增值之间的整体相关性最大，但从方法A、B和H的排行榜中筛选出的10只股票组合的最终结果却更好——尽管可能会增加年波动率。方法B是目前使用的高收入方法，其额外的好处是赋予现有收入更高的权重，因此更适合收入型投资组合的筛选。由于资本回报率数据并不包括收入，因此以收入为导向的方法得出的结论往往会低估总回报率。方法B的10只股票组合与方法H的资本增长型10只股票组合在9年期间的当期总收益（Gross RunningYield）的年均差异约为250个基点——一个不小的收益差距。

方法H的10只股票组合的结果，如表9.2所示，比我们根据第一阶段的排名所预期的要好得多，原因是第二阶段的分析增加了一个极其有效的过滤程序，为我们排除了初始排名中的大量股票。

大规模投资组合和机构投资者的股票选择

详细分析所有方法在这9年间的数据后,我们认为可以开发出一些基于对预测数据进行回顾分析的股票筛选方法。该方法能够在构建大范围的投资组合时仍可以产生高于指数的回报。

STAR系统在实践中的运用

获取数据

显然,整个过程的一个关键要素就是定期收集我们所分析的各家公司的准确数据。在STAR项目的初始测试阶段,我可以直接采用从几大龙头经纪商的研究部门里获取的预测数据。在20世纪80年代中后期和90年代初期,这被证实是获取数据最有效率且成本最低的方法。然而,随着项目的扩展和推进,这种获取数据的途径就变得不太现实了,我们很有必要将数据来源转向一些出版物,如《预测目录》(目前已停止出版)。而现在,我们可以运用互联网来更新相关的指标数据,Hemscott and Company (www.hemscott.com)是获取英国公司信息的有效来源,而路透社(www.reuters.co.uk)和晨星(www.morningstar.co.uk)则对获取美国和全球公司的信息很有帮助。

筛选与管理"股票投资组合"的历史成绩

投资活动的难题之一是当下的潮流,或者可能更确切地讲是情绪。它强烈影响着投资者的贪婪和恐惧,从而左右着大多数投资者的行为。因此,一定会有这样的时期,一个客观的股票选择与管理方法失效了。这也是我认为长期记录对于STAR方法来说特别重要的原因之一。由于STAR股票评估程序必须建立在价值投资的基础上,因此当这种方法不受青睐的时候,它的有效性必然会降低。我认为自己20年来对STAR增长筛选系统的分析表明,这一基本方法是相当有用的。筛选出的10只增长型股票,对其中的每一只都进行 1,000 英镑虚拟投资，其每年的收益与损失显示在表 9.3 和图 9.2，这些数据的具体时间点为每年的一月上旬。

这些数据是建立在交易日结束时所裁定的中间市场价格的基础上，这些中间价在大多数年份都很少有变更。我们的目的是看看这种方法与以 FTA 全股指数为代表的更广泛的市场的对比结果。（尽管在这里我们忽略了交易成本和股息），所以，表中的最后一列与其说是某一时期内总的投资结果，不如说是表明了 STAR 程序优秀的股票筛选能力。

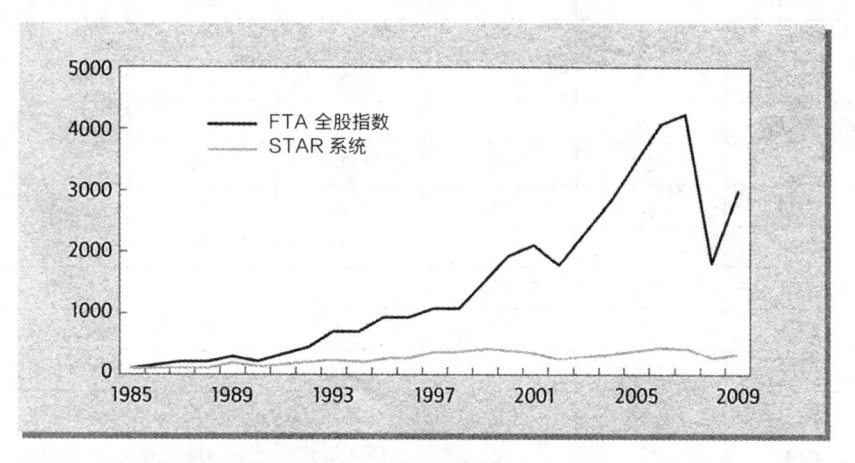

图 9.2　STAR 系统筛选出的 10 只增长型股票（1985~2009）

表 9.3　STAR 系统 10 只增长型股票的投资结果（1985~2009）

年收益/亏损（%）			累积收益/亏损（%）		
年份	FTA全股指数	STAR	年份	FTA全股指数	STAR
1985			1985	100	100
1986	22	60	1986	122	160
1987	7	22	1987	131	195
1988	6	11	1988	138	217
1989	30	32	1989	180	286
1990	−16	−17	1990	151	237
1991	17	50	1991	177	356

续表

年收益/亏损（%）			累积收益/亏损（%）		
年份	FTA全股指数	STAR	年份	FTA全股指数	STAR
1992	15	28	1992	203	456
1993	23	50	1993	250	684
1994	−10	2	1994	225	697
1995	18	32	1995	266	918
1996	9	2	1996	291	936
1997	26	17	1997	365	1,092
1998	5	−1	1998	383	1,081
1999	12	42	1999	431	1,532
2000	−4	27	2000	413	1,941
2001	−14	9	2001	355	2,108
2002	−25	−16	2002	266	1,762
2003	15	31	2003	306	2,310
2004	9	20	2004	333	2,777
2005	20	25	2005	398	3,463
2006	13	17	2006	449	4,062
2007	−2	−1	2007	418	4,239
2008	−33	−57	2008	280	1,823
2009	11	63	2009	311	2,971

注：2009年数据截至2009年9月中。

STAR系统在什么情况下适用

只有当各家公司的收益预测数据来源于一个以上的独立分析团队，最好是有多个不同的客观公正的数据来源时，STAR评估体系才能达到最好的效果，因此该方法运用在有顶级证券分析师团队支持的市场或部门中，效果最佳。所以不难预料，将STAR评估方法用在大型国际股票市场中来定期评估那些在各自的市场中规模最大、被研究得最透彻的公司时，会显现出最好的结果。

优势和不足

优势

STAR方法的主要优势之一就是它的客观性。正是由于制定了严格的股票筛选标准，从而克服了投资成功的主要障碍之一，即人们的情绪因素。另一个优势是促进了风险的分散。这种客观的股票选择方式，其特征之一就是在给定的投资组合中应当至少包含10只以上的股票，而每一单个市场部门中最多不超过两只股票。

使得该方法有效的另一个因素是，负责每个公司的首席分析师中，大多数人的预测是一致的，这代表了他们的共识。在这里需要注意的是，我们所利用的不是分析师关于买入卖出的建议，而是他们对各家有关公司未来销售、利润和收益的预测。我本人的观点是尽管他们经常预测失误，但总的来说他们应当做到正确的次数多于错误的次数。

这使我想到在2004年到2005年间与《金融时报》为期一年的合作。此项合作的目的，正如菲利浦·科根[1]在《金融时报》的文章中所写的那样，是为了分析检验那些分析师们在该时期的研究成果。为简单起见，我选取了10家最大的经纪商作为样本，列出他们对约100家龙头企业在2004年1月利润和收益的预测值。然后，我根据每个经纪商的原始预测值分别构建了10只股票和20只股票的投资组合，共计18个。其中有一家经纪商由于覆盖的企业范围不够大而被排除。截至2005年1月，除了其中的一个组合，其余所有投资组合的盈利都远远超出市场收益，而即使是业绩较差的那个组合，在同期内也略超过金融时报全股指数9%的收益率。

不足

显然，该方法不可能永远有效。虽然它的客观性对于我管理自己的投资组合来说很有吸引力，但对那些有时间详尽研究企业，喜欢亲自筛选和

---

[1] 科根，P.（2003）"一种自动方法"，《金融时报》，10月25日。

管理股票投资的人来说，却不一定有吸引力。股票投资这种活动，你花时间做详细的研究分析，是会获得相应回报的。而那些成功的私人投资者如果能够保持其兴趣并密切关注他们每一项投资，其成果应当可以超越STAR方法。

在某些时候，如2007年银根紧缩后的经济萧条期，当投资的重点转向保守模式时，市场处在风险厌恶期，所以即使增长率处于一个合理的价格水平，对许多人来说，STAR方法本质上还是显得过于激进了。

需要记住的是，大部分预测数据都是出自为证券经纪业务的卖方服务的分析师之手，尽管在分析师和销售团队之间应当存在一个屏障，但永远存在经纪商的预测偏袒卖方的危险。

利用分析师的一致预测值作为基础数据来源的另一个不足之处就是在预测值的产生和公布之间往往存在时滞。这种延迟可能意味着在将STAR给出的信号付诸行动之前股价已经或涨或跌了。

更多关于STAR评估方法的信息和背景资料可参考www.whitechurch.co.uk/star.html。

第10章　股票大师系统

格伦·马丁

下一章中，我们将介绍如何运用不同的系统和软件来筛选股票。本质上，这些定量系统对于实际的策略和方法是缺乏判断力的——它们并没有试图提出具体的策略建议，或是对各种具体方法进行优劣程度的排序。对很多投资者来说，这种"思想"的缺乏可以说问题不大——他们会在筛选过程中运用自己的思想。然而，在我的经验中，一些最有趣的系统则是把经过实证检验的策略与实际筛选系统结合起来——这些产品竟然能够准确地告诉你什么时间该买什么！其中有一个是专门针对英国私人投资者的，它就是格伦·马丁开发的股票大师系统（ShareMaestro）。同上一章中约翰·穆里根的STAR系统一样，它脱胎于个人经验（甚至可以说是失败的教训），并为私人投资者提供信息和建议。此系统比穆里根的STAR系统复杂得多，根据我们的经验，它有着非同凡响的预测能力。本章中，我们邀请格伦讲解了该系统的产生背景以及如何在实践中运用它。

简介

证券市场是低效的。其中，价格是由供求关系决定的，而供求关系又是由人类的恐惧和贪婪所推动的。正是这些导致了泡沫的产生以及随后的恐慌引起价格暴跌时泡沫的破灭。

市场是低效的，因此大部分时间股价不是过高就是过低。但怎么才能知道股价究竟是高是低呢？这时，股票大师系统便成为一种极具价值的工具。股票大师软件根据决定股票价值的基础因素理性地计算英国股票的实际价值。

证券市场的低效性为投资者创造了巨大的盈利空间。如果市场是有效的，那么股价将永远代表公允价值，而且只会随着背后的基本面价值因素的变化而变化。简言之，市场波动性会大大降低，赚钱的机会也会减少很多。

ShareMaestro 系统的构思和诞生

作为一个私人投资者，我对投资分析采用的过于简单的市场估值方法感到越来越失望。例如，一种常用的方法是通过预期的 PE 比率来对股票进行估值（当前每股价格除以本财年的预期每股收益）。这种方法至少包含两个基本错误：

1. PE 比值的倒数是收益率（每股收益除以每股价格）。这是投资者持有股票获得的回报。它包括股息和派息后公司的留存收益。将预期收益率的判断与经济环境割裂开来，是一个重大错误。同样，在高通货膨胀时期，预期现金利率较高，因此也就会有较高的预期收益率。因此不存在一个判断 PE 值好坏的普遍标准。
2. 如果下一年度股价暴跌，那么本财年的高收益率就几乎没有意义。因为市场总是面向未来的。

1994年我在瑞典的一家股票衍生品公司担任首席运营官时，学习了曾获诺贝尔奖的布莱克—斯科尔斯系统。该系统在对股票期权（以一个固定价格买入或卖出某种股票的权利）进行估值时，既考虑基础股票的特征，也考虑经济和市场环境。

从瑞典回国途中，我开发了自己的现金股票估值系统。与布莱克—斯科尔斯系统类似，该系统从股票特征和经济与市场因素两方面来计算股票价值。看到股票大师系统估值的可靠性一次次被证实，而且经常比伦敦金融、商业区权威专家的预测还准，我决定推出该系统，供勤奋认真的英国私人投资者使用。这是非常关键的。该系统并没有为配合历史数据而进行过改良翻新。它是根据基本原理开发的，其有效性经过多次证明。因此，2007年，ShareMaestro系统诞生了。

财经新闻给了股票专家系统非常积极的评价。例如，在《每日电讯报》的商业版中，汤姆·史蒂文森这样描述ShareMaestro系统："它实现了我所苦苦追寻的所有目标"[1]。《投资者年鉴》中，多米尼克·皮卡达将ShareMaestro系统描述为："该系统在对富时指数和构成该指数的股票进行正确估值方面有着极其伟大的记录"[2]。

ShareMaestro系统的历史记录

为了不把读者的时间浪费在评估一个无效的系统上，我们将在这一部分提供表明该系统有效性的清晰证据。截至笔者写作时，这些信息都是最新的（2009年8月末）。信息的实时更新可参阅 www.sharemaestro.co.uk。

---

[1] www.sharemaestro.co.uk。
[2] 同上。

富时 100 指数

ShareMaestro 系统从 1984 年富时 100 指数产生之日起就对每一单独交易日进行了估值。估值为 100% 代表公允价值。采用标准的富时 100 估值信号，即 105% 代表应当买入，95% 代表应当卖出。

- ShareMaestro 系统的买入信号总是会在后续的卖出信号出现时带来利润。
- 在 ShareMaestro 系统所提示的时期内，富时 100 指数的资本增长率比其他时期平均高出 23 倍（每年 16.6% 对每年 0.7%）。
- ShareMaestro 系统正确提示了 21 世纪初的巨大泡沫，以及随后富时 100 指数于 2003 年 3 月 12 日暴跌至 21 世纪最低点 3,287 点时，所出现的重大购买机会（详见本章后面的陈述）。

股票筛选

从 2006 年开始，ShareMaestro 系统已挑选出 13 个价值最高或最低的股票投资组合。这些组合中的大多数都被财经新闻报道过（如《投资者年鉴》）。所有这些都可以被独立证实。

除了使用 ShareMaestro 系统这种专有计算工具外，这些投资组合还采用经纪商对红利和收益增长的一致预测。每个价值最高的投资组合都比市场回报率高出许多，而每一个价值最低的投资组合都比市场回报率低很多。成功率为 100%，这种事情发生的概率还不到 1/8,000（$1/2^{13}$）。

基金管理

ShareMaestro 系统开发了两种模式的基金。它们采用股票大师系统标准的富时 100 买入/卖出指示，结合基本风险控制，在现金投资和富时 100 指数投资或富时 100 涵盖的认股权证投资之间进行转换。

截至 2009 年 6 月 30 日的十年里：

- ShareMaestro 富时 100 基金十年间的回报率为每年 6.0%，而一个典型的富时 100 指数基金的回报率则为负值：每年 –1.9%。
- ShareMaestro 富时 100 指数涵盖的认股权证基金十年间的回报率为每年 17.1%，而所有的英国股票基金年回报率的上四分位数临界值为 5.9%（年回报率的中位数仅为 0.5%）。自 1984 年以来，ShareMaestro 基金的回报率高达每年 16.3%，彼时没有哪个基金的回报率数值能与之抗衡。
- ShareMaestro 的两只基金在一年、三年、五年和十年期的业绩排名始终都位于前四分之一。每只基金平均期间回报率都高于所有其他的英国股票基金。ShareMaestro 富时 100 指数基金和 ShareMaestro 富时 100 指数涵盖的认股权证基金在这四个时期的平均回报率分别为每年 4.7% 和 14.9%。为了进行比较，我们列出一些其他基金在这四个时期的平均回报率：

——英国业绩最好的股票基金仅为每年 3%（Schroder Recovery A）
——英国股票基金的中位数为每年 –5.8%（即负的）
——典型的富时 100 指数基金为每年 –6.6%（即负的）

上述关于 ShareMaestro 基金回报率的计算中，将管理费用假定为每年 1.5%，而对于自己管理基金的私人投资者来说，则不需要支付管理费。这说明，作为一种根据 ShareMaestro 富时 100 指数投资指示在现金和富时 100 指数投资之间转换的简单策略，ShareMaestro 所具有的强大功能使得它始终能创造出比庞大的英国基金管理行业中最优秀的股票筛选天才所创造出的更好的业绩。

ShareMaestro 的运作

当你投资于一只股票（或指数）时，你的投资回报来源于两方面：

- 卖出时的价格。
- 持有该股票期间获得的分红。

ShareMaestro 将投资期间设定为五年，以保证有充足的时间使增长型公司得以增长，泡沫得以破灭。经证明，这一时间长度对英国股票估值来说始终是很可靠的。

证券市场永远面向未来而不是过去。估值的基础是股票未来的预期而非过去的表现。"证券市场是一种具有前瞻性的折现机制"[1]。

ShareMaestro 通过对决定股票现值的基本要素进行逻辑计算来确定一只股票的现值：

- 计算股票的未来价格（五年内）。
- 把该价格与税后股息再投资的累计价值相加，以确定投资的未来价值。
- 用风险溢价对投资的未来价值进行折现。风险溢价是对投资股票相对于投资事实上无风险的金边证券所承担的较高风险的一种补偿。
- 用五年期金边证券的当前收益率（若持有至赎回的话）作为折现率，将风险调整后的未来价值折现为现值。
- 将得出的股票现值与当前市场价格进行对比，以决定该价格是否代表好的投资。

---

[1] 汤普森，S.（2008）《助你跑赢证券市场的20个硬性规则》，皮尔逊教育出版有限公司。

ShareMaestro 的输入值

ShareMaestro 的输入值是决定股票价值的基础因素，而股票价值与当前市场价格相关。ShareMaestro 包含两个模块——其中一个是关于富时100 指数的，另一个是关于个股的。对个股进行估值需要一些额外的输入值。所有输入值的准确数据都可以从网上免费获取。

实际输入值

富时 100 指数 / 股价

股价的上涨会降低百分比估值。

富时 100 每年净股息收益率百分比

股息收益率的增长会增加百分比估值。每年的净股息收益率百分比也是股票估值的必需要素。这一收益率的增长也会提高百分比估值。

通货膨胀因素 1 和 2

英格兰银行发布市场价格中隐含的平均期间通胀率与期末通胀率的每日公告来作为一种工具。这一期间长达 25 年。ShareMaestro 使用五年期数据，因为该系统采用五年的投资期间。

因素 1 和 2 输入值的输出结果是期间平均通胀率和期末通胀率。通胀率的上升会降低百分比估值。

通货膨胀因素 3 和 4 待用。

五年期金边证券的年赎回收益率百分比

事实上，这是英国政府支持的无风险债券的收益率。金边债券收益率的上升会降低百分比估值，因为这会使得持有金边债券比持有股票更有吸引力。由于 ShareMaestro 采用投资期间为五年，因此这里采用五年期金边债券的收益率。

基于判断的输入值

风险溢价百分比

对富时 100 指数来说，风险溢价默认值是 10%，这是一个长期平均值。对个股来说，默认的估值方法是根据股价的历史波动来计算市场的风险溢价。不过，当公司面临其他可能影响其价值的风险（如竞争风险或政治风险）时，我们鼓励投资者进行相应的风险溢价调整。

风险溢价的提高会降低百分比估值。

实际年股息增长率百分比

这是富时 100 指数股票估值中最有力的因素。它表明在五年投资期内的可持续股息增长率。股息不仅大大影响富时 100 指数的未来股价，还是长期投资价值的重要组成部分。ShareMaestro 对五年后投资价值的预测包含股息再投资的价值。

通常，假设富时 100 指数的实际股息增长率为每年 2%。这是长期平均值。然而，自从出现信贷紧缩，几家大银行纷纷倒闭后，富时 100 指数的股息便以 1984 年该指数创立以来最猛的势头下跌。因此现在（2009 年 8 月）使用 2% 作为输入值并不合适。这一关键输入数据的当前估计值在用户手册和网站中可以找到。

而对于公司的实际股息增长率，默认的估值方法是采用经纪商们的一致预测和其他相关数据推出输入值。用户可根据自己的研究和判断调整该数值。

行业净股息收益率百分比（仅适用于股票估值）

根据行业对公司进行分组（例如，银行业、采矿业，等等）并公布各行业的股息收益率。收益率因行业不同而有显著区别。

默认的股票估值方法是根据公司股息覆盖率（每股收益除以每股红利）的相对实力来调整行业收益率。用户也可根据自己的研究和判断调整该默认值。

得出结果

一旦键入输入值，只需点击"计算"按钮，结果就会立刻显示在相应栏内（右边的一列）。

ShareMaestro 富时 100 估值结果

ShareMaestro 对富时 100 指数价格最高时的估值见图 10.1。

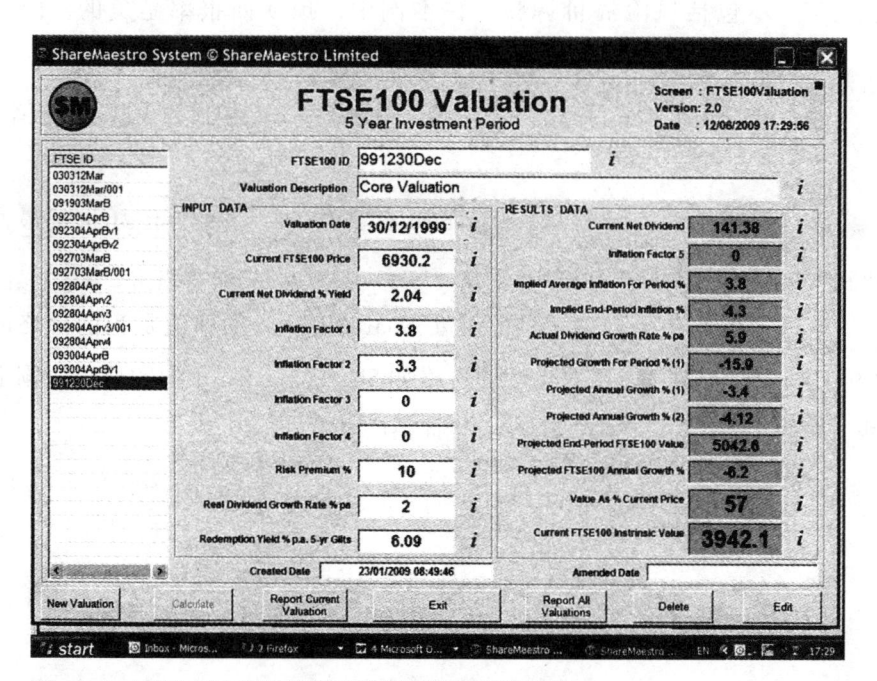

图 10.1　富时 100 指数处于历史最高价位时的估值

ShareMaestro 准确判断了 1999 年末形成的网络泡沫的规模。最右边一列底部的两个数字显示出 ShareMaestro 的估值为 3,942，仅为价格的 57%。正如 ShareMaestro 预测的那样，富时 100 指数价格随后暴跌至 3,287 的低点。

从"富时 100 指数预期期末价值"结果栏内，可以看到富时 100 指数在五年末（2004 年 12 月 30 日）的预期价格为 5,042.6。而真实价格是 4,820.1，仅相差 4%。而许多分析师预测一年内的富时 100 指数价格时，尚且未能把误差控制在 15% 以内，更别提五年的了。

其他关键的投资信息显示在结果栏内：

- 期间预期增长率百分比（1）与预期年增长率百分比（1）：按英国基本税率扣税后的预期投资回报，包括股息再投资，但不包括风险溢价调整。在本例中，预期回报率是负的，因为 ShareMaestro 准确计算了当前富时 100 指数的价格——相当昂贵。
- 预期年增长率百分比（2）：按英国较高税率扣税后的预期年回报率。

为进行对比，我们将 ShareMaestro 在富时 100 指数处于 21 世纪最低价位时的估值结果显示在图 10.2 中。

右边一列的最下面两个数字显示 ShareMaestro 的估值是当前价格的 4,957，151%。随后，富时 100 的价格如 ShareMaestro 预测的那样急剧上涨，在两年内超过了 ShareMaestro 的估值。

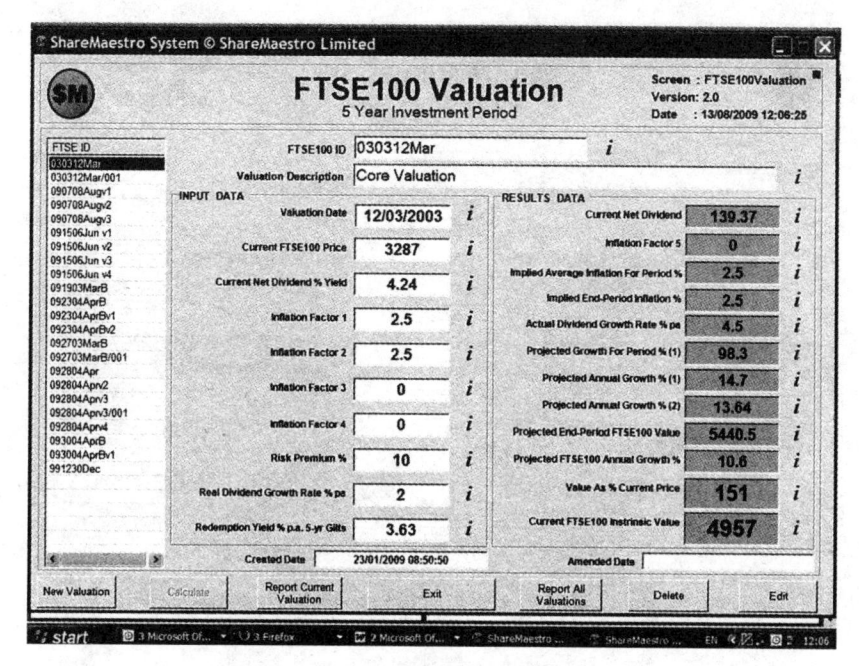

图 10.2　富时 100 指数在 21 世纪最低价位时的估值

注意，富时 100 指数在五年末（2008 年 3 月 12 日）的预期价格是 5,440.5。后来证明实际价格是 5,776.4，仅相差 6%。

按基本税率扣税后的预期年回报率是每年 14.7%，这是一个非常健康的数字。这一高预期回报率是由于 ShareMaestro 正确计算出富时 100 指数在 2003 年 3 月 12 日的价格非常低。网络泡沫破灭后，恐慌开始蔓延，股价大幅下挫。富时 100 指数价格随后一路飞涨，三年内增长了 81%。

ShareMaestro 股票估值结果

图 10.3 显示了哈萨克铜业有限公司（Kazakhmys）在 2009 年 7 月 7 日的估值。从图中可以看出，该股票极具购买价值，它是 *What Really Profits* 杂志 2009 年 7 月版公布的 ShareMaestro 估值最高的十大富时 100 指数股票之一。

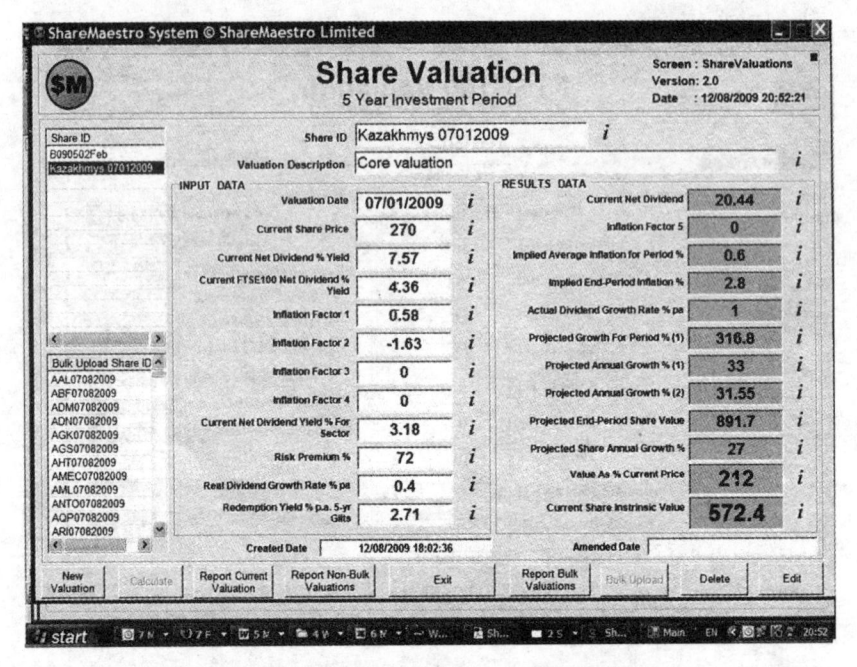

图 10.3 哈萨克铜业有限公司估值（2009 年 7 月 7 日）

行业收益率是采矿业的收益率，根据哈萨克铜业有限公司的高预期股息覆盖率进行了调整。实际股息增长率由经纪商的一致预测和其他相关数据得出。风险溢价较高，因为股价的历史波动相对较大。所有其他输入数据都是真实值。

截至 2009 年 8 月 7 日，股价已激增至 930，比 2009 年 1 月 7 日增长了 244%。

目前，ShareMaestro 有很多股票估值功能。通过对基于判断的输入值采用默认假设，就可以对你选中的目录或行业里的所有股票进行自动估值。每只股票的估值结果都存储在一个单独的文件夹中，便于查看和编辑（详见下节）。

你也可以将大量的股票估值结果导出到 Excel 表格中，以便利用 Excel 的特有功能，如对数据进行分类（例如，将股票按照估值对当前股价的百分比进行排序）和打印。

查看和编辑估值结果

ShareMaestro 有一种独特的情景测试功能。在看到初始估值结果后，你可以通过"编辑"按钮改变任一输入值，既可单独改变一个，也可同时改变多个。只需再次点击"计算"按钮，就可以立即看到这些改变对估值的影响。

举例来说，你认为利率和通货膨胀的增长会比市场预期更为剧烈。你只需点击"编辑"按钮，在以下栏内键入你所选择的数值：通货膨胀因素 1 和 2 以及五年期金边债券的年赎回收益率百分比。然后点击"计算"按钮，就可以看到新的估值结果。

利用这一颇具价值的功能，你会发现没有任何现实的假设能够证明 21 世纪初富时 100 指数价格的畸高是合理的，尽管一些分析师预测市场会飙升至 8,000 点以上。泡沫一定会破灭：简言之，这是一个单向赌博。这一信息是极其有价值的，它可以使人们避免痛苦的损失，或者使卖空者创造巨额的利润。

类似地，当你在大量估值中检查一只股票的估值情况时，可以用你认为更合理的假设来替代基于判断的输入数据的默认值，你会很容易看到这一变化所带来的影响。

何时买进和卖出

根据我的经验，ShareMaestro 的估值越极端，富时 100 指数或股票的价格就越有可能在适当的时间内回归公允价值。然而，如果你只在富时 100 的估值至少是（比如说）140% 时才会买进或者只在其估值至少为（比如说）60% 时才会卖出，那么你不会产生很多交易。你将错过赚钱的机会，因为你所采用的买进 / 卖出的估值区间有些过窄了。

对于富时 100 指数来说，105%/95% 的买进 / 卖出估值区间能让我们在风险和回报之间取得合理的平衡。它使富时 100 指数基金按下面介绍的风险控制方法取得了很好的效果。（参见前面 "ShareMaestro 的历史记录"一节）。采用这一区间的话，自 1984 年以来（与 2009 年 8 月一样）仅有 13 个买进 / 卖出点。因此，遵循这一策略不会使你承担过高的交易成本。遵照这一策略的投资期限应该是中期的。富时 100 指数价格回归到 ShareMaestro 的估值所提示的公平价格，可能需要几个月，某些情况下，可能超过一年。但耐心通常会得到回报。

对个股来说，一个更大的买进 / 卖出区间可能更合适，原因是：

- 持有个股比持有富时 100 指数的风险大得多。一只股票的价值有可能完全消失，而富时 100 指数的价值只有当构成该指数的所有公司都被收归国有而未对股东进行任何补偿时才会消失，然而这种情况不太可能发生。
- 对个股进行估值比对指数进行估值的误差范围大得多。
- 对个股百分比估值的范围比对指数百分比估值的范围大得多。

鉴于以上几点，采用至少 115% 的估值作为买入点，同时仍采用 95% 的估值作为卖出点是明智的。为确保股票估值的结果尽可能准确，你应当实施用户手册所介绍的一系列安全检查。

从个股与指数的相对业绩来看，采用 ShareMaestro 进行股票投资的期限可以比指数投资的期限短得多——通常不超过几周（而不是几个月）。而且，总会有某些股票的估值比包含它们的指数的估值极端得多。换句话说，通过挑选合适的股票，你可以获得比指数交易高得多的利润。

ShareMaestro 并非旨在、也并未声称能够准确地识别市场的最高点和最低点。正如简介中所说，股价可能被人们的情绪推动到非常极端的位置。被其优秀的历史记录证实有效的 ShareMaestro 的原则是：如果你低价买入指数或股票，然后高价卖出，那么你获利的机会会比采取以下方法时多得多：

- 随机地买入或卖出。
- 保持在市场中的永久投资（正如基金经理从他们自己的利益出发所经常建议的那样）。

图解专家和一种被称为"金融行为主义者"的新型分析师声称能够准确地指出股价的波峰和波谷。然而，他们从未给出任何能证明其系统有效性的系统的、长期的证据。

风险控制

尽管正确谨慎地运用 ShareMaestro 会有利于投资者，但并不能保证股价一定会朝着估值所指示的方向变动。基础输入值可能发生剧烈变化，从而使得估值结果大大改变，人们的情绪也会将股价推向非理性的极端。

因此，除了运用 ShareMaestro 估值系统外，采取一些基本的风险控制措施是明智的。

富时 100 指数

在极其偶然的情况下，富时 100 的价格会呈现自由落体运动。自 1984 年富时 100 指数产生以来，这种情况仅发生过两次。在这种情形下，不要管 ShareMaestro 对富时 100 的估值，你应当退出市场。

针对这一风险控制措施，当下面情形发生时，就意味着你应当退出市场了：

- 过去 145 天里富时 100 指数收盘价的移动平均线跌落到低于过去 242 天内富时 100 指数收盘价的均线（一些图解专家将此处作为卖出信号）。
- 当这种交叉出现时，富时 100 的价格进一步下跌至低于收盘价 10% 的水平。

一些股票数据服务（比如，ShareScope, www.ShareScope.co.uk）会为你计算移动平均线。或者，你可以从，比如说，雅虎财经（www.yahoo.co.uk）中将富时 100 指数价格下载到电子表格里，然后自行计算移动平均线。

这种罕见的自由落体运动很可能发生在以下两种情形之一出现时（也可能两种情况同时出现）：

1. 泡沫的破灭

这是第一种情形，ShareMaestro 暗示由于网络泡沫的出现，某个时期内富时 100 被严重高估了。2001 年 6 月 6 日，富时 100 指数跌至 5,483 点，比 2001 年 2 月 19 日 145 天/242 天的移动平均线交叉价格 6,093 低 10%。这种情形下，没有必要退出市场，因为当估值跌到 95% 以下时，ShareMaestro 估值已经发出了退出市场的信号。

2. 预期红利和收益增长率急剧恶化

这种情形发生在 2008 年，当银行倒闭、信贷紧缩和即将到来的衰退使得预期实际股息增长率从每年 2% 的长期平均值骤降至很大的负数。例如，作为富时 100 指数股息收益率关键组成要素的许多银行的股息，此时迅速消失了。因此，这种情形下，每年 2% 的实际股息增长率的默认值已不再适用。股息会急剧下跌，但下跌多少、这种下跌会持续多久并不确定。这一卖出信号出现在 2008 年 3 月 17 日，当时富时 100 指数价格已跌至 5,513 点，比 2008 年 1 月 14 日的移动平均交叉价格 6,215.7 低 10%。

采用风险控制措施退出富时 100 时，什么时候可以再投资呢？按照该风险控制方法，当 145 天的移动平均线上升至高于 242 天的移动平均线，且 ShareMaestro 的富时 100 估值达到 105% 以上时，就是再投资该指数的时候了。

股票

不管你对公司价值研究得有多好，收益预期和市场观点都会快速改变。私人投资者常犯的一个错误就是，看到一只股票的价格持续下跌时，误以为它会重新回到当初的买入水平。从心理学的角度讲，确认损失比确认盈利要难得多。因此，很有必要开发一种规范而系统的方法来将损失最小化，并在账面利润由于股价暴跌而蒸发前意识到它们。

一种有效的风险控制方法是对新投资进行追踪止损。它可以确保你锁定任何收益并限制任何损失。止损点可以是该股票自你买入以来的最高价格减去一个固定的数额（比如 25 便士）或是某一固定百分比。例如，你以 1.00 英镑购买了一只股票，并将该股票的追踪止损点设为 25 便士，那么当股价与自你买入以来的最高价格相比，下跌超过 25 便士时，该股票将被卖出。当股价上涨到最高点 2.00 英镑时，那么该股票将会在其后下跌到 1.75 英镑时卖出，这样你就能锁定 75% 的利润。然而，如果该股票在你买入后一直逐步下跌，那么当它刚刚跌至 75 便士以下时就会被卖出。一些经纪商（例如，巴克莱股票经纪公司）将追踪止损作为一种自动功能提供给投资者。不过，当 ShareMaestro 的估值跌至低于 95% 时，你同样应当考虑卖出股票。

用 ShareMaestro 管理你自己的基金

推出 ShareMaestro 系统的一个首要原因就是为了使私人投资者能够管理他们自己的基金，特别是当 SIPPs（自我投资的个人养老金计划）出现以后。

当你投资于某个第三方管理的投资基金时（例如，单位信托基金或OEIC），你不知道该基金将会有怎样的业绩表现。事实上，大多数基金都比它们的基准指数的表现要差。一些基金在最初几年内的表现极为出色

（这在它们有选择性的广告宣传中被大肆渲染），但后来就夭折了。几乎没有哪个基金交出持续的、长期的超越市场平均水平的业绩。

然而，可以确定的是，这些基金所收取的成本和费用会大大侵蚀你的长期储蓄。除大约 5% 的入门费之外，大多数主动型基金都有至少每年 1.5% 的年费。这就意味着，即使假定投资业绩相同，25 年后，你自己的免费基金的规模也会比第三方管理的基金大 50% 以上。然而，正如我们在"ShareMaestro 的历史记录"一节中看到的那样，ShareMaestro 型富时 100 指数基金的历史记录比大多数英国股权基金好得多，而且不管是长期还是短期，都有持续高收益的最佳记录。因此，通过管理你自己的基金，你可以获得更大的收益。

富时 100 指数基金

管理你自己的富时 100 指数基金的一种简单方法是根据 ShareMaestro 的富时 100 估值在富时 100 指数和计息现金之间进行投资转换。你可以采用 105%/95% 的买入／卖出区间并采取前面"风险控制"一节中介绍的风险控制方法。投资富时 100 指数可以通过富时 100 ETF(交易所买卖基金)，例如 iShare。这些基金旨在复制富时 100 的业绩，且管理费用较低，大约为每年 0.4% 左右。它可以为英国投资者免去印花税，它买入／卖出区间较小，而且与单位信托基金不同的是，你永远都能知道交易的确切价格。

一种比较有活力的 ShareMaestro 富时 100 指数基金是富时 100 指数涵盖的认股权证基金。该基金根据 ShareMaestro 的富时 100 估值，投资于富时 100 指数涵盖的认股权证，而不是富时 100 指数。这一基金的风险高得多，因为认股权证是以某一固定价格购买富时 100 指数的一种有效的选择权。如果富时 100 的价格急剧下降，认股权证很快就会变得一文不值。因此，很有必要采用有效的风险控制措施来管理这一基金。这类基金在过去 25 年里产生了很高的回报，但只适用于理解其中风险并采纳了恰当而专业的意见的经验丰富的投资者。你必须准备好每天监控你的头寸，在快速市场中，不到一天就要监控一次。你也必须准备好迅速采取行动来实现利润或将损失最小化。订购 ShareMaestro 后，你会获得详细指导。

个股基金

通过 ShareMaestro 的批量估值功能，你可以购买至少包含 10 只股票的投资组合，其中每只股票都是根据你所选择的标准挑选出来的，而且成本大体相同。为了控制风险，你应当：

- 只在富时 100 指数的估值超过 105% 时投资。
- 只投资那些估值不低于市场价格的 115% 的股票。
- 如用户手册中所说，尽可能对估值结果进行验证，这一过程可能会排除掉不少备选股。
- 从几个不同的行业中挑选股票。
- 对购买的所有股票进行追踪止损，止损点可以是（比如说）原始买入价的 25%。
- 定期监测投资组合，卖掉那些已经到达追踪止损点或者 ShareMaestro 估值跌至 95% 以下的股票。
- 如果富时 100 指数的价值跌到 95% 以下，考虑卖掉整个投资组合。如果富时 100 指数大幅下挫，那么大多数英国股票都将跟进。

关于 ShareMaestro 的更多信息

关于 ShareMaestro 的更多信息，参见 www.sharemaestro.co.uk，在这里，可以免费下载用户手册。

第 11 章　ShareScope 与 Investor Ease 的应用

这一章，我们将着手学习一些最有用的计算机筛选系统。通过线下的软件应用或线上的网站，这些系统可以用来执行各种各样的投资策略。

当我们考察这些多种多样的系统时，许多问题就马上显现出来了。

关键的一点是成本——就像当今生活中的很多事情一样，你要为获取而付费！像 CDREFS（纸质 CompanyREFS 的软件版）这样的顶级软件系统的价格可能高达数百英镑，但它的确非常出色，物有所值！它拥有很多复杂的功能、大量的工具与非常可靠的数据源，但它并非市场上唯一有效的高端系统。投资者们也应当看看来自 Ionic 的一款软件包 ShareScope——它的功能也极其强大，关键是它还便宜很多。

除了一些特例，基于网络的筛选服务都是免费的（而所有的线下软件包都是收费的），但其功能范围、工具、指标与数据质量都大大受限。这些平台对于初学者来说是相当好的选择，特别是考虑到它们是免费的，真的很划算——但是不要指望使用一些高级的功能，比如细化指标，或是把结果导入到 Excel 表格中。

简介

数据源的质量是极其重要的，而成本是决定一个筛选系统数据质量的主要因素。我认为或许除了 FT.com 在线筛选器以外，许多网络应用系统的基础数据质量都比较差。如果不能定期进行数据更新，或者像一些网站一样，未能涵盖某些关键指标如速动比率、流动比率等，就会出现数据不精确的问题。

除股票筛选外的一系列附加功能也是很重要的——像 ShareScope 这样一款优秀的软件包，其功能要比一个筛选系统多得多。与另一款软件系统 Investor Ease 相似，ShareScope 允许其用户进行技术分析、监测投资组合并挖掘公司的监管新闻服务（RNS）公告。毫无疑问，最后一项功能是至关重要的——利用股票筛选服务进行策略投资仅仅是认真选择股票的一部分。基于量化的分析只是列出了一些合适的公司——接下来，投资者需要进入他们自己的"尽职调查"程序，查看公司的新闻流，当心任何潜在的问题。因此，一个结合了 RNS 新闻服务与强大的股票筛选工具的系统必定会比一个简单的在线筛选器更有优势。

另一个关键点是易用性。总的来说，像 FT.com 这样通过 Java 或类似的平台进行功能内置的网站所提供的网络服务使用起来非常方便。对于这些网络服务，初学者可能很容易上手。而离线服务软件包则复杂得多，需要全神贯注并投入大量精力。本章中我们会发现，掌握 ShareScope 这样的软件包可能需要数小时的仔细实验和良好的记忆力！但在我们看来，这些额外付出将获得相应的回报——毋庸置疑，这些昂贵的离线软件包拥有更加强大的功能，也会为终端用户提供更好的信息。

本章中，我们将从学习这些功能强大的离线软件开始，进而深入到整个市场。我们有意避开费时费力的市场调查工作——本章提及的所有软件包与网站都有它们各自的优势与不足。总结如下：

- ShareScope。这是我们日常使用的一款离线软件包。它提供了强大的监测前端，使投资者可以监测投资组合或监测列表，然后反复练习如何使用一些易用但极其复杂的数据挖掘工具。然而，对于完全的新手，我们并不十分推荐这款软件——他们可能更适合使用 FT.com 在线筛选器或 Investor Ease。

- CDREFS。这款软件包的制作方 Capital Ideas 公司的克里斯·科尔（Chris Coles）将会演示怎样运用这款基于 CD 的软件进行简单筛选（这款软件包还有一个功能几乎一模一样的在线版本）。这款软件包比 ShareScope 贵一些，但使用起来可能略为容易一些。它没有 ShareScope 那样大量的技术分析功能，但其数据质量、基础指标的范围和演示的简便性都是无与伦比的。许多机构同时使用 ShareScope 和 CDREFS。
- Investor Ease。该系统比 ShareScope 和 CDREFS 便宜得多，集合了同类软件的许多功能，但其前端却简单得多，初学者使用起来颇有乐趣。其股票筛选工具虽不能与 ShareScope 或 CDREFS 相比，但仍然很有效。这款软件自称有一个很棒的功能：可以让用户每天查看投资者监测列表中的公司的新闻流。便宜的价格、使用乐趣与相对强大的功能，使得这款软件对初学者来说的确很棒。
- FT.com 股票筛选工具。这是迄今为止最好的英国在线筛选工具，有着来自汤森路透的强大数据和颇具使用乐趣的杰出软件引擎。虽然指标范围有点少，但它是免费的，而且非常适合作为初学者的入门工具。FT 筛选工具面临来自另一款在线筛选器 www.advfn.co.uk 的激烈竞争。这款软件的 PowerX 工具特别复杂，但它也是免费的，而且出奇地有效。
- DigitalLook。通过其声称具有强大功能的"Research Plus"服务，这款软件同样提供收费的股票筛选工具。但说实话，这款软件有些贵（与免费的 FT 相比！），而且我们并不确信其基础数据的质量如何。

使用 ShareScope 运行投资策略

我们将从 ShareScope 讲起，因为我也采用这款软件，并且这可能是市场上性价比最高的软件了。它并非最复杂的软件——这一殊荣或许应归于

Company REFS CDREFS——但我们认为它显然值得每月 16 英镑的注册使用费。ShareScope 可从 Ionic 的网站 http://www.shareScope.co.uk 下载。

ShareScope 有很多优势，主要如下：

- 极佳的数据挖掘筛选系统以及可靠的数据和众多的指标。
- 通过更贵的 Plus and Pro 软件包可以得到包含每日定价的卓越的市场监测工具。
- 强大的股价技术分析（对图表有着强烈偏好的 ShareScope 被投资者们广泛采用，其大量的技术分析工具也很出色）。
- 几乎每个月都会进行某种形式的升级 [这一持续创新的进程最近推出了一些新的功能，使得投资者只要按一下 Crl+N 组合键，就能立刻调出监管新闻服务（RSN）对某家公司的评论]。

ShareScope 也并非完美无缺——也许它最大的缺点就在于屏幕上的信息过多。这款软件允许用户创建自己的窗口，根据他们各自的需求来设置首页，但仅仅是版面设计与功能设置就能把许多投资者给搞糊涂了。而像 Investor Ease 这样更加简单和基础的软件包则将网罗来的重大新闻与价格信息显示在一个简单易读的页面上，这点做得比 ShareScope 好。不过，尽管 ShareScope 需要用户投入一定的时间，但我们认为这一投入将会得到丰厚的回报！

基础知识

第一步是下载软件——这里是黄金软件包（不得不说这是一款很大的软件，当然也可以以 CD 的形式给你），然后是一个相当长的安装过程。等到安装完毕，开始运行，你就可以正式使用该系统了。

主页如图 11.1 所示——满是对话框（如果你愿意，你可以添加更多！），向投资者展示了大量的工具与功能。这部分（就像所有其他解释性内容一

第11章 ShareScope与Investor Ease的应用　　371

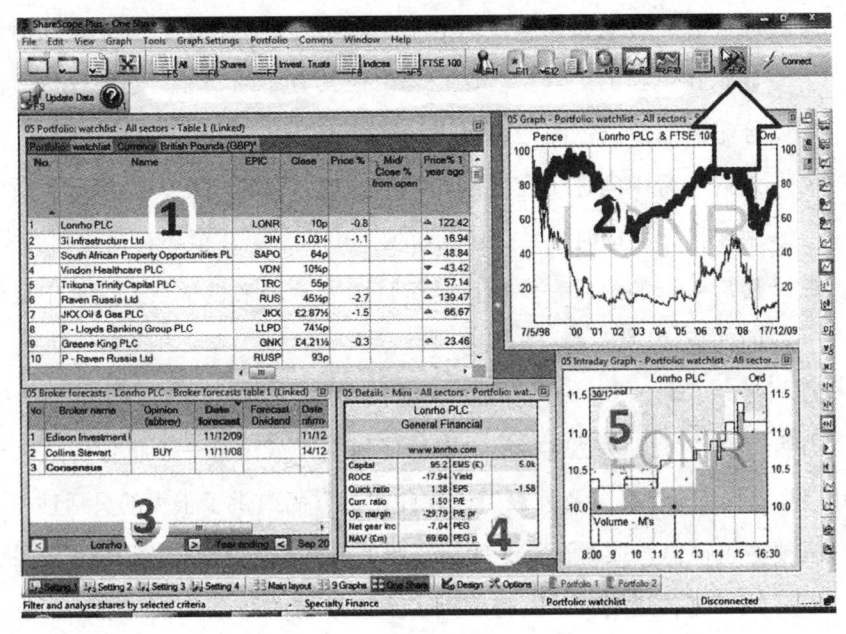

图 11.1　主页

样）并非对 ShareScope 所有市场监测功能的引导，但图 11.1 中的一些主窗口值得注意。你会看到我们在该图上标出了一些参考数字。这些数字对应以下内容：

1. 主窗口。这一窗口包含你的主要投资组合或监测列表——你当前跟踪的所有股票都会列出来，你还可以添加不同的指标列，包括每天的价格信息。当我们点击箭头所指的按钮时（这一数据挖掘工具是用镐与平锹来表示的），这一窗口将变为我们的主筛选窗口。点击这一按钮可以将投资组合/监测列表切换至主筛选页面。

2. 主历史价格图表。它用最大的数据集显示股价，并允许用户进行技术分析，或与其他股票及指数进行对比分析。这里我们正在监测非洲集团公司 Lonrho，将其股价与富时 100 指数进行对比。

3. 最后一行是从左边的经纪商预测开始的，包括预期每股收益和每股红利,按发布预测数据的不同经纪商进行排列,其中发布时间显示在单独的一列中。这是一个极其有用的功能,它能让你看到经纪商的预测范围是如何随时间而变化的。
4. 最后一行中间那个窗口叫作细节窗口,在本例中,它包含了所有主要指标的即时信息,包括市值、市盈率,甚至还有营业利润率。
5. 最后一行的最后一个窗口是每日图表,用来显示当天交易中股价的变化情况。

当然,我们可以改变这些窗口中的任何一个或全部——将他们放大或缩小,改变指标、工具以及列表。该软件在这方面提供了很大的灵活性——你只需要右击该窗口或对话框,就会在此处看到一系列的选择。

不过,从现在开始,我们将着重了解该系统的数据挖掘功能——意味着我们要点击图11.1中箭头所示的"镐与平锹"按钮。这一工具集能够让你过滤自己的股票列表或整个英国市场(你也可以监测美国股票,但数据挖掘功能还不能应用于国外的股票)。

点击"镐与平锹"按钮后,你的主窗口(图11.1)将变为图11.2所示。为清楚起见,我们将该对话框最大化——只需将光标放在窗口的某一角,然后拖动对话框至合适的尺寸。

这一数据挖掘工具的首页在左边显示了一个长长的公司列表——按字母顺序进行排列——右侧是以"过滤"为标题的区域,下面是"来源"选项和两个按钮:"添加条件"与"选择过滤器"。右边的列表目前列出的是所有英国市场的股票——我们还没有选择任何的标准(指标)。要选择一个指标,只需单击"添加条件"按钮(参见图11.3)。

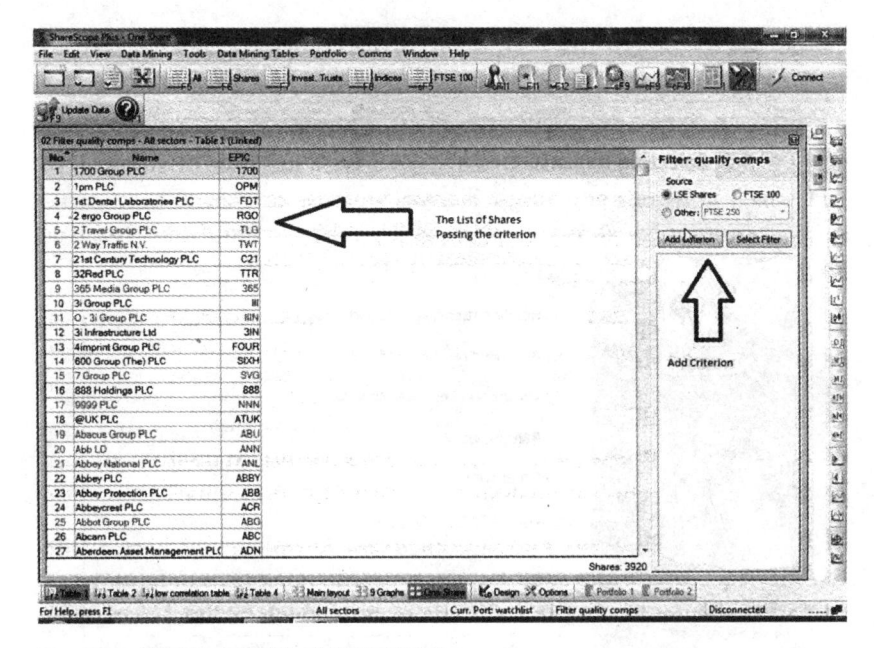

图 11.2 达到某项筛选标准的股票列表

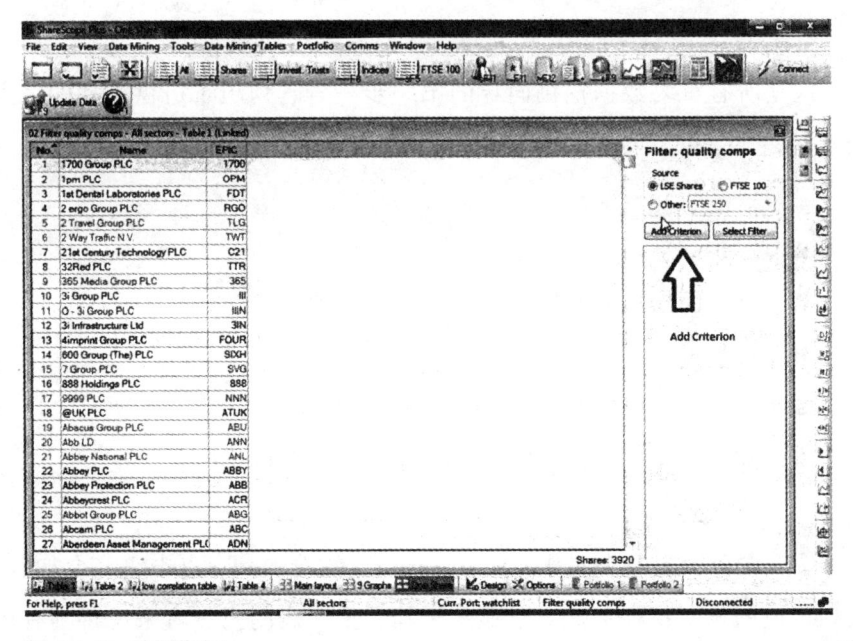

图 11.3 选择指标

当点击"添加标准"后，将出现一个新的窗口——如图 11.4 所示。

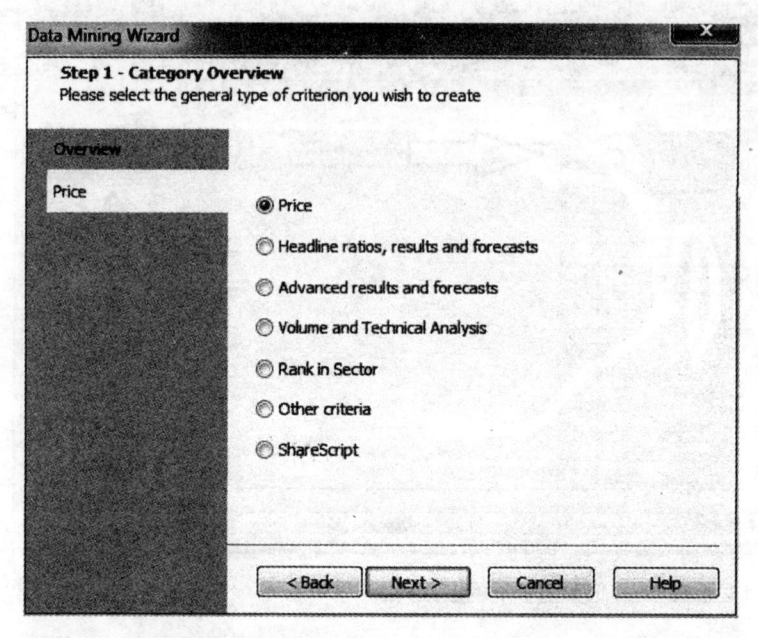

图 11.4 数据挖掘向导的第一步

这是所有重要数据挖掘向导的第一步——它列出了可供选择的大类，包括：

- 股价信息。
- 基本面指标（主要比率与高级结果）。
- 交易量与技术分析。
- 用工具对行业内公司进行比较（业内排名）。
- "其他标准"选项中、包括市值在内的基础指标。

最后你会看到一个叫作"ShareScript"的选项——点击它将会加载一系列预设的技术指标。这对于那些极其看重图表的投资者来说特别有用，但对于基于基本面分析的投资者却不尽然。

第11章 ShareScope与Investor Ease的应用 | 375

我们将从点击第一个按钮"价格"开始我们的筛选或数据挖掘。这时窗口会变成图11.5所示的样子，会出现很多有关股价的指标——包括最新股价、特定日期之间的股价变动、股价最高点与最低点等。

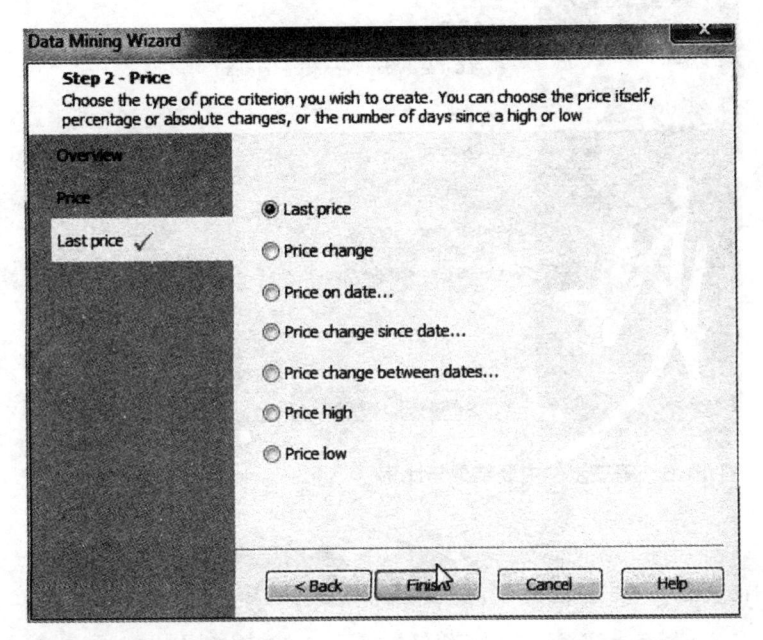

```
Data Mining Wizard
Step 2 - Price
Choose the type of price criterion you wish to create. You can choose the price itself,
percentage or absolute changes, or the number of days since a high or low

Overview
Price
Last price ✓           ● Last price
                       ○ Price change
                       ○ Price on date...
                       ○ Price change since date...
                       ○ Price change between dates...
                       ○ Price high
                       ○ Price low

              < Back    Finish    Cancel    Help
```

图11.5 第二步：价格

这时如果我们点击"后退"按钮，就会返回"类别概览"页面。现在我们点击下一个按钮"主要比率、结果与预测"——这里包含一个非常有用的快捷列表，列出了大多数分析师采用的关键基本面指标，包括市盈率、市盈率增长率、关键利润与销售数据（参见图11.6）。

这里列出的七组主要指标只是 ShareScope 收纳的大量基本面指标中的一个小小的子集——后面的专栏列示了所有的指标。

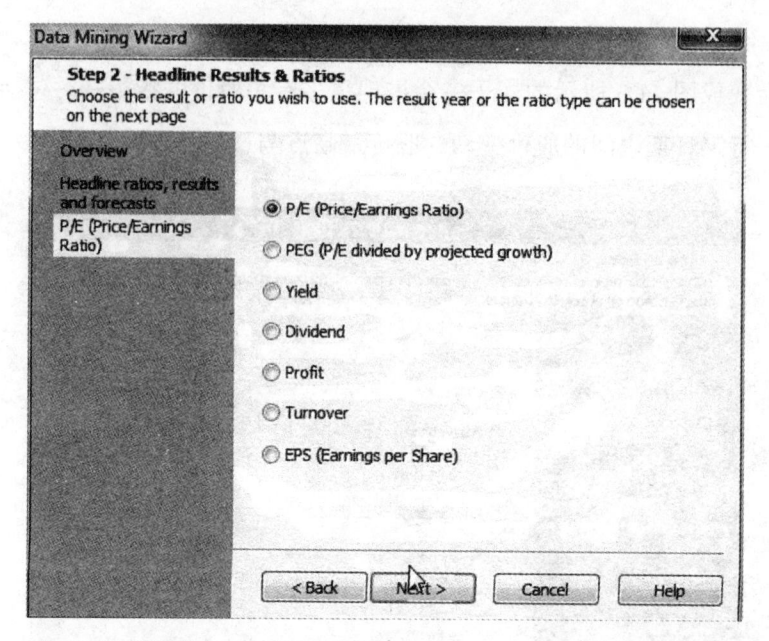

图 11.6　第三步：主要结果与比率

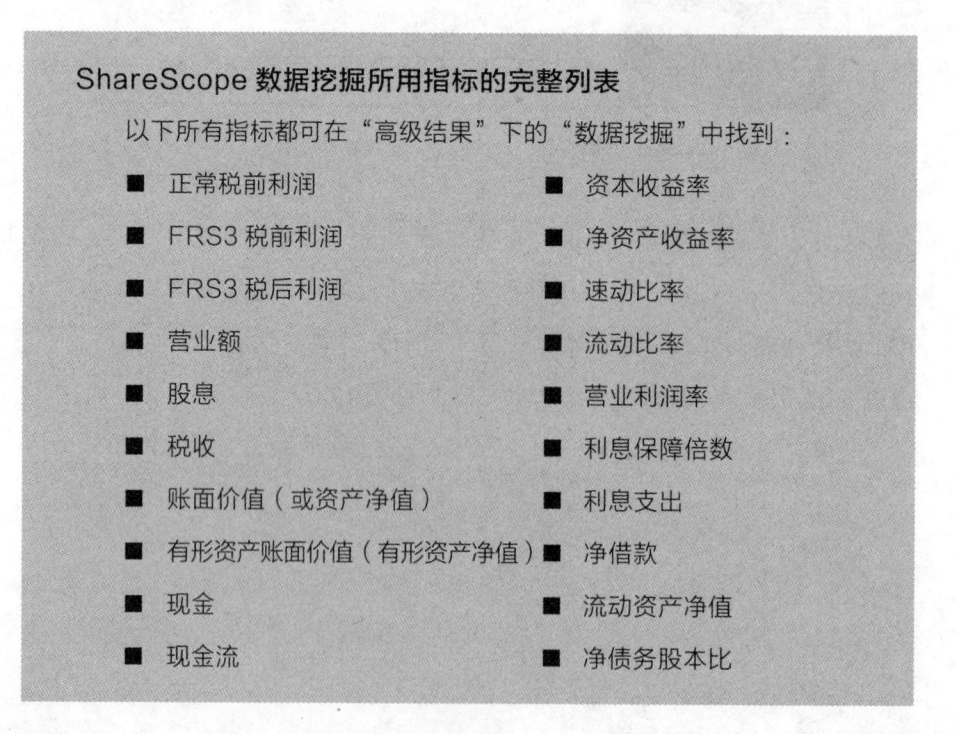

ShareScope 数据挖掘所用指标的完整列表

以下所有指标都可在"高级结果"下的"数据挖掘"中找到：

- 正常税前利润
- FRS3 税前利润
- FRS3 税后利润
- 营业额
- 股息
- 税收
- 账面价值（或资产净值）
- 有形资产账面价值（有形资产净值）
- 现金
- 现金流
- 资本收益率
- 净资产收益率
- 速动比率
- 流动比率
- 营业利润率
- 利息保障倍数
- 利息支出
- 净借款
- 流动资产净值
- 净债务股本比

第11章　ShareScope与Investor Ease的应用　377

- 资本支出
- 研究与开发
- 折旧
- 日期

- 现金比率
- 总债务股本比
- 总债务股本比（小于5年）
- 总债务股本比（小于1年）

从"类别概览"页面的另一个选项中也可以找到上表中的大部分细化指标——选择"高级结果与预测"这一项即可。点击这个按钮，你会看到图11.7所示的结果（下一页）。我们将在本章后面的部分详细介绍其中一些指标。

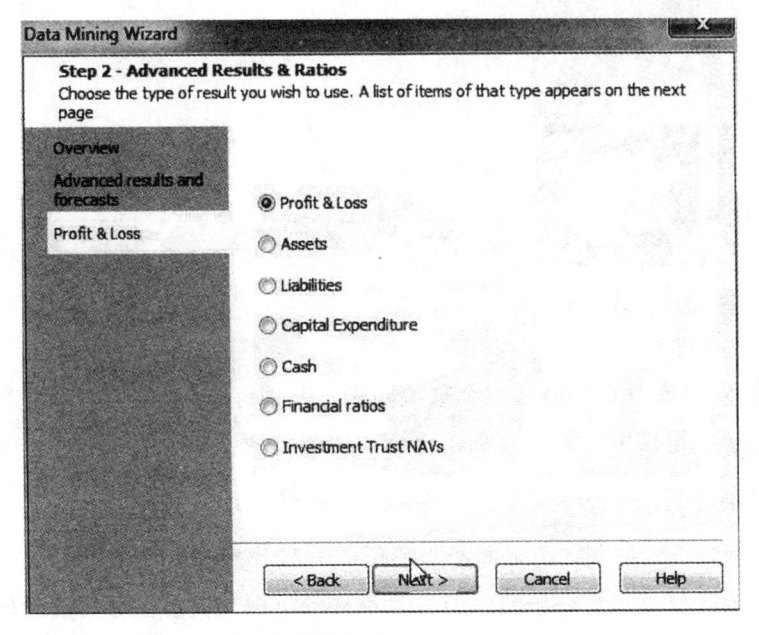

图11.7　第二步：高级结果与比率

"类别概览"页面也包括"交易量和技术分析"选项，该选项提供了非常详细的股价信息和一些数量工具，包括交易量趋势、移动平均线、相对强度指标加上丰富的随机工具和烛台模式——见图 11.8。本书中我们不讨论技术分析，但如果你想知道更多这些技术分析工具背后的原理，可以参阅阿里斯泰尔·布莱尔（Alistair Blair）的一本相当不错的指南[1]。

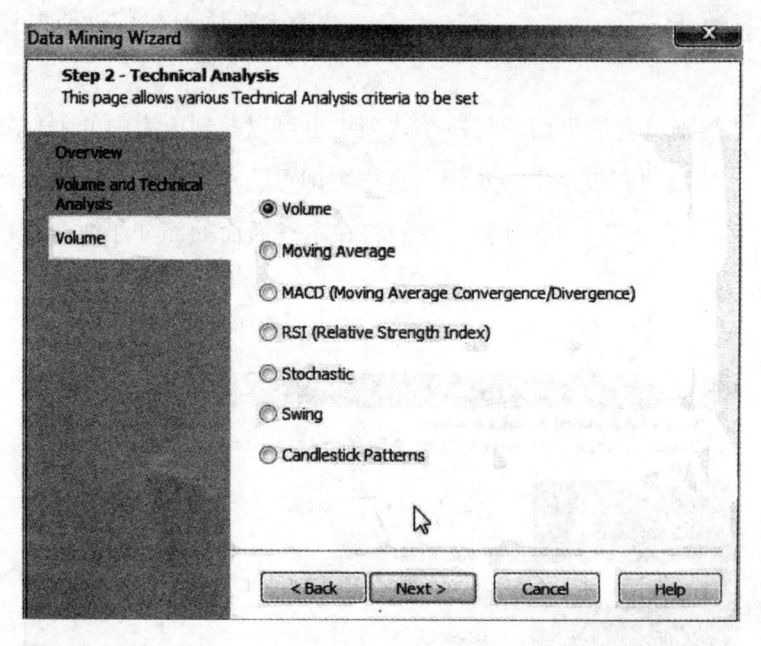

图 11.8　第二步：

"类别概览"页的最后一个选项叫做"其他标准"。这是一个各种指标的混合集，包括大多数交易的市场规模、股价波动率、与主要指数的相关性和市值（见图 11.9）。其中，最后一个指标尤其有用，因为事实上，所有主要的投资策略和筛选都倾向于忽略市值低于 £10m 的股票。众所周知，微小市值股票是很难分析的，而且几乎从未出现在大多数分析师的研究范围内。其中很多是面值在 £1 以下的低价股，且波动性极强。

1　Blair A.（2002）"投资者图表指南：给聪明的投资者的分析"，《金融时报》Prentice Hall。

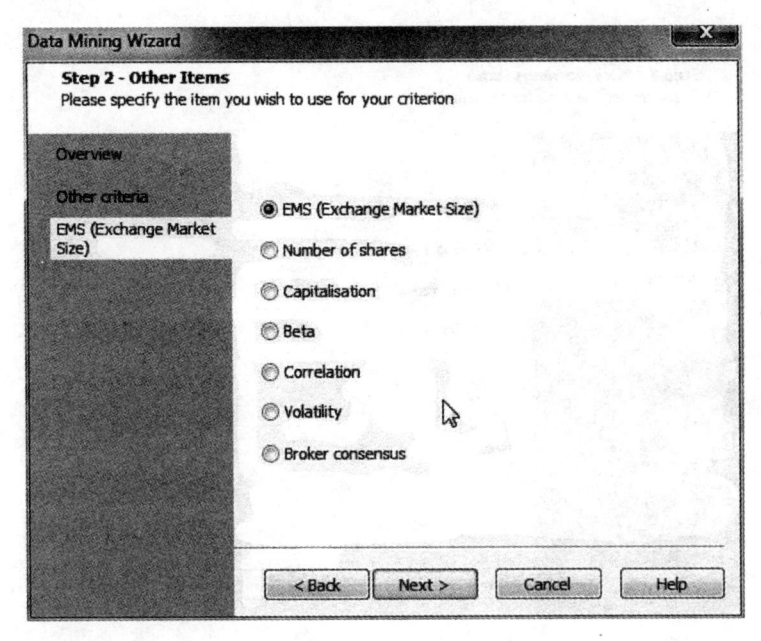

第11章 ShareScope与Investor Ease的应用 　　379

图 11.9　第二步：其他选项

具体指标

我们已经了解了"类别概览"页中可用的主要选项，现在应该采用一系列易懂的基本指标来探究更多的细节了。如果我们从"概览"开始，选择"主要比率、结果和预测"选项，就会看到一个关键指标列表——我们选择"市盈率"。然后，我们会看到另一个页面——给出了一系列不同的市盈率指标，包括历史市盈率（采用公布的盈利数据）、滚动1市盈率、预期市盈率和滚动2市盈率（见图表11.10）。预期市盈率是基于分析师们对未来一年每股收益的预测值，而滚动1和滚动2的定义见图11.10下方的注释。它们是其他指标在滚动基础上的混合。

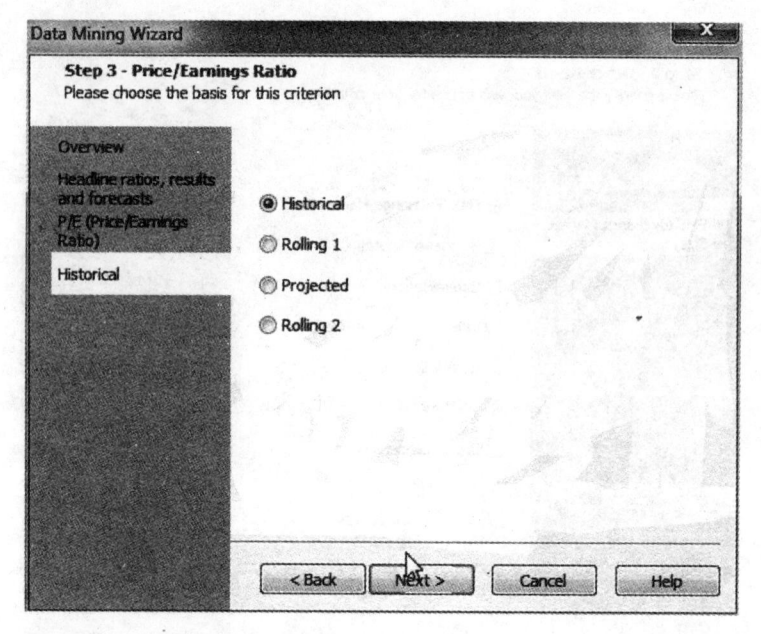

图 11.10　第三步：市盈率

注释——根据 ShareScope，滚动 1(Rolling 1) 市盈率是一个包含一些历史数据和一些未来一年预测数据的指标。在每财年年初，该指标完全由历史数据构成；随着时间的推移，它包含了越来越多的预测数据。它在历史数据与预测数据之间"滚动"——该数据只能在那些既有历史数据又有预测数据的公司中找到。滚动 2(Rolling 2) 包含一些未来一年和未来两年的预测数据，每财年年初，完全由未来一年的预测数据构成；随着时间的推移，它会包含越来越多未来两年的预测数据。它沿预测数据向前"滚动"——该指标只适用于那些有未来两年预测数据的公司。

一旦我们选中其中一种基于市盈率的指标，就会面临另一项选择——我们是想仅采用实际市盈率数据呢，还是想把名单上的公司按行业进行排序呢（见图 11.11）？虽然将一个公司同其竞争对手进行比较是很有价值的，但大部分时候你仍会选择第一项。最后，该点击"完成"按钮了。

我们现在选择了一个单一的标准——历史市盈率。"筛选结果"页由三大关键部分组成：

- 一个长长的公司列表，包含所有已公布市盈率的公司。
- 在列表下方，你会看到表中所有公司市盈率的分布图。

第11章　ShareScope与Investor Ease的应用　　381

- 右边筛选器下方带滚动条的方框表示市盈率的范围——从0到几千几万（可用鼠标拖动两个滚动条来选择想要的数值范围）。

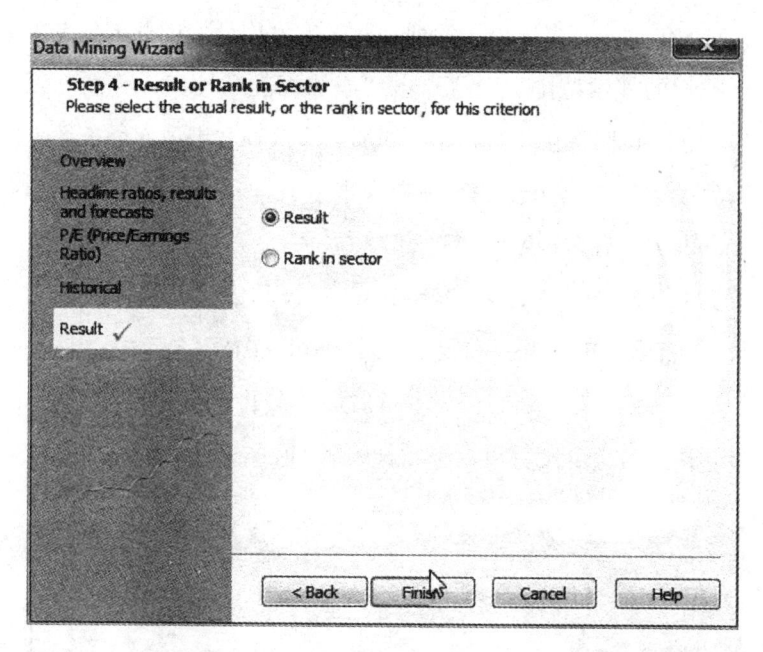

图 11.11　第四步：结果或行业排名

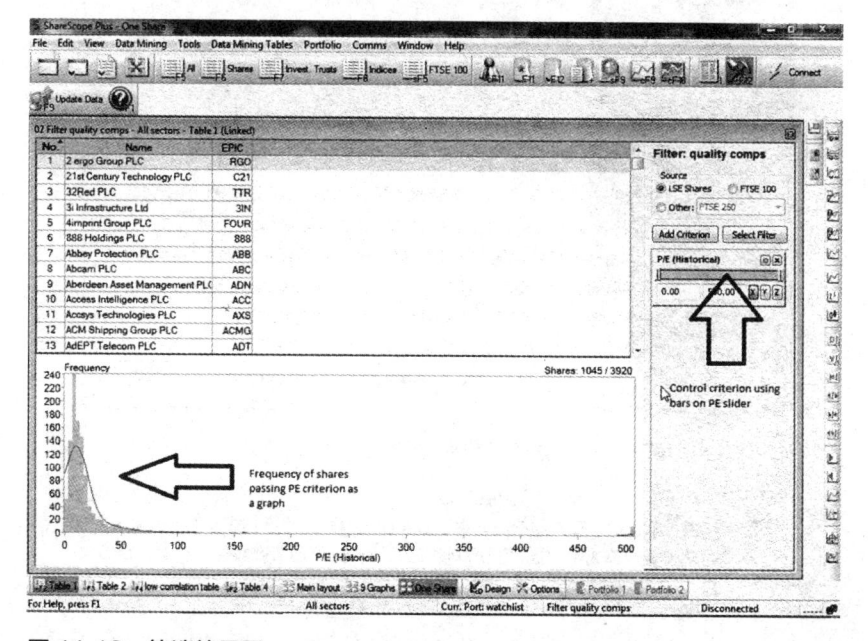

图 11.12　筛选结果页

若只选择历史市盈率在 0（所有市盈率低于 0 的公司均是亏损的）到 15 之间的公司，我们将得到仅 500 多家公司。

可惜一个包含 500 多家公司的列表并无太大用处。因此需要考虑如何过滤或缩小我们的搜索范围。通过点击"添加标准"按钮，我们可以采用另一种方法。这次我们将在"主要比率"那一步选择"市盈率增长率（PEG）"指标。市盈率增长率是市盈率与预期未来收益增长率的比值。正如我们预料的那样，事实上有多种不同形式的 PEG——在列表中（见图 11.13）你可以看到历史 PEG、预期 PEG、滚动 PEG 和极其重要的交替滚动 PEG。这是以吉姆·斯莱特（Jim Slater）发展、其公司 REF 服务（REF Service）率先采用的 PEG 定义为基础的——本章后面部分将会讲到。在图 11.13 下方的注释里，我们给出了交替市盈率增长率（Alternative PEG）的定义。

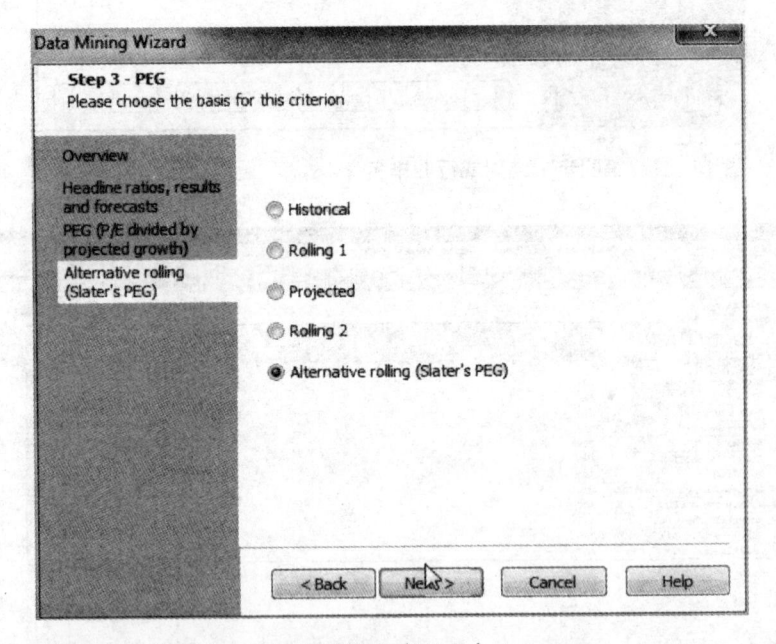

图 11.13　第三步—市盈率增长率（PEG）

注释——ShareScope 将交替滚动市盈率增长率 (Alternative Rolling PEG) 定义为"更注重预期价值，在滚动的基础上计算预期 PEG"。计算公式如下：市盈率/预期未来增长率或（价格/滚动每股收益 2）/((滚动每股收益 2 − 滚动每股收益 1)/滚动每股收益 1)

当我们选择了"交替 PEG"后，点击"完成"按钮来到结果页面（见图 11.14）。我们可以缩小标准范围——在本例中，我们只调查交替 PEG 在 0 到 1 之间的公司，共有 190 家公司符合此标准（它们同时也符合历史市盈率在 0 到 15 之间这一标准）。

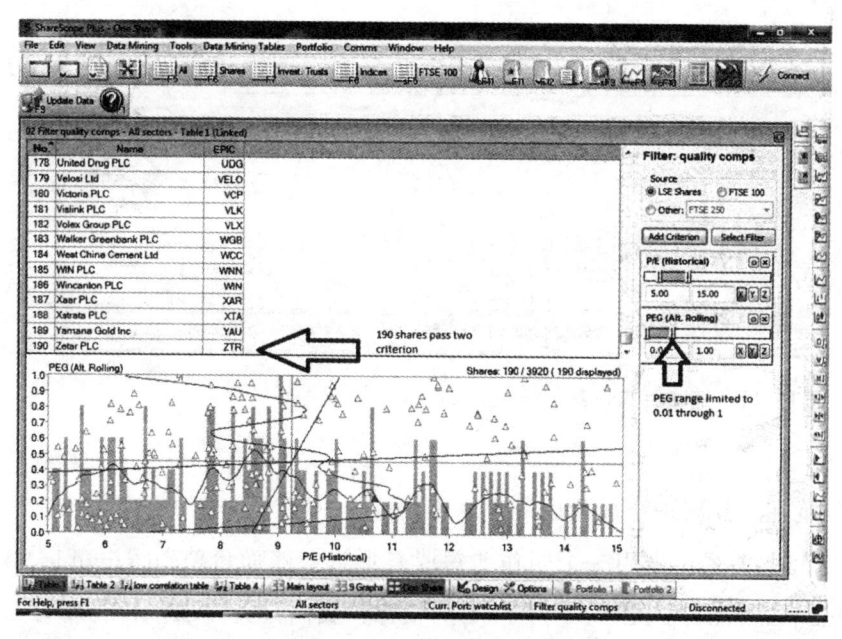

图 11.14　交替市盈率增长率在 0—1 之间的筛选结果

显然，我们的名单越来越短，但离足够短还差得很远。任何一个私人投资者要详细调查 190 家公司，恐怕都得花上好几天时间。我们需要添加更多的基本指标来缩小股票范围。首先，我们增加"预期股息率在 4% 到 10% 之间"这一条件。在大部分市场中，派息率大于 4% 都应该超过平均水平了，而大多数公司恐怕都难以达到足够的现金利润水平来保证 10% 的股息率。现在我们的名单缩减至左侧列表中的 61 家公司（见图 11.15）。

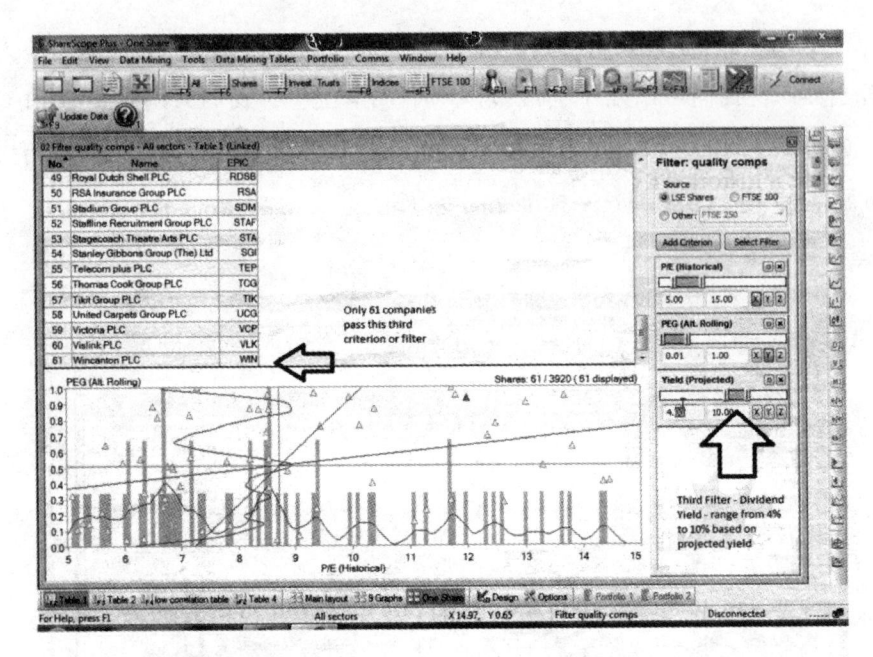

图 11.15 缩减后的列表

现在，我们来添加最后一个基本指标——支持公司的资产与该公司股价之间的关系。采用一个叫作"每股有形资产账面价值"（tangible book value per share, PTBV）或 PTBV 的指标，我们只关注那些符合所有其他筛选标准，且 PTBV 大于 0（实际上有正的每股净资产）且小于 1 的公司，这意味着每股净资产大于实际股价（也就是说，对应投资于该股票的每一英镑，你得到了多于一英镑的有形资产）。现在，我们的名单只剩下 5 只股票了——见图 11.16。在第一个非常简单的数据挖掘筛选结束时，我们得到 5 只这样的股票：

- 历史市盈率在 5 到时 15 之间。
- 交替滚动市盈率增长率在 0.01 到 1 之间。
- 预期或预测收益率在 4% 到 10% 之间。
- PTBV 在 0 到 1 之间。

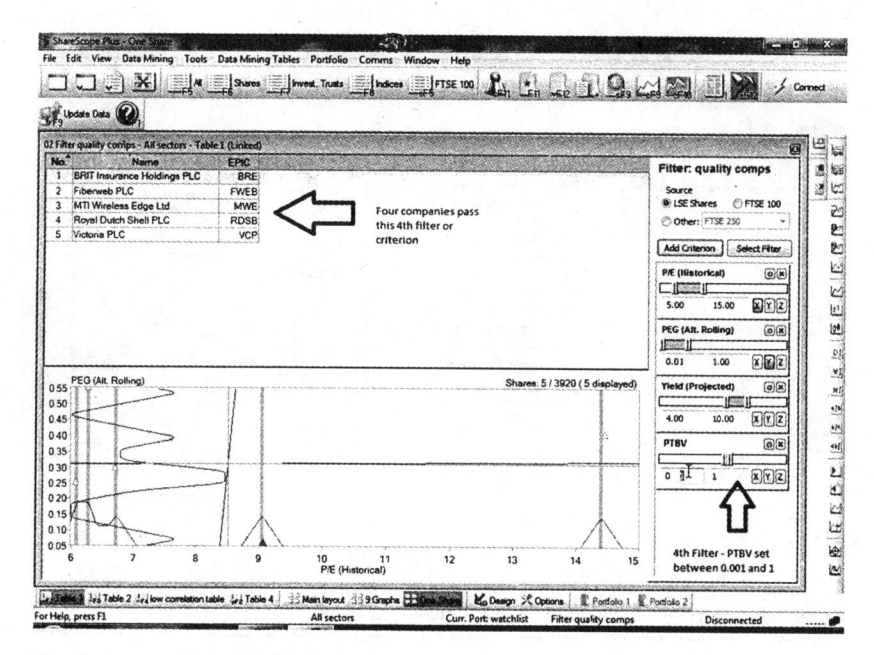

第11章　ShareScope与Investor Ease的应用　｜　385

图 11.16　5家公司的列表

理想的情形是能看到表中所列公司的更多详细信息——意味着我们要在这五家公司列表的右边添加一些附加列。这些新增列（竖向的信息行）可以显示被选中公司的更多信息，添加列的操作出乎意料地简单，只要右击公司列表正上方灰色的一行即可——参见图11.17。现在你会看到很多新增列选项，你可以添加基于基本数据（综合列或高级列）或技术数据（价格列）的列。

若选择"添加综合列"，就会出现各种选择，包括市值与一些主要数据和指标。当你选择其中一项，公司列旁边就会出现该数据的新列——见图11.18。

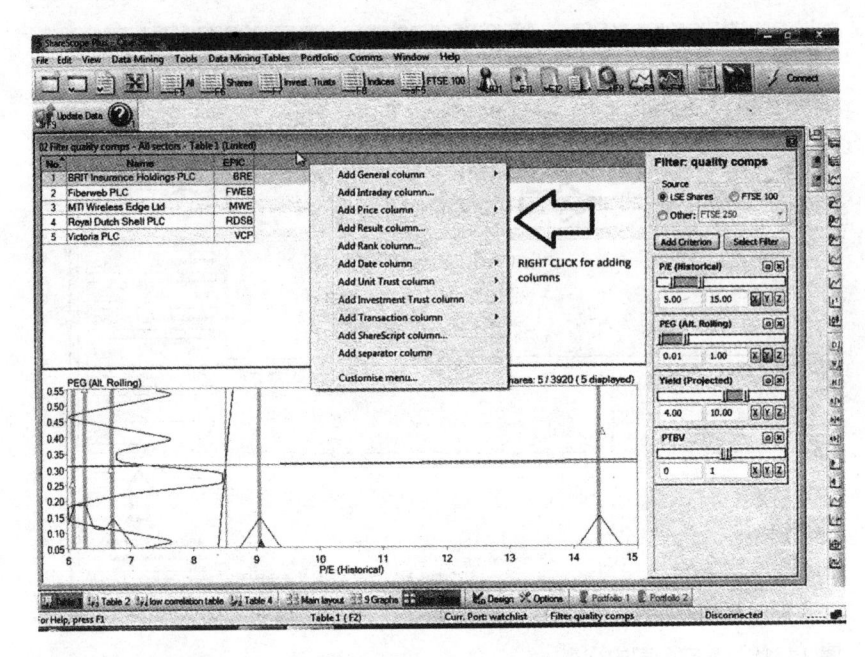

图 11.17 添加列

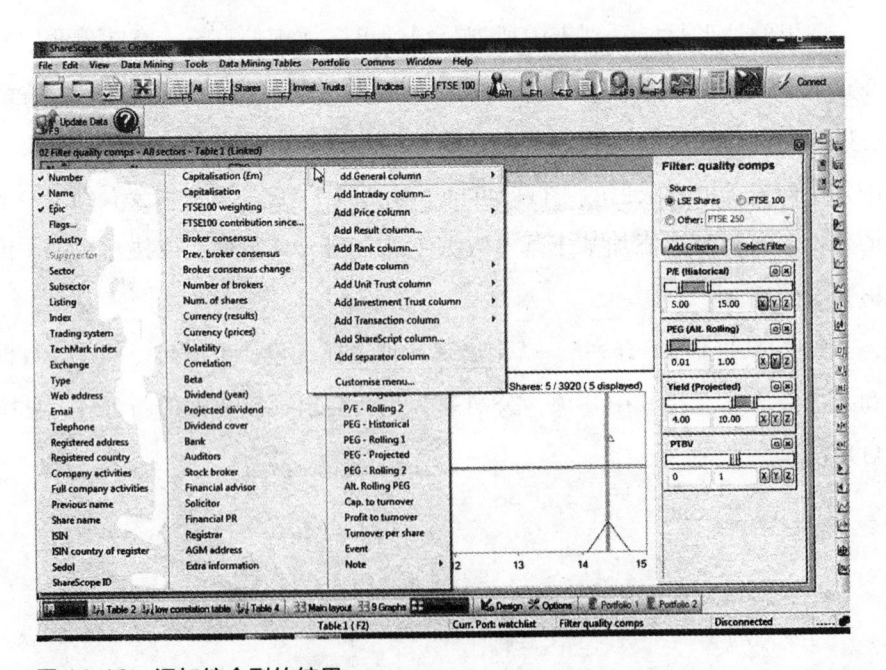

图 11.18 添加综合列的结果

选择"添加价格列",你会看到同样多的选项——图11.19显示了全部的技术分析工具。

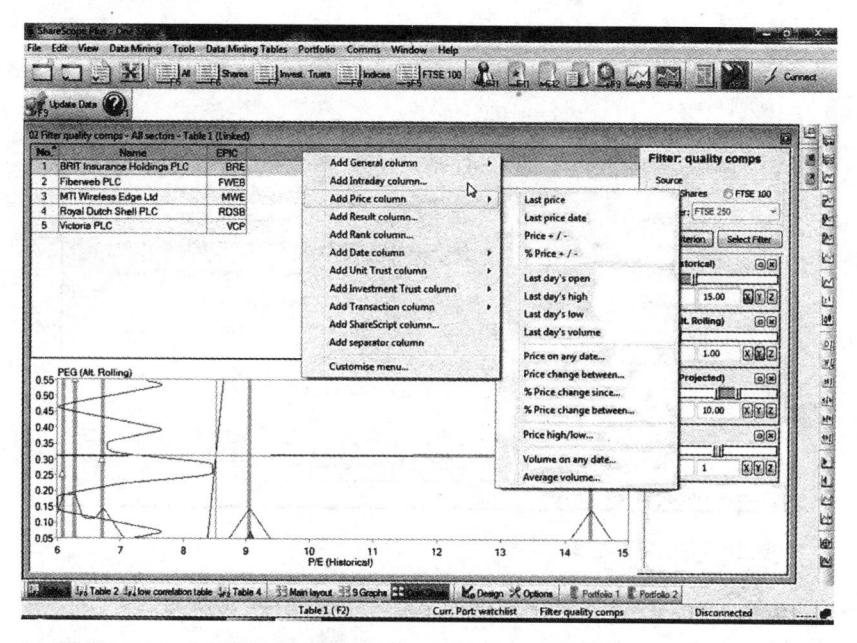

图 11.19 添加"价格列"的结果

如果你用"添加结果列"来增加列,则可以选择添加一些主要结果(范围是过去八年到未来三年的预测值)——见图11.20——或者可以添加一些高级结果和比率——见图11.21。

在图11.22中,我们添加了四列,来显示市盈率(PE)、市盈率增长率(PEG),预期收益率与最近PTBV的详细信息。

现在,准备保存我们基于市盈率、市盈率增长率、收益率和账面价值的结果数据了,而且更加详细地调查列表中的五家公司。保存步骤如下:点击页面顶端左侧的"数据挖掘"标签,选中"选择筛选器",然后为这一筛选器起个名字并单击"保存"——见图11.23。现在你可以选择回到该筛选器,或是先对四个筛选器进行相同的操作,稍后再进行筛选。

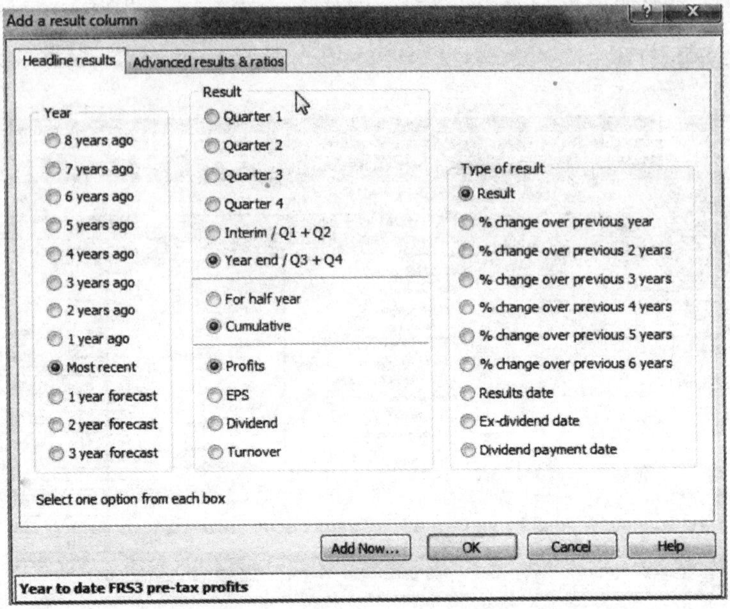

图 11.20　主要结果

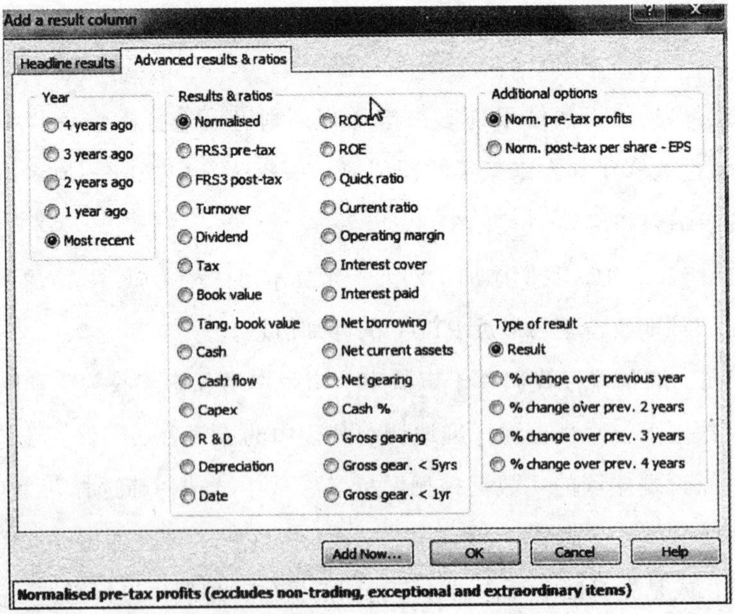

图 11.21　高级结果与比率

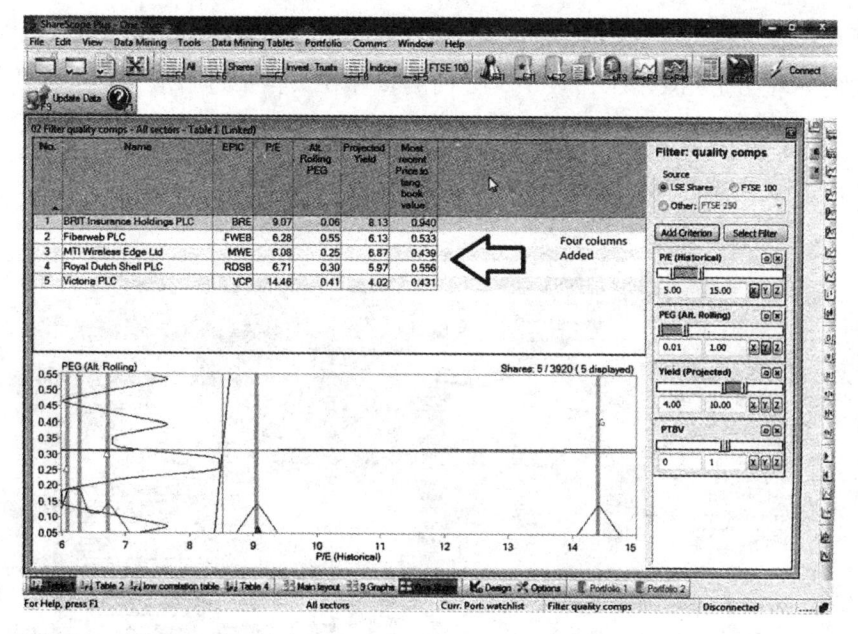

图 11.22 添加四列

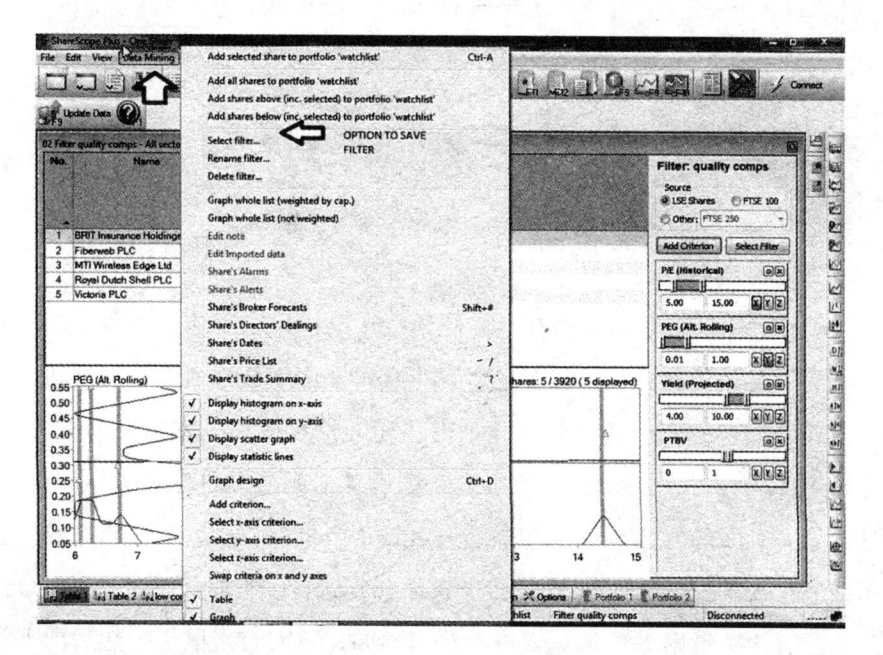

图 11.23 保存筛选器

ShareScope 最有用的功能之一是，你可以将这五家公司的列表及其相应的列导出至 Excel 工作表中，方便编辑和在文档中进行应用。要实现这一功能，只需点击屏幕左上角的"文件"标签，选择"导出列表"即可——见图 11.24。

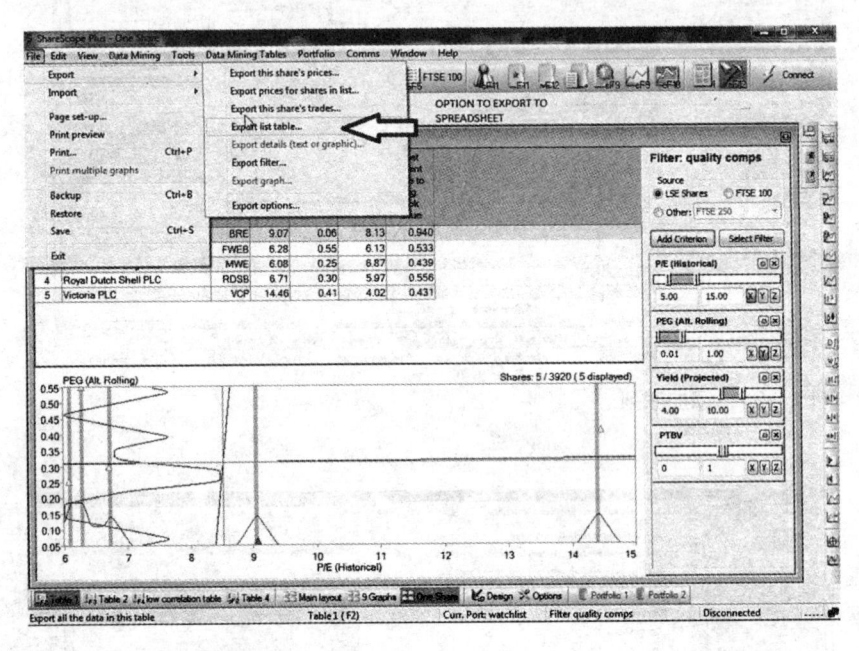

图 11.24 导出列表

本书中，我们一直强调有必要使用这些量化过滤器和筛选器作为选股策略的一部分。然而，投资者也需要花时间来详细考察列表中的公司，包括公司新闻流、股价的疲软或强劲度，详细查看财务报表和现金流量表。在 ShareScope 中，关于公司的很多关键信息都汇总在"公司细节"页面。进入这一页面的方法是点击屏幕上方工具条中带有"放大镜"标志的"显示细节"按钮——见图 11.25。接下来你会看到一份非常全面的公司汇总信息和所有的关键财务数据。要查看公司新闻，只需右击鼠标，然后向下滑动，经过一列长长的选项后，会看到一个叫作"股票新闻档案"的选项，

第11章 ShareScope与Investor Ease的应用 | 391

点击它即可。你也可以通过快捷键"CTRL+N"来实现这一功能。现在，你会看到一个长长的列表，包括了该公司最近所有的新闻。

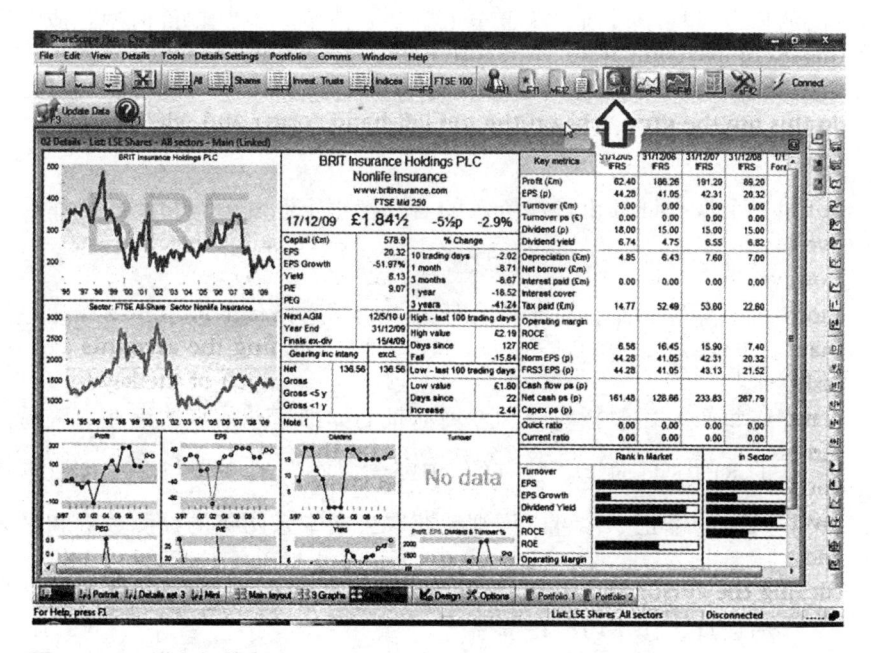

图 11.25 进入细节页面

CompanyREFS 与 CDREFS

CompanyREFS 的克里斯·科尔

REFS 是一个极其有效的股票筛选工具，可以订购，数千名英国专业人士和私人投资者用它来寻找他们感兴趣的英国上市公司。

经过两年多的研发和精心的完善，该产品于 1994 年 11 月投放市场。它的设计者是著名的英国私人投资者吉姆·斯莱特（Jim Slater），他试图将堆积如山的公司信息进行分类，并把每项投资的实质总结在一页纸上。同时，他需要一个有效的工具来对所有英国上市公司最关键的业绩指标进行筛选，这样潜力股就会脱颖而出了。经过数月的激烈讨论和深入研究，这些指标才最终确定并命名为"公司财务统计精髓"，这也是 REFS 公司名称的由来。

值得注意的是，CompanyREFS 是特别设计来满足所有股票市场投资者的需求的。在这一点上，它与其他的投资产品不同。投资者可以选择他们自己的投资风格：包括"从上至下"和"由下至上"，"价值型"或"增长型"股票与技术分析。

REFS 本质上由三部分构成：

1. 一个根据证券市场投资者的需求特别定制的公司信息数据库，于每日伦敦证交所市场收盘时更新。
2. 一个筛选工具，对于符合任意一组筛选条件的股票，可以让你搜索它的数据库。
3. 将每个公司包括业绩和发展前景的详细汇总信息浓缩在一张易读的 REFS 页面上。独有的 REFS"月亮"对增长与潜在价值进行及时的修正；你可以详细地获取公司未来两年的预测数据和过去五年的历史数据；还有足够的新闻流、前景展望、价格表现与交易信息，让一切尽在掌握。

通常，REFS 用户将全部 1,500 多只股票通过一个又一个的"过滤器"以筛选出越来越少的公司，从而建立一种搜索以迅速得到一个易处理的公司列表，然后对其感兴趣的公司单独进行深入研究。

通过这种方式，REFS 用户希望发现存在于证券市场的被大多数投资者忽略了的投资价值。

进行一次搜索

我们来看一下通常 REFS 用户是如何进行搜索的。通过举例，我们看看如何采用 REFS 在线来搜索出"以合理价格增长"（GARP）的股票。

吉姆·斯莱特为 REFS 设计了两个特有的功能：

1. 在 REFS 中，未来 12 个月的市盈率（PER）、每股收益（EPS）与市盈率增长率（PEG）都是在向前滚动的基础上计算的。这一

REFS 的特有功能使投资者能够对财政年度截止日不同的公司进行直接比较，并在相同基准下分析其未来业绩。

2. 虽然很多金融记者也引用市盈率增长率因素，但通常仅涉及本财政年度。斯莱特认为，只有当一家公司最近四年的每股收益持续增长（包括预测值）时，其才有资格谈及市盈率增长率。

因此，在 REFS 中市盈率增长率排名的奖赏对一个公司来说是一项重大成就，2010 年 2 月 4 日我们进行此次搜索时，截止到前一天收盘时，在 REFS 的全部 1,510 家公司中仅有 90 家，即 6% 的公司符合该条件。在其他条件相同的情况下，PEG 越低的股票就越有吸引力，而在这 90 家公司中只有 43 家（不到一半）公司的 PEG 小于 1。

我们的起点是 REFS 包含的全部 1510 家公司。包括所有在英国注册并上市的公司，除去投资信托和外国公司，因此 FERS 的统计数据可以在同一基准下进行比较。

如果你想学习更多运用 PEGS 及其他标准进行股票筛选的知识，吉姆·斯莱特（Jim Slater）的《超越祖鲁原则》一书值得推荐，书中详细讲解了如何使用 REFS 系统。请记住 REFS 的数据是动态的，因为每个交易日结束时整个数据库都会被完全刷新和替换。因此，像这样的一次搜索，在不同时间会产生不同的结果，甚至在第二天结果都会不同。

下面是我们在本次搜索中用到的五个筛选条件：

筛选条件			符合条件的公司数
市值	>	15	920
市盈率	<	20	795
现金流/每股收益	>	1	387
一年相对强度	>	0	248
市盈率增长率（PEG）	<	0.8	11

第一个过滤条件是市值至少为 1,500 万英镑，因为符合该标准的股票更有可能具有合理的流动性。这使得候选名单缩小至 920 只股票。在交易

前了解当前交易的正常市场规模（normal market size, NMS）是很明智的。

接下来，我们要求向前滚动的市盈率小于 20，以保证股票没有被过分高估。现在只剩下 795 只股票了。

然后，我们想要现金流超过盈利。所有入选公司都必须在上一财政年度中拥有良好的现金生产能力。这一步使候选名单缩减了一半以上，剩下 387 只股票。

第四步，我们要求正的 12 个月相对强度，以保证股票在过去一年里有良好的市场表现。只有 284 家公司通过了这一标准。

最后，我们要求市盈率增长率不超过 0.8，以保证公司的每股收益增长率能达到 REFS 计算 PEG 的最低标准，同时表现出吸引人的投资价值。这是一个很给力的筛选条件，它将最终名单缩减到只剩下 11 家公司，不足 REFS 全部股票的 1%。

图 11.26 展示了如何在 REFS 中输入这些搜索变量——选择你需要的列和排列顺序很容易。表 11.1 详细列示了搜索结果。

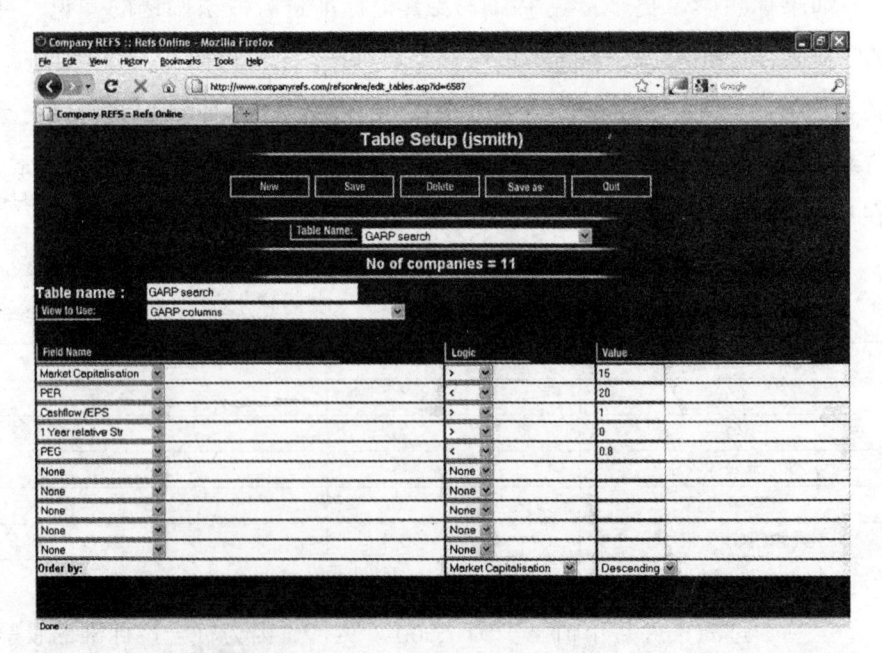

图 11.26　输入搜索变量

表 11.1 搜索结果

公司名称	市值（百万英镑）	现价（英镑）	12个月最高价（英镑）	12个月最低价（英镑）	12个月相对强度（%）	预期股息收益率（%）	市盈率	市盈率增长率	每股收益增长率（%）	现金流/每股收益
Petrofac	3,405	986	10.6	409	86.2	2.85	12.1	0.38	31.6	1.82
Hargreaves Lansdown	1,394	294	312	167	33.5	3.35	18.5	0.66	27.9	1.13
Chemring 集团	1,511	32.6	32.8	18.2	9.16	1.66	12.6	0.57	22.1	1.45
微聚国际	1,039	508	523	264	30.2	2.31	13.1	0.69	19	1.08
ASOS	319	437	505	272	24.0	0.04	19.7	0.68	29.1	1.36
Locums/保健	272	259	287	114	44.1	3.08	9.56	0.39	24.6	1.21
免疫诊断系统控股	192	691	728	132	281	0.31	16.7	0.32	51.8	1.25
游戏工作室集团	121	388	403	169	46.3	0.35	11.9	0.69	17.2	2.21
NBT集团	82.8	320	336	190	18.2	1.28	13.4	0.72	18.8	1.52
国际教育开发	80.1	139	162	50.8	111	1.35	10.5	0.6	17.4	1.39
布鲁克斯·麦当劳集团	56.4	555	579	245	73.8	1.31	16.9	0.67	25.3	1.69

深入探究

现在，我们转到其中一家公司在 2010 年 2 月 3 日收盘时的 REFS 概况页面，来对其进行深入探究。

NBT 集团（伦敦创业板 AIM 上市公司，EPIC 代码：NBT）是一家域名管理与网站托管服务的提供商。域名管理与互联网品牌维护是一个处于成长期的行业，看起来 NBT 集团是该行业的主要厂商之一。

REFS 页面（见图 11.27）的增长区域显示了一列诱人的黑色"月亮"——颜色越黑，表明该股票相对于整个市场（"m"列）以及相对于本行业（"s"列）越有吸引力。营业额从 2006 年的 1,380 万英镑上涨至 2009 年的 4,150 万英镑，增长了大约三倍。

公司营业利润率保持在百分之十几的水平上，现金流则持续大于收益。截至 2009 年 6 月本财年底，共有现金 520 万英镑，相当于每股 28.3 英镑。机构投资者持有 51.7% 的股份，董事们则持有 12% 的股份。

2010 年 2 月 3 日，公司股价为 320 便士，预期市盈率为 13.4，预期每股收益增长率为 18.8%，因此市盈率增长率（PEG）就是 0.72。在一个迅速增长的行业中占据有利地位的 NBT 集团增长前景一片光明，看上去能为投资者提供良好的投资价值。

价格信息

为满足投资者的不同需求，REFS 有许多不同的版本可供选择。城市基金管理者与其他专业投资者总是青睐 7×24 在线版，或是每月更新的 CD。而交易不那么频繁以及刚开始接触证券市场投资的私人投资者则通常选择季度印刷目录、季度 CD-ROM 或 REFS 在线加强服务，当需要更频繁地获取最新公司信息的时候，再进行升级。

REFS 印刷版分为 4 大卷，每月或每季度出版一次。其中三卷是 REFS 1,500 多家公司的信息概览页，另外一卷用表格总结了董事会交易、结果、预期变化和全面的业绩排名。然而，只需翻动书页的方便性势必会被携带

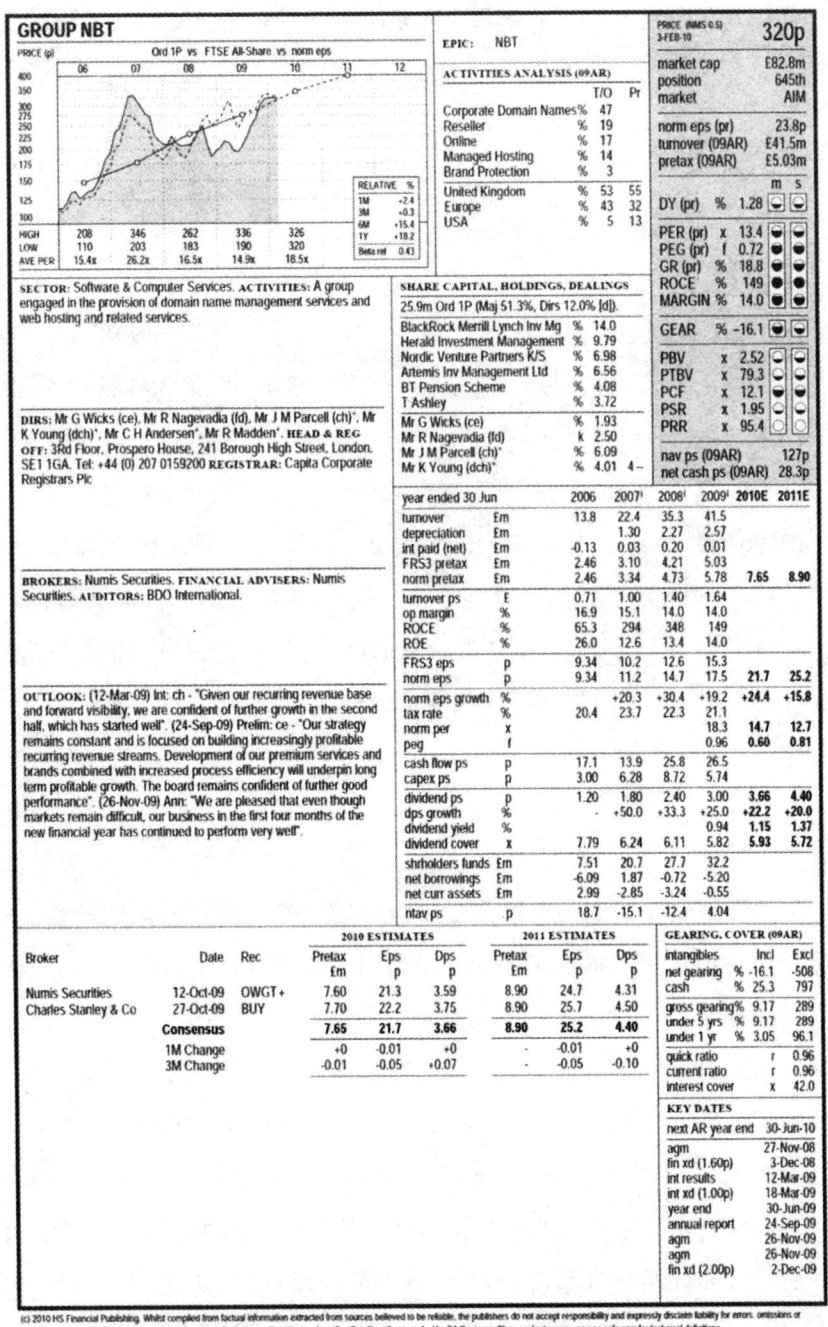

图 11.27　NBT 集团的 REFS 页面

的不便以及随着过期刊物的累积而逐渐增加的对存储空间的需求所抵消。

为使不熟悉 REFS 的投资者亲自感受 REFS 能为他们做什么，现在该服务可以在 www.companyrefs.com 上免费试用 10 天。

REFS 的全部产品与服务如下：

REFS 印刷版	月度	每年 930 英镑
	季度	每年 335 英镑
REFS CD 版	月度	每年 775 英镑
	季度	每年 335 英镑
REFS 在线	专业版（始终在线）	每年 796 英镑，或每月 67 英镑
	高级版（非交易时间访问）	每月 39 英镑
	加强版（仅周末访）	每月 17 英镑

Investor Ease

这款应用软件是同类产品中最不详细的一款，但它的价格最低，版面设计也最为简洁。它提供了一个易于访问的监测投资组合版块和一个极佳的每日新闻汇总终端，该终端每月单独收取 9.75 英镑的费用外加增值税。其缺点是提供的股票筛选工具比较有限，同时数据的可靠性可能没有我们希望的那么高。不过，对于初学者来说，这仍不失为一款很好的软件。

当你从公司网站 http://www.investorease.com 下载并安装了该软件（像 ShareScope 一样，这是一个相当耗时的过程，因为它会安装很多的附件）后，就会看到如图 11.28 所示的欢迎界面或首页。

第11章 ShareScope与Investor Ease的应用　　399

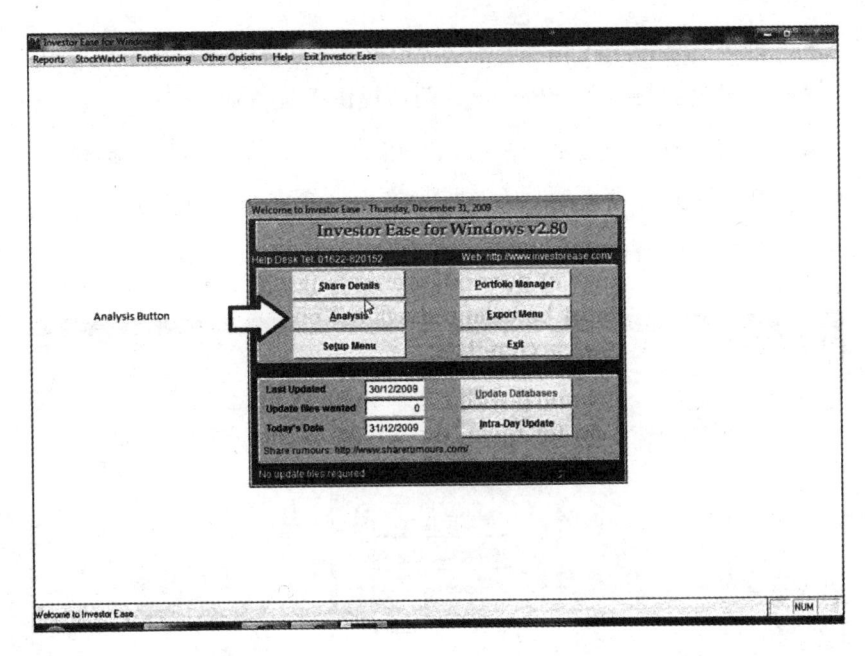

图 11.28　欢迎页面

这些灰底的白色按钮分别链接至下列工具：

- "股票详情"链接到单个公司的信息汇总。
- "分析"包含股票筛选器。
- "投资管理"：顾名思义，无需赘述！
- "设置菜单"允许用户进行主要的设置，"导出菜单"可以将列表与图表导出至其他程序。
- "更新数据库"与"本日更新"按钮会使程序连接到因特网，从而获取每分钟的价格数据。

要进行一次基于基本面指标的筛选，点击"分析"按钮，你将看到一个包含如下选项的简单页面（见图11.29）：

- 股票分析——主要的基本面分析工具。

- 价格表现——允许你基于股价表现来筛选公司。
- 区段分析与行业分析——这两项提供关键行业区段的回报。
- 预测分析——这是一个特别有用的工具，允许你基于盈利预测及其变化来筛选股票。在最后一章中，我们会重点讲到加速盈利预测在发现增长型股票时的关键作用。

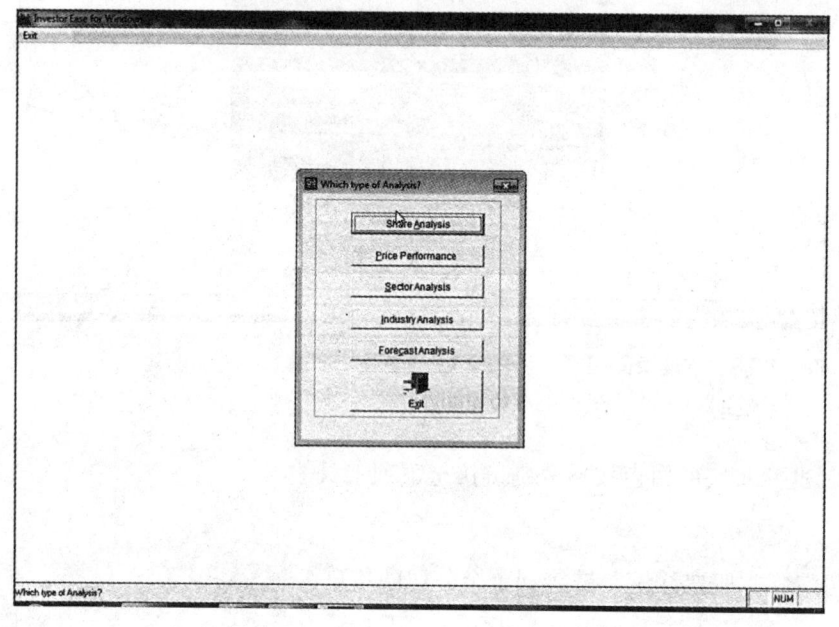

图 11.29 "选择分析类型"页面

这一节，我们重点介绍"股票分析"工具，也是该程序的主要股票筛选工具。选择该工具后，将进入一级筛选，在这里我们可以选择筛选范围。例如，你可以选择特定的区段或行业或市场不同组成部分的某几类股票或认股权证（如仅关注富时 250）。

缩小了股票筛选范围之后，接下来你就可以选择筛选器和指标了。首先选择标准，然后设定数值范围（例如介于 5 到 15 之间的市盈率），最后点击"生成"按钮来产生一个符合该标准的公司列表（见图 11.31）。

像 ShareScope 和 CDREFS 一样，你可以添加多个标准来生成更加精

图 11.30 选择要分析的股票

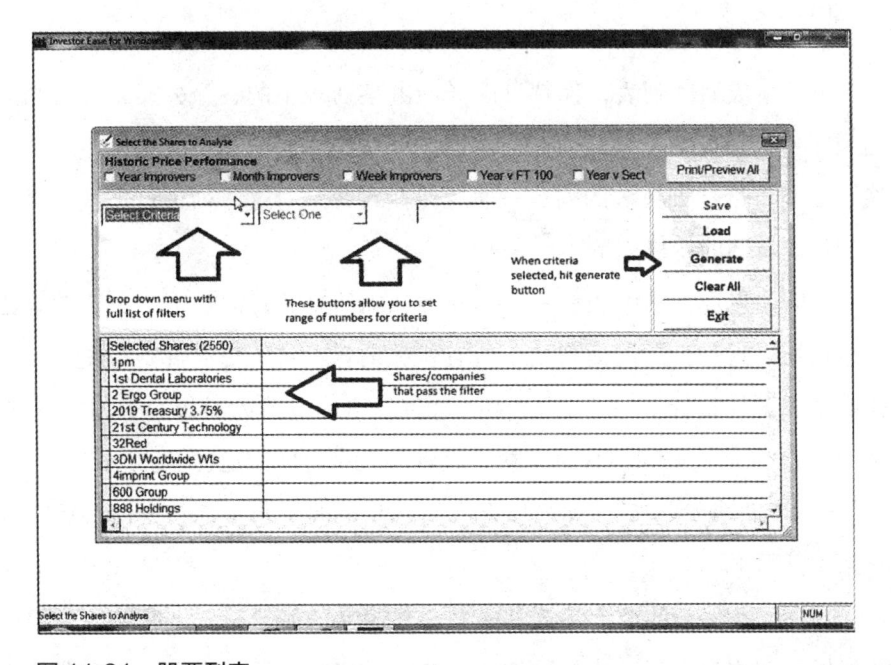

图 11.31 股票列表

简的公司列表，以便于进一步的研究——见图 11.32。

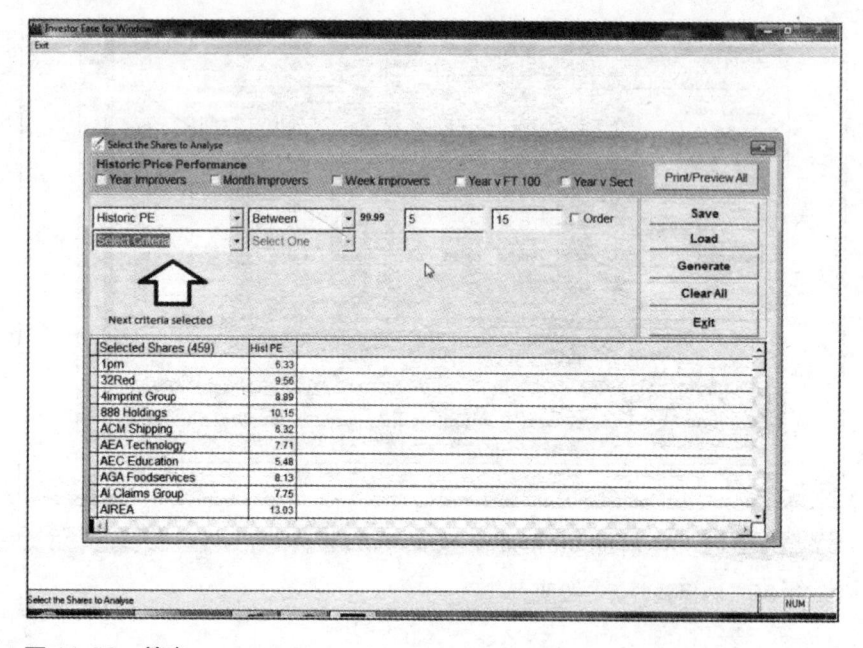

图 11.32　简表

一旦生成缩减列表，你就可以详细考察列表中的各个公司了。公司名称列在左侧（见图 11.33），后面不同的列代表不同的指标。通过点击"切换"按钮可以看到更多的列——通过在任意时刻对这些列进行拖拽，即可增加你能看到的指标数量。

如果你想查看表中任意一家公司的详细信息，只需点击"查看股票详情"按钮。这一汇总页面列出了所有相关信息，从历史股价到市盈率、收益率等关键性指标——见图 11.34。这里的指标范围远不如 CDREFS 甚至是 ShareScope 权威，但是对于初学投资的人来说应该足够了。

对所选指标满意后，你可以保存筛选出的股票与指标，方便日后继续筛选（见图 11.35）。

Investor Ease 的最大优势其实并不在于它的股票筛选工具，因为可用的指标范围相当有限。这款软件的一个主要特色在于它提供了一个监测投

图 11.33 增加可见的指标数量

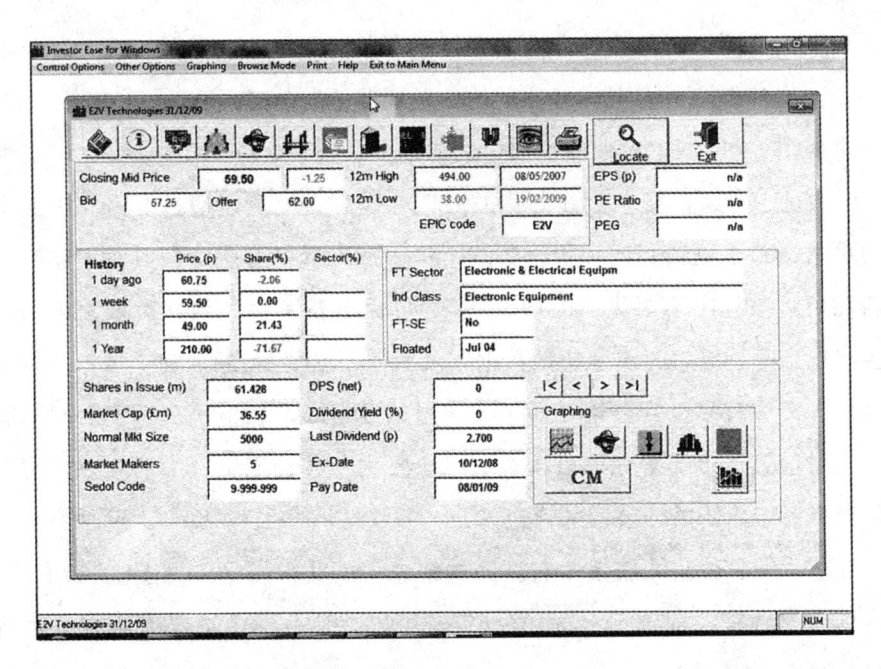

图 11.34 公司信息汇总页面

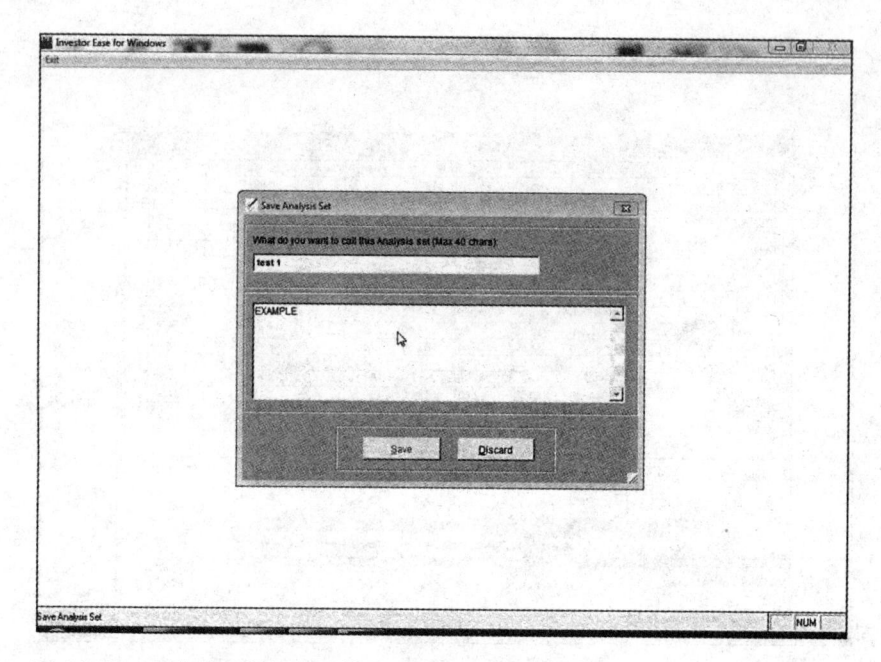

图 11.35 保存结果以便今后使用

资组合或监测列表的绝妙方法,通过主菜单即可进入。显然,要创建这些列表,你首先需要点击屏幕顶端的"股票监测"标签(见图 11.36),创建一个如图 11.37 所示的监测列表。

通过"股票监测"创建好你的股票列表后,就可以通过 Investor Ease 的更新选项来更新新闻和价格数据了——每天下午七点更新或每天定时更新均可(该程序不提供实时数据)。一旦你更新了这一网络数据之后,就会出现"每日结束时更新统计数据"页面——见图 11.38。这一精彩的总结页面告诉你有多少家公司宣布了业绩结果或是向市场报告了重要新闻和股东交易信息。接下来你可以检查"股票监测"或投资组合中的股票,看看是否有对于你所关注公司的评论。

这一包含被监测股票所有新闻的汇总页面非常简洁(见图 11.39)。监测列表中含有大约 12 个公司的投资者可以在几分钟内浏览完所有重要新闻与评论。ShareScope 与 CDREFS 都没有这样的总结工具。

图 11.36 创建股票监测列表

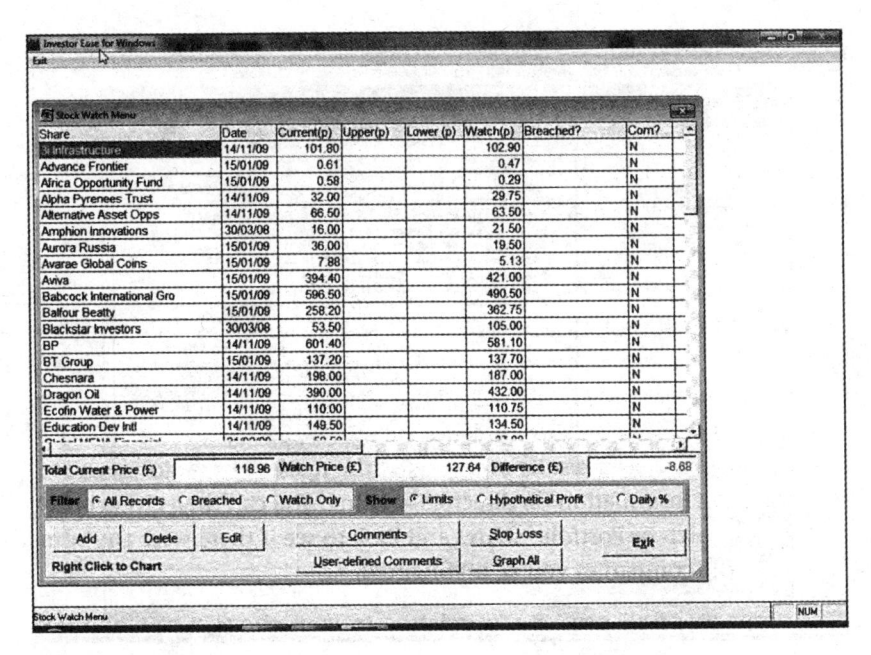

图 11.37 结果列表

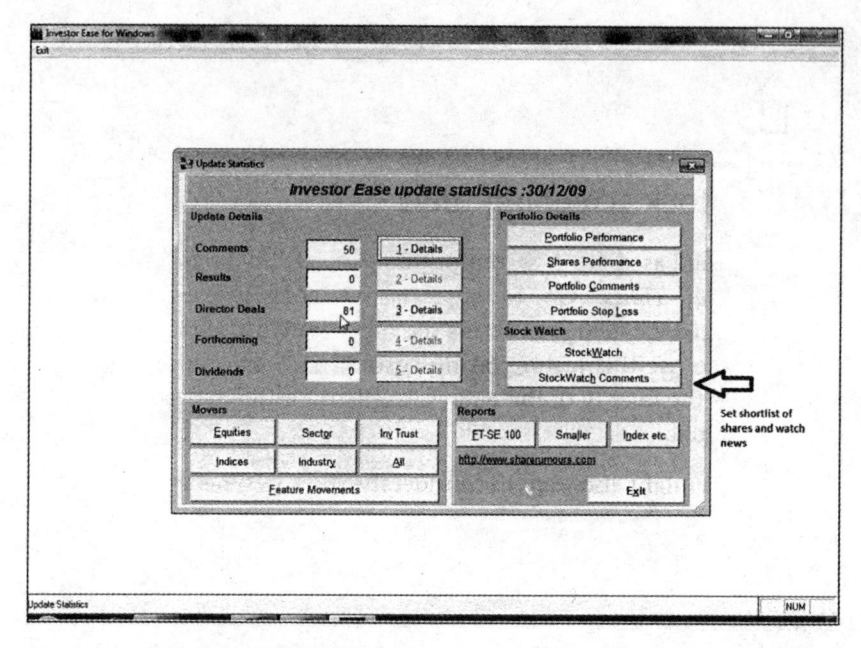

图 11.38 每日收市时更新统计页面

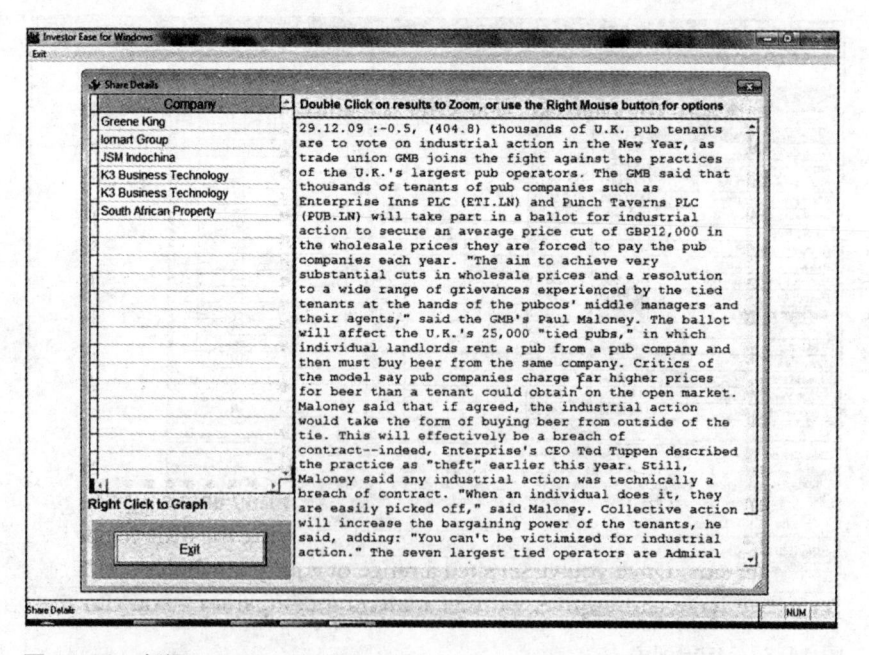

图 11.39 新闻

基于网站的股票筛选工具

对于英国投资者来说，最好的基于网站的股票筛选工具是由《金融时报》提供的。从 http://markets.ft.com/screener/customSreen.asp?ftauth=1263407795050 访问该工具，你需要先注册后使用（免费注册）。FT 筛选器使用起来极其简单，数据质量相当好，但指标范围比较有限。

英国投资者也可能会通过 Digital Look 的"研究与服务"来访问其股票筛选器。该工具复杂得多，但也非常贵：每月 20 英镑或每年 240 英镑的访问费。我还喜欢来自 www.advfn.co.uk 的"筛选器 X"。该工具使用起来比较复杂，但它是免费的，且拥有相当成熟完善的功能和指标。"筛选器 X"的另一个特点是拥有一些现成的投资策略和筛选指标。

FT 筛选器

我们从《金融时报》的免费筛选器开始。该工具的主页非常简洁清晰（见图 11.40）——没有 ADVFN 的"筛选器 X"里的任何一个杂乱项。这一基于 Java 的应用程序很快要求你选择建立自己的用户筛选，还是从事先确定的筛选中挑选一个——这些筛选是以沃伦·巴菲特（Warren Buffett）、本·格雷厄姆（Ben Graham）、吉姆·斯莱特（Jim Slater）与约瑟夫·皮奥特罗斯基（Joseph Piotroski）的投资策略为基础建立的。如果选择了自定义筛选，你可以迅速定位到某个国家，某一行业，并指定股票的关键特征（这些基本指标相当于其他筛选器，如 ShareScope 中的"标准"）。

你可以选择多种股票特征，并对它们指定确切的数值范围。在图 11.41 的上方，我们通过向两边移动标尺，将市值指定在 2,200 万英镑到 240 亿英镑之间。选好指标后，点击页面右下角的蓝色按钮就可查看所有的匹配结果。在图 11.41 中我们选择了五个指标，得到了 31 家符合要求的公司。

添加其他特征也很容易——只需点击"添加其他标准"，就会出现另一个小窗口，里面有一长列的指标与筛选标准可供选择（见图 11.42）。

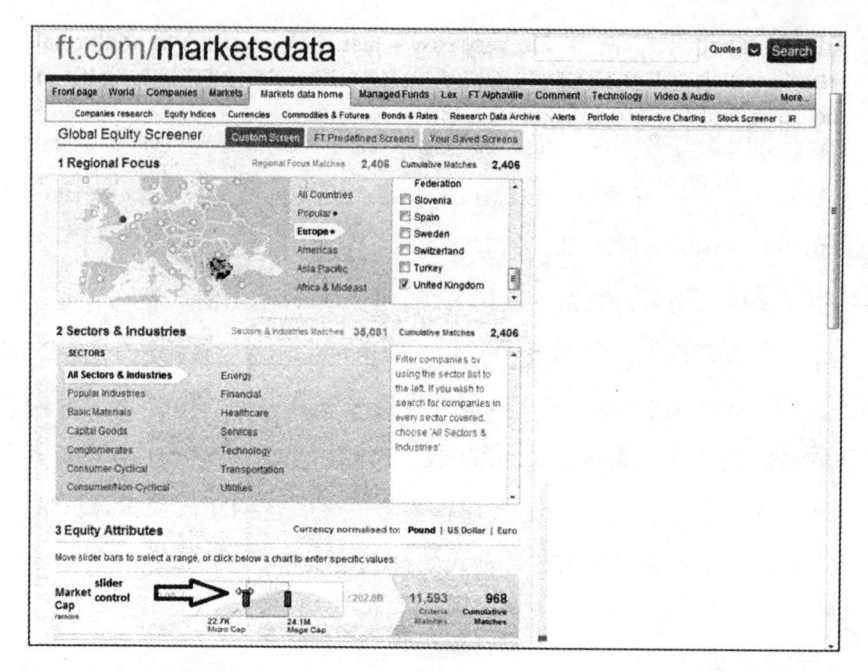

图 11.40　FT 筛选器主页

资料来源：http://markets.ft.com, The Financial Times Ltd.

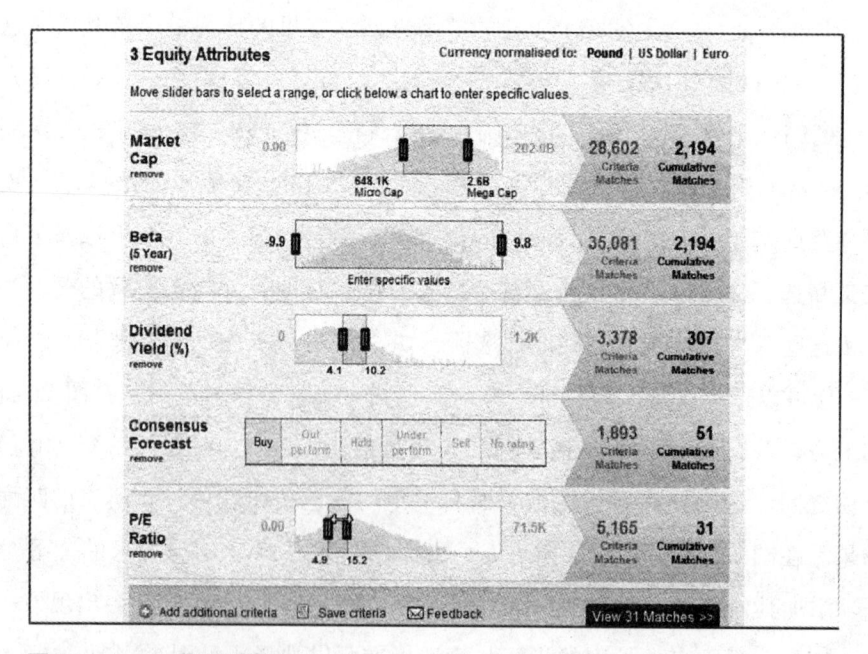

图 11.41　5 项股票特征

资料来源：http://markets.ft.com, The Financial Times Ltd.

从图 11.43 中可以看出，我们的股票列表从 31 只股票缩减到了仅剩 7 只——这些股票的列表见图 11.44。一个小建议——始终选择"宽屏"选项，这样你可以更详细地查看公司列表。

如果你想获取某家公司的更多详情，只须将鼠标停在该公司名称上，其当天股价详情就以一个附加窗口的形式显示出来了（见图 11.46）。

你也可以通过点击页面上方的"保存标准"标签来保存你的筛选（见图 11.46）。

Digital Look

Digital Look 股票筛选服务是由经营期权与点差交易的 CMC 公司提供的，并且据称是英国最强大的在线筛选工具。它相当专业，包含大量指标，而且还提供用历史数据检验某一筛选器的服务。这最后一项功能是其独一无二的卖点，因为在英国没有其他哪个筛选系统提供该功能——你可以测试过年七年的投资策略。缺点是所有这些功能都很昂贵，每月至少花费 20 英镑。

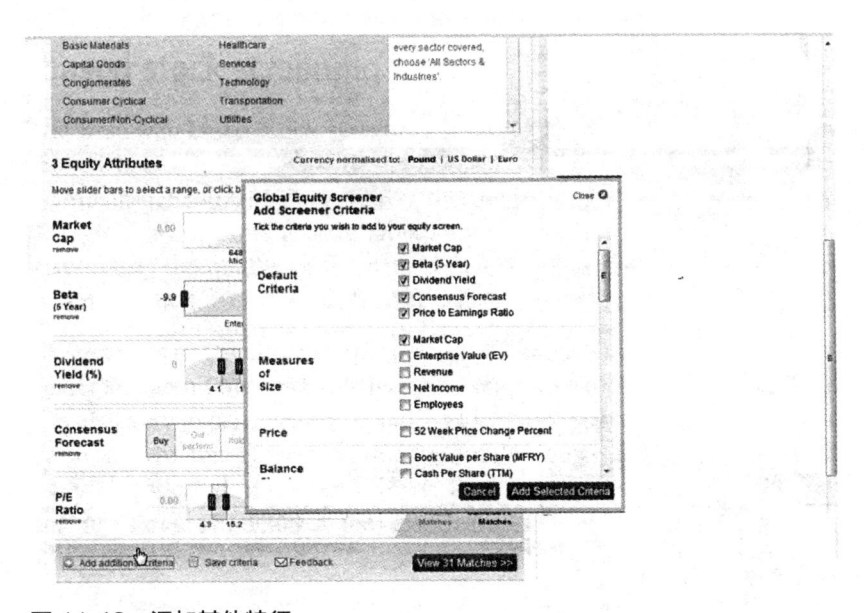

图 11.42　添加其他特征

资料来源：http://markets.ft.com, The Financial Times Ltd.

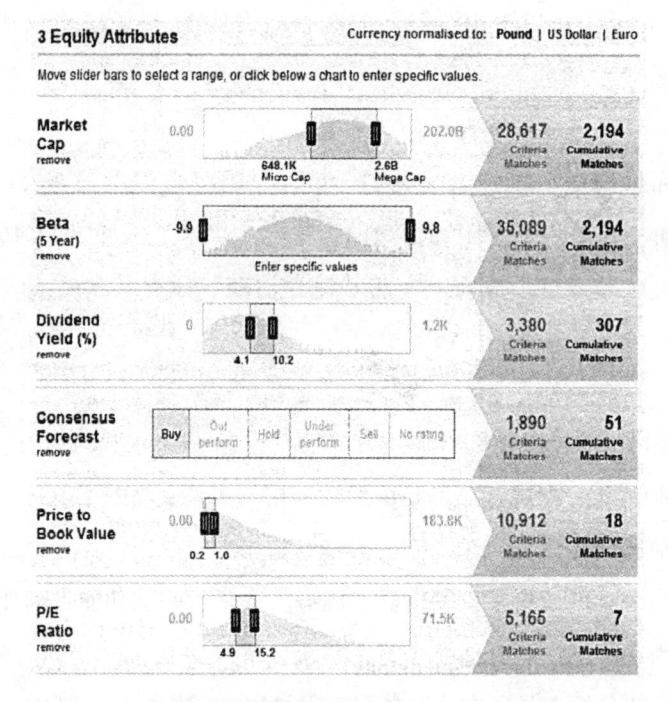

图 11.43　从 31 只股票缩减到 7 只

资料来源：http://markets.ft.com, The Financial Times Ltd.

图 11.44　7 只股票列表

资料来源：http://markets.ft.com, The Financial Times Ltd.

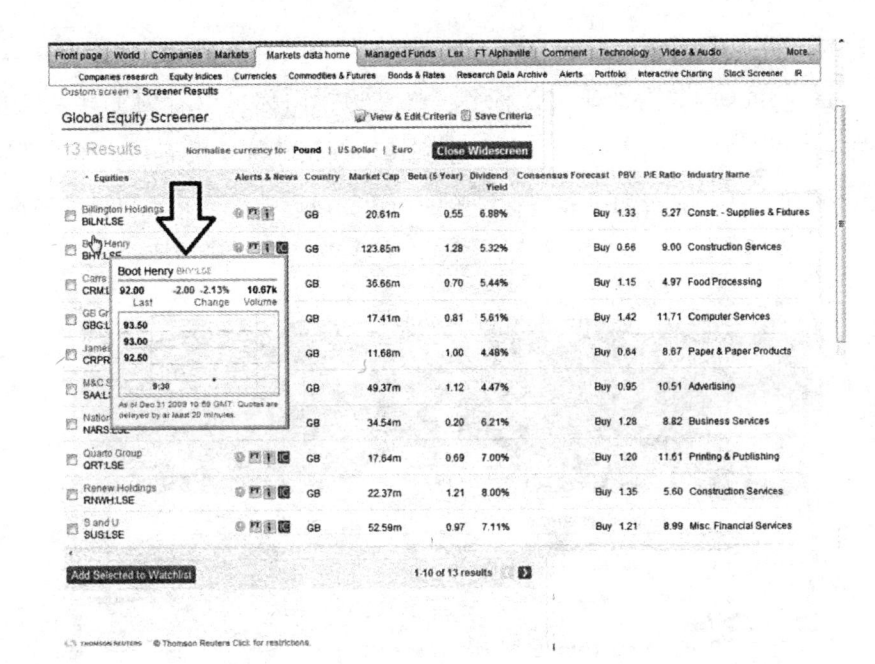

图 11.45　当天价格详情

资料来源：http://markets.ft.com, The Financial Times Ltd.

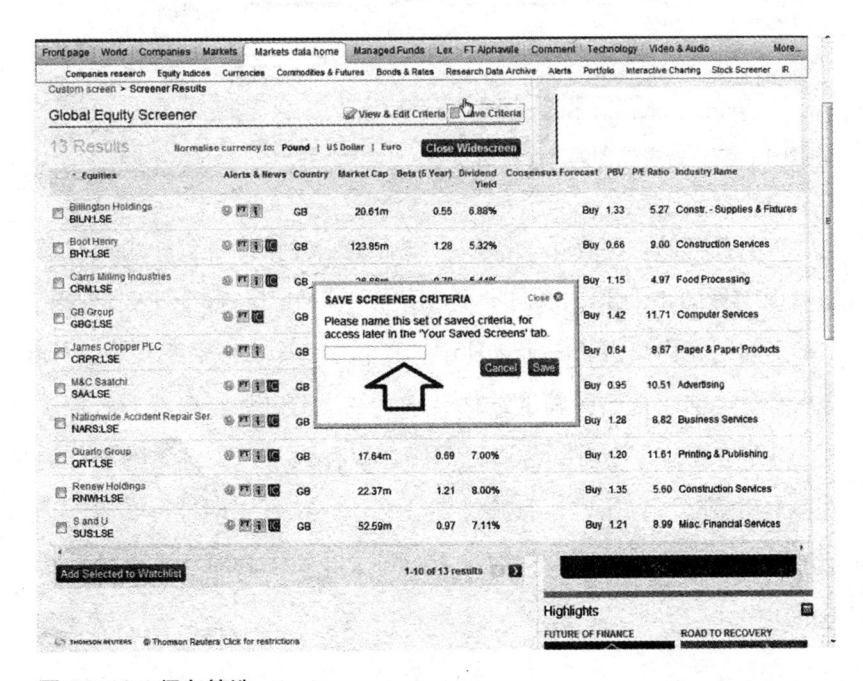

图 11.46　保存筛选

资料来源：http://markets.ft.com, The Financial Times Ltd.

要使用这些服务，点击 Digital Look 主页 http://www.digitallook.com/research_plus 的"附加研究"标签。在左边栏内你可以看到工具菜单和"筛选工具"——见图 11.47。你将来到英国股票筛选主页面，选择一个简单的现成筛选，或者如果你是有经验的用户，可以选择创建你自己的筛选。

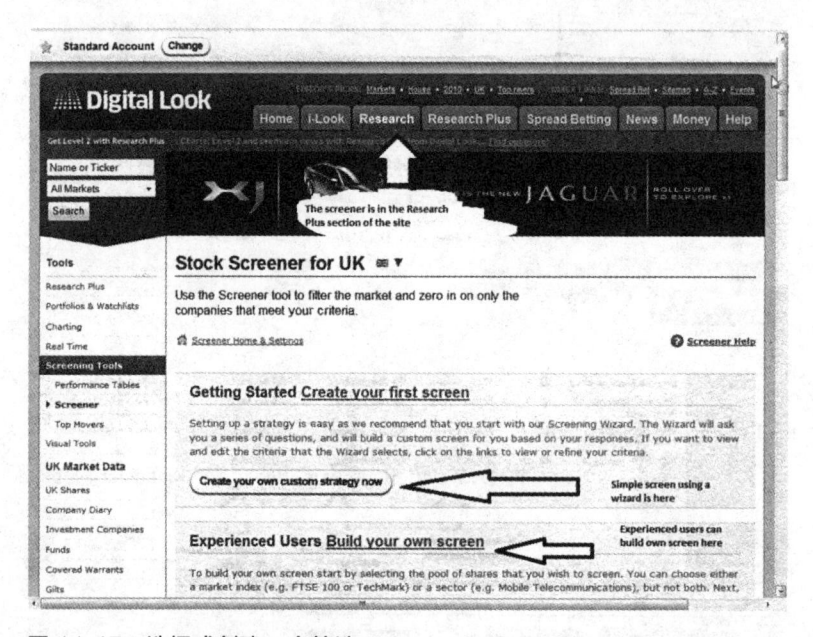

图 11.47　选择或创建一个筛选

对初学者来说，选择第一项较为适合，它会把你带到一个简化的筛选向导页面（见图 11.48），该向导重点关注少数几个（5 个）关键指标——对于每个问题，你只需从三个选项中选择其中一个，然后点击提交按钮。

若你决定创建自己的筛选，你会来到"我的已保存筛选"页面（如图 11.49）。在这里，你会看到你自己的筛选以及大量预先选定的详细的高级策略和常用策略。点击"运行筛选器"按钮，就可立即进行实时筛选。你甚至可以点击"检验策略"按钮来看看过去几年里相对于某个基准指数你的回报如何。

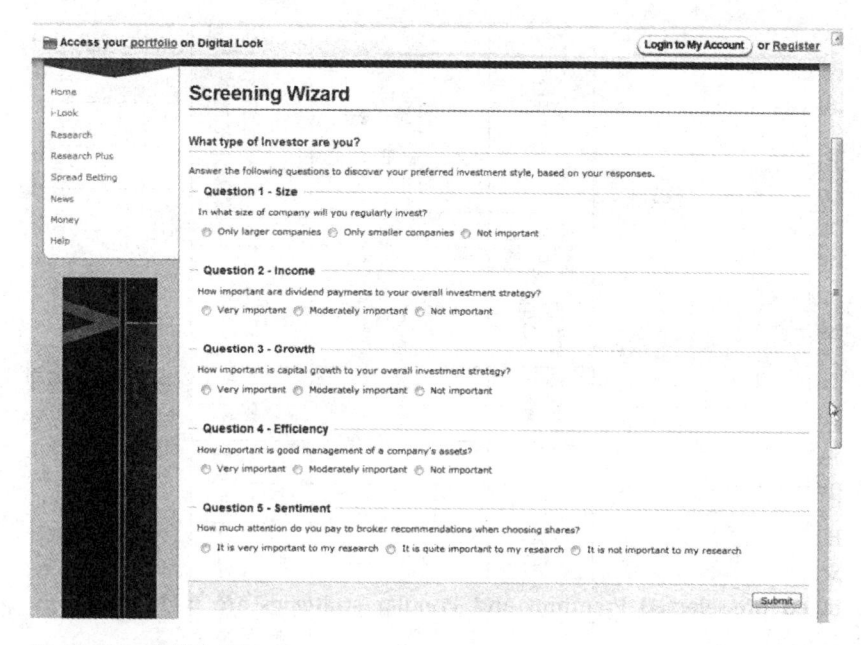

图 11.48 筛选向导

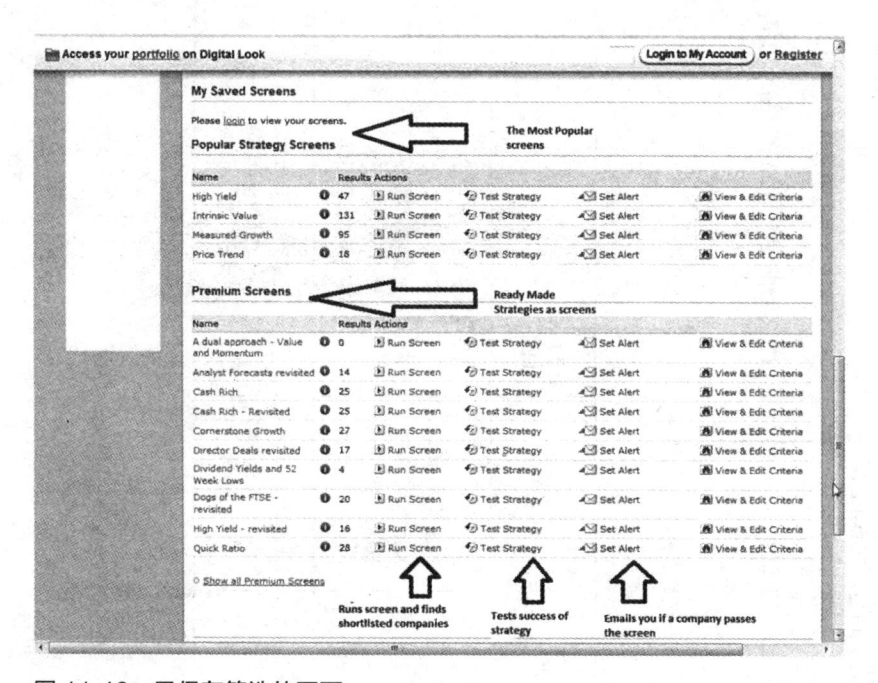

图 11.49 已保存筛选的页面

股票筛选产品对比

表11.2总结了我们讨论过的各种股票筛选产品的功能。

表 11.2　股票筛选产品对比

产品	成本	基于网站或软件	优势	缺点	数据可靠性	基本指标范围	版面简洁程度/易用性	总体评价
ShareScope	黄金版每月16英镑 专业版每月23英镑（实时数据）	软件	强大的技术与价格分析工具；极具全面多样的指标体系；易于导出到电子表格；非常棒的绘图工具	较难理解；不便宜！	****	*****	***	**** 总的来说，对于有经验的用户，可谓最具价值的选择
CDREFS	在线版每月17英镑起 季度CD REFS每年335英镑	软件与网站	出色的公司总结页面；超棒的市场概览功能；非常可靠的公司数据来源	不能导出到电子表格；昂贵；在线服务看起来有些过时	*****	*****	****	**** 对于有经验的用户，是更高级的选择

续表

产品	成本	基于网站或软件	优势	缺点	数据可靠性	基本指标范围	版面简洁程度/易用性	总体评价
Investor Ease	每月11.45英镑，含增值税	软件	强大的更新总结；卓越的资产组合监测功能；易于导出	指标范围有限；过时的界面	***	***	***	*** 对初学投资者是非常好的软件
FT.com筛选器	免费，但要先注册	网站	简单清晰的界面；包含全球范围的公司；非常容易使用	指标范围有限；不能导出到电子表格	*****	***	****	**** 非常好的基于网站的筛选器，非常容易使用
Digital Look	每月20英镑起	网站	极其广泛的指标；强大的工具与预设筛选；可进行策略有效性检验	基础数据可能不够可信；不便宜！	***	*****	*****	*** 高级在线筛选器，但较为昂贵
ADVFN的X筛选器	免费	网站	极其广泛的指标；强大的工具与预设筛选；易于导出至电子表格	凌乱的页面	***	****	**	*** 没有Digital Look那么强大，但免费！

第 12 章 基本面指数革命

罗布·戴维斯

对于指数，一群经验丰富的分析师和基金经理形成了这样一个简单的共识——他们认为，由于其设计上的缺陷，传统指数需要重新设计，并与价值投资理念联系起来。基本面追踪投资管理公司（Fundamental Tracker Investment Management，总部在格拉斯哥）的基金经理罗布·戴维斯，就是新指数的倡导者之一。他试图将价值投资的优点与指数基金投资的透明度和效率结合起来。他还是新"基本面主义"运动的先锋。他们认为简单地遵循标准普尔 500 或富时 100 等传统指数是一种极其错误的操作模式。在本章的第一部分，他探讨了这些观点并演示自己是如何通过着重研究极为重要的股息支票来推衍出一套基金策略的。

本章的结尾部分是对基本面指数老前辈，研究联盟（RAFI）的罗布·阿诺特（Rob Arnott）的采访专题。在这次涉及面相当广泛的采访中，我们探讨了从"股票是否优于债券"到"阿诺特如何构建基本面指数"等课题。

传统指数有哪些缺陷？

认同指数投资的逻辑是一大进步，但也仅仅是第一步！接下来还要明确指数跟踪的对象。这对大多数人来说意味着选择了不同规模的细分市场，比如富时 100、富时 250 或者某个无所不包的单一指标，如几乎包括英国所有上市公司的富时全股指数。所有这些常见指数选取跟踪对象的方法都建立在市值的基础上，而且直到几年前，都没有其他的选择。这就意味着基金中每只股票的权重都取决于其市值总额，即发行在外的股票数量乘以股价。

许多学者认为，这种构建指数的方法直接反映了"有效市场假说"的基本思想，即股价涵盖了一切可获得的公司信息，包括资产负债表、经营前景和管理水平。该理论假设当代资本市场是极其有效的，以至于任何个体都不可能获取相对于其竞争对手的持续而合法的信息优势。然而事实上，80% 的市场仍是由那些不相信市场有效的人们积极操控和管理的，这与有效市场理论明显不符。

采用市值标准来建立基金的另一个重要原因：大部分（但不是全部）主要证券交易所指数都是基于其挂牌公司的市值之和。按照与指数相同的原则建立基金是一种可确保基金业绩不会偏离指数太远的简单方法。然而也有例外。不管是道琼斯工业平均指数还是标普 500 指数都是由某个委员会来确定的，相对于富时和罗素等基于规则的指数来说，可以看作是"积极型指数"。旧的富时 30 指数也采用类似的基于委员会的主观方法。

不管建立指数的过程如何，是基于规则的，还是主观的，这些指数都有增长倾向。乍一看不合逻辑：为什么基于市值的指数会有增长倾向呢？答案又回到市值的话题上。根据定义，任何一家开始跻身富时 100 的公司要比其竞争对手的表现更好。这意味着它的估值将高于同类公司，换句话说，被评估为增长型股票。相反，那些即将被剔除的公司则会陷入困境，其估值会低于可比公司。因此，入选指数的股票总会比较昂贵，而退出指数的股票总会比较便宜。富时全股指数中最大的 100 家公司不一定是利润、账面价值、红利或收入最高的公司，而只是股价最高的公司罢了。

2009年三月富时100指数的变动就是一个活生生的例子。市净率为1.37，市盈率为7.4的泰特莱尔（Tate and Lyle）被市净率为5.1、市盈率为25的弗雷斯尼洛（Fresnillo）代替。在此之前的几个月里，泰特的股价从每股400便士下滑至每股250便士，而弗雷斯尼洛的股价则从每股100便士飙升至每股434便士，这进一步证实了指数过于重视增长率的观点。

但仅仅依据股价来创建投资组合存在一个问题：股价与基础资产的价值（即市场所要评估的公司价值）并无直接联系。事实上股价代表的是所有市场参与者的观点和看法，且极易受到那些支配金融市场的狂热情绪和当前热点的影响。过去10年里，这些热点包括科技、农产品、房地产和生物技术。而前几个世纪的热点则是铁路、郁金香球茎和南海泡沫。在同一时间，当一个板块被炒热时，另一板块往往遭遇冷门。在某些时候，这些板块包括农产品、公共事业和银行。也就是说，一个买进传统指数基金的投资者，总是会持有较大头寸的热门板块股和较小头寸的冷门板块股，而不考虑这些板块的相对估值。在实践中这就意味着任何市值加权指数总是会持有过多的高价股，持有过少的低价股，下面这个小实验会证明这一点。

假定股指成分股的加总收益为1亿英镑，而整个市场以10倍市盈率估值。那么整个市场的估值就是10亿英镑。同时假定其中一半股票的市盈率为11，高于平均值，那另一半股票的市盈率就是9。那么，市场中股价较高的那一半股票的市值就是5.5亿英镑，而股价较低的另一半股票的市值则为4.5亿英镑。因此，任何指数跟踪型基金将投资55%在高价股上，投资45%在低价股上。我们可能不知道具体哪只股票的价格高，哪只的价格低。但我们知道随着时间的推移，低价股会比高价股的业绩更好，而指数基金却未持有足量的低价股。而且情况可能更糟。由于持有过多的高价股，该基金的市盈率高于市场平均水平。在本例中为10.1，也就是比指数本身高出1%，如果你买进收益为1亿英镑的股票，就要支付超出平均水平1%的价钱。这对长期回报来说可不是什么好事，而如果高价股和低价股的价格差异更大的话，情况就会更糟。例如，高价股的市盈率为15倍而低价股的市盈率为5倍，则该指数基金的平均市盈率就成了12.5倍。

如果这还不够直观，那么下面的类比会帮助你理解。想象你去商店买苹果和橘子，苹果的价钱是5便士一磅，橘子的价钱是15便士一磅。一个采用跟踪策略的购买者，想买等量的不同水果，会花5便士买一磅苹果和45便士买三磅橘子。之所以购买橘子的数量是苹果的三倍，是因为橘子的价格是苹果的三倍。也就是说，该购买者花了50便士买了4磅水果，平均每磅水果花费12.5便士。而更为理性的购买者会购买苹果和橘子各一磅，平均成本为10便士一磅。

当然在某一特定时点上，没有人真正知道哪些股票贵，哪些股票便宜。但我们知道以下两点：

1. 市场总是为增长进行超额支付，这就是为什么价值型股票总会有更好的业绩表现。
2. 估值总会回归平均水平。昂贵的收益，如2000年沃达丰的收益，最终会回归与市场相符的价格水平。这将侵蚀投资者的回报。

随着时间的推移，实际指数成分会随某只股票的受欢迎程度或某个板块的涨跌做相应调整，而创建一个持有过多高价股和过少低价股的投资组合，长期来看势必会对投资收益造成消极影响。资金管理中最老生常谈也最恰到好处的一句话是：市场在短期是投票机，在长期是称重机。传统指数基金擅长捕捉股市的投票元素，而我们真正需要的则是衡量与评估市场的称重机。

有没有更好的指数法？

从上述探讨中我们清晰地看到，将投资组合单纯建立在市值基础上，也就是仅仅依据股价创建投资组合，隐含着一个根本性缺陷。毕竟，在生活的其他方面我们还会仅仅依据价格做出购买决策吗？例如，在超市挑选蔬菜时，我们不会因为当天哪种蔬菜的价格最高，就购买最多的这种蔬菜。事实刚好相反，我们会抢购特价菜以降低购买蔬菜的平均成本。我们在选购汽车时会考虑它的大小、安全性和驾驶性能，而不会只考虑价格。事实上，在商业社会的所有其他方面，我们都希望支付更少的钱来买到更多的东西。超市在实行买一赠一的促销活动之前一定会先了解顾客可能的反应。通常情况下，在花钱消费时，我们希望有除去价格之外的其他标准可以衡量我们的购买决策。如菜花的重量、车辆的最高时速，或者一张床的弹簧数量。那为什么我们不在购买股票时采取类似的策略呢？我们需要的是衡量公司价值的一些基本标准。

高盛一位富有远见的投资经理罗伯特·琼斯（Robert Jones）被认为是第一个提出这些问题的人。1990年，他创立和运作了一只基于盈余的基金，但这只基金最终因未能击败内部增强型指数基金而关闭。在此之后，新指数的主要拥护者是研究联盟（Research Affiliates）的罗布·阿诺特（Rob Arnott，本章结尾部分有对他的专访）和智慧树（Wisdom Tree）的杰里米·西格尔（Jeremy Siegel）。这两位美国分析师必须解决的主要课题是，应采用哪种或哪些指标，以及诸如再平衡的频率和采用历史数据还是预测数据等一些常见问题。

跟踪型基金的诱人之处在于它购买了某一特定指数中的所有成分股，通过确保持有所有可能表现良好的股票来降低风险。同样，这种基金也会因持有表现不佳的股票而拖累整个投资组合。因此，如果我们要设计出一种适用于市场中所有股票的机制，就必须采用一些适合各类公司和行业的指标。幸运的是，我们有不少指标可以选用，也有不少运用这些指标的方法，尽管每一种都有各自的优缺点。

值得注意的是，所有基本面基金对其采用的数据都很盲目。这与那些按板块对公司进行分类的进取型基金经理形成强烈反差。每一板块都有其估值范围，反映了该领域的本质特性。这就是为什么公共事业单位的预期收益率要比科技企业高。市场告诉人们，科技公司的股息比自来水公司或电力公司的股息更有价值。基本面基金认为所有行业的股息、账面价值、收入和利润都是等价的。所有的指数基金都是以这种不可知的方式来处理数据的。但我们应当关注哪些指标呢？

账面价值

衡量公司价值的一个传统指标就是账面价值，有时也称为净资产值。这是一个纯粹的会计指标，它相当于企业的创立资本，原始股，加上存续期间的留存收益，减去所有负债和已分配股利。这一狭义的定义适用于某些行业，比如那些耗费一定时间开发产品或服务然后销售以获取利润的行业，但存在诸多限制条件。例如，当企业进行了大量收购，从而商誉和注销项目显著增加时，账目就可能变得面目全非。高通胀也会造成影响，因为它导致债务的实际价值减少，而有形资产，如房地产和存货的名义价值增加。那些开采了大量石油或其他商品的自然资源企业无法将这些附加价值计入账面价值，它们所能做的就是记录开采这些矿藏的成本。同样，一个开发新药物的医药企业也只能将其研发成本计入损益表中，至于与发明新药相关的账面价值，就只有研发支出。某些公司可能创建了某个重要品牌，但要将其价值进行量化则相当困难，而将量化的数据入账更是难上加难。许多品牌由于不打广告而被人遗忘。最后，市场和需求是变化的，因此几年前有价值的东西现在可能一文不值。例如，当音乐可以下载时，唱片和录音带的需求量就没有那么大了。账面价值指标有其优点，也有不少缺点。它常在挑选价值股时被看作是一个重要因素，因此美国领先的基金管理公司三维基金顾问公司（DFA）采用的方法中，账面价值成为重点关注对象也就不足为奇了。它同时也是研究联盟采用的四大指标之一。

损益

损益表（P&L）是估值的传统数据来源。将损益表开头部分的营业收入作为指标的做法吸引了很多人，因为营业收入失真的情况比较少。毕竟，以销售额来评价一个企业还是很有意义的。但仍存在一个问题，可以总结为如下口诀：

收入是空洞的；
利润是实际的；
现金是明智的。

企业经常会因追求业务量而导致利润率过低，从而赚不到钱。不盈利的企业是没有价值的，如果在指数中给它一个权重，会导致指数出现偏差而不能反映真实的利润来源。在一些行业中，仅仅是如何定义收入都会很复杂，银行的出现就是一个例子！另外有些行业是代理行业，如广告业，数字游戏的空间很大，它们可以把账面收入在不同会计期间来回移动，尤其是在合同期限较长时。公平地说，在某些行业，比如零售业，总有与业务规模相匹配的大额收入数据，这与医药公司形成鲜明对比。资源型企业，如矿产企业和石油企业，销售额极易因商品价格变动而大幅波动。最后，汇率波动会对销售额造成很大影响。销售收入和相应的成本是否采用同种货币计价，将决定汇率的波动是有益还是有害，其结果可能大不相同。尽管经不起上述推敲，收入仍是研究联盟采用的四大指标之一，因为它是一个非常简单的反映公司经济轨迹的指标。

基于利润来建立指数是一种合理的方法——可以是营业利润，税前利润，也可以是净利润。问题是无论选择哪一层次的利润，关于哪些项目应包含在内，哪些项目应排除在外都有很强的主观性。其中一个特殊问题是例外事项的处理，它不但影响当年的利润，同时也反映企业多年来的累积经营成果或经营问题。这里的不确定性本质上是由于损益表中的很多部分包含着很大的自由裁量因素,这给公司间的对比造成了困难。过去10年中,看似盈利可观,却由于诈骗或经营环境的巨大改变而顷刻倒闭的公司异常地多。总的说来,利润并不总是像它看上去的那样。

很多人认为基于现金流量表进行对比会更好,但同样地,标准的不同仍是一个关键问题——同一项支出,一家公司计入资本支出,另一家公司则可能计入经营成本。此外,不同行业现金流的性质有很大差别。例如,零售商的现金流结构与石油公司就有很大区别。零售商的现金流随季节而显著变化,石油公司则可能在多年的开采期间一直没有现金流。另外,金融机构,如银行和保险公司的现金流性质与"传统"企业有着天壤之别。基于这些数据而建立的指数会被严重扭曲。

股息

然而,有一种指标是可以在公司间通用的,其主要优点在于它可以被独立证实。股息是公司支付给其所有者——股东的现金。这就意味着它是一种可以被其接受者证实的真实的交易。而且,石油公司的股利支票与零售企业的股利支票没什么区别,只是数额更大而已! 然而,不同公司对股利的看法存在文化差异,这主要存在于不同国别之间,而且通常是由于税收待遇的差别。直到目前,在美国,股利的税收待遇还是比股票期权差,因而,对公司来说,发行新股比派发现金更为有利,特别是新股可以稀释股权,而不影响公司现金流。这也是很多美国公司不发放股利的原因之一。另一原因是一个大胆的推测——只有成熟企业才会发放股利。有人认为真正的增长型公司会将现金用于再投资从而扩展业务。科技泡沫证明这一观点是错误的。

关于股利,最重要的一点是,它体现了现实中股权投资所获得的全部真正回报。活跃的投资者们迫切地追求资本收益,但巴克莱、瑞士信贷和兴业银行等大西洋两岸的机构经过再三研究，证明股利再投资收入和股利增长的重要性。短短的五年时间里，兴业银行证明，这两个因素对回报率的影响占到了80%。智慧树的杰里米·西格尔计算出在1926年到2006年的80年里，这两个因素对美国股票回报率的影响已经上升到了96%。忽视股利是非常危险的。正因如此，三大基本面基金公司都把股利作为它们的研究指标或指标之一。

指数公司RAFI的罗布·阿诺特的一个关键论点是：考查公司的经济轨迹而不是财务轨迹，这意味着考察一些诸如员工数量、厂房面积及零售空间等的关键指标是有效的，因为它们可以衡量公司的社会地位。但问题在于把Compass公司三明治生产线上的工人与WPP公司的广告经理进行比较是极不合理的。

单一指标还是组合指标？历史数据还是预测数据？

面对各种各样不同的指标，现在，基本面跟踪者和指数建立者必须做出两个决定：

1. 采用单一指标还是多指标组合？
2. 最好采用历史数据还是对未来的预测数据？

采用单一基本面指标，如利润或每股收益，显然更简单，也更容易理解，但这一指标可能对某些公司极为不利，甚至将市场的某一子行业整个排除在外。相反，如果选择组合指标，那么每种估值标准的比例又该如何分配？各占相同比例会有效吗？采用组合指标显然可以避免侧重于某一特定指标，从而避免对某些公司或行业造成有利或不利的影响，这是它的优势，但它却不能避免另一个同样严峻的挑战，即组合指标在数据采用上是选择历史数据还是选择面向未来的预测数据。

第二大挑战——选用历史数据还是预测数据，基于这样一个事实：公司每年公布两次完整的财务报表，公布时间通常是在每一时期结束后的两到三个月内。这是我们所能获取的最准确的公司信息。遗憾的是，即使公司公布了财务报表，我们还会面临一大挑战：弄清楚某些数字背后的真实意义。特里·史密斯（Terry Smith）在他著名的《增长的解释》（Accounting for Growth）[1]一书中准确地指出了公司在投资者面前吹捧自己的很多方法。同样要记住的是，公司有一个习惯，就是重申对自己有利的数据，因此不能把财报中的所有信息都当作真理。尽管如此，公开的财报仍是我们所能采用的最佳信息。但二月份公布的财报告诉我们的是公司早在去年一月份发生的事情。在股票市场，这简直是"远古"时期的数据。这一历史数据无疑会是最精确的，但在这个瞬息万变的世界，获知一家公司14个月前的准确数据能有多大价值？事实上，在每六个月更新一次数据的前提下，要获取我们真正需要的可靠数据，必须等上整整12个月。这意味着指数中的数据会是过时的！

如果基金采用面向未来的预测数据而不是准确的历史数据，会更赚钱吗？大体正确的预测数据会比准确但错误的历史数据更好吗？市场是不断变化的，去年引领市场的产品今年可能已经过时了。如果人人都从互联网上下载音乐，那么改进厂房设备来生产CD就没有多大价值。筹建这一工厂可能花了一千万英镑，但对今天的买家却不值那么多钱。然而，预测数据也并非没有问题，最重要的一点就是没有太多数据可供分析。分析师们倾向于只关注少数关键指标，如收益与股息。并非所有公司都有关于账面价值的可靠预测值，甚至可能收入预测都不可靠。这些预测值的可靠性也是小事。换句话说，基本面指标的预测值的确有着独一无二的优势：它能够包含对未来的实时预测数据。当一家公司的信用评级由AAA降至垃圾股时，还坚定地将其历史账面价值作为基本指标，显然无法令人满意。

---

1 史密斯，T.(1996)"增长的解释：揭开公司报表的面纱"，《世纪商务》。

采用组合指标显然很有吸引力，因为它能够平滑各种数据。但同样有其明显缺陷。最重要的一点就是：选用哪些参数并赋予其怎样的权重？这类决策的主观性越大，评估过程偏离严格的基本面方法就越远。研究联盟公司（Research Affiliates）是唯一使用组合指标的机构，而智慧树（Wisdom Tree）和基本面追踪公司（Fundamental Tracker）都采用单一指标。我的基金管理公司——基本面追踪公司（Fundamental Tracker）是唯一采用预测数据的公司。

讨论了关于数据的一些问题后，现在我们需要考虑大型资产管理公司提供的各种基本面指数方法。

运动员和骑士（各大公司的基本面指数方法）

研究联盟公司（Research Affiliates，总部设在加利福尼亚州）的总裁罗布·阿诺特（Rob Arnott）是基本面指数的第一批拥护者之一。他和他的团队采用组合历史数据来构建指数。而美国东海岸智慧树（Wisdom Tree）的研究员则选用采用两个指标：股息和收益，但不是在同一只基金中使用。英国只有一家基金公司蒙罗基金（Munro Fund）使用基本面跟踪的概念，采用预期总现金股利数据。这种方法将股利支出用数量而不是价格加权，就像传统指数收益基金，如富时股利加（FTSE Dividend Plus）所做的那样。

表12.1 给出了主要基本面追踪／指数管理公司各自独特的方法，尽管他们构建指数的过程以及采用的指标各不相同，但对于构建指数的传统股价法都没有任何用处。

表 12.1　三种独特的方法

	智慧树	研究联盟（RAFI）	基本面跟踪投资管理公司（FTIM）
指标	现金股利及收益	总收入、收益、股息和账面价值	总现金股利
时间	当前年化	五年历史平滑数据	未来一年
再平衡频率	每年	每年	每月
公司类型	交易所交易基金	交易所交易基金	开放式投资公司

对这些方法的分析是冗长而琐碎的，且超出了本章的讨论范围。然而，需要考虑的最重要因素可能就是这些基金的比较基准。交易所交易基金(ETFs)通常与专门为它们创建的指数进行对比，比如以跟踪误差来衡量，这样它们的风险看上去会比用更熟悉的指数衡量的风险低。一只基金在与自己的基准对比时表现可能很好，但若与传统指数对比，也许就会出现风险更高与收益更低的情况。最终，对任何投资过程的检验都必定要看与传统的被动追踪投资相比，它是否以更低的风险实现了更高的收益。

由于基金提供者创造出的基金太多了，使得数据分析工作有些复杂，要选择一只能真正代表每一构建过程的基金也很困难。下一部分我们将简要介绍各种不同的指数构建过程。

三维基金顾问公司

一个不太符合所有传统的基本面指数定义，但值得优先考虑的基金管理公司是美国的三维基金顾问公司（Dimensional Fund Advisors, DFA）。它并不自称是被动型还是主动型的基金管理人。与一些基本面基金管理公司一样，它有着清晰明确的投资流程；但与他们中的大多数不同的是，它有一定的主观性，这使得它更像是一只主动型基金。它的目标是通过买入小市值价值型股票，跑赢其基准指数。其逻辑基础是经济学家尤金·法玛（Eugene Fama）和肯尼思·弗伦奇（Kenneth French）的开创性研究——

小市值价值型股票在历史上有着更佳的业绩表现。三维基金顾问公司连续运行其投资流程,因此不受每年只能进行一次基金再平衡的严苛限制。正如我们前面看到的,即使是富时100这样基于规则的指数,仍存在固有的增长倾向。所以,任何追求价值的投资过程,相对于那些有着固有增长倾向的指数,都有内在的优势。

三维基金顾问公司的独特方法与三大基本面指数基金有着显著区别。

智慧树(Wisdom Tree)

智慧树基于收益和股利来构建指数,采用连续12个月的最新数据,于每年11月30日更新一次。正如首席投资官杰里米·施瓦茨(Jeremy Schwarz)承认的那样,这一被动型投资方法有其自身的缺陷。例如,在2008年,当股利支付频繁变动,以前可靠的股息支付者也由于极端的市场状况而纷纷削减股利时,智慧树被其陈旧过时的股利支付数据所拖累,因而与所有价值倾向型基金一样遭到了惨重的损失。智慧树的创立者是乔纳森·斯坦伯格(Jonathan Steinberg)。不同于一般的基金管理公司,它是一家指数化基金公司。乔纳森创建了市值与股息的组合指标概念,并邀请沃顿商学院的杰里米·西格尔(Jeremy Siegel)来验证其有效性。与其他学者一样,西格尔于2000年互联网泡沫时意识到市值加权指数的内在缺陷。他对长期投资回报的定期观察证实了市值加权指数存在的问题。在其1994年回顾资本市场回报的著作中,西格尔指出其他方法可能更可取,以此开启了他运用股息创建指数的道路。2006年6月,对冲基金经理迈克·斯坦伯格(Michael Steinberg)加入进来,并为智慧树推出的一系列基金提供了资金支持,从此以后,这种三足鼎立的局面便结束了。

智慧树为极其广泛的市场和子行业创建指数。有些完全基于股息而另一些则基于收益——两者均采用年化数据。其主要基金都以标普500指数为基准,奇怪的是,这是一个主观型指数。通过与标普500这样由某一委员会决定其构成的主观指数相比较，来衡量一个基于规则的投资组合（智慧树的投资组合），的确有点不公平。智慧树依据基本面指数化原则，总共管理着42只单个基金，以跟踪美国国内外各种不同的指数。它所有的基金都是交易所交易基金（ETFs），在2009年3月管理着约36亿美元的资产。与许多价值导向型策略一样，智慧树在2008年的熊市中相对于主要指数来说遭受了损失，不过损失不大。为解决价值倾向带来的问题，智慧树发起了一只基于纳斯达克（NASDAQ）股票的收益加权基金，该基金采用一个更为复杂的指标组合。

研究联盟（Research Affiliates）

研究联盟（也称RAFI）的罗布·阿诺特（Rob Arnott）或许是基本面指数化最高调的倡导者。他在2005年与杰森·休（Jason Hsu）和菲利浦·摩尔（Philip Moore）合著的论文"基本面指数化"[1]中清晰地阐述了这一论点，该论文影响颇为深远。他采用四个相同权重的指标——收入、账面价值、盈利与股息来创建指数，使用连续5年的平滑数据。与三维基金顾问公司（DFA）和智慧树相似，它的问题也是：由于每年更新一次，其数据可能变得非常过时。像许多观察家一样，阿诺特亲眼见证了千禧年的科技泡沫并从中得到警示，于是开始寻找新的指数构建方法。他收集了从1957年标普500指数创建至今大量广泛的数据。从这些数据中，他和他的团队推断出最有效的指数构建——最低风险下回报率最高——是收入、账面价值、利润与股息四项指标各占相同权重的组合。他的回溯性测试时间序列始于1962年——第一个能收集到五年连续数据（过去五年的数据）的年份。这一大型回溯性测试清楚地表明，阿诺特创建的指数与标准普尔500指数相比，能在更低的风险下产生更高的回报——尽管在我看来，这

---

1 阿诺特，R., 休, J. 与摩尔, P.（2005）"基本面指数化"，《金融分析师期刊》，卷61，第二篇。

一相对成功的部分原因更多在于标准普尔500这一主观型指数的构建问题,而不是阿诺特的基本面指数。

阿诺特在他与杰森·休和约翰·韦斯特(John West)合著的《基本面指数投资:更好的投资方法》[1]一书中深入探究了更多的细节。书中,他探讨了传统市值加权指数的增长倾向,详细描述了他和他的团队所做的大规模回溯性测试,以证明他们的基本面指数投资能在更低的风险水平下产生更高的收益。他同时还主张有效市场假说仍是一个重要概念,但其在真实世界中已不再有效。本章末有关于罗布·阿诺特的采访记录。

基本面跟踪投资管理公司

我自己的公司是基本面跟踪投资管理公司(FTIM)——英国唯一一家基于基金提供基本面指数化方法的公司。这只基金叫蒙罗基金(Munro Fund),采用预期总现金股息来创建一个以富时350指数为基准的资产组合。与智慧树和研究联盟不同的是,它采用预期数据而非历史数据,理论基础是大体正确比精确的错误要好。我们采用彭博社所有分析师对下一财年的一致预期,然后对股票回购进行调整。与我们的两家美国同行一样,FTIM采用公司即将派发的总股息,而非使用更为广泛的每股股息。与传统的基于收益的指数基金一样,我们用数量而非价格对股息进行加权。通过每月对示范投资组合的更新,我们可以针对分析师们几乎每天都会对预测值做出的细微改变进行连续的调整。最后一点(并非最不重要的一点)是,我们假设我们的关键指标(股息)是同等重要的——换句话说,来自石油公司的一英镑股息和来自零售商的一英镑股息是等值的。在传统的主动型管理基金中则不是这样。

我们的蒙罗基金开放式投资公司是在2007年9月,近几年最惨的大熊

---

[1] 阿诺特,R.,休,J.与韦斯特,J.(2008)《基本面指数投资:更好的投资方法》,Wiley。

市之一开始时成立的。从绝对意义上讲，随着股市在信贷紧缩的压力下崩溃，公司的初始业绩很差。从相对意义上讲——这才是对指数基金来说真正重要的——它实现了自己的承诺，即实现了比传统指数跟踪型基金更高的资产回报率。

> **蒙罗基金的详细投资流程**
>
> 由于该基金是由本章作者亲自经营的，因此对其投资过程和运作方式的详细描述会是十分有效的。每个月我们都会按下面的流程进行操作：
>
> - 下载富时 350 中所有公司未来一年每股红利的一致预测值和已发行股本。
> - 当发生引起股本变化的事件，如股权发行或股票回购时，对上述数据进行调整。
> - 用每家公司的预期股息乘以预期股票数量，计算出预期总现金（股利）支出（如有需要可转换成英镑）。像沃达丰（Vodafone）这样的公司有 45 亿英镑，而马莎百货（Marks and Spencer）可能只有 2.13 亿英镑。将单个企业的数据加总，得到富时 350 的总值。2009 年 3 月这一数值是 630 亿英镑。
> - 最后，计算出每家公司对总数的贡献率。例如，在某个月，沃达丰在示范投资组合中的权重是 6.8%，而玛莎百货是 0.33%。计算出的这些权重会应用到投资组合中去。通常是这样做的：用未投资现金买入并补足投资不足的股票，来保持最低的交易额。
> - 偶尔，当某只股票权重明显过高时，会削减其持有量，使之与示范投资组合保持一致。本质上，该步骤保证基金和由股息流入市场的最大现金流保持一致。

威戈林

最后一家值得关注的基金管理公司是瑞士私人银行威戈林（Wegelin& Co），它宣扬着自己独特的投资流程——这不是一家纯粹的基本面指数提供者或基本面跟踪基金管理者，尽管其投资过程严格遵循一套基于规则的程序。威戈林通过一套它称之为"主动指数跟踪"的操作过程来管理其30亿瑞士法郎的养老金与私人财富投资组合。

威戈林进入市场的方法基于这样一个简单的概念——长期来看，市场最终会回归平均水平，特别是在国家层次。它不购买个股，而是投资代表较高价值的某国市场。该方法的核心是不投资它认为昂贵的市场，秘密在于一个独特步骤——确定股票相对于现金的价值，这是该方法的基础。这一计算过程将各种指标，如领先指标、风险溢价、信用价差与投资行为等以相同权重进行组合，得到一个相对于全球市场的指标。一旦确定了哪些国家的市场前景看好，哪些国家的市场前景惨淡，它就会相应地将其投资组合调整到与摩根士丹利世界指数（涵盖包括日本、美国、英国在内的22个不同国家）中的股票集（潜在的可投资市场）一致。这一庞大的"机会集"并不意味着持有所有国家的头寸——如果指数为负，就不会持有，甚至可能做空。

这一投资过程的作者之一玛吉·奥格兰博士（DR Magne Orgland）说此方法的一大优点就是不用再开那些没完没了的投资委员会会议了：他们完全依靠该方法，因为发现它能带来比专家共识更高的回报。这句话看似简单，事实上却是任何投资规则或基本面投资方法最重要的一个方面——假如使用得当，基于基本面的投资方法将大大节省决策时间，而投资委员会则会因量化的投资流程而突然变得多余。这对于那些喜欢激烈辩论商业模式、估值标准、人口统计数据及货币供应量的人来说可能会很烦恼，但大量证据表明这类团队很少能持续做出良好的决策。任何有过投资俱乐部经验的人都会很快意识到，民主和投资是无法并存的。

对许多基于规则的投资方法来说，大量价值来源于将投资组合再平衡到与示范组合一致的步骤。威戈林每个月都会对其基金进行再平衡，并声称这是其跟踪误差较低的主要原因之一。

为什么选择基本面基金？

总而言之，与主流的主动型管理基金相比，基本面跟踪／指数化基金有许多优势，包括：

- 规定了投资流程，从而排除主观性和情绪的作用。
- 主观性的排除节约了人力，降低了成本，也节省了变更行动所耗费的时间。
- 降低管理费用，从而增加了投资回报。
- 确定的投资流程增加了对投资者的透明度。
- 大多数基本面投资方法都以股息为指标，而股息恰恰是股权投资创造财富的最大来源。
- 即使更换基金经理，投资流程也不会改变——主动型基金管理公司的人员流动率是很高的，因此你永远不知道五年或十年以后谁在管理着你的资金。

基本面基金与传统的指数基金相比，也有一些重要优势：

- 消除了增长倾向——构建过程中去除了价格指标，从而消除了股价中所包含的"流行"因素，因此能够更好地跟踪潜在收益。
- 通常能带来更高的收益率。
- 有些基本面基金管理公司的再平衡频率比传统的指数基金高。

所有人都不应期望任何指数基金能够百发百中。设计这些基金是为了提供与其基准指数相当的回报，但由于其规范的流程，它们的运营成本比较便宜（希望如此），并鼓吹自己的管理费用较低。对于投资者而言，削减成本与提高回报率的效果是相同的，却没有风险。最重要的一点是，购买指数基金，你只需为称为"β"的市场回报率付费。而购买主动型基金时，投资者支付更多费用来获取"α"（基金管理人或管理方法产生高于市场回报的能力），却常常连"β"都得不到。传统指数基金永远不可能跑赢指数，事实上由于费用及前面提到的其他因素，许多基金远远落后于指数。基本面基金的优势就在于消除了基金回报率与指数回报率之间的差距。

采访罗勃·阿诺特，研究联盟

谈到基本面指数化，这一领域的真正先驱者是罗勃·阿诺特，研究联盟（也称为RAFI）的创始人。他是口才最好的基本面指数化倡导者之一，也是美国股票市场上最杰出的分析师之一。2009年夏天我们在伦敦偶遇阿诺特先生，并请他谈谈他对于这个多变的市场上种种股票筛选策略的看法。特别是，他是否仍坚持"无论是价值股还是增长股，都是一种极其长期的投资"？我们还和他谈论了价值投资的重要性，并探究他是如何构建自己的基本面RAFI指数的。

记者：2009年初您在《指数日报》上发表了一篇非常有意思的文章，指出在过去10年中，债券实际上比股票的收益更好……事实上在过去几十年里都是如此。

阿诺特：过去40年都是如此！

记者：这就产生了一个很有趣的问题。大多数人的机会窗口，就投资股票和债权而言，很可能都是20年到30年的时间跨度，在这么长的时间里他们可以积攒很多钱。你的分析指出事实上股票——股权投资,在过去10年、20年到30年中,对于大部分投资者来说都不是一个好办法,这与传统的意见并不一致!

阿诺特:其实很简单。基本上,我们对股票产生了迷信,也就是认为如果足够耐心,购买股票总会得到回报。这里的"耐心"被定义为5年到10年,股市开始走向新高,虽然偶尔被所谓的熊市打断。而现实却大不相同。股票在很长时期内的确会获得回报,事实上也应当获得回报,因为股票是继债券后对公司资产的第二请求权。但它获取回报的时间跨度是以几代人,而不是几年来衡量。而且这种回报忽高忽低,很不稳定。杰里米·西格尔(Jeremy Siegel)提出的股票长期投资的命题已被投行界、经纪界和财务顾问界所接受,并衍生出更多的内涵。它已演变成了这样的观念,只要你有耐心,为股票花费多少都没关系。这是错误的。任何你所投资的东西,如果是低价买入的,你都会在相当短的时间内得到回报。如果你付出太多,你很可能需要等很长、很长时间来获取回报——如果能得到回报的话。

记者:你不认为这给投资者出了一个很大的难题吗?他们到底该投资什么?如果股票不是一个好的投资对象,他们应当怎么做?

阿诺特:(很少)有投资者在考察了一系列投资选择后,会提出这样的问题——在这众多的选择中,哪个在过去1年,3年和5年中的表现真的很差?它现在很便宜吗?人们不会这么做。人们会查看这些投资选择,然后说"哪个表现好?"就好像买入表现好的投资品能让你分享它过去的胜利果实一样——这很荒唐。

大多数投资者会寻找过去表现良好的资产,表现越好,投资者越想去追逐它们。想象你回到2002年,看到新兴市场股票在10年中的回报率为负,你想道:"天哪,眼下它真的很便宜!我应当买入。这些经济体的增长要比我们国家的增长快。"这是多美妙呀！可惜人们通常不这么想。所以，一个非常简单的核心信息是，市场不会轻易给予人们回报。不经历风雨，就不会有收获。投资于热门资产，很可能会让你失望。

在2000年和2007年，股市很火爆。有人宣扬这样的观点：股票比债券安全，理由是在相当长的时期内，很少有哪个20年的时间段里股票的回报率是低于债券的。这是事实。但如果股票更安全的观点将其估值水平推到不正常的高度，那么股票在20年里的回报可能真的会低于债券。事实上，这正是截止到今年年初的40年来发生的事。那些在很久之前的1969年初购买股票的人们，如果当初投资的是长期国债，将得到更高的收益。这很令人震惊。

由于40年前，股票收益率是2.5%，债券收益率是6%。债券不再受欢迎。20世纪70年代初它们更加不受欢迎，其表现非常差，股票的表现也很差。但随着股市的上下震荡，最终股票变得极其昂贵，然后股市暴跌。之后，股票的表现就一直比债券差，不是10年、20年，而是40年。

记者：伦敦商学院的埃罗依·迪姆森教授（Elroy Dimson）和保罗·马什教授（Paul Marsh）也观察到了动量效应。他们建议挑选动量最强的股票。这能带来额外回报吗？

阿诺特：动量只在短期内有效，在长期中则不起作用。动量效应总有一天会消失。当它失效时，会给你造成很大损失。动量的问题在于它在市场拐点处往往无效。因此，当某些股票表现突出时，是的，动量会将其推向更高点。但减持是无害的。并且继续减持、持续减持。因为最终它会掉头向下。动量效应在几个月的时间里有效，而反转效应则在几年的时间里有效。例如，在过去5年中表现突出的股票极少可能在未来5年中依然表现突出，极其不可能。当动量的作用很强时，那是短期现象。

记者：那我们都应该放弃股票而购买债券吗？我们应当把投资组合中的所有股票都换成债券吗？

阿诺特：当然不是。我们不应该从"迷信股票"变成"迷信债券"。我们的观点是，我们为资产所付的价格极为重要。如果在一项资产很便宜时买入，我们就可能很快获得回报。如果在它很贵、很流行、很时髦、人人都很喜欢它时买入，我们可能就要等很长时间才能获得回报。

记者：那您是建议我们像对待股票那样对待债券，在它们便宜的时候买入了？在它们的收益率很高时买入？在因廉价而吸引你时买入？

阿诺特：是的！最好的资产分配机会并不总是在股票和债券之间进行选择，而是在债券市场或股票市场内部进行选择，特别是当增长股与价值股之间的差距空前高涨的时候。2009年初，二者在估值倍数、收益率和市销率之间的差距几乎是空前的。这是买入深度价值股的最佳时机。同样，当时国库券3%的极低收益率与垃圾债券和可转换债券20%的畸高收益率之间的巨大差距，也是历史上空前的，比大萧条时期的差距还大，因此2009年初最佳的债券投资机会并非国库券，而是债券市场中通常被视为风险较高的那部分。

最好的投资方法常常是卖出那些表现最好、最流行的资产，而买入那些表现最差、最不受欢迎的资产。这么做很难。这意味着买入那些大家都认为即将违约的垃圾债券。意味着在所有人都认为新经济已经出现，某些深度价值股，如汽车、银行及工业股即将暴跌时买入它们。

这可能让人很不舒服，但却很有效，因为最强大的市场机制就是回归均值。就像一个钟摆。摆得太远时就会落回。我们不知道它摆到多远后会回落，什么时候会回落，我们无法准确观察到摆动的最高点并在其转向前抓住机会。但如果我们在其上升时购进越来越多的资产,那么当它回落时,就会重重地打击我们。

记者:您是否在暗示,没完没了地寻找完美的指数基金以及试图实现最优的资产平衡有点偏离重点?事实上我们应该做的是,如您所说,低买高卖!而思考最优投资组合是否应当是 31.6% 的英国股票和 42.3% 的外国股票,则有点偏离主题?

阿诺特:我认为多样化很重要,把所有鸡蛋放在一个篮子里是没有意义的。如果我们选择世界上最不受欢迎的市场,并持续关注投资组合以保证我们始终在该市场持有头寸,我们就有很大机会在长期赢得很漂亮。也有可能我们所投资的这些资产中有一个或多个的确不值得人们青睐,并且让我们蒙受了惨重的损失,这很正常。我认为分散投资有许多优点,虽然有时也会失效。(2008 年年底)分散化投资败得很惨。那时,所有资产都在狂跌。

因此,在 2008 年分散投资的努力伤害了我们,它并未起作用。但它在稍后帮了我们,因为在 2008 年 11 月中旬后,人们用来分散风险的安全资产很轻松地恢复了活力。所以我认为我们都需要多样化的投资组合。我认为争论到底持有 31% 还是 33% 的英国股票完全是浪费时间。除非调整投资组合是我们唯一的增值方法。如果我们进行了足够分散的投资,那关键问题就是,哪些资产是极其不受欢迎而又极其便宜的?

记者:现在又出现了一个非常有趣的问题。沃伦·巴菲特坚称我们的投资可能有点过度分散了。事实上,沃伦·巴菲特曾公开表示他所获取的最大利润总是来源于为数不多的几个大资产。

阿诺特:哦,是的,这当然正确。多样化是在三四项极其便宜的资产上持有较多头寸时起作用的。如果我们持有 10 个以上的资产,那就是在稀释我们的机会集,在降低其增值能力。所以这是一种权衡。(沃伦·巴菲特)在分散投资方面做得非常好。他的最大头寸往往占到总资产的20%左右。如果我们将20%的财富投入到一种资产上，然后投资失败了，会有多糟糕？这会让人很不开心，但不会带来致命的伤害。举个例子，如果我们持有20种资产，每种占比5%，这会极大地减轻因某项资产损失带来的痛苦，但如果其中某一资产涨了4倍，我们也只能赚20%。现在，如果我们持有五项资产，每项占比20%，当其中一项资产涨了4倍时，我们就在该项投资上赚了60美元。所以……

记者：怎样找到增长型股票？人们喜欢筛选股票，他们喜欢出去寻找增长型企业。你是否认为对大多数人来说这种做法很愚蠢？

阿诺特：我认为市场在鉴别增长机会方面做得非常出色，并且为这些机会提供了过高的报酬。基于一个被称为"预测价值"的概念，我们给自己安排了很多新任务。如果我们能拿到一份《金融时报》，上面有股价列表，旁边还列着真实公允价值——公司真正带来的价值——未来所有现金流的现值，这不是很美妙吗？如果我们有，这会是非常有价值的。显然，我们没有。但我们可以创造出一份1980年版的《金融时报》，列出其后29年的股价和公允价值。这很容易。如果我们这么做，我们会发现一个有趣的模式。估值倍数较高的公司，其经营成果大多比估值倍数较低的公司好——公司应有估值倍数和当前估值倍数之间的相关系数在50%到60%之间；这是一个很大的数值。而这正也是问题所在。应有倍数较高的公司应当比应有倍数较低的公司平均溢价50%，但实际平均溢价却达100%。市场为其准确识别出的增长型股票支付了过多的对价。

记者：太有趣了，不是吗？因为您的意思是试图提前识别增长股是不可能的！你永远不可能在增长股引起轰动之前发现它们！

阿诺特：不是这样的。我们以美国银行和谷歌为例。市场给谷歌很高的溢价倍数，而给美国银行很低的折价。我认为在未来 10 年中谷歌比美国银行的增长快得多的可能性极大，甚至未来 20 年都会如此。我同样认为在未来 10 年到 20 年里，谷歌的股票比美国银行的股票表现差的可能性也极其大。市场往往会选择正确的公司，并为它们付出大约两倍的应得溢价。

记者：那么试图在大众识别出增长型股票之前发现它们，有用吗？

阿诺特：问题是现在很多人都在这么做——这是关键障碍。如果你认为你比大众先发现机会，那么请看估值倍数。它是否存在很高的溢价？如果是，有人已经比你先发现了。另一个挑战是持有那些人人喜欢的、极好的公司，在它们变得太贵之前出手。即使它们现在仍是极好的公司，前景看涨，但它们已经被高估了。

记者：现在我们回到价值上来——价值最近（2009）的表现不是特别好，对吗？

阿诺特：这就是买入价值的时候了。均值回归规律。

记者：是的。但请允许我提个疑问。那些热衷于价值的人不是总在价值不起作用的时候，说这就是买入的时机吗？

阿诺特：当价值不起作用的时候，他们常常是对的。

记者：价值是一个已经观测到的现象。如果你逆市场而动，买入低价股，它会表现很好。但这并不意味着它在未来也一定会表现良好。过去不一定是未来的指南，对吗？

阿诺特：对。

记者：如果近期市场基本面改变了，追逐价值的资金吞噬了价值效应或异常价值，会发生什么？如果市场变化如此之大，以至于风险溢价，或无效率，或……无论你把它叫做什么，被套利了，会发生什么？未来它不会再存在，因为任何股票变得便宜的一瞬间就被识别出来了，然后市场价格就会予以反映。因此，是不是说价值就没了？

阿诺特：对这一想法最简单的检验就是回答这个问题：增长和价值之间的差额是否变窄了？如果估值倍数的价差变得非常窄，像 2007 年中期那样，价值投资就非常糟糕；你谈到的现象可能是两年前发生的事情的一个重要方面。当差额变得非常小时，随着增长变得更贵，而价值变得更便宜，它会再度增大。

现在是三月份（2009 年），增长与价值在市净率或市销率方面的差额达到除 2000 年科技泡沫高峰外，历史上最大的时期。2000 年科技泡沫高峰过后，人们说价值已经死亡，结果如何呢？价值连续 7 年表现优异。

我并不是说价值（策略和股票）会由于 2009 年初较大的估值价差而连续 7 年表现优异。我想说的是价值很便宜。增长与价值之差的历史平均值为 2∶1，现在由于价值表现较差，这一比率变成了 2.5∶1。科技泡沫高峰时，这一比率达到空前绝后的 3∶1。2.5∶1 是一个很大的差额了。这一比率意味着差额会缩小，从而有利于价值投资的胜利，甚至比正常情况下赢得更多。因此，我想我们正在关注一个不同寻常的买入深度价值股的机会。买入最不受欢迎的公司！

记者：那么我们都应该冲出去购买银行股吗？

阿诺特：这可以成为你多样化投资组合中 5 种极不受欢迎的资产之一。我不会把大部分钱投入银行股……但我当然会为合理分配我的资产感到满意。

记者：那么，究竟该如何建立增长策略呢？作为例子，我们可以看一下股息，股息是一个极其强大的因素……但其他人会说，不、不、不，股息不重要，因为事实上人们已经在到处取消股息了。因此，如果你被投资组合的高股息收益率吸引了，你将来就会有麻烦。那么，我们应该关注账面价值之类的指标吗？我们该采用哪些指标和策略？我们应当关注资产负债表还是股息？

阿诺特：这两者殊途同归。

记者：那营业活动产生的现金流量呢？有形资产账面价值呢？

阿诺特：都能用，但它们的指向略有不同。你恰好指出了我们在构建基本面指数概念时为什么不依赖单一基本面指标的原因。我们依靠四项指标来缓和这一效应。我们依靠销售额，它是所有利润和股息的源泉；我们依靠账面价值，它是公司用来经营和为未来发展提供资金的净资产。我们依靠利润，但我们采用现金流量而不是报告收益。我们依靠股息。对它们中的每一个，基本面指数（方法）都毫不关心股价。他们依据规模来衡量一个公司，基于销售、利润、账面价值和股息。

通过采用四项指标的组合，我们中和了每个指标的优缺点。它们都有其局限性。股息使我们关注那些处于发展后期的成熟公司，它们的股息收益率很高，而增长很慢。股息会使我们忽略增长型公司。基于销售的方法关注那些销售额很大而利润率很低的公司。账面价值方法则关注那些采用激进会计方法的公司。从账面价值来看，安然是一家相当好的公司。现金流方法则关注那些处于周期性高峰和盈利的周期性公司。所有这些指标都有其缺陷和不恰当之处，因而采用组合指标更能应对自如。

记者：而且你已通过你的基本面指数——RAFI指数把这些观点付诸实践了，不是吗？这个指数是有价值倾向的，对吧？

阿诺特：与股票市场相比，它是有价值倾向的，但这是一种很特殊的价值倾向。不过，我们别忘了市场相对于整个经济来说是有增长倾向的！股市的大部分价值都集中在那些很受欢迎的、有着极高增长预期的股票上。基本面指数投资组合是市场愿意为增长支付溢酬的一个缩影。因此如果市场愿意为增长支付很高的溢酬，就像现在，那么基本面指数投资组合看起来（相反地）就会有显著的价值倾向。在2007年中期，当市场没有为增长型股票支付很多溢价时，基本面指数投资组合看起来就像一个带有轻微价值倾向的市场组合。

与市场中构成指数的公司规模不断大幅变化相比，我们的资产组合更为稳定。因为市值权重会因市场上的每次热点、每个泡沫、每个预期改变而做出调整。行业和公司的权重一直都在变化。所以，基本面指数概念所带来的增值，其中大部分并非来源于价值倾向，而是来自于对市场不断变化的热点进行反向交易。

这是很有意义的。我发现过去12个月十分有趣：2008年对全世界的价值（投资）来说，都是悲惨的一年。基本面指数策略自1999年以来第一次落后于摩根士丹利资本国际全球指数。它的回报率低了0.3%——非常小的差距，但仍然是差距。客户的反应并不强烈，因为基本面指数策略通常是缓和市场冲击的，而当时的市场是大幅下滑的，我们只是稍稍落后了一点点。这一点小小的差距并没有引起客户的警觉。让他们警觉的是即将进行的资产调整。新年来临时，我接到很多客户的电话："你要把资产投入到金融、汽车、工业和非必需消费品上吗？这些领域会在即将来临的大萧条中损失惨重"。我的反应是："这正是基本面指数策略的一贯做法：买入最不受欢迎的公司，而退出那些最流行的、最受欢迎的、最让人愉快的资产，这正是该策略行之有效的原因所在"。

记者：如果事实上你是在实施逆向策略，故意挑选那些不受欢迎的股票，那为什么不像主动型基金经理一样，不选择富时100中的全部股票，而是从中挑选一部分，比如说10只，这样不是更好吗？

阿诺特：问题在于主动型基金管理人只有在交易的另一方失败

时，他才能获胜。因此，平均来说，他们没有任何技巧，也不产生任何增值。如果你能从 20 个主动型基金经理中识别出一个有着扎实技能，且没有管理过多资金，从而不会因交易成本而减少利润的经理，那他会比你强。因为他会比基本面指数概念获得更高的回报。但基本面指数方法是一种真正简单有效地获得有远见的逆势主动型基金管理人所获收益的方法，却不用头疼他是否仍满腔热情，是否仍有足够的远见来识别哪些股票是真正不受欢迎而即将反弹的。

后面一点是基本面指数概念所缺少的。它不加区分地买入那些不被喜爱的股票；它们中的一些会很快反弹，另一些则会在很长时间以后反弹，还有一些会继续下滑。有一些会破产。另一些则会上涨 5 倍到 10 倍。因此，基本面指数方法最终成为一个真正有趣而规范的方法，来对你的投资组合进行逆向投资决策。

第三部分

总 结

第13章　实际操作

本书竭力提醒投资者要以正确的理论、对历史趋势的观察和对证据的严密分析来指导投资行为。那种始于本能，由一些道听途说的建议所推动的投资历程，虽然产生过很多好的思想，甚至造就了很多优秀的投资者，但它也会使很多人陷入困惑。有证据表明各种各样的思想和策略在某些时候似乎是有效的，但我们的选择空间却很大！可能很多读者都在想他们下一步该做什么——该采用哪种策略或评估方法？在本书最后的总结部分，我们将回顾所有的分析和学术研究，看看哪种是真正有效的，哪些策略更受欢迎，并探究如何在一个投资组合中运用这些思想、方法和策略。

概述

本章中我们将回顾很多关键主题。第一点，可能也是最重要的一点，没有哪种解决方案，也没有哪种神奇的评估方法或策略会永远有效。本章最后一部分是对最优秀的金融定量分析师之一、法国兴业银行的安德鲁·拉普索图（Andrew Lapthorne）的采访。在长时间的深入谈话中，安德鲁解释了为什么他认为投资者必须细致周密地对证据进行检验，并在必要时采用逆向思维。他的结论（可能是他最有力的思想）是我举双手赞成的："那种认为在任一时点只有一种方法有效，只有一种投资方法或赚钱方法的观点是很可笑的。各种各样的投资方法都有可能奏效"。我想进一步说的是，在不同时期和不同的股票市场上，各种类型的投资策略都会有效。

聪明的投资者必须注意市场波动的方向，至少要考虑当前是否是投资股票的好时机。投资者应将这个问题的答案牢记于心，同时还要意识到事实上，在波动且下行的市场中，一些曾经极其成功的投资策略在长期内也可能失去效力乃至失败。这时就需要考虑其他策略。但即使是在稳步上升且波动较小的市场中，投资者也应考虑同时采用多种投资策略，可以以其中一到两个为核心，而对风险较高的部分采取"卫星"策略。本章的后面部分会重述一些常用的策略和评估方法，并就怎样以及何时将这些策略应用于你的投资组合提供一些建议。

另一个重要观点是：市场是处于发展变化中的。麻省理工学院的经济学家安德鲁以一个令人信服的案例证明了这样的理论：当市场参与者观察行为并分析不同资产带来的不同回报率时，市场会逐渐进行适应性调整乃至发生根本性变化。他的适应性市场效率理论得出了很多颇有影响力的结论：不同市场参与者对市场的看法是变化的，因此风险与收益之间的关系也不是静止不变的；即使市场非常有效，也会存在并持续存在传统的套利机会，而且会不断创造出新的机会；最后拉普索恩指出投资策略不可能"放之四海而皆准"，它们可能在某些环境下有效，而在另一些环境下则完全无效[1]。我赞成拉普索恩的观点。本书介绍的任何一种看似成功的策略都有可能仅仅因市场的改变而失效。

如果你接受安德鲁·拉普索恩的逻辑，你必定会得出这样的结论：投资者需要不断试验各种新旧投资观念及策略。如果市场表现出强劲的势头，那么即使你内心深处是个不折不扣的价值投资者，也不妨在纸上试验一下相对强度策略：用计算机系统来分析你的投资过程，而不是真的把钱投进去。

但在进行试验时，你必须意识到：本书所讨论的很多定量分析仅仅是股票分析与购买过程的开端，而在整个过程中你需要进行恰当的尽职调

---

1 Lo, A.（2010）"合理的市场假说：以一种革命性的观点来看市场效率",《投资组合管理》期刊，参见 http://ssrn.com/abstract=602222。

查！许多私人投资者被现代定量分析系统的强大力量搞晕了，以为这些数据都是经过检验核实的（其实不是），可以替代尽职调查程序。我很想提醒这些投资者一个大多数（尽管不是全部）经济学家都一致认同的观点——积极的股票筛选是困难而有风险的，在大多数时候大部分价格都是基本正确的。对数字的无知使投资者在挑选股票时承担了一些额外风险——如果你想挑战有效市场理论，那就从强度开始，超越数字去调查特许经营业务，并且记住沃伦·巴菲特和本·格雷厄姆的警告：你是在买入一个企业，而不仅仅是买入股票。它增长得真的很快吗？它的特许经营业务真的那么强大吗？股息有良好的支撑吗？真的能相信公司的资产负债表吗？如果要给聪明的投资者一个口号的话，那就应该是："检验理论，质疑证据，调查公司"。

本书概括了许多关于精明投资的伟大理论、包括价值投资、捕捉优质公司以及动量的作用。本章中我们将重点关注一些我个人非常喜欢的投资策略。

但首先我们要看一下这些现象在整体层面上告诉了我们关于英国股市的哪些内容：我们要认真钻研由法国兴业银行安德鲁团队维护的庞大的基本面量化数据库。他的分析师们在过去二十多年里始终致力于处理这些数字，并将它们与英国市场中许多不同因素（指标）和风格（策略和思想）联系起来。这是一个庞大而全面的市场数据来源，其结论极具说服力，它将有助于我们解释在现代多变的适应性市场中的九点生存计划！

来自法国兴业银行市场风格咨询意见的证据

全书中，我们不断地向你提出关于学术研究和定量分析的种种问题，但在这一总结性章节中，我们将从关于法国兴业银行数据库的一项分析的第一行结论开始，尝试简明扼要地讨论问题。在我们探究这些结论之前，有必要对该分析做一些了解：

- 这是一个以英美等发达国家市场为基础的全球数据库。
- 大多数核心数据来自1993年到2009年的16年间。当然也有一些更早的数据，但大部分结论还是基于这16年的数据，这一时间期限是显著的，但远远称不上是令人信服的或权威的。
- 兴业银行团队既关注因素——特定的关键指标，也关注风格——投资策略和投资风格。
- 大多数数据来源于大公司。例如，对于英国的分析就是基于伦敦市场上最大的350家公司。
- 兴业银行团队尽可能对他们的投资策略同时进行了多头运行和空头运行，举例来说，如果一只股票的皮氏得分很高，他们就买入该股票或持有多头；而如果得分极其差，就卖出该股或持有空头。
- 在所有分析中，兴业银行团队都指出了与有关因素或风格相关联的股票的第一十分位数和第一四分位数。

了解这些前提后，我们从表13.1着手研究。该表列出了许多不同的风格以及它们自1993年以来在全球的表现，其中将1993年的指数定为100。我们得出的第一个重要结论就是在全球不同的市场会有不同的成功策略。在英国，最失败的策略是追逐预期每股收益增长率高的公司——预期未来一年每股收益增长率（由高到低），其次是基于每股收益历史增长率追逐增长最快的公司。表现最好的策略是基于分析师的预测追逐每股收益增长动量最强劲的公司；相反，在美国，这一策略极不成功，而市净率策略则表现良好。在美国，最失败的策略是追逐拥有高股息收益率的公司，但这对英国来说则完全不适用！

表13.2则告诉我们一些不同的内容——它着重反映了在英国市场各种不同投资风格于1993年至2009年间每一年的表现。很明显，传统的价值投资策略，如市净率策略和挑选低于市场平均水平的PE值策略在2000年

至 2002 年间表现很好，但在 2002 年以后却败得很惨。这提醒我们不同年份适用不同风格的投资理念。

表 13.1　不同的投资风格及其表现（1993 年 1 月 1 日至 2009 年 11 月 30 日）

投资风格	地区					
	日本	英国	欧元区	欧洲	美国	全球
股息收益率（由高到低）	161	158	176	148	45	90
市盈率（由低到高）	282	144	234	184	105	154
市净率（由低到高）	466	172	210	181	148	210
预期未来一年每股收益增长率（由高到低）	60	110	113	87	114	98
每股收益历史增长率（由高到低）	96	113	64	82	122	104
每股收益增长动量（由高到低）	153	307	191	134	82	119
相对价格趋势（3 个月）（由高到低）	151	156	186	114	96	125

数据来源：法国兴业银行分析

表 13.2　不同投资风格在英国不同年度的表现（1999 年至 2009 年）

	年回报率						
	市净率（由低到高）	股息收益率（由高到低）	市盈率（由低到高）	预期未来一年每股收益增长率（由高到低）	预期未来两年每股收益增长率（由高到低）	长期每股收益增长率的预测值（由高到低）	每股收益历史增长率（由低到高）
年份	投资收益率					
1993	25	8	-1	1	10	-7	3
1994	2	-1	3	-5	-7	9	10
1995	-4	-6	-2	2	-1	3	7
1996	-4	-8	-7	4	7	-1	4
1997	3	1	-2	4	-2	-2	4
1998	-10	-7	-17	5	-2	6	7
1999	-14	-24	-18	16	23	0	10
2000	17	42	24	0	-20	0	-13
2001	28	47	50	-7	-25	0	-5

续表

	年回报率						
	市净率（由低到高）	股息收益率（由高到低）	市盈率（由低到高）	预期未来一年每股收益增长率（由高到低）	预期未来两年每股收益增长率（由高到低）	长期每股收益增长率的预测值（由高到低）	每股收益历史增长率（由高到低）
年份	投资收益率						
2002	26	29	48	3	−29	0	−17
2003	9	4	0	−5	4	0	−3
2004	9	7	8	−3	−8	0	3
2005	1	−6	6	5	1	0	1
2006	3	−2	3	1	−3	0	−3
2007	−15	−9	−13	7	−4	0	6
2008	−19	−6	−23	3	0	0	−2
2009	13	0	4	−19	−5	0	5
平均值	4	4	4	1	−4	1	1
标准差	14.5	18.7	2	7.3	12.5	3.4	
总回报	72	58	20.4	10	−54	8	13

数据来源：法国兴业银行分析

表 13.3 和表 13.4 反映了一个略微不同的时间段（1990 年到 2009 年）和一些不同的变量（单个指标或因素）。为简单起见，我们基于以下指标来研究样本中前四分之一的股票——股份—股息（收益率）比率、股价—收益动量比、现金流量、市净率和市销率。在这 19 年里，以现金流量作为关键指标来衡量，高股利股票表现良好，但表现最好的还是收益动量最高的企业（基准是富时 350 除去信托投资公司）。最后一行列示的是收益动量强劲、收益率很高且现金流充沛的股票。

表 13.3 总结

	基准（相同权重的富时350，信托投资除外）	股息	收益	现金流	账面价值	销售额
1990年11月30日	100	100	100	100	100	100
2009年9月30日	404	600	1,258	1,038	387	540

数据来源：法国兴业银行分析

在表 13.4 中，我们将这 19 年划分为两个阶段——1991 年至 1999 年和 2000 年到 2009 年。收益动量在两个阶段中的表现颇为一致，而支付高股息的企业则在第二阶段得到回报。

表 13.4 10 年期收益率（% 累计）

	基准（相同权重的富时350，信托投资除外）	股息	收益	现金流	账面价值	销售额
1991年到1999年	162	94	214	142	103	94
2000年到2009年	54	209	300	328	90	78

数据来源：法国兴业银行分析

图 13.1 展示了整个 19 年间每个因素的回报率，收益动量位于最上端，遥遥领先，能与之相抗衡的只有现金流—股价比率，特别是在最后的 5 年到 6 年内。表 13.5 把这幅图转换成了具体数字，分别列出了每项指标在 1990 年至 2009 年间的回报率。我们可以看到，收益动量和股价—现金流比率的回报率最高，其次是十分重要的股息指标。

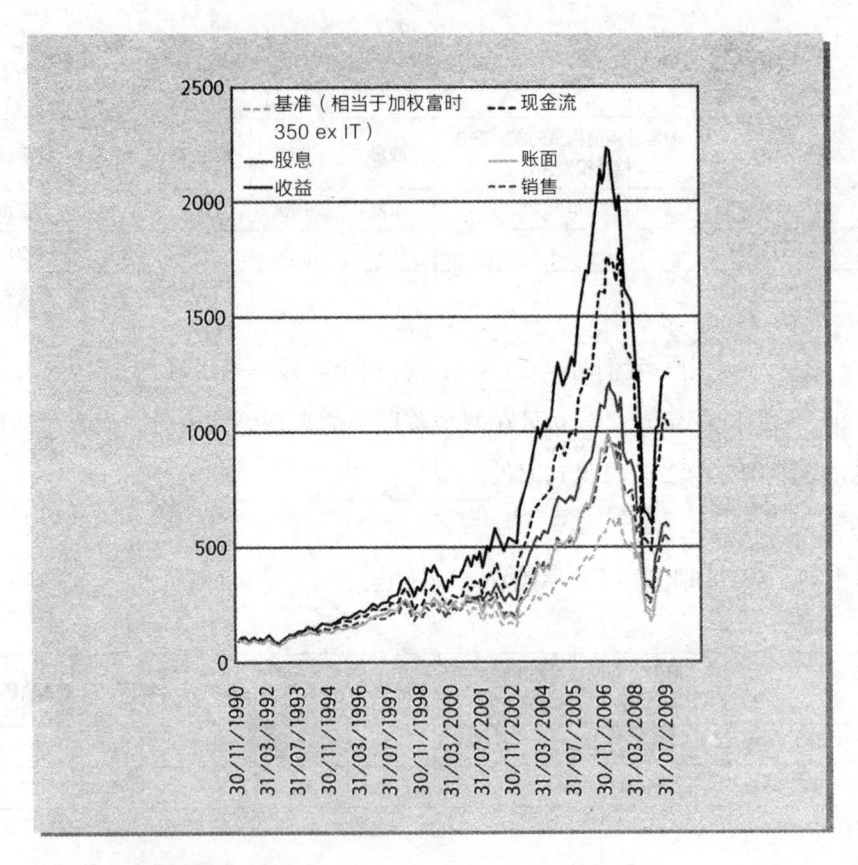

图 13.1 整个期间的回报

资料来源：SocGen Analysis.

表 13.5 10 年期分析

	基准（相同权重的富时350, 信托投资除外）	股息	收益	现金流	账面价值	销售额
1990年11月30日	100	100	100	100	100	100
2009年9月30日	404	600	1,258	1,038	387	540

数据来源：法国兴业银行分析

有了这些数据和分析，让我们来考虑以下几个简单的投资理念：

- 收益动量是一个十分有力的指标，特别是将预测数据和修正结果纳入该指标时——记住：人们喜欢惊喜！
- 股息很重要。
- 现金流同样很重要。
- 在选股方面，市销率和市净率不是很重要。
- 在英国适用的策略不一定适用于美国。

记住这些简单的初步结论后，你可能想要了解我们在现代多变的市场中的九点生存计划了吧。

九点生存计划

1. 股息很重要

第 4 章中我们仔细分析了为什么股息很重要。这里我们简单回顾一下，我们说股息很重要的原因如下：

- 股息是作为报酬支付给投资者的真金白银。
- 许多公司的股息支付是逐年增长的。
- 股息的真正作用在于它被不断地再投资。（也就是说，真正重要的是股息的不断增长和积累，然后再投资于普通股。）
- 短期内，投资者比较重视持续的股息支付，尤其是当股息不断增长，推高公司的股价时。

我们已经对上述这些结论提出了很多重要的警告。首先，也是最重要的一点，股息似乎不能很好地预测长期价格走势，也就是说，仅仅因为一只股票支付较高的股息，并不能判定市场在很长时期内会一直自动给予该股票较高的评级。哥伦比亚大学学者 Angy 和 Bekaertz 考察了在特定的股息水平下，股价回报随时间变化的可预测性，他们发现：长期来看，股息收益率对超额回报的可预测性在统计上并不显著，在不同国家之间和不同的样本期间均不显著，结果证明可预测性主要是一个短期现象，而不是长期现象[1]。

但我们仍主张在对公司进行详尽分析时，股息非常有用。股息可以为你提供一些线索，来判断该公司是否是一个好的、优质的、可靠的公司。学者肯特·贝克（Kent Baker）考察了 309 家支付股利的公司，这些公司均确保将其大部分自由现金流作为股利进行了派发。他发现那些遵守道德规范的公司利润更高，流动性更强，杠杆率更低[2]。它们往往不管经营状况如何都始终坚持其股利政策，而且"不关心外部融资成本"[3]。总之，这些研究表明财务状况良好、现金充裕并实施逐年增长的股利政策的公司更有可能是优质可靠、有着良好特许经营业务的企业。

总之，如果你想把收入作为核心策略的话，那么我们建议你采用增长（股息英雄）策略及评估。

> **增长（股息）英雄评估**
>
> ■ 我们考察最近的历史时期——例如过去 8 年，并剔除所有在这 8 年中没有逐年增加股利支付的公司。
>
> ■ 更为关键的是，我们着眼于分析师对未来股利增长的预测值，并且只研究那些预期股利会增长的公司。但需要牢记于心的是，这仅仅是预测值，分析师也可能会犯错！
>
> ■ 我们只研究那些有明确股利政策的公司。通常是简单地承诺会

---

1 Angy, A. 与 Bekaertz, G.(2001) "股票回报的可预测性：它在那儿吗？" 3 月 4 日的 AFA 亚特兰大会议，http://ssrn.com/abstract=262315.

2 贝克，H.K.（2006）"寻找剩余股利政策"，《金融经济评论》，卷 15，第 1 章，第 1—18 页。

3 同上。

增加真实股利支付（比如，三菱公司承诺每年 3% 的股利增长率），或承诺支付利润的一个固定比例。
- 我们只研究那些有着合理股利再投资计划的公司。

我们也建议投资者仔细考虑以下问题：

- 潜在的外汇风险——我们要考察公司有多少跨国业务。如果营业收入的一大部分都是美元和欧元，那么当发生不利于我们的汇率变动时，公司就会面临风险（过去六个月的情形刚好相反）。
- 我们把最近几年的每股现金流也作为一个考察指标。它表明公司的经营性现金净流入能在多大程度上覆盖每股股利。只要该数值大于 1，就说明公司有能力支付股息，如果大于 2 的话，那就相当安全。
- 我们也关注所有已披露的养老金计划责任。
- 最后，但并非最不重要的一点，我们还考察财务杠杆水平，因为它可以预示未来的风险。

采访格雷厄姆·塞克对基于价值的股票评估的看法

与法国兴业银行的安德鲁·拉普索恩一样，摩根士丹利的格雷厄姆·塞克也是一位定量分析师，他广泛采用各种不同的投资策略和评估方法，同时还对价值投资很感兴趣，非常喜欢合理定价的增长型股票，特别是富时 350 中的股票。2009 年 8 月，他接受了《投资者年鉴》的采访。在简短的谈话中，格雷厄姆概述了他对价值投资策略的偏好。

记者：您始终采用评估方法来调整投资策略吗？可以说您是

"优质股息股票"的忠实爱好者吗?

格雷厄姆:当然可以。我们曾做过的研究表明,在那些表现最好的公司中,有一些最佳经营风格之一是股息增长率位于前四分之一的。这意味着高股息增长率始终是公司管理层对公司有信心的一种标志。历史会证明股息增长率最高的股票,其回报率会显著高于市场平均水平。

记者:您认为基于价值指标,如皮氏选股指标的投资策略怎么样?

格雷厄姆:我认为,本质上我们是不折不扣的价值投资者——在长期投资中,估值是我们的信条。而且我们已经有很多效果不错的估值策略了。我认为估值策略在未来两三年内不会像在过去六个月里(到2009年秋季)那样有效了。但我始终相信低价买入股票,然后看着它升值,是一个很享受的过程。

记者:在进行股票评估时,您会采用哪些指标?

格雷厄姆:我们采用多个指标的组合。经常采用自由现金流收益率、市净率或更为理想的企业价值与固定资产之比,以及股息收益率。我一直都很留心资产负债表——利息保障倍数或杠杆比率。这些因素足够了。但你需要同时关注多个因素。只采用市销率或市盈率并不难,因为这些都是你们所关注的。我认为在分析中采用许多不同比率是很重要的。

记者:您刚才提到自由现金流收益率,那么这一指标数值在哪个范围内是我们希望看到的呢?

格雷厄姆:我认为你们应该关注较高的一位数(7%—9%),这一区间范围是极其有吸引力的。

记者:在股息方面,您会关注哪些指标?

格雷厄姆:一定要看股息覆盖率。也要看公司是否有明确具体的股利政策(例如,逐步增长的股利政策)。还要看资产负债表的整体健康度——人人都在用有形资产账面价值。采用股价—有形资产账面价值比（PTBV）会更安全。我们有时采用企业价值（股权与长期债务之和）与固定资产之比，这是三者中最安全的！如果你买入一个企业价值—固定资产比率接近1或小于1的公司，那么理论上讲，你就只能选择停业，变卖所有资产，以此获得补偿了。不过，总体而言我们倾向于关注有形资产。

记者：您认为合理的价格—有形资产账面价值比（PTBV）应该是多少？

格雷厄姆：以前，有很多公司的这一比值都小于1。现在没有那么多了。我认为PTBV在1到1.5之间比较合理。

记者：增长股怎么样？有哪些方法可以识别增长型公司呢？

格雷厄姆：我宁可买入价值股，尽管可能获取回报的时间会晚些，但能降低交易成本。如果你选择了正确的股票，就要对它有信心——你会通过它赚到很多钱。我们始终认为在长期而言，价值策略所获得的回报会比增长策略高得多。

记者：您对那些采用筛选法来识别股票的投资者，有何建议？

格雷厄姆：我个人认为持续增值——持续地做到这一点，是非常非常困难的。你必须有良好的数据来源。我认为人们应当坚持运用他们的核心能力，如果你发现哪个投资经理在这一领域有很高的核心能力，我建议你雇用他！

记者：最后但并非最不重要的一个问题，长期来看，您认为总体上投资者会从股权投资中获得什么呢？现在的可持续回报率或长期回报率是多少？

格雷厄姆：如果能持续获得6%~7%的年回报率，我就很开心了。

记者：年回报率为多少，会相当于每年3.5%的股本溢价？

格雷厄姆：我们通常用股息收益率来代表股本溢价。大约应当是4%。

2. 资产负债表也很重要！

资产负债表在许多方面都极其重要，但这一观点常常被价值投资者们曲解成：他们应该只追逐那些资产负债表中的优势没有反映在股价排名中的公司。这一观点往往造成投资者集中关注股价—有形资产/净资产价值比（PTBV）这样的指标。有些投资者会关注杠杆比率与股价的比值（净杠杆率），以及股价与净现金流的比值。

本·格雷厄姆和其后的价值投资者，如 Tweedy Browne 的研究支持了这一观点，但只关注静态的资产负债指标是很危险的。正如前面兴业银行分析指出的那样，市净率（PBV 或 PTBV，无形资产除外）在选股中并不是一个很成功的因素或单个指标。部分原因是，只关注（例如）PTBV 会使投资者选择深度价值股，而市场自身证明潜在的特许经营业务是不可靠的，不能产生超过现金利息的回报率，也就是说公司有着体面的资产，但其管理水平无法产生充裕的现金利润。在未来某个时点，该股票的内在价值也许能实现，比如通过私募股权收购的形式，但投资者可能要苦苦等待很长时间，才能等到这些硬资产的价值实现。围绕格雷厄姆的净净理念（Net Net ideas）建立的许多投资策略与此相矛盾，另外还存在一个更明显的问题：在第一步就没有许多合适的备选股票，因为现代股市已持续为股票提供了很高的乘数。

我们认为资产负债表绝对有用，但只能作为更广泛的指标集的一部分，这一指标集应将静态的资产负债数据与动态的经营效率、现金产生方式等相结合。有必要强调一下上句话中的两个关键词——效率和现金。一个充满着具备潜在价值的硬资产的特许经营业务只有在未来能够产生利润时才是有价值的（否则公司可能会被清算），而产生利润的前提是，公司有足够高的效率能够产生不错的利润率以及偿付已投资资本。另外，在我们看来，只有当利润不是空洞的会计数字，而是真实的现金收益时，它才是有用的，当然这种现金收益最好是不断增长的。

要选取这种有着大量体面的、价值被低估的资产，并能通过对资本的高效使用产生出强大现金流的企业，最好的策略是采用皮氏选股法作为核心筛选方法，尤其是当你更像一个价值投资者时。我们认为对于价值投资者来说，它抓住了优质股的实质——而且反复研究表明皮氏风格的股票往往是长期投资的绝佳选择。下面的方框中介绍了许多分析师采用的九点皮氏 F 评分系统。您应当调查所有评分大于 5 的企业，并重点关注那些评分在 7 以上的企业。同时仔细检查在你的投资组合中是否有评分在 2~3 之间甚至得分更低的企业。你应该确保持有正确的股票，任何评分过低的股票都应当被自动排除在所有价值投资者的投资组合以外。

皮氏选股法：

有以下几个关键点：

- 正的资产回报率——例外事项前净利润除以公司总资产。
- 正的现金流。
- 过去一年的资产回报率有所增长。
- 经营性现金流量超过净收入。这种情况通常是折旧和非现金支出拉低了净利润，却不影响现金流量。
- 上一年度的财务杠杆指标，即总负债与总资产之比有所降低。
- 上一年度的现金比率有所提高。
- 本财年没有发行新股——负债过多的企业常常会陷入流动性危机，产生资金缺口。
- 毛利率增加了。
- 本财年总资产周转率（每财年的销售收入除以年初总资产）有所提高。

3. 寻找优质股

许多读者可能会对很多基于价值的市场分析所包含的增长产生怀

疑——毕竟，现代市场的建立越来越围绕着增长型股票的概念。这说明那些缺少活力、几乎没有增长的行业或者增长缓慢的公司最好是私人所有或私募股权所有，而不是公开上市。

我猜，很多投资者会想"如果我想赚钱的话，我会投资于债券，而不是支付股利的股票，这太麻烦了"。这也是现代市场的普遍倾向，这在最喜欢增长股或GARP股票（以合理价格增长的股票）的基金经理身上体现得淋漓尽致。在这些环境下，即使是价值投资者也需要了解一些以合理价格挑选增长型公司的策略和思想。这可能会把投资者带向以合理价格增长或GARP投资领域，但普通的私人投资者是无法与市场力量相抗衡的，也不可能拥有沃伦·巴菲特（这一领域的专家）那样的分析和洞察力。要弄清楚一个公司是否真正拥有稳健的经营模式，是否能产生现金流，是否真如其所宣称的增长得那么快，所需要的资料多得惊人，很可能超出了大多数投资者的能力范围。研究以合理价格增长的股票需要进行大量的尽职调查。在这种情况下，采用更简单的方法，如关注资本效率更为可取。收益增长率是个很好的指标，但对私人投资者来说，只有当它转化为现金利润，进而最终转化为现金股利时才是有用的。我认为挑选这些股票的最简单方法还是乔尔·布拉特（Joel Greenblatt）提出的选股法，下面的方框中详细介绍了该方法。

适合英国投资者的格林布拉特风格的投资策略

在英国，我们建议采用苏格兰皇家银行的格林布拉特神奇指数或跟踪这一指数的产品，或是我们自己的格林布拉特策略版本。并采用以下筛选方法：

- 选择资本回报率在前25%的企业，大多数情况下，这意味着资本回报率高于25%。
- 采用收益率的倒数——市盈率。我们倾向于采用预期PE值，当

第13章 实际操作 | 465

> 然你也可以采用历史 PE 值。选择 PE 值在后 25% 的企业，通常是低于 15，甚至低于 13。我们以 PE 值为 5 或更低作为下限，因为大多数 PE 值低得离谱的企业往往是深陷困境的统计怪胎。
>
> - 排除外国股、银行股和公共事业股。
> - 按 PE 值对股票进行排序——PE 值最低的排在第一位，依此类推。然后再按资本收益率进行排序。如果你能把数据导出到电子表格的话，会容易很多——只需要按指标进行筛选或分类即可。把这两种排序结合起来。
> - 在最终得到的排序表中，选择前 25 只或前 20 只股票。

4. 盈利增长是一个极其有力的因素

在我们关注盈利增长较快的公司时，要保持谨慎。当你试图构建这样一个投资组合，其中只包括"盈利之星"，如 ASOS（或者甚至是 Netflix）这样利润持续快速增长的企业时，要记得安德鲁·拉普索恩所说的 20% 能多洁的命运。他在本章末尾的采访中说道："历史上，能多洁的盈利以每年 20% 的速度增长，市盈率是 20 倍，所有人都预测它会继续以每年 20% 的速度增长。有些人采用 PEG（市盈率增长率）指标，说'看，它的 PE 值是 20，PEG 是 1'。但问题是，它后来停止增长了，随后股价暴跌。没有人预料到这一点，这是在极短的时间内发生的。"

任何追逐快速增长型股票的投资策略都需警惕其中的风险。首先，最明显的一点是，增长型企业可能会突然停止增长，即停止快速增长。这常常是由于其他投资者意识到该公司所处的行业是高利润行业，于是开始新办企业，从而导致该行业的竞争加剧。这些新的竞争者可能没有能力完全克服许多人所说的"竞争优势壁垒"，而是开始打价格战。它们在经营效率和盈利能力上可能不如主导企业，但它们以低价竞争对原有企业造成冲击，首先不可避免地影响了利润率，然后是反映市场支付意愿的市盈率，并最终拉低股权回报率（ROE）。

另一个关键风险是经营盈余与模拟盈余之间的差别，特别是在美国。二者之间的差距有时非常大，而且随着时间的推移越来越大，使得增长型投资者试图确定自然盈余或正常盈余走势的工作异常困难。

最后，但并非最不重要的一点是，盈利增长的持续性很重要，但要小心那些盈余直线上升的企业。那些持续以固定比例（如每季度5%）增长，从没有过下滑的企业，最终迟早会成为另一个能多洁。格雷厄姆·塞克的方法比较可取，即关注每股盈余的标准差或波动性。他试图剔除那些每股盈余数据异常乃至震惊市场的企业，也就是剔除那些经常与分析师预测的每股盈余增长相悖的企业。稍后你会发现，你绝对会敬而远之的一类股票就是那些不断出现"盈余警报"的公司。

相反，你要重点研究的股票是那类盈余增长令分析师感到惊喜的企业。一个制造盈余惊喜的企业在股市上是相当有影响力的，也是许多增长导向型投资策略的目标企业。你还要警惕的是当今股市上的另一股强大力量，那就是盈余后飘移——这是指那些每股收益数值很好的企业随后发现它们的股价回落了，因为市场没能充分理解这一利好消息。关于这一效应的证据，可参考论文"英国的盈余后漂移"[1]。LIU, Strong 和 XU 考察了美国以外的市场，发现了广泛存在于大多数市场和行业 的"显著盈余公告后漂移的证据"。特别地，他们注意到"那些公布了巨额非预期盈余的股票，其异常的累积回报率在公告后会持续一段时间"。他们还补充说："基于价格的非预期盈余指标会带来最剧烈的漂移……我们的结论是就公开可获得的公司盈余信息而言，英国股票市场不是有效市场[2]。"

与其他分析师一样，这些作者指出投资者不能很好地处理盈余信息，特别是在吸收定期公开信息方面。这正是更为注重增长的投资者的机会所在——试图识别出那些市场尚未领悟其盈余利好之全部含义的增长型公司。

---

1 Liu, W., Strong, N.C. 与 Xu, X. "英国的盈余后漂移"（2000），LUMS 工作报，第 2000/010 号，7月。
2 同上。

最后需要补充的一点是：你还需要重新关注一些公司质量方面的指标。你需要确认利润率确实很高且正在增长，销售收入的确也在增长——关键是，你要确定你没有过多地关注股价。一个强有效的市场已经给予增长型股票较高的 PE 倍数了，因此不会给投资者留下任何真正的赢利空间。使得投资者在以后没有任何盈利机会可言。在这种情况下，识别这些股票最简单的方法就是第 6 章讨论过的马丁·茨威格（Martin Zweig）筛选法，下面的方框中对其进行了复述。我们认为这应当是有价值倾向的增长型投资者的核心筛选方法。

> **马丁·茨威格筛选法**
>
> 茨威格主要强调季度盈余增长率，这对英国投资者来说有些困难，因为大部分公司每年只公布两次财务报表。一个针对英国市场的修正版本是关注半年或年度每股收益（EPS）增长率。此外，我们建议按以下条件进行筛选：
>
> - 本年度 EPS 增长率至少为 20%。
> - 过去三年的 EPS 增长率至少为 15%。
> - 过去五年的 EPS 增长率至少为 10%。（将这三个数字放在一起，来检验盈余是否是增长的，也就是说，本年度 EPS 增长率大于过去三年的 EPS 增长率，更大于过去五年的 EPS 增长率）
> - 每股销售收入即使达不到 20%，也至少应该在 10% 以上。考察最近两年的销售收入，来检验销售增长率是否是增加的。
> - 最后一点是由投资作家 Peter Temple 提出的：利润率实际上应该是负增长的。他认为如果预期销售增长快于盈余增长，那么利润率的下降趋势是很明显的，而且可能是好事。
> - 市盈率在 5 到 43 之间。大多数茨威格的追随者将英国市场的 PE 值上限调整为 25。

> - 过去一个月、三个月以及六个月的相对价格强度为负值。
>
> 投资者应当考虑采用茨威格提出的一些重要的限制条件来排除那些交易量小、市值低、没有分析师关注以及资产负债状况较差的公司：
>
> - 排除那些流动性差的股票，即交易量很低的企业。
> - 将公司的负债情况与其同业竞争者进行对比。尽量选择那些相对债务水平低的企业。
> - 考察股票的内部销售情况。排除过去三个月内有董事售股记录的公司。如果过去六个月内有过三次以上的内部购买，则构成一个强烈的买入信号。

5. 谨慎使用动量

大多数学者认为动量效应仍是出现在有效市场中最强大的"异常"现象。在作者采访过的学者中，没有一个人否认它的存在，其中大多数人认为它是最反常的。按照伦敦商学院（LBS）的艾尔罗伊·迪姆森（Elroy Dimson）教授和保罗·马什（Paul Marsh）教授等评论员的观点，它也是比较容易掌握的。如第7章中所说，他们注意到下面这个简单的基于规则的投资策略：

> 纯动量策略根据股票在评级期间的历史回报将股票评定为赢家和输家。于是投资者在持有期买入赢家、卖空输家。通常并不能马上执行，而是有一个等待期。于是，该策略被称为"评级/等待/持有"。例如，一个"12/1/1"策略根据过去12个月的回报率对股票进行评级，等待1个月，然后持有1个月直到重新调整投资组合为止[1]。

按照伦敦商学院学者的说法，这种策略已经产生了令人震惊的出色

---

[1] 迪姆森，E.与Marsh, P.(2008)《全球投资回报年鉴》，2008，荷兰银行。

效果。

值得注意的还有《投资者年鉴》的 Algy Hall，他的动量投资策略很简单：买入富时 100 指数中过去三个月内表现最好的 10 只股票，卖出表现最差的 10 只股票。

一些对冲基金则采用另一种方法，关注一个叫作"相对强度"的指标。你可以在任何筛选系统或技术分析系统中找到这一技术指标。"相对强度"原则的一种常见用法是：每六个月或每三个月进行一次股票筛选，挑选出那些在过去一个月、三个月和六个月内与市场相比相对强度为正的股票，然后选出其中最强大的 10 只，持有六个月后将其卖出！

但所有这些简单的投资策略都面临两个重大问题，首先，也是最明显的一个，交易成本会迅速抵消你的收益。更重要的是动量效应仅在某些时候有效。下面重述一下分析师罗布·阿诺特关于动量投资策略的论断：

动量只在短期内有效，在长期中则不起作用。动量效应总有一天会消失。当它不再有效时，会给你造成很大的损失。动量的问题在于它在市场拐点处往往无效。因此，当某些股票表现突出时，是的，动量会将其推向更高点。但减持是无害的。并且继续减持、持续减持。因为最终它会掉头向下。动量效应在几个月的时间里有效，而反转效应则在几年的时间里有效。例如，在过去五年中表现突出的股票极少可能在未来五年中依然表现突出，极其不可能。当动量的作用很强时，那是短期现象。

也许关于动量投资最好的建议是某些分析师所说的，当波动性迅速增强，市场突然从牛市变为熊市时，动量投资就会失败。这时，动量消失，给投资者造成巨额损失。最简单的建议是——在波动剧烈的月份不要采用动量投资！

关于动量投资的最后一点建议是，有证据表明动量在牛市中最有效，特别是对于中等市值以下的股票。专业投资者倾向于始终关注 β 值较大的企业——那些能让你基于 1∶1（β 值）轻松捕捉大趋势的大股票。这意味着他们并不致力于识别那些快速增长的、超越所有盈余预期的中小市值股。当这些耀眼的流星（如 ASOS）不断攀升时，基金经理们终于醒悟过来，意识到他们应当持有这些股票，尤其是当它们设法进入某一主要指数，如富时 250 时。这时，人们纷纷抢购该股票，产生向上的动量效应。如果投资者能在大多数人进来之前发现这些股票，就会因提前买入快速增长的小市值股而获利丰厚。这不是一件易事，但若采用我们的 Motley 小市值股傻瓜八法，就会容易一些。下面的方框帮你复习这一策略。

英国版本的 Motley 小市值策略

我们的英国版傻瓜八法在第一轮筛选中关注八个指标，这些指标的侧重点和风格略有不同。这正是我们自己的傻瓜八法版本的"特殊标记"，这些指标包括：

- 相对于市场回报率的相对强度（RS）在过去三个月中位于市场的前 1/4。这是一个很严格的指标，清晰地表明公司的股票正在强劲增长。

- 净利润率同样必须位于市场的前 1/4。在实践中，这意味着远高于 Motley 傻瓜所建议的 7%，往往是在 10% 到 15% 之间。

- 股价必须高于 10 便士，这是为了排除流动性差的股票以及过去那种波动剧烈的便士股（日交易量同样可能很低）。

- 市值应当在 1 千万英镑到 1 亿英镑之间。

- 价格—现金流比应当至少大于 0。这将使我们的名单缩小到经营性现金流量为正值的企业。

- 过去三年的 EPS（每股收益）应当位于市场的前 1/4，而本财年的盈余增长率应当在 25% 以上。

- 最后一个指标——资本收益率（ROCE）不是一个传统指标，Motley 傻瓜也没有提到它。这是为了回答 Motley 傻瓜的观点，即小市值股的缺点之一就是它们在一些关键指标如股权回报率或 ROCE 上常常落后于大市值股。我们之所以选择资本收益率指标，是因为当我们的小市值企业不断壮大（同样股价也在不断上升）时，分析师就需要知道公司是否在有效地利用其资本。事实上，这不是一个特别必要的指标，因为大部分快速增长的小市值公司都鼓吹其资本收益率很高。我们把下限设在了 15%。

第二轮筛选更侧重于定性分析，且关注更为具体的问题。主要有：

- 过去一年的销售收入增长率至少在 25% 以上。
- 有"内部人持股"（管理层）的有力证据，至少占全部股权的 10%。
- 至少已连续两年实现 ROCE（资本回报率）在 15% 以上。
- 销售收入不超过 5 亿英镑。在实践中，这一上限可以设低一些——大约 2 亿英镑。
- 确保经营性现金流量能够完全偿付资本支出和股息。
- 运行该筛选程序，像 CAN SLIM 分析法一样，最后可能只有 12 到 20 只股票进入候选名单，当然还需对它们实施进一步的调查。

6．在一个筛选系统中综合所有因素

我们将在下一部分（即第 7 点）讲述如何把所有这些不同的策略运用到一个投资组合中，但在此之前有必要尝试另一个提议——采用一个吸收了所有重要策略的筛选系统。多次试验证明如果你有足够强大的分析能力和十分丰富的数据来源，这一最经典、最好的建议会很成功。在第 6 章中我们曾对此做过一些尝试，我们介绍了高盛定量分析团队所做的工作，他们发现了有利于未来股价增长的六大关键因素：

1. 估值——股票价格反映了内在价值吗？"同等条件下，便宜的股票要比昂贵的股票更有吸引力"。
2. 盈利能力。是否有充足的资本回报率？"那些获得更高利润、资产利用效率更高的公司，其股票回报率要比那些获得较低利润、资产利用效率较低的同业竞争者的股票高。"
3. 盈余质量。尽管持续增长的 EPS(每股收益) 数字是一年年不断变化的，但"盈余中的现金部分具有高度稳定性"。
4. 管理水平。管理良好的公司不会把资产浪费在不盈利的投资项目或公司建筑上，而是将多余资本回馈给股东们。
5. 动量。股价具有动量的股票，往往随着投资者慢慢认识到公司的潜力，而实现更高的回报率。
6. 分析师观点。当分析师对预测值的调整较慢时，"就为那些买入预测值上调之股票的投资者们创造了盈利机会……因为股价随后会调整，以反映分析师们的一致预测"。

也许你还想了解其他成功的综合性方法，这次是法国兴业银行（SG）提供的 WISE 策略。它是另一个综合性的尝试。与高盛的版本一样，该方法同样试图将价值、增长以及动量等所有因素综合在一个策略中。SG 的定量分析团队确定的关键因素如下：

1. 投资者喜欢便宜股。"尽管每只股票都有其特殊性，但仍有几个普遍性指标常常被投资者用来确定股价水平的相对高低。"包括：
   - 相对于行业水平的市盈率（P/E）。
   - 相对于行业水平的价格/账面价值比（P/B）。
   - 相对于行业水平的价格/销售额比（P/S）。
   - 相对于行业水平的价格/现金流比（P/CF）。

2. 投资者喜欢流行股。"我们认为虽然股票的历史表现不一定能说明其未来收益，但它仍是一个反映投资者对特定股票信心的良好指标。"衡量动量的关键指标包括：
   - 过去 12 个月的股价变化（R12）。
   - 过去 6 个月的股价变化（R6）。
3. 明智的投资策略。"我们认为卖空意愿的大幅波动（这一指标用来衡量那些想要卖出股票的投资者持有的股票数量）包含着很有价值的信息。通过基于卖空意愿的变化来筛选股票，我们追随着更精明的投资者如对冲基金的步伐，通常有一个月的时滞，因为卖空意愿数据每月公布一次"。
   - 卖空意愿占已发行股份总额的百分比（SIR）。
   - 过去 6 个月中卖空意愿的变化（SIC）。
4. 最后，但并非最不重要的一点，投资者喜欢赢利股。这方面的衡量指标有：
   - 相对于行业水平的普通股回报率（ROE）。
   - 普通股回报率的季度变化（REC）。

SG 团队还增加了很多其他的附加指标，其中包括神秘难解的 SG α，该指标包含了一个"衡量投资者对股价相对承受能力的技术因素"和一个"SG 独创的价格波动指标"。该团队运用这些指标转而分析一个主要指数，如富时 100 或标准普尔 500，并基于 12 个因素对所有公司进行排序。关键是，这些策略家们承认他们"偏重估值策略，因为我们认为它的因素更为稳定和一致，这有助于将整个策略的不稳定性和失误率保持在一个较低水平"。

7. 不同市场适用不同的投资策略

投资者可以把前面提到的所有策略结合在一个投资组合中，也就是说，他们不应该对整个投资组合只采用一种策略，而是采用一个包含各种筛选法和策略的组合。大多数投资者可归为两大类，另外还有两小类特殊的风险偏好型投资者。其中这两大类及其适用的策略如下：

- 谨慎的价值导向型投资者应在其投资组合中主要采用皮氏选股法，同时采用少量的大市值递增（股息）英雄法或卫星策略（可能占投资组合的 25%），以及在看涨的市场中采取茨威格策略（同样不超过投资组合的 25%）。
- 风险爱好型的增长导向投资者（希望找到增长型股票）应同时采用三种策略，其中皮氏选股法和递增（股息）英雄法各占投资组合的 30%，茨威格策略占 40%。

并不是所有投资者都对这两种组合感到满意——有两类风险偏好型投资者就是例外。第一类，我把他们称为"不折不扣的反主流者"，他们愿意承担额外的风险去跟踪深度价值股。对于这类投资者，建议采用以下三种策略的组合：1. 皮氏选股法，2. 递增（股息）英雄策略，3. 特威迪·布朗或格雷厄姆的净净深度价值策略。

有些风险偏好型投资者可能喜欢对其投资组合完全采用增长倾向或增长偏好策略，特别是当市场行情看涨时。在这种情况下，以下三种策略的组合可能是最佳的：1. 茨威格选股法（我们的版本），2. 一种基于乔尔·格林布拉特神奇数字的策略，3. 傻瓜小市值投资组合（我们的版本）。

最后两种风险偏好型投资组合策略都有一个重要的前提条件——注意市场环境！要特别留意以下三个关键问题，首先是市场周期。许多深度价值股都集中在工程类的周期性行业或公用事业类的反周期行业。当投资者对经济周期的变化做出反应时，股票市场往往也在周期倾向和反周期倾向之间反复摇摆。一些专业投资者如嘉诚（Cazenove）的提姆·罗素（Tim

Russell）在很大程度上以基于商业周期在周期与反周期之间来回转换为基础，把对冲基金和单位信托经营得非常成功。风险偏好型投资者要清楚他们所采用的主要策略是周期的还是反周期的。

我们也建议投资者仔细考虑市场整体的估值水平，及其所反映的股票整体的投资吸引力。在附录1中，我们将介绍各种不同的市场总体估值指标，以及它们是如何向投资者传递买入或卖出信号的。要慎用任何市场定时系统，尤其对于没有可靠数据来源的投资者来说。

反复的学术研究证明大多数市场定时系统都是无效的。但风险偏好的反向投资者会继续跋涉在估值倍数扩张的股市中——没有很多深度价值股的泡沫市场中。在牛市高峰时，没有很多传统的皮氏风格的投资策略，这使得为价值投资者构建投资组合异常复杂。一些价值投资者，尤其是深度反向投资者，在这种情况下，往往最终放弃投资而选择持有大量现金——如果市场即将暴跌，这种做法是明智的；如果市场继续上涨，这种做法就会使投资者丧失潜在的获利机会，造成财富的损失。至于策略性的市场定时和持有大量现金的做法究竟是好是坏，并无统一答案——尽管大多数经济学家都认为这是危险且破坏盈利能力的。

投资者还需注意市场波动性及其对不同风格投资策略的影响。法国兴业银行的安德鲁·拉普索恩解释了股息收益率风格的投资策略与低PE等策略相比，通常呈现出较低的β值（也就是说，它们的表现比市场整体要差），随后往往又在股市脆弱时表现良好。图13.2描绘了分别基于市净率、市盈率和股息收益率的投资组合，它们各自的36个月滚动β值。PE和PB最近呈现出较高的β值，而股息收益率在整个10年间的β值一直都很低。注意在高度波动的熊市中，以深度价值投资理念为中心的投资策略一定会由于投资者对风险的规避而失败！

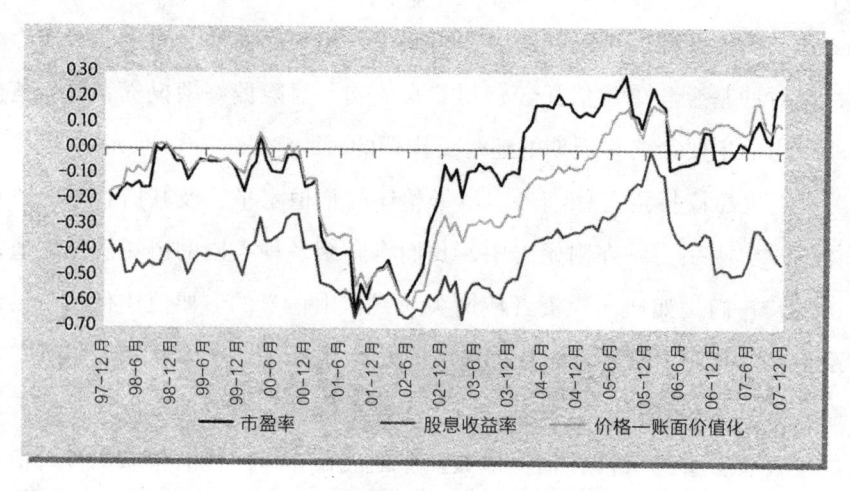

图 13.2 低市净率、高股息收益率和低市盈率策略的滚动 β 值

资料来源：SG Quantitative Strategy Research.

8. 考虑运用投资策略来做空市场

本书主要以只做多头的投资者为对象——集中精力在长期内为其投资组合买入股票的投资者。但这些策略中，很多是可以用来卖空股票的。如果你是一位风险偏好型兼反向投资者，你可以采用如皮氏选股法之类的策略来识别那些质量差、价值低的公司和股票，也就是说，寻找得分低的股票。事实上，我们的核心策略——皮氏选股法和茨威格选股法完全可以用于反向操作，也就是说，识别出那些价值低、质量差、未来股价很可能下跌的股票。但要注意的是，卖空会引发一系列风险。

首先也是最明显的一点，你的策略可能聚焦于中小市值股，而这种股票的供应量比较有限，可能无法满足你的卖空需求。在这种情况下，最终你可能会为获得卖空权而支付大量货币，或者甚至未能借入股票。做空的风险偏好型投资者可能还会考虑陷入"卖空拥挤"的危险——在长期内，一只低质股被严重高估是有可能的，但在短期内则不太可能。如果因一些奇怪的原因导致股价飙升，那么你很可能会被经纪人强制清仓。这种强制性卖出很可能与其他许多的强制性卖出同时发生，从而引发"卖空拥挤"，因为这时做空者都会被强制清仓。市场经验丰富的人会告诉你定量分析师经常犯的一个错误就是认为买入的反面就是卖出。正如某分析师所说，我们都知道"像谷歌（Google）这样的公司特别贵，但却仍有相当大的增长动量"。

9. 寻找预警信号

对于在艰难的、甚至可能是波动剧烈的市场中生存的最后一点建议是告诉你一些对所有投资者都适用的关键预警指标。它们是对所有投资者的预警信号——如果一个公司出现这些预警信号中的任意一个，那么至少应对其进行彻底的调查，最好是不惜一切代价避免投资这类公司。下面重点介绍两个主要预警信号和四个需要注意的指标。

最大的风险是你可能已经投资了一家发出盈利预警的公司。许多学者都关注过这个问题，事实上他们全部断定那些公开向市场发布了盈利预警的公司很可能将承担后续的股价下跌。佛罗里达大学的学者珍妮弗·塔克（Jennifer Tucker）曾查看现存的所有研究，来确定那些公布盈利预警的公司管理层是否会为其公开信息的行为而受到惩罚，她的结论是极其肯定的！

塔克援引的一项研究（来自 Kasznik 和 Lev）表明"那些在警告和后续盈利公告窗口发布预警公告的公司将比不发布预警公告的公司经历更大幅度的股价下跌"[1]。该研究还发现"预警公司"的回报率显著低于那些很可能预期到盈利下降但没有进行预警的公司（"非预警公司"）。这一结论被解释为市场对开放的惩罚……令人惊讶的是，"过去10年中的预警数量增加了"[2]。她还引用了 Xu 的研究（2003），Xu 收集了1991年至1994年间151个关于盈利大幅下降的预警。她发现预警公司在发布预警后的一年里，

---

[1] 塔克，J.W.（2006）"公开会受到惩罚吗？盈利预警下的股票回报"，《财务报表与报告部门会议》，2007AAAA，12月，htt//ssrn.com/abstract=744706.

[2] 同上。

分析师预测值的下降幅度大于非预警公司，营业收入也低于非预警公司。在短期回报率测试中，她发现预警公司的周回报率显著低于非预警公司[1]。

以前在法国兴业银行，现在在 GMO 的詹姆斯·蒙蒂尔也研究了这个问题。在其 2008 年的一个 *Mind Matters* 报告中，他指出：

> 当它们（盈利预警）发生时，我们发现自己会为公司找借口。也许会把管理层召集来，不出预料的话，他们安慰我们说这只是因为公司在购置存货或者非预期的利润压力，下个季度一切都会好转。我们满意地走开了，直到下一个盈利预警的发生！反正是尽可能地往后拖。Bulkley et. al. 检验了 1997 年至 1999 年英国的 455 个盈利预警。在预警发布的那天，股价平均下跌了近 17%。然而，此后人们的警惕性又慢慢消失了。这证明了一个必然规则：卖出盈利预警股票。[2]

有趣的是，蒙蒂尔在他明智的警告后面加了一个非常重要的结束语——如果你正在等待买入时机，那么盈利预警公司可能会给真正的反向投资者一个有趣的投资建议：

> 经历了 12 个月的糟糕表现和对盈利预警的失望后，很少有投资者会想买入。但显然买入该股票的投资者会因此获利。所以强迫自己在盈利预警 12 个月后买入该股票是一种很有用的方法[3]。

我们要在詹姆斯的结束语后再增加一个结论：在我们的经验中，盈利预警有时会像公共汽车一样接连出现。一旦管理者养成了向市场公布盈利

---

1 塔克，J.W.（2006）"公开会受到惩罚吗？盈利预警下的股票回报"，《财务报表与报告部门会议》，2007AAAA，12月，htt//ssrn.com/abstract=744706.
2 蒙蒂尔，J.（2008）"悲观最大化，盈利预警与紧张时刻"，*Mind Matters*，9月22日，www.sgcib.com/.
3 同上。

预警的习惯，就会陷入公司和自己管理生涯的死亡循环——各种负面评价都会指向他们，交易对手也会怀疑他们的能力，投资者会抛售股票，从而新一轮的盈利预警又要来临！

投资者也要小心那些削减股息甚至停止发放股息的公司。对这一管理层公告的反应会像行为经济学家理查德·泰勒（Richard Thaler）团队所证明的那样剧烈。这一研究发现：

> 与先前的文献资料一致，我们发现，在短期内，价格对终止派息的反应要比对开始派息的反应大。（三天内的回报率为 −7.0% VS. 3.4%）……公告后的12个月内，开始派息的公司会有一个显著正向调整的市场回报率：+7.5%，而终止派息的公司则有一个显著负向调整的市场回报率：−11%。……同时利用这两者（买入开始派息的股票而卖空停止派息的股票）的投资策略在25年中有22年是盈利的[1]。

那么投资者应当怎样做，才能对这些重大事件保持警觉呢？盈利预警通常是由异常的交易环境引发的，但也有很多人深刻怀疑盈余操纵的影响。你尤其要警惕那些每股收益（EPS）多年来以令人惊异的相同速度增长的企业！查看现金流量和销售收益增长率是否有突然的变化。对于股息来说，仔细分析经营性现金流量并关注股息覆盖率——现金盈利的增长趋势是否足够维持定期的股息支付？

除盈利预警和股息削减外，投资者还应对以下几个"需关注的指标"（无特定的优先顺序）保持警觉：

- ■ 高负债。很多公司，尤其那些处于被严格管制的行业（如公用事

---

[1] Michaely, R., 泰勒, R.H. 与沃马克, K.L.（1995）"价格对开始派息与终止派息的反应：过度反应还是听之任之？",《金融杂志》,第50卷,第2章,6月。

业）中的公司，其净杠杆比率可能维持在一个很高的水平。第 2 章中 SSE 的例子展示了一个具有高负债水平的成功企业，该公司大量的现金盈利可以支持其慷慨的股利政策。而如果某个公司没那么幸运，其净借款正在增加，你就要注意了。以我的经验，净杠杆比率大于 100%，就值得警惕了；而净杠杆比率大于 50%，就需要对其进行调查。仔细检查利息覆盖率（如果它是下降的，就需要特别注意）和债务到期日。

- 流动比率恶化。我们曾在第 2 章中讨论过该指标——一个有用的指标，尽管不是核心指标。但如果现金比率逐年下降的话，就应当对该公司进行更仔细的调查了。

- 董事售股。一个董事决定出售其股份，可以有很多合理而完美的解释，尤其是当出售数量很少时。而如果不止一个董事开始连续快速地出售大量股票，你就该感到非常担心了——这在我们看来是一个非常糟糕的信号。

- 观察到较强的短期负趋势。反向投资者可能喜欢那些价格持续下跌的股票，但即使是这些风险偏好者，也必须意识到通常总是存在更好的买入价格！观察股价的短期波动趋势，如果股价持续下跌，要寻找某种形式的股价最低点，在确定买入时点之前，可能要等待股价回升至 200 天移动平均线之上。

采访 SG 首席定量分析师安德鲁·拉普索恩

本书曾多次提到安德鲁·拉普索恩，法国投资银行兴业银行的首席定量分析师。他是口才最好的定量分析拥护者之一，对使用各种不同的投资策略和股票筛选法有着极其浓厚的兴趣。我们将以 2009 年夏天对安德鲁的一段长长的采访记录来结束本书的最后一章。这是一段价值和质量投资的奇妙旅程，也是对安德鲁认为什么在市场中起作用的清晰表述。更重要的是，以下论断是以多年有依据的分析为基础的，却以基本的逆向投资哲学为中心。我们的采访以讨论专业经济学家的工作开始，他们主张，只要市场是基本有效的，那么构建试图跑赢市场的投资策略就是毫无意义的。如果这些数据推动型学者的结论正确的话，那么显然任何寻找便宜股票或增长型股票的投资策略或筛选方法从一开始便注定是失败的。

记者：您是否认为"市场是基本有效的，因此很难采取一种能使你持续盈利的策略"？

安德鲁：不，我完全反对有效市场理论。有效市场假说中的某些理论已被证明犯了经验主义的错误。大多数投资者采用的是基于模型设计的实证分析与行为导向模型相结合的方法。大量证据表明某些特定模型，随着时间的推移，能稳定地盈利。

记者：很多学者都认为存在某些特定的曾经为投资者利用过的"异常现象"。但这些只是以额外风险换来的额外收益，并不能证明"市场是有效的"这一论点是错误的，不是吗？

安德鲁：他们只是在往自己的解释中继续添加新的风险因素。我的意思是，让我们直面它，尤金·法玛和肯·弗伦奇（曾为有效市场假说的提出做出主要贡献的学者）很晚才开始分析价值投资。在人们认识到价值因素的作用近二十到三十年之后，他们才开始研究并承认它的存在。

记者：但从长期来看，所有的价值导向型基金经理都没能跑赢指数跟踪型基金，对此您是怎么看的呢？

安德鲁：我认为沃伦·巴菲特的话可以解释为什么所有跑赢指数的投资者恰巧采取的都是同一种策略（价值和 GARP 策略）。

这有很大的随机性。有证据表明，如果你采用系统的投资方法，只要坚持下去，你就能跑赢市场。问题是人性在投资方面的弱点是否允许我们系统地追求一个模型。

记者：好的，也就是说你认为策略可以跑赢这些所谓完美的市场，对吗？在探讨更多的细节之前，有什么行为金融学方面的观点是我们需要首先考虑的吗？

安德鲁：我会从策略的重要性以及怎样构建策略开始。因为如果你仅仅将模型建立在事后检验的基础上，当模型开始出错时，你所能依赖的就只有事后检验。

我还要说的是如果你对自己的分析有信心，你就一定要忠实于模型对你的建议。它会让你做一些令你不舒服的事情。例如，詹姆斯·蒙蒂尔在 2008 年说："看，日本的小市值股。"（该行业）虽然很便宜，却都是些极其糟糕的公司……非常令人讨厌，但却是过去 12 个月中表现最好的指数之一！

记者：因此您的意思是我们需要持续性，我们需要严谨的分析而不是仅仅依赖于数据。但您是否也在建议事实上，我们需要成为一个逆向投资者？

安德鲁：我所有的模型都围绕一个中心价值要义。即使它是优质股或动量股或深度价值股，你都不会想买任何贵的东西。想要一个东西变得便宜，你就得让大多数人不喜欢它。因此按照这个定义，是的，你必须是个逆向投资者。我的意思是，你要能够说："'看，法国电信的收益率是 9%，然后被痛斥说那是因为它存在问题 X，Y，Z。'这只能使我确信——我用便宜的价格得到它了。"

记者：好的，也就是说我们已进入即使是有效市场学者也接受的第一个风险因素或者异常现象，即便宜的股票，或价值投资——我们会在稍后讨论他们。但还存在其他的风险因素，不是吗？我们一会要讨论的动量以及"小市值"公司的表现优于"大市值"公司？

安德鲁：对于存在"小市值"现象的说法我不同意。我也没必要认同动量的存在。它们仅存在于历史数据中。因此这又是那些有效市场论者用一些物理的、科学的方法去分析人类和经济系统。这不是物理——它充满了人类参与者！

记者：好的——很明显您认为合理运用战略是可以盈利的。让我们从您最喜欢的观点之一——优质股开始。

安德鲁：我认为这是现在许多机构的基础。他们认为事实上，我们处在以较便宜价格寻找优质公司的股权投资游戏中。对于我来说，这些与质量和收入，或者甚至是质量和价值的概念非常匹配。后面的这个（质量和价值）是很多定量分析者感到有困难的领域。因为当你阅读学术论文时，他们很容易识别价值，很容易识别类似于动量的东西。但是没有文章认为在优质股上配备过高权重会带来一个长期的 α（超额收益）。

记者：但这里是不是存在一个问题呢——很多投资者都试图追寻优质的公司，但风险是最终他们都为这些公司进行了过度支付？是不是所有以合理价格增长的股票最终都会变成高价的优质股？

安德鲁：我认为在增长率和质量之间存在一些混淆。以合理价格增长的问题在于我们不知道未来的增长率会是多少，我们不知道历史增长率是否是非常有意义的。我的意思是直到 2007 年，有着最强劲和最稳定增长态势的资产之一是银行。它们的股息曾一度以两位数增长——盈利也曾一度以两位数增长。因此在 2007 年中期你怎么知道一家银行是否会停止增长（增长缓慢或停止增长）？以合理价格增长在很大程度上取决于你对增长率的预测值。这方面的一个典型案例就是 20 世纪 90 年代的 20% 能多洁先生，历史上它的盈余曾以每年20%的速度增长，PE值为20倍，所有人都预测它会以20%的速度继续增长。你会看到人们采用类似于市盈率增长率（PEG）的东西说，"看，它的PE值是20倍，PEG是1。"但问题是后来该公司停止增长了，然后股价暴跌。没有人预测到这一点，整个过程是在很短的时间内发生的。

在质量方面，你试图做的是识别公司的性质，这意味着之后它不会再回来找你要更多的钱。它的资产负债表足够强大，因而有能力持续派发股利吗？它的经营是有效率的，因而能够利用新出现的增长机会吗？

这也是我们喜欢皮氏选股法的原因——（该策略）的基本思路是试图识别出那些盈利能力强、经营效率高、有能力自我筹资的公司。一旦识别出这样的股票，你就可以对它们进行定价。然后引进自己的估值标准。由于你已识别出了一项优质资产，它将基本风险控制引进了你的投资组合，这对于我来说要有意义得多。

质量对我来说大体相当于便宜的价格。但它真正取决于：(1)你是如何衡量质量的；(2)你是如何对它进行估值的。例如，优质股的股息收益率通常比低质股要高，因为正如我们在过去12个月中（2008年夏季到2009年夏季）看到的那样，低质公司没有能力支持持续的股息发放。现在，如果你是一个长期投资者，且像我一样认为收益率是股权回报的一大来源，那么你就应当寻找在中长期能够维持较高收益率的资产，它会给你带来好的收益。

记者：您讨论的实际上是典型的股权回报投资，不是吗？正如景顺基金（Invesco Perpetual）的尼尔·伍德福德（Neil Woodford）等基金经理所做的那样？

安德鲁：是的。而且我认为人们混淆了聚焦股息收益率的策略和我称为回报投资的策略。回报投资是识别这样的公司，它们处于其生命周期的这样一个阶段：开始拥有相当稳定的现金流，有足够高的质量使得它们实际上可以利用其他新出现的机会。

记者：所以总体来说，您对于质量的定义是比较简单的，对吗？

安德鲁：你可能在寻找处于行业支配地位的公司。你在寻找强大的资产负债表：它能够支持现有的增长机会，当有意外威胁出现时，它还有足够的资金去发展新的增长机会。谷歌（Google）就是这样的一个例子。

记者：那么同样支付稳定的、有可靠保障的股息的大型优质公司（甚至股息可能逐年增长）怎么样？

安德鲁：当然很好。我认为无论如何这都是一个很好的长期投资哲学。当然，你会错过过去三四个月的巨大涨幅。但在2008年，你错失的钱会少得多。因此你有更多的钱去享受这一涨幅。

记者：如果你准备采取递增股息政策，那可能你应该只关注某些特定行业，如公用事业和大型医药公司，对吗？

安德鲁：是的——其中有些是好的，有些是坏的。有些有着相当多的垄断现金流。它们有很好的递增股利政策，而且做得很好。但我从来不是一个行业投资迷。我总是倾向于通过考察各种因素来决定自己的投资方向。记住任何人都不能被称为著名的行业投资者。我们知道有好的股票（个股）投资者，有好的宏观投资者，但我从来没有遇到任何一个人通过行业投资而积累了巨大财富。

记者：继续探究的话……对质量的整体关注又会把我们带入另一个危险的陷阱——比如说盈余，是吗？很多这类公司的声誉都建立在盈余的不断增长上。但老实说，管理者喜欢操纵利润，特别是在盈余报告的高峰期，不是吗？他们喜欢制造惊喜？他们喜欢操纵编制季报的过程，不是吗？

安德鲁：我认为公司的做法在一定程度上是符合逻辑的——如

果你向一个使用季报的市场报告了某个失误,那么股价的反应是相当剧烈的。因此,即使你知道下个季度的目标是不可能实现的,你需要做的也只是在报告之前将这个数字降低。因此你只是向市场释放一些细节信息以降低该数字(如果分析员的预测值太高的话)。一旦你已将该数字降至足够低的水平,你就开始采取行动超越它。是的,我想这是一个非常可笑又相当耗时的过程,事实上也是完全无意义的。但看看市场对盈利预警的反应,有百害而无一利,你就会理解他们这么做的逻辑。

记者:所以在这次采访中你明确表示你喜欢优质公司,甚至是递增股利明星公司。你也提到你对皮氏选股法的广泛应用,对吗?

安德鲁:这种方法很简单。它相对容易构建,不需要大量的数学工具,因此易于使用。它只有一张表,只要在上面打钩即可,因此你知道,如果你通过了所有的测验,你就得到九分;如果一项都没通过,你就是零分。要核实这些指标也比较容易,你可以查阅报告和报表。经证实,这是识别优质公司更加显而易见的方法之一。但不适用于日本市场!我认为这是由于长达20年的经济萧条造成的,那时你是如此地习惯失望以至于不是便宜透顶的东西,你一概不愿买入。

记者:现在我们暂时将质量放在一边,继续回到价值的话题上来。价值投资的伟大模型和策略通常都是围绕着本·格雷厄姆的研究建立的……但很明显,问题在于很难在当今昂贵的市场中找到真正便宜的深度价值股。

安德鲁:作为深度价值股,通常股价必须要跌很多才行。如果你管理的是一个几十亿的基金,你恐怕找不到足够多的这类股票。沃伦·巴菲特也遇到了相同的问题——起初他也采用本·格雷厄姆的深度价值投资策略,但后来由于其庞大的投资规模和极高的声誉，而在投资容量问题上碰壁了。

记者：沃伦·巴菲特再也没有购买这类格雷厄姆净净深度价值股，他现在寻找的是优质股，不是吗？

安德鲁：是的，当然。我认为我还是会买入深度价值资产。在长期投资中，你永远不可能采用价值法获胜，你会遇到变得极其便宜的表现很差的资产。因此，我可能会将80%的资产用于价值质量类投资方法，剩余20%用于监测深度价值类筛选方法，来看哪种效果更好。

记者：您认为还有其他有效的深度价值筛选法吗？

安德鲁：比如说，当你关注价值标准时，你往往会发现一些简单的指标组合，如价格与现金流量比，价格与账面价值比。市销率与市现率同样是有效的。

记者：有些基金经理比较重视自由现金流，您怎么看？

安德鲁：这些策略在过去的20年里的日本极其有效。它可以避开那些虚假宣传其盈余的公司，选出那些创造出较多现金流的公司。

记者：但是你能构建出一个纯粹的自由现金流模型吗？你能直接去市场上说："我的核心指标是自由现金流，我把一切都建立在自由现金流的基础上？"

安德鲁：不可以。问题在于买入某些深度价值股的理想时间恰恰是在现金流暴跌时！公司的自由现金流通常是负的，这也正是你需要其他指标，如市净率和市销率的原因所在。深度价值股方法就是试图找出那些现在经营效率不佳而被低估的资产。

记者：那么只关注股息，怎么样呢？

安德鲁：我认为这在很大程度上是一个地区问题。举个例子，在日本，股息收益率的绝对水平是令人震惊的。因此你可以购买的公司数量骤减，而那些你可以买入的股票也不是特别优质的。而在美国市场上，股息收益率仅被作为一种防守策略，没有证据表明它是一个能带来高回报率的因素。

记者：那市销率呢？

安德鲁：我对此颇为怀疑。一种经典说法是你可以以 90 美分的价格来出售美元。你的销售收入可能会飞涨，但愿如此。但你一分钱都赚不到。我认为市销率在深度价值领域更有用，因为深度价值投资者是在寻找那些经营效率差，利润率可能也低于其同业竞争者的公司。你可以试着买入较大股份，然后祈祷公司的改变。因此市销率对于深度价值方法来说是一个很好的指标。在更为量化、更加系统的模型中，你需要把它与其他要素结合起来。据说市净率或市销率类的策略在日本相当成功。

记者：总体上说，我们刚刚完成了对价值指标的讨论——最后一个细节问题。您会运用市值标准来排除微型公司吗？您会说"不要市值低于（比如说）一千万英镑的股票吗？"

安德鲁：不会。具有讽刺意味的是，皮氏选股法的最大用处之一就在中小市值领域。我知道许多基金经理都在美国的中等市值市场上广泛采用该方法。中小市值公司的难题之一就是融资。成为一家小市值公司的原因，要么是业务遭受了毁灭性打击，要么就是一家正在成长的公司，有潜力发展为大公司。现在如果你没有盈利，不能自我筹资，经营效率低下，那么你很可能原先是一家大公司，后来衰落了。但如果一只中小市值股满足皮氏选股法的所有要求，那它就能为你带来高回报。

记者：到现在为止，我们都聚集于基于价值和质量的投资策略。还有一类策略是我们尚未提及的——寻找高增长股票的策略。

安德鲁：我经常让投资者举出欧洲的五个增长型股票。你可以列出大量美国的增长型股票，比如谷歌（Google）或易趣（eBay）。但你能举出五个欧洲的极大市值增长股，或者仅仅是大市值增长股吗。

记者：我确定我可以举出许多！

安德鲁：很好。如果你能举出一个以上的话，能不能告诉我呢？

记者：但这些基于增长的投资策略在美国非常流行，不是吗？而且它们看起来很有效？

安德鲁：我认为这是完全以交易为导向，而不是以投资者为导向的策略。我在美国遇到的大多数增长型投资者都倾向于关注较为短期的交易指标，而且重点关注近期数据。基于盈余动量的投资策略在美国也是无效的，这是因为，正如我们前面提到的那样，存在（通过盈余的）市场操纵行为。但说到这里，人们都喜欢盈余惊喜，因此也许值得创建一些盈余惊喜模型，但我见过的很多这类模型并不是特别成功。价格动量策略在美国很有效，但在像欧洲这样的分散市场中效果就逊色得多了。你可以解释为是因为数据都被定量策略师们挖走了。

记者：我跟许多学者聊过，他们提出纯动量策略事实上很有效。

安德鲁：在美国、欧洲和英国等地，该策略确实很有效。此刻我并不确定——它只是一个发生在我们眼前事件的函数吗？如果你好好想一下的话，买入在过去6个月中表现最佳的股票之一，是否意味着从某种意义说你被套牢了，因为它必须变得更贵，这样你才能获利？在日本等地，许多证据表明动量策略是无效的。

记者：那在英国有效吗？

安德鲁：在英国确实有效，非常有效，（但）很难执行，因为很多动量是由市场的中小市值部分驱动的。当你观察英国那些极大市值股票时，你不会发现明显的动量效应……

记者：因此您的意思是说，如果你正在使用动量策略，但只关注流动性最强的大市值股，极大市值股，也会同样有效，是吗？

安德鲁：是的。

记者：那么作为增长和价值的折中策略——以合理价格增长（GARP）的投资策略怎么样呢？这是不是意味着采用市盈率增长率（PEG）之类的指标？

安德鲁：关于GARP，我担心的是它的假设前提——特别是"合理"二字，及其对预测增长模式和历史增长模式的过度依赖。能多洁就是一个经典案例！当然我认为像PEG这样荒谬的指标是极其危险的，因为如果你得到一个可靠的增长率预测数据，但市场认为这不合理，那么PE值就会降低，它所说的只有："我们不相信这一增长率"……如果你采用PEG指标的话，你就在冒成倍的风险。

记者：吉姆·史莱特采用PEG指标，不是吗？您会说这是一个让人破产的策略吗？

安德鲁：它会毁了你！我的意思是说它是飞速暴跌的指标之一。在英国市场上，我曾经经常定期监控该指标，但后来还是放弃了。

记者：总结一下，在我们的谈话中出现了一个关键主题，那就是投资者不应只忠于一种投资策略或选股方法。而要把各种选股方法结合起来，将质量与价值或核心价值，质量与增长结合起来，注意数据和实验！

安德鲁：是的，这就是多样化。那种认为在任何时刻只有一种有效的投资策略，或者只有一种投资方法，或只有一种赚钱方式的想法是荒谬的。各种类型的投资策略都可能有效，可能以价值质量作为核心策略，加上深度价值卫星策略。或是集中的短期投资组合。也许你确实想用动量策略，因为你可能看到了一个新的趋势，而这可以很好地控制风险。

附录 1 市场估值——市场择机系统

简介

许多基于策略的选股人坚称投资者需要谨慎选择他们出市与入市的时点，但是不必每日关注类似富时 100 指数等市场总价指标，而是要策略地分析和使用，也就是说时机选择应建立在更为有策略的基础上。一些像 Share Maestro 这样的系统将"市场择机策略"（Strategic Market Timing）明确纳入股票筛选中，还有另一些分析师，如 GMO 的詹姆斯·蒙提尔，则坚持认为投资者必须密切注意一些关键指标，比如标普 500 这样的反映"周期性调整的市盈率"的指标。我们将在本章中介绍这些指标。这些受到行为学影响的价值投资者认为，如果股票泡沫太大就应该减少选股，静待不可避免的市场崩盘，等待市场泡沫消散的美妙时刻到来。本附录集中介绍多种重要的且应用广泛的市场时机选择方法——基于 2009 年 5 月的《投资者年鉴》[1]中的一篇文章，当时市场刚刚从历史最低点开始恢复。

市场是波动的

乐观与绝望的不断变换是市场的一个显著特征。尽管人们的观点永远会倾向于增长，但根据主流的市场心理学，现实中的熊市情绪波动剧烈，

---

[1] 史蒂文森，D.（2009）"正确的买入时机：动态方法"，《投资者年鉴》, 5 月 8 日。

投资者应对此做好准备。许多分析家选择采用更为严谨的方法判断市场是否值得进入。他们中的大部分人分析判断市场基本面，以此作为确定整体公允价值的一种方法。尽管仍有少数分析者运用市场定价的技术分析作为补充。

本质上，这种方法要求投资者将股票市场看作一个整体判断便宜与否。如你所料，人们对于市场怎样才算"便宜"的问题争论不休，而且经常会突然冒出一些相关方法或衡量标准。这些方法大多数都是简单的快照工具，也就是说，它们只反映即时相对价值，而未能解释现代经济的波动性及其对利润和股利增长的影响。一些分析师避开这些快照方法而喜欢采用更具动态性和趋势性，尤其关注市盈率增长的方法。

不管你采用快照的方法或是更具动态性的方法，都是以估值为基础的方法，是因为它反映了未来收益，也就是说，如果市场相对便宜，这些方法将在未来创造出更高的长期回报。此结论是经过反复研究得出的。表A1.1中的例子来自于经济学家安德鲁·史密瑟斯。他的分析表明那些呈现超低定价（Under Pricing）亦称为"抑价"的时期，也就是市场相对便宜的时候，产生了最高的长期回报。

表 A1.1　世界市场抑价的例子

	年百分比	抑价率
所有年度的平均回报率	5.44	
1920年之后1—30年的平均值	12.07	-54
1932年之后1—30年的平均值	11.35	-58
1948年之后1—30年的平均值	14.22	-71
1957年之后1—30年的平均值	10.22	-50.99

史密瑟斯的分析被克莱斯蒙研究所的埃德·伊斯特林的另一项研究所证实，该研究评估了1919年至2008年期间标准普尔500美国市场的回报

率。他将股市回报率分解成 90 个不同的 20 年期数值，然后看每个 20 年初的平均市盈率（我们将在后面看到该指标）。他的结论如何呢？在所有的 20 年期间里，最大的年回报率来自于市盈率最低的时期。随后，伊斯特林将回报率数值分成十等分组（10% 组），他的研究表明当 20 年期初市盈率为 10 的时候，平均净总收益率在每年 12% 到 15% 之间，见表 A1.2。

表 A1.2　1919 年—2008 年的 20 年期

十等分组	净总收益率 从	净总收益率 到	标普500十等分组（平均）	平均期初市盈率	平均期末市盈率
1	1.2%	4.5%	3.2%	19	9
2	4.5%	5.2%	4.9%	18	9
...					
9	11.5%	11.9%	11.7%	12	22
10	12.1%	15%	13.4%	10	29

对于这种市场估值方法，有一个至关重要的警告是：尽管几乎所有的重要学术研究均表明较低的估值更有可能带来长期高回报，但要将其作为短期买入的信号，恐怕有些操之过急。正如安德鲁·史密瑟斯（Smithers and Co 的一名独立经济学家）所承认的那样，"价值"是一个相当差的短期指标但却是一个非常好的长期指标。如果你要找短期指标，许多经济学家承认技术分析更有用武之地，比如可以使用大多数人建议的短期最佳指标——短期价格走势，把它作为研究的开始。然而，理解市场中的"价值"概念对于投资者仍十分必要，至少可以如史密瑟斯所说："(i) 它提供了一种评估中期回报率的好方法；(ii) 它提供了当前股市投资风险的信息；(iii) 它使投资者免于讲一些关于价值的废话！"[1]

---

[1] 引用接受作者采访时的论述。

美国市场是领头羊

不管我们喜欢与否，判断全球股市相对价值的最好地方是美国市场——只有运用标准普尔500和道琼斯工业平均这样的指数，我们才有足够长的统计序列来进行任何有意义的分析。经济学家安德鲁·史密瑟斯对于发达市场的分析大部分都基于美国市场，而对于CAPE（cyclically adjusted price earnings ratio，经过周期性调整的市盈率）之类的指标，他只采用美国市场的数据："坦白讲，其他市场没有相应的数据——比如欧洲市场，只能得到1980年代后的数据，这显然是不够的。"

这种怀疑是基于相当严密的推理——20年甚至是30年的数据在统计上并不十分显著。许多批评者指出，美联储模型法（Fed Model，将在本附录后边介绍）1980年以后仅是部分正确，这是它的一个重大缺陷。美国投资者约翰·哈斯曼对该模型提出了上述批评并指出，存在有力的证据证明，即使是在该模型认为成功的那些年份里（按照预测能力界定的成功），它那貌似合理的推断也仅仅是因为收益（利润）被习惯性地高估了。尽管美国和英国市场之间的统计相关性实际上相当高，也就是说，英国市场的变动总体上与美国市场一致，但是这些对美国市场的研究也不应过多地干扰到英国投资者。图A1.1中关联图的下半部分显示了标准普尔500指数和富时100指数的价格数据。大部分时间里，这两个指数之间的相关系数在0.4到0.8之间。然而在市场陷入困境的时期，这一系数上升至超过0.7，表现出非常高的相关性。

这一统计关系也反映了这样一个常识，美国是迄今为止全球最大的市场，因此美国市场的重大变动很可能对全球其他市场产生重大影响就不足为奇了。

但投资者应该明白尽管这一相关性通常情况下是真实的，但并不永远是真实的——许多分析师指出，按照一些评估方法计算目前美国市场反映了公允价值，相比之下，英国市场和欧洲市场就便宜多了。与此相对，根据大多数估值标准计算，日本市场则是过度便宜了，但这正是问题所在——虽然日本市场的低迷状态已经持续多年，目前仍在继续走低。尽管总的来说股市会反弹，然而日本的例子说明，即使在相当长的时期内股价的确倾向于回归平均水平，但仅仅是股票便宜并不一定意味着股价会在短期内上扬。因此，即使你认为目前日本市场非常值得进入，也没有任何意义，除非美国市场恢复它原本的姿态，也就是说，接下来全球市场的动向可能只取决于美国市场，而与其他市场的相对估值无关。表 A1.3 给出了主要市场之间的相关系数。

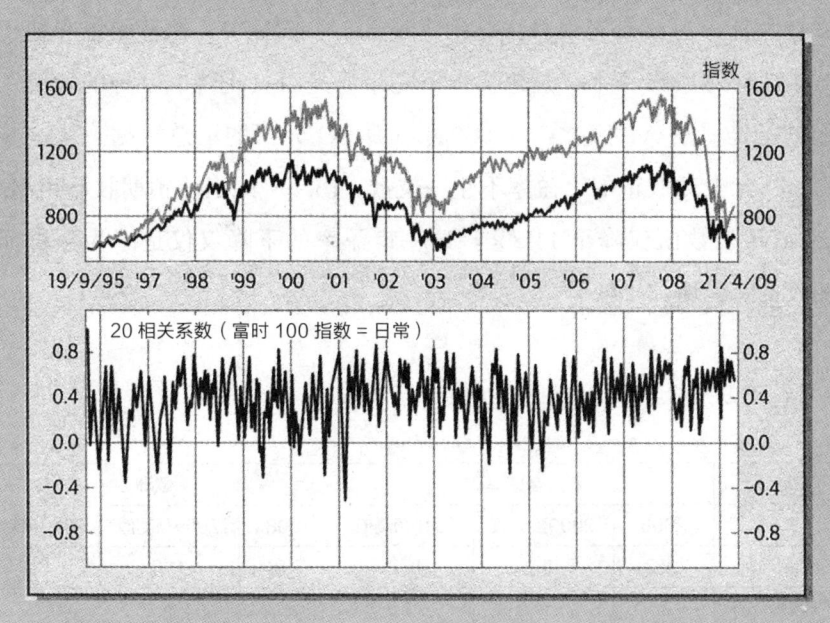

图 A1.1　相关系数

资料来源：www.ShareScope.co.uk

表 A1.3　主要市场之间的相关系数（2000—2010）

	法国	德国	日本	英国	美国
法国	1.00	0.94	0.61	0.89	0.85
德国	0.94	1.00	0.55	0.84	0.84
日本	0.61	0.55	1.00	0.61	0.61
英国	0.89	0.84	0.61	1.00	0.86
美国	0.85	0.84	0.61	0.86	1.00

数据来源：Smithers and Co.

收益

翻开《金融时报》，你可以快速找到当前市场"价值"的即时信息，但别被这些数字愚弄了——这些是关于实际收益的即时信息，其中包含的是现在和历史数据。然而对于目前双双飞速下滑的收益和股息的将来走势，它们几乎无法告诉你任何信息。

如果你想明白为什么说当前收益被一些人视为几乎没有意义，那么可以看看大部分主要投资银行详细的定量分析。安德鲁·拉普索恩和他每周出版的《环球股市算术》是想要弄清楚市场是否真正代表"好的价值"的人们的圣经。表 A1.4 包含了 2009 年 3 月 SG 分析的汇总数据。从这些数据看，当年全球股市的市盈率不止一位数，13.9× 的当前预期收益相当高，而 2010 年该数值仅降至 11.2×。这一市盈率的下降仅仅是因为分析师们预测收益将会增加 24.6%。

表 A1.4　SG 当前全球市场数据（2009）：所有数字

百分比

	全球			欧洲		
	2008	2009预测值	2010预测值	2008	2009预测值	2010预测值
当前PE值	12.3	13.9	11.2	9.8	11.0	9.4
地区收益增长率	-27.0	-11.5	24.6	-29.0	-11.5	17.7

	2009预测值			2010预测值		
	PE	每股收益增长率	股息收益率	PE	每股收益增长率	股息收益率
美国	14.7	-11	2.6	11.8	24.7	2.7
日本	39.6	-5.2	2	18.8	无意义	2.1
英国	10.6	-29.7	5	9.3	14.5	5.3
法国	10.9	-15.1	4.8	9.2	18.7	5.2
德国	12.1	11.3	4.1	9.5	26.8	4.5

按照许多分析员和定量分析师的观点，令人悲哀的事实是在 2009 年 3 月没有人知道 2009 年 PE 值中的收益部分会是多少。表 A1.5 以详细数

据表明了这种困惑。该表来自美国评论员约翰·莫丁尔（John Mauldin），它关注了标准普尔500指数中的500家公司每股收益的综合预测值。这些预测值通常表述为每股美元利润。例如，2007年初分析师们预测标准普尔500将创造价值92美元的收益，然而到2009年4月，该数字变成14美元。

表A1.5　标准普尔500指数2008年和2009年预期收益的下降

日期	收益（美元）
2008年	
2007年3月	92
2007年12月	84
2008年2月	71
2008年6月	68
2008年7月	72
2008年9月	60
2008年10月	54
2009年2月	26
2009年4月10日	14.88
2009年	
2008年3月	81
2008年4月	72
2008年6月	70
2008年8月	64
2008年9月	58
2008年10月	48
2009年2月	42
2009年2月末	32
2009年4月10日	28

数据来源：www.frontlinethoughts.com

很多分析师已经完全放弃了当前市盈率，转而采用另一种关于市盈率的指标，叫做周期性调整的市盈率（CAPE）。由于这一工具是投资专家本·格雷厄姆首先发明的，因此也被称为格雷厄姆与多德（Graham and Dodd）周期性调整的收益指标。近年来，耶鲁大学经济学家罗伯特·希勒（Robert Shiller）公布了这一方法的另一个版本。他的CAPE版本将当前股价与过去10年的平均收益，而不是最近一年的收益，进行对比——见图A1.2。

对市盈率这一重要指标进行如此变换的想法源于消除该比率由于长周期（10年）的利润波动所带来的影响。由于利润率是趋向于回归均值的，在繁荣时期，企业很可能会吹嘘其高利润率和高收益。一位热衷于此方法的人士说道："只看单个年份的PE值，会让人对价值产生误解，在繁荣时期，由于利润率较高，股票看起来比实际的便宜；而在萧条时期，由于利润率较低，股票看上去比实际的要贵。"[1]

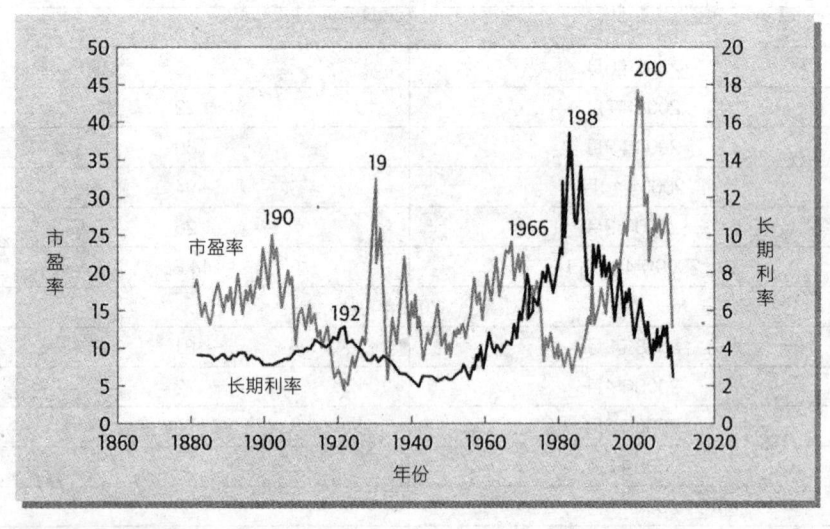

图A1.2 罗伯特·希勒的CAPE

资料来源：罗伯特·希勒

SG的一幅图（图A1.3）显示了美国、英国和欧洲大陆20世纪80年代以来格雷厄姆与戴维·多德版本的CAPE。大多数分析师认为CAPE低于12表示股价较便宜，在12和18之前代表公平价值，而超过20则表明股价偏高。

---

[1] 发表在 http://finance.yahoo.com/tech-ticker/article/190252/.

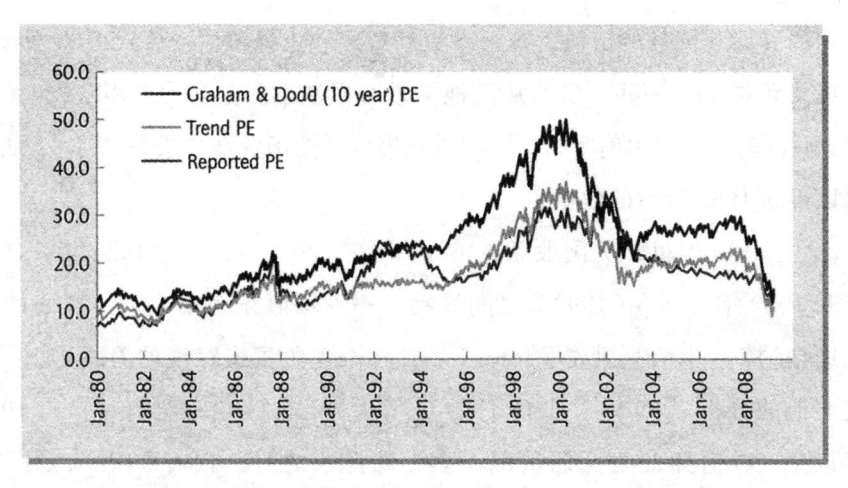

图 A1.3　多德与格雷厄姆版本的 CAPE

资料来源：SG 定量研究所

然而，关键问题是这一方法是否具备预测能力。按照《金融时报》的投资编辑约翰·奥瑟斯（John Authors）的说法，CAPE 方法被证实是一种伟大的市场时机选择工具，因为"这一指标的波峰和波谷与市场的波峰和波谷几乎完美地重合。"

Q 比率

Q 比率，也称为托宾 Q 比率，由耶鲁大学经济学家詹姆斯·托宾首先发明的，被包括伦敦 Smithers and Co 的安德鲁·史密瑟斯在内的许多分析师采用。詹姆斯·托宾指出一个股票市场上所有企业的总市场价值应该大体上等同于它们的重置成本或资产重置价值：

$$Q\ 比率 = 公司的市场总价值 / 总资产价值$$

如果 Q 值小于 1，按照此方法，公司的资产重置成本大于其股票的市值，表明公司 / 市场被低估了，也就是在市场上购买资产要比新建一个企业便宜。Q 比率的分子计算起来相对容易，它等于构成标准普尔 500 指数公司的股票和债务的市值,减去净流动资产和土地价值。公式中的分母计算则要稍微复杂一些。虽然从其他渠道可以获取最早到1900年的相关数据,但目前大多采用美联储出版的季度报告《美国资金流量表Z1》[1],从中可以得到1952以后的数据。

过去130年里,美国股票的Q比率在0.29(1921年,1932年,1949年和1982年)到3(1999)之间波动——平均值在0.63左右。托宾的研究助理约翰·米哈列维奇(John Mihal jevic)负责追踪维护美国Q比率,按照他的分析2009年3月15日的Q值为0.43。米哈列维奇说,自1900年以来,Q值如此之低的情况不多,除此次之外,仅有6次。1921年、1932年、1949年和1982年美国历史上四大熊市结束时,Q值降至0.3或更低——见图A1.4。

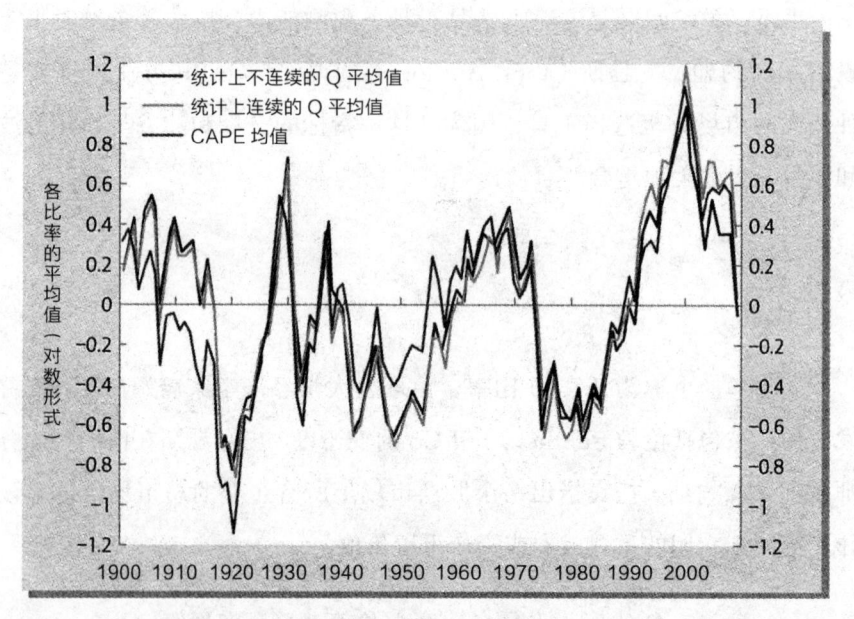

图A1.4 2008年末美国股市的Q比率和CAPE

资料来源:Smithers and Co.

---

[1] www.federalreserve.gov/releases/zl/.

但事实上，Q比率能够预测未来回报吗？有证据表明答案是肯定的。杜克大学研究员马修·哈尼和爱德华·塔尔在2003年的一篇论文[1]中研究了所有基于价值的市场评估方法。他们特地将Q比率与CAPE进行了对比试验——结果证明几乎在所有的时间段，Q比率都很成功，而30年期的CAPE在预测力上排在Q比率后面。米哈列维奇亲自查验了哪种方法有效。他发现最佳策略是当Q值低于0.40时买入，高于1.00时卖出。在过去几十年中，这一策略带来的复合年回报率比标准普尔500指数高出几个百分点。

不过，在使用Q比率时，有几个重要的警告须牢记在心。首先，如果美国经济发生深刻变化，越来越多的企业向基于服务的知识型经济转变，该方法可能会失去其预测价值——Q比率没有考虑无形资产的重置成本。其次，像本附录所讨论的很多方法一样，米哈列维奇认为Q比率不应被用作短期市场时机选择工具。他特别强调投资者要注意Q比率的变化趋势，而不能只看其当前水平。在这点上，他颇为自信地说，Q值事实上将会达到接近0.3的极端水平！最后一点需要注意的是，大多数分析师仅在美国市场使用过Q比率分析。按照安德鲁·史密瑟斯所说，"除美国外，其他国家的Q数据要么不存在，要么时间太短，抑或是质量太低，不足以用来进行市场估值。"[2] 另外，Q比率也不能用于单个企业。

美联储模型

这可能是判断市场便宜程度的方法中最富争议的：它将股票市场的远期收益率（EP）与长期政府债券的收益率进行比较。它的逻辑是，由于股票和债券这两种资产是相互竞争的，因此，当债券收益率较低时，股票的

---

[1] 哈尼，M和塔尔，T.（2003）"理智的悲观：用托宾的Q理论和市盈率预测股票回报"，《投资日报》。
[2] www.smithers.co.uk/faqs.php。

收益（红利形式）会减少，成本会增加。

收益率刚好等于远期市盈率（用来衡量市场总的远期市盈率，目前美国市场该数值约为14）的倒数转换成百分数。目前美国市场整体来说每1美元可获得7美分的收益，相当于7%的收益率。2009年3月，长期国债（20年期或更长）的收益率约为4.75%，与之相比，股票收益率只高出2%一点——这是一个非常积极的信号。但问题是，现在已经很少有战略家会在该模型上费神了——作为未来事件的预测者，该模型存在着致命的缺陷。对此最有力的辩驳是AQR资本管理公司的克利福德·S.艾斯尼斯写的一篇论文——"驳斥美联储模型：股票市场收益率、债券市场收益率与未来回报之间的关系"。艾斯尼斯指出一个关键的概念性缺陷——"该推理将一个实际数据与一个名义数据（收益率）进行对比，从而忽视了这样的事实：在长期内，公司的名义收益率应当也通常会随着通货膨胀而上涨。严格检验一个估值方法的标准是看它在预测长期回报方面做得如何，而美联储模型法在这方面并不合格——当初始市盈率处于高位时，预期长期实际股票收益率较低，反之亦然，而不管初始名义利率是多少。"[1]

著名的美国投资专家约翰·P.哈斯曼也曾攻击过这一理论：

> 事实上，收益率与利率之间并没有稳定的关系。1929年以后的数据显示，二者之间的相关关系实际上是负的，1950年以来的数据显示二者之间呈现轻微的正的相关性（统计上不显著），只有在1980年至2000年的通货紧缩时期，才仅仅在统计意义上呈现出较强的正相关性。[2]

安德鲁·史密瑟斯同样也不赞成美联储模型：

---

[1] 艾斯尼斯，C.S.（2002）"驳斥美联储模型：股票市场收益率、债券市场收益率与未来回报之间的关系"，12月，http://ssrn.com/abstract=381480。
[2] "利率在多大程度上影响股票的公允价值？" www.hussmanfunds.com/wmc070521.htm，2007年5月21日。

我们已经证明在股票的红利和收益率之间能够观察到正的相关性，而在美国，债券收益率的概念仅在 1977 年至 1997 年间采用过。之后就没再用过。而且，在 1948 年到 1968 年间，存在稍强一点的负的相关性，而不存在任何长期的关系。所谓的债券收益率真是一个令人震惊的数据挖掘的例子。[1]

一些看空的股票评论家，如 SG 的阿尔伯特·爱德华和经济学家罗杰·南丁格尔，对此类相关性提出了一种颇为不同的观点——我们应当期盼收益率和红利一直保持在债券收益率之上。爱德华指出日本熊市的数据表明，在近 20 年的时间里，无论是收益率还是股息收益率，都一直保持在高于债券收益率的水平上。而南丁格尔提醒我们 20 世纪 30 年代，投资者"购买债券以获得资本增值（即价值增值，推动收益率下降），购买股票以获取收益（当估值下降时，收益率伴随着股息收益而增加）"。[2]

动态指标——利润增长率或负增长率

经济学家和战略家在实际工作中并非都依靠静态的即时信息，他们还采用更为动态的，关注关键指标变动趋势的方法，比如利润增长率（或负增长率）指标。比如 SG 的安德鲁·拉普索恩，他的策略是追踪实际收益率的走势和市场分析师们对未来增长率的估计值，即预测值的变化。

回顾 2009 年的春天，这些方法是看淡未来的。仅举一例，标准普尔 500 的总收益连续六个季度下跌，直至 2008 年 12 月，成为了自大萧条以来历时最长的衰退期。图 A1.5 提供了关于分析师预测值的所有信息。图中显示的报告收益增长率的预测值（仅仅是预测值！）表明分析师正在以真正令人恐慌的速度大幅削减他们对未来收益的预期！

1　www.smithers.co.uk/faqs.php.
2　作者采访罗杰·南丁格尔。

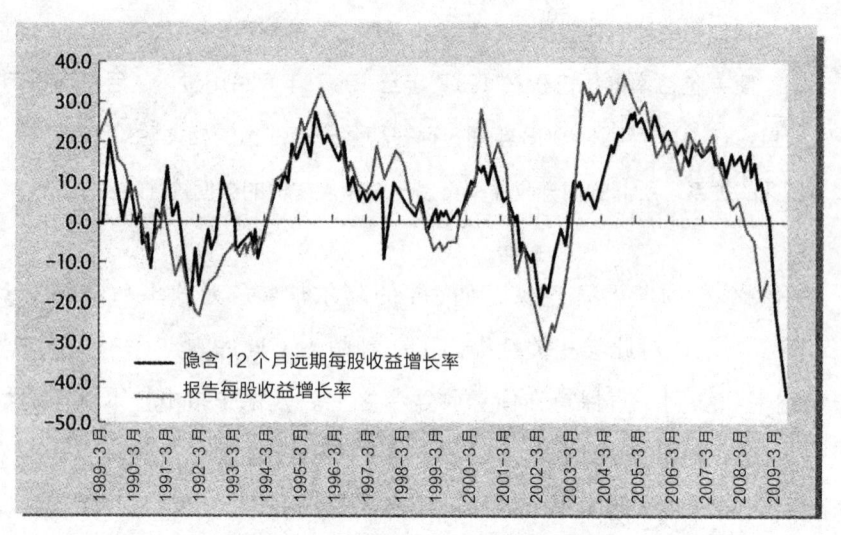

图A1.5 在未来六个月内全球报告收益增长率的预测值跌至 –40%

资料来源：I/B，E/S 与 MSCI，安德鲁·拉普索恩，SG，2009年春。

拉普索恩说，分析师处在恐慌中。表 A1.6 显示的是 2009 年前三个月收益的修正值，仅在 3 月的四周内，全球总收益就被低估超过 7%。

表A1.6 各地区每月收益的修正值

	欧洲（英国除外）		英国		美国		日本	
整个市场	–7.9	–6.5	–11.6	–10.6	–4.1	–4.6	–23.1	–9.5
整个市场（石油市场除外）	–7.7	–6.4	–11.5	–11	–3.2	–3.8	–23.3	–9.9
整个市场（金融市场除外）	–69	–5.2	–5.1	–5.4	–4.7	–4.4	–26.1	–11.1
石油与金融市场	–6.4	–4.9	–3.1	–4.3	–3.8	–3.4	–26.4	–11.7

数据来源：www.sgcib.com

安德鲁·史密瑟斯同样关注收益增长率和营业利润率的动态趋势。他的核心论点是利润增长率在任何时候都只能是经济增长率的函数，由于全球经济持续下滑，利润将继续下跌。

表 A1.7　各历史时期内利润率的缩减程度和持续时间

衰退期	衰退持续的时间（年）	衰退程度（%）
1929—1933	4	-34.02
1936—1938	2	-8.62
1942—1946	4	-23.39
1950—1953	3	-11.18
1955—1958	3	-8.87
1965—1970	5	-16.10
1977—1980	3	-6.84
1984—1986	2	-4.86
1988—1992	4	-4.19
1997—2001	4	-10.14
2006—2008	4	-3.6

数据来源：Smithers and Co.

表 A1.7 极具说服力。从表中可以看出，当衰退或萧条降临时，营业利润率下降，利润暴跌。在表中，史密瑟斯先观察了图表中经济转向的情况，然后看营业利润率发生了怎样的变化。

资金流量

许多经济学家青睐的一个动态指标是资金流量（我们用来实际购买股票的东西）和购买量——见图 A1.6。根据安德鲁·史密瑟斯的说法，如果公司本身也在购买股票（大部分时候是买自己的股票），那么通常会伴随正的未来回报。

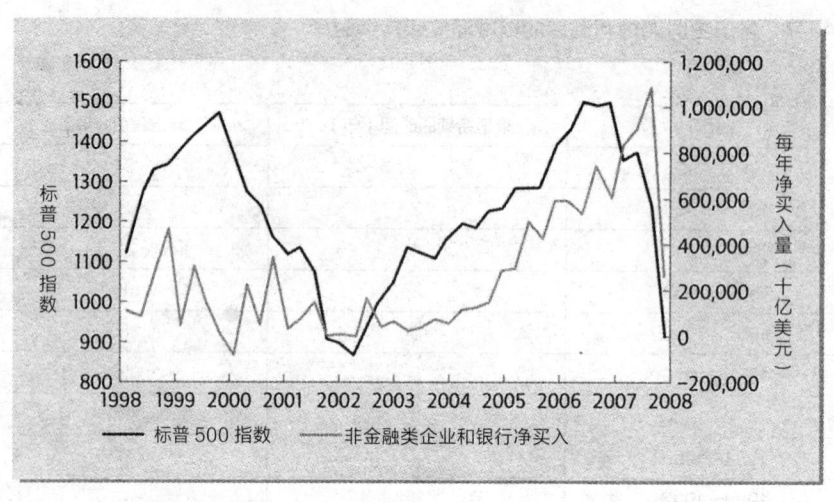

图 A1.6　美国股市：企业净买入和股价

波动率

  波动率的概念并不适用于有关相对价值或便宜程度的正式讨论——它并不试图搞清楚某个东西是否存在公允价值。大部分关于波动率的分析基本都关注这样一类关键指标，比如与芝加哥期权交易所（Chicago Board Options Exchange）VIX之类的指数相比，一只股票或债券的价格上涨或下跌的相对比率。VIX指数本质上衡量的是市场对未来波动率的预期，该指标的计算基于加权平均隐含波动率的较长时期内的数据。一般来说，熊市中股价的下跌通常伴随着很高的VIX值。图A1.7显示，即使是处在2009年春季的低位时，VIX仍接近历史最高点。

  不过。我们需要谨慎看待这一长期的序列数据。许多技术分析师认为，采用VIX的瞬时数据是危险的。与市盈率一样，它是一个动态变化的指数。有些分析师坚持认为使用VIX作为指标的最好方法是将它的当前值（2009年3月为36.09）与其10日移动平均线进行对比。

尽管很少有人将其用做先行指标，但许多看重基本面的分析师认为波动率是一个非常有用的指标。因为几乎每一位分析师或经济学家都认同这样一个基本观点，那就是高波动率往往会带来巨额损失。

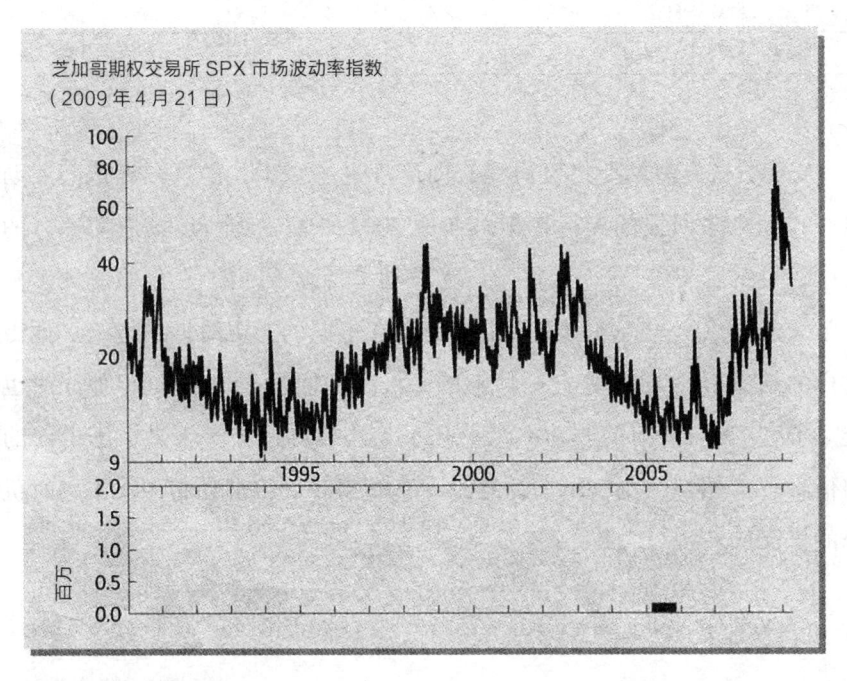

图 A1.7　VIX 指数水平

资料来源：http://finance.yahoo.com

表 A1.8 来自（Grestmont Research）研究所，显示的是标准普尔 500 指数在 1962 年—2008 年间不同月份波动率水平下的回报率。我们只列出了波动率最低月份的第一四分位组和波动最剧烈月份的四分位组。在波动最剧烈的四分位组中，57% 的月份出现损失，平均损失率为 4.7%。与此相对，第一四分位组创造收益的可能性更大（68% 的月份），平均收益率为 2.8%——相对波动率都是最低的。

表A1.8 标准普尔500指数在1962年—2008年间不同月波动率水平下的回报率

四分位组	波动率范围（%）	增长月份的比例（%）	下降月份的比例（%）	增长月份的平均收益	下降月份的平均损失	预期收益或损失
第一	0%—1%	68%	32%	2.8%	-1.9%	1.3%
波动最大	1%—6.6%	43%	57%	5%	-4.9%	-0.7%

数据来源：www.crestmontresearch.com

安德鲁·史密瑟斯将该研究有向前推进了一步，他试图确认高波动率能否成为未来回报的先行指标。在他2002一篇题为"市场波动率"的论文中，史密瑟斯说："人们普遍认为波动是持续不断的。"他重复大多数经济学家的观点——高波动率水平倾向于在不同的历史时期内持续。他得出这样的结论："高波动率……伴随的是极低的回报率……。"但他同时也断定："研究表明当前的波动率水平几乎无法告诉你关于未来市场走向的任何信息。"[1] 当然，史密瑟斯的结论并不妨碍我们将波动率用作市场时机选择的指标！

---

1 www.smithers.co.uk/faqs.php.

附录 2　基础交易工具

详解

EPS（每股收益）

这个指标可以简单地通过税前利润（可以是扣除非正常性损益后，也可以不扣）除以发行股份数量得出。值得注意的是股份数量中是否包含了可转债和权证，如果包含，就是所谓的全稀释后的 EPS。比如有些公司发行了大量的可转换非普通股，这时两个 EPS 的数字差异就会比较大。全稀释后的数值以所有发行的股份为计算基础，它假定各类股份都会被赎回并转换成普通股。

EBIT（息税前利润）和 EBITDA（税息折旧及摊销前利润）

EBIT 是企业在缴纳所得税和支付利息之前的利润，而 EBITDA 还要把折旧和摊销也剔除。EBITDA 始于 1990 年代对电信企业的评估需要。当时此类企业的财务报告披露时面临不少实际问题。因为购买设备和特许经营权，以及通过并购快速构建网络的开支巨大，而由此产生的借款利息和折旧提存（depreciation allowance）极大影响了会计利润。另外，由于电信技术发展很快，而构建网络又要花费大量现金，所以必须使用加速折旧会计处理方式。由此可见，想简单通过利润数据反映企业的经营情况几乎是不可能的事情，因此此类企业开始系统地使用 EBITDA。此类企业的长期摊销一般包括了分期付款和类似商誉这样的无形资产，所以长期摊销也是很重要的部分。为了构建网络，电信企业需要进行大量的并购，所以也产生巨额商誉待摊销。当企业有着相对较重的债务、折旧和摊销时，EBITDA比起净利润等指标，可以更好地衡量企业的经营情况。

在网络泡沫期间，EBITDA的应用被扩大化了。大量的科技公司也在使用该指标，或者是为剔除巨额的财务成本而使用EBIT指标。这些应用的目的都是一样的，避免单纯的利润指标被此类摊销大量侵蚀而变得很难看。

许多资深分析师的确在使用EBITDA指标，不过使用方式有些不一样，主要用于计算调整后的现金流。显而易见，EBITDA把重要的非现金事项都剔除掉了，假如你打算收购一家企业，该指标就很好地显示了收购后你能得到的现金流。但是由于这个指标在网络泡沫期间和前些年被滥用，现在使用的人逐渐减少了。

EBIT是常用指标之一，但它还有一些更复杂的衍生应用，例如"规范后"。"规范后"这个术语也很重要，私募投资者为了忽略各个企业的差异，从而将不同企业纳入到一个共同指标下进行比较，就用到了"规范后"这个术语。相关的还有"营业利润"指标，它显示了在剔除非经常性损益之后，企业的主营业务利润情况。一般常见的非经常性损益包括资产处置和关闭业务产生的冗员遣散费等。实际上，企业管理层可以把任何一次性的事项对损益产生的影响都纳入非经常性损益。

> **小贴士**
>
> 建议在进行对比分析时，只要有可能就尽量剔除非经常性事项的影响。特别是在进行系统性对比选股时，否则结果几乎可认为无效。建议：只要可能，就尽量使用"规范后"的数字。

Exceptionals（非经常性事项）

公司管理层非常喜欢玩弄"非经常性事项"！在美国有那么一些公司管理层把主要精力放在如何取得一季又一季的非经常性收入上，也因此不愿意承认该术语的意义。对于这类公司，把一次性事项（one-off）带来的收益叫作非经常性收入，这看起来的确有点讽刺意味。不过，还是再次请注意，这毕竟是一次性。

大多数投资者和分析师更愿意在对比分析时使用"规范后利润"，因为这个指标给出的是更本质和更重要的数据——经济学家所定义的一个企业为了生存发展所必需的利润率。也就是说，规范后的利润能显示企业最开始的基础商业规划（也就是当初企业设立的原因）是否还有效。还有一个类似的常见术语，"FR3 收益"。1992 年英国会计准则委员会（ASB）发布的财务报告准则第 3 号（FSR3）《财务报告业绩》对 FR3 收益进行了定义，即规定了企业如何处理非常项目（extraordinary items）和例外项目（exceptional items）。这里有必要引述 FSR3 的规定，该规定要求所有企业分层处理相关收益情况，这样的规定给了投资者很有用的分析线索。具体规定涉及：

- 持续运营业务的财务结果（包括并购）。
- 非持续经营业务的财务结果。
- 关闭业务，组织重构以及资产处置等所产生的损益。
- 非常项目（extraordinary items）。

ASB 的具体描述如下：

> 此标准的效果在于规范非常项目。非常项目只要发生，就应以其税后净额抵减或增加企业利润，然后计算每股收益；标准要求将例外项目的损益账户合并计算，并在报表附注中加以说明。基础报表中应该为"可确认相关损益方向的非常事项"提取准备，以反映归属股东的真实损益。[1]

---

1 www.frc.org.uk.

"规范后"和"FR3",哪一个方法更好用呢?由于规范后的数据在做对比分析时容易掌握,大多数分析师偏好使用该方法。有些业务可能需要不断变革和重构,这时FR3能更忠实详尽地揭示给投资者。毕竟,非经常性损益实实在在地发生了,必须予以记录和披露,它影响到企业的留存收益数额,所以影响了企业将来发展所能够使用的资源数量。在描述真实损益方面,FR3是个很好的方法,揭示了企业为股东带来的所得税前的回报数额。

> **小贴士**
>
> 许多系统自动选股方法倾向于采用FR3收益。不过,只要有可能,还是建议你尽量使用规范后的收益。

市盈率(PE 或 P/E Ratio)

市盈率(Price to Earnings Ratio)的计算公式是:

$$市盈率 = 股价 / 每股收益$$

市盈率是众多投资者最常用的快速判断股票价值的指标。比如当看到60倍市盈率的时候,投资者会咂舌不止,认为太贵了。如果用一个指标相对理性地衡量对比所有股票,市盈率是最常用的。一般来说,在英国如果市盈率超过20时,就会被认为贵了,如果在15左右,被认为符合长期收益水平,如果是10,可以认为是有投资价值的。

收益率(Earnings Yield)

这指标就是市盈率倒数的百分数:

$$收益率 = (1/ 市盈率)\%$$

假定一个公司的股票以10倍市盈率进行交易,那么它的收益率就是10%。假如市盈率达到20,那么意味着它的收益率是5%,这个回报率几乎和你的储蓄账户回报水平相当了。此时你可能就会想，如果收益率只有5%，那么为什么不持有无风险的货币基金，为什么还要冒险持有股票呢？假如一家公司处于快速成长期，那么承担这样的风险还是值得的，但是实际上大多数公司也许每年倾尽全力也只能增长一两个点，那么为此付高股价而承担的风险就不值了。

PEG

市盈率只是一个比较粗略的工具。正如之前我们说的，市盈率只能算是一个价值评估的静态快照，主要是对历史回报情况的描述，而投资者关注的关键是未来的回报水平。许多分析师，包括各种系统选股工具，大都忽略常规的市盈率，采用另一个不同市盈率计算方法，也就是预期市盈率（亦称动态市盈率）。其计算不同之处就是用未来一年的预期每股收益替代了最近一期的每股收益。

市盈率描述的是一个时点的状态，不是一个动态指标，没有告诉我们企业未来利润的增长情况。所以，投资者大多喜欢采用PEG指标，也就是市盈率相对盈利增长比率。

计算公式是：PEG = PE / 企业年盈利增长率

对于有着增长型股票偏好，但是又不愿意过于冒险，不愿意为增长支付过高价格的投资者而言，PEG指标小于1时，该股票才有价值，如果小于0.5，就是非常好的股票，如果小于0.3，就是很难遇到的情景。总之，这个指标越低，其股票未来价值增长越快。

这里有一个非常值得警惕的地方。因为是对未来收益的估计，通常采用的是对各个投资机构公布的预期数字的均值，所以，这个指标有很大的主观性。投资者还应该留意的是，一只股票被关注得越少，对其进行跟踪预测的分析师就越少，其产生主观预测偏差的幅度就越大。投资者倾向用PEG挑选成长型股票，即那种能长期稳定增长的股票。对于周期型股票，其 PEG 数值随着周期变动产生了较大的波幅，缺乏一致性，所以不太适用于周期型和重资产型股票。

吉姆·史莱特在 CompanyREFS 数据库使用指南中，对 PEG 的使用有这样的评论：

> 对于每年收益增长 15%~20% 的公司，对于 PE 数值与市场平均值相差不太大的企业，PEG 指标有很好的适用性。基于平均市盈率 15（接近 180 指数股票的市盈率）左右，那些市盈率在 12~20 这个范围内的增长型股票，可以使用 PEG 指标。[1]

股息（Dividends）

股息，大家也好理解，它就是作为股东，你收到的公司每年或者每两年寄送的支票。将它与投资时的股价相比较，我们很容易就算出投资回报率。

再进一步看的话，我们就是注意到一个关键指标，股息保障倍数。该指标的计算方法是用每股收益数除以每股股息发放数。假如一家公司每股收益是 50 便士，并支付了每股 12.5 便士的股息，那么股息保障倍数就是 4。一般说来，股息保障倍数在 4 以上是正常的，如果小于 2 就值得怀疑了，如果小于 1，就非常危险了，因为企业现实当期利润已经不足以支付股息了。

> **小贴士**
>
> 股息收益率在 3% 以上是市场一般通行的做法，如果在 10% 以上，通常认为是不可持续的。相应的，股息保障倍数应在 2 以上。

---

[1]（CompanyREFS）使用指南，www.companyrefs.com（此服务仅对会员开放）。

市销率（PSR / price to sales ratio）

该指标的计算公式是：

$$PSR = 市值 / 销售额$$

肯·费雪（Ken Fisher）和詹姆斯·奥肖内西认为，收益类的数据很容易被公司管理层人为操纵，所以应对此类数据保持警惕。他们批判过那些痴迷于股息的投资者，认为这些投资者没有意识到所谓的持续稳定的股息现金回报是建立在收入和营业额的基础之上的。他们还坚信，一个好的管理者，在预见收益和利润增长等出现问题时，一定要大刀阔斧的削减冗余和费用，增加现金流，从而支撑业务发展，只有这样做股东才能有好的收益。这样做带来的短暂挫折，换来的是将来良好的现金流和回报，好的结果最终也必将在股价上反映出来。

> **小贴士**
>
> 尽管有不少零售企业和食品企业的市销率小于1，我们仍可认为，当市销率小于1时，表明了股票的价值。除了极少数的科技类和生物技术类企业，当市销率大于10时，说明该股票太贵了。

现金流（Cashflow）

现在还是有许多投资者和分析师对损益表抱持深深的怀疑态度。约翰·博格（John Bogle），世界第二大基金管理公司先锋集团创始人，曾表达了这样的观点：

> 今天我们生活在一个盈余管理的世界……不管你是否喜欢，企业的管理层和财务负责人把重心放在了如何满足华尔街一季度接一季度的收益预期上。所有迫切的渴望就是看到收益的稳定增长，结果是盈余管理和调控至少达到

了 12% 的程度。[1]

那些对损益表持怀疑态度的人，包括巴菲特和其他许多价值投资者，更偏好研读现金流量表。企业管理层在花精力编制光鲜的报告时，一般不会对现金流量表给予特别的关照，所以这类数字被操控的情况较少。还有，大多数分析师并没有针对现金流情况设定一些指标，所以在这方面管理层的压力较小，也就不需要花精力去操控数据。

一些重要的现金流数据，尤其是现金类的数据，能让你深刻地透视企业的运营情况。利润数据包含了太多非现金相关的事项和非经常性事项，反而不容易清晰地反映基础业务的情况。一个浅显的道理，如果企业不能很好地创造现金流，总是现金流出，那么它距离破产清算就不会太久了。

净现金流（Net Cashflow）

在很多场合，我们还会用到净现金流指标。常见的是 PCF，市价现金流比率（price to cashflow）。该指标的计算公式：

PCF = 市值 / 净现金流

> **小贴士**
>
> 　　大体上讲，如果这个比率数值小于 5，可以认为是适当的，如果大于 10，则被认为高估了。但是，这个指标不太适合单独使用，比如，运营方面的跌价损失和巨额摊销不会体现在现金流上，所以也要留意该指标的局限性。

---

[1] 引自 *It's Earnings That Count: Finding Stocks with Earnings Power for Long-term Profits*，Heiserman 2005，麦格劳希尔出版。

净现金流在很多方面都有应用。例如，它能告诉我们企业是否有能力支付股息。假如从现金流水平上判断，支付股息让企业很为难，甚至需要融资支付，这时就要小心了。这种情况说明股息支付是不可持续的，将来削减股息是个大概率事件，而且现金流危机不可避免地导致其股价下跌。

现金流的数据还可以提示我们是否需要关注企业的业务销售水平。企业可以通过调整销售政策增强盈利水平，如果这时现金流不增反降，则表明企业的销售政策有问题，可能是销售条件太宽松造成的过度销售（overtrade）。这意味着其客户可能无法按时付款，导致将来应收账款无法收回的情况增多。

净资产（Book / net asset value）

损益表和现金流量表都是对动态变化的情况描述，有较大的主观人为控制空间。对于许多投资者而言，能从资产负债表中得到最真实的信息。资产负债表包含了所有关键的资产和负债。尤其是价值投资者，该报表是告诉我们股票是否被低估和企业的内在价值的最佳向导。即使一切业务都失败了，你还有剩余的核心资产可供出售，还有回报可返还投资者。

价值投资者关注的一个核心指标是每股净资产。这个数据就包含在资产负债表中：

- 用资产减去所有短期负债和长期负债。
- 得出的数值就是所有者权益，也就是净资产（NAV），按照传统会计术语，就是账面价值（book value）。
- 然后除以发行股份的数量，就得出了每股净资产。

许多选股系统都需要用到这个指标，以及市净率（PBV）指标。

$$PBV = 净资产 / 总市值$$

本杰明·格雷厄姆，价值投资者的鼻祖，通常会认为该指标高于1的股票是不值得买的。他喜欢用低于净资产三分之一的价格购买股票。但是，在今天，股票价格基本都在净资产之上，有时PBV甚至能达到20~30倍。

其实PBV系统性地低估了企业的资产价值。如吉姆·史莱特在"Refs指南"中所说，"著作权，专利权，以及品牌价值……往往不在账面资产中，这些资产有可能一文不值，也可能数倍于账面资产价值。"[1]这个指标的应用还有一些问题，比如在是使用无形资产科目时，不同公司有不同的方式，"同样的东西，有些公司把它计入资产，有些公司则当作费用摊销掉，或者压根不做记录"[2]。

无形资产（Intangible）

这个会计科目是臭名昭著的耍花招的领域，因为这里有太多的主观臆断。许多PLCs（上市公司，public limited company）交易，其资产中大概有80%以上是无形资产。如果忽略这些无形资产，从技术上讲，这些股权是没有价值的。

许多分析师和系统选股方法，比如史莱特的CompanyREFS系统，都使用了有形资产净值或者PTBV作为一个替代指标。PTBV的计算方法是把无形资产从PBV中剔除出去，这样在不同的公司之间比较就容易了许多，而且保持了指标衡量真实范围的一致性。

固定资产和有形资产作为衡量指标自身也是有问题的。如史莱特所说，"很多类似厂房和设备这样的有形资产……的真实价值也是值得怀疑的"[3]。因为假如真的需要处置这些资产，可能售价只能是账面价值的小部分。

---

1 CompanyREFS Guide, www.companyrefs.com/jimslate/slater.heml.
2 同上。
3 同上。

> **小贴士**
>
> 如果 PTBV 小于 1，那么价值投资者认为该股票是有价值的。不管怎样，选股时都值得使用有形资产净值或者 PBTV 做一下比较，因为这样的比较更容易理解。但是，请勿轻易否定有着巨大品牌价值和技术价值的无形资产。

杠杆（Gearing）

价值投资者大体上都认为，公司账面上有大量现金是个好事情，负债多了可能是潜在的问题。我们不应把这个观点过于扩大化，不应该认为好公司的银行账户中就必须有大量现金，也不应把所有负债都当作恶魔。有些不错的公司，尤其是类似 SSE 这样有着稳定规范的收入结构的公共事业公司，能够以很低的利率借到钱，扩展业务后能有利润地定价销售。

在经济扩张和繁荣期，市场需求旺盛时，加杠杆是积极的表现，能够提高资产的效率。

净负债比率（net gearing ratio）的计算公式：

$$净负债比率 =（有息负债 - 货币资金）/ 所有者权益$$

有些分析师用所有者权益减去无形资产作为这个衍生指标，作为净资产负债率的定义。

如果净负债比率是负数，说明企业没有处于净负债的状态，也说明资产负债表中有过多的现金。

有必要注意，不是所有负债可以等同对待的。比如银行提供的短期透支，需要企业在较短的时间内归还，这非常容易引起债务危机。而且，透支的利息率比长期负债和债券要高很多。如果一个公司的净负债率 100% 是由长期负债构成的，那么企业的财务状况就很好，如果 60% 是由于短期负债或者透支构成，那么财务状况就差很多。一般意义上讲，如果净负债率超过 50%，就需要我们注意，应该做更深入的调查。请注意，负债较多的公司对于利率变动和整个市场环境比较敏感。如果利息率增加，财务成本就增加，同时需求往往下降从而导致现金流减少，那么企业就是雪上加霜了。

速动比率（The quick ratio）

这个指标告诉我们，如果企业需要马上偿还其短期负债，是否有足够的偿还能力。这个指标反映的是企业财务状况的强弱程度。其计算方法是用不包括库存在内的流动资产（现金、准现金、应收账款及短期投资）除以流动负债，它向投资者提供的信息是企业使用短期内可变现资产偿还短期内到期债务的能力。

流动比率（Current ratio）

这是测量公司资产流动性的方式，它表明了公司偿付短期债务的能力。它的计算方法是用公司的全部流动资产除以全部流动负债。一般意义上讲，该比率大于2表明企业财务状况良好，如果小于1，说明财务状况有问题，应该注意。

利息保障倍数（Interest cover）

这也是一个常用的指标，衡量公司的利润与到期利息的配比水平，其计算方法是息税前利润除以应付利息。该指标更精准的定义应该视指标的使用环境而定。一般说来该指标越高，公司越容易支付利息，公司的杠杆率就越低。